日本の民主教育 2022

みんなで21世紀の未来をひらく教育のつどい

教育研究全国集会2022報告集

【2022年8月18日〜21日 高知&オンライン】

大月書店

日本の民主教育2022・目　次

■分科会報告

カバー写真　暑い夏、高知の子どもたちは川など、自然に囲まれた屋外で元気に遊んでいます。高知の小学生の作品

"希望は行動によって実現すべきもの"との言葉を胸に 高知での4日間を多くの人々と出会いつながる場に

実行委員会代表委員
中村雅子
（民主教育研究所代表）

ご紹介をいただきました、代表委員の一人を務めております中村雅子です。教育のつどい２０２２in高知がいまから始まることを、オンラインで視聴されているみなさんとともに、そしてこの会場にいるみなさんとともに、喜びたいと思います。

3年ぶりの現地開催ということで、私は現地高知に来ています。今日の朝、東京は大雨でした。羽田空港を出る時にも雨が降っていましたが、1時間ちょっと飛んできて、高知に着いたらもう晴れていました。

新型コロナウイルスの発生と拡散に私たちが向かい合わなければならなくなってから、早2年半が経ちました。マスク生活で子どもが大人の顔を見られない、子ども同士が喜んだり、怒ったり、悲しかったりとそういうことを顔で表して感じ合うという体験を奪われてきました。いまでも学校で自由におしゃべりできない、遊びたいのに遊べないという生活をしている子どもたちも多いことと思います。コロナ禍は新自由主義が荒らしてきた地球の病でもあると思います。そしてその影響は、格差と貧困を可視化するとともに、社会的弱者に集中して現れました。社会的なつながりの深刻な剝奪ももたらしています。

一方で、コロナ禍に立ち向かう国際的な協力も生まれつつあるのではないかと思っていたところに、国連憲章を踏みにじるロシアのウクライナ侵攻が起こりました。20世紀の二度の大戦を経て人類が到達したと期待された平和の枠組みを破壊するこの暴挙から、すでに半年が経とうとしています。私たちはこれ以上のどんな犠牲を必要としているのでしょうか。コロナとたたかいつつ、一方で積極的に殺し合いをしている状況をどう考えたらいいのでしょうか。どうしてこういうことが起こるのか、そしてこれがどのようにして終わるのか、終わらせることができるのか——たくさんの問いを持ちながら、私たちはこの推移を子どもたちと見つめています。これを終わらせて平和の仕組みをより強いものにしていくことを、ぜひ子どもたちとともに見届けたいと思います。

私たちはまた、元首相が狙撃されて亡くなるという、これも想定していなかったことを目の当たりにしました。そしてこの事件で、政治の闇が深くえぐられることにもなりました。

しかし、根拠のない国葬を閣議決定だけで、国会の審議もせずに強行するということは、民主主義を守るどころか、民主主義を破壊する行為にほかなりません。8月4日には、衆議院議員会館前でおこなわれた国葬に反対する教育者の集会に約80人が集まりました。半旗や黙禱など、子どもたちや先生たちに一定の態度表明をさせることを何としても防ぎたいと思います。

学校でどういう儀式や行事をするかを決めるのは教育委員会です。その教育委員会がきちんと子どもの最善の利益を考えて決定を下せるように、私たちは高知から帰ったら、本当に行動をしなければならないと思っています。

小中高生の自殺、そして大人の自殺が日本では増えてきています。日本の社会は子どもや大人が生きる希望を持てない社会になっているという数字を私たちは目の当たりにしますが、それであきらめてしまってはいけない。それは、私たちが教育にかかわる者として、子どもを育て子どもとともに育つことを選択した人間だからです。教育は人間と人間の触れ合いとつながりによって命を育てることです。これはＡＩにはできないことだと思います。そしてＡＩにできないことをこそ、私たちは教師の専門性として捉えていかなければならないと思っています。

高知の実行委員会のみなさんには、教育のつどいのこれまでの長年にわたる蓄積を踏まえるだけではなく、多くの新しい試みにも果敢にとりくんでいただき、今日の日を迎えることができました。これから4日間、高知に集まった方々とは、膝を交えた本当に心の通う、ＡＩにはできない交流を深めていきたいと思います。私たちはＩＣＴの力も活用しています。この新しい力も主体的に活用して、各地のみなさんと結んで議論を深めていきたいと思います。

「希望は行動によって実現すべきもの」という言葉を胸に、この高知での4日間が多くの人々と出会いつながる場となることを願っています。以上で私のあいさつとさせていただきます。

戦争の足音が近づく今、記憶に残る希望の大会に

高知・現地実行委員会委員長
鈴木大裕（教育研究者）

現地実行委員長の鈴木大裕です。

オンライン配信を併用したハイブリッドではありますが、3年ぶりに現地に集っての開催を、僕が大好きなこの高知にておこなえることを、心からうれしく思います。このつどいは、現地実行委員会事務局、全教執行部をはじめ、本当に多くの方々の尽力で実現に至りました。みなさんのご協力に感謝し、心からの敬意を表します。本当にありがとうございました！

この教育研究全国集会の開催地が高知に決まった時、2022年の世界がこんなことになっていようとは、私たちには知るよしもありませんでした。コロナ禍が収束していないかもしれない、との不安はありましたが、ロシアによるウクライナへの侵略戦争は想定外でした。それを機に世界の安全保障情勢は一変し、戦争の足音はこの日本にまで近づいてきています。

ウクライナ危機に便乗し、戦争を知らないマッチョで愚かな日本の政治家たちが、やれ改憲だ、やれ軍拡だ、核共有だ、敵地攻撃能力だと、威勢のいいことを叫び、人々の不安を煽っています。そんな今だからこそ、「教育」とい

う生命の営みにかかわる私たちが学び、自らの頭で考え、本気になって話し合い、命を祝福することや、多様性を抱きしめ、ともに生きていくことへの覚悟を新たにする必要があるように思います。パウロ・フレイレが願ったような『より愛しやすい世界』――「そんな世界の創造を、私たちは子どもたちの教育にかけるのだ」というメッセージを、今こそ強く、そして明確に、打ち出す必要があるのではないでしょうか。

懸念されていた日本の教育の新自由主義化も、ブレーキがかかるどころか加速しているようにすら感じられます。全国学力テストをはじめとした教育の数値化、「働き方改革」の名の下に進められる教職の分業、超合理化、そして民営化。教員不足に便乗した特別免許状の乱発と民間企業から送り込まれてくる「副業先生」の増加。GIGAスクール構想と教育イノベーションの裏で進む教員の脱技能化と単純労働化、そしていつしか薄れゆく「人格の完成」という教育基本法が謳う教育の目的。学校が「グローバル人材」の大量生産を求められる中、もはや「先生」は必要とされなくなっているのでは、とも感じさせられます。そんな今だからこそ、子どもたちを固有名詞で語り、彼らの葛藤と成長の生々しい記録を分かち合い、まだ自分が訪れたことのない土地で生きる子どもや教師のリアルに想いを馳せる必要があるのではないでしょうか。

2022年は、高知の夏の風物詩として知られる「よさこい」も3年ぶりに開催されました。現地実行委員会の私たちも、実際にこの地でみなさんにお会いできることを心待ちにしていました。私自身、この大会を盛り上げることが高知における子どもと教育を守る運動の活性化にもつながるのでは、という想いから現地実行委員長という大役をお引き受けしました。規模も小さな現地実行委員会ですが、この大会の準備にあたって何度も話し合い、時にぶつかり合い、多くのすばらしい仲間が集ってきていることに光を感じます。

みなさんにも、土佐の自由な空気の中で語り合い、美味しいものをともに食し、集う喜びを分かち合っていただけたら幸せです。この土佐の地で、どんな化学反応が起こるのか今から楽しみです。みなさんにすばらしい出会いがありますように。そして、たくさんの希望の種が見つかりますように。

さあ、『教育のつどい2022.in高知』の始まりです!

討論のよびかけ

新しい風を吹かせる「教育のつどい2022in高知」子どもと教育、学校、地域について大いに語り合いましょう

実行委員会事務局長（全日本教職員組合教育文化局長）
波岡知朗

はじめに

新型コロナウイルス感染拡大は3年経過し、いまだ収束が見られません。この間、子どもたちは、突然の全国一斉休校にはじまり卒業式や入学式など学校行事の縮小、楽しみにしていた遠足・運動会・文化祭・修学旅行などが中止され、その上、マスクとディスタンス、黙食が求められ、窮屈で我慢しなければならない生活を強いられました。子どもたちのいのちと健康を守ることは最優先ですが、子ども同士のふれあいや遊びを制限することは成長と発達に大きな影響をおよぼすことになるのではないでしょうか。

保護者のみなさんも、学校の教職員も、地域で子どもたちを支える人たちも、創意工夫を重ね、コロナ禍にあっても、子どもたちがいきいきとゆたかな子ども期を過ごすことができるよう力を合わせてきました。

会場に集まって教育フォーラムや分科会で討議を深めたいという強い思いを受け止めていただき、厳しい条件のもとで「教育のつどい２０２２in高知」の準備を進めていただいた現地実行委員会のみなさんには大きな感謝の意を表したいと思います。本当にありがとうございます。また、不安や懸念がある中で十分な対策をとって会場参加いただいた全国からの参加者のみなさん、教育フォーラム・分科会運営にあたる司会者・共同研究者・実行委員のみなさんに感謝申し上げます。

今日から始まる4日間の「教育のつどい２０２２」が、これからの教育研究全国集会のあり方に新しい風を吹かせることになると確信しています。参加者のみなさん、子どもと教育、学校、地域について大いに語り合いましょう。

1　いまこそ戦争ではなく平和を世界に

２０２２年2月24日にロシアがウクライナ侵略を始めてから半年になります。連日「戦争」が映像や写真などで伝えられ、否応なしに子どもたちがウクライナの惨状を目にすることが増えています。「戦争」のリアルを見聞きした子どもたちは「自分たちも戦争に巻き込まれるのでは……」「ウクライナの子どもたちがかわいそう」と口にしています。保護者や教職員が子どもたちから「戦争」について問われることも多くなり、どのように向き合い、答えていくかが大切になっています。

千葉の小学校で、子どもたちの発表する時間に「ロシアとウクライナの戦争について、ロシアが悪い」と発表した子に対し、別な子が「ロシアも苦しんでいるんじゃないか」と発言しました。教員は「学んでいくことが大切だね。未来の平和は教室からだね」と子どもたちに話したそうです。

世界各地で市民の抗議の声が上がり、特に若者が立ち上がっています。日本でも、中学生・高校生・大学生・青年が多くの市民・労働者といっしょに、集会やデモ、署名やアピール行動をおこなっています。平和をもとめる声は着実に大きくなっています。

実行委員会の全教・子ども全国センターがおこなった「高校生憲法アンケート２０２１」では、憲法9条について、

「今のままでよい」が60・0％、「変えた方がよい」が11・5％と、大差をつけて「憲法9条」はそのままで、という意思が表明されました。自由記述に書かれた「憲法9条が世界各国に広まり、全世界で武力を放棄し、紛争・戦争のない世界になったらいいなと思う」という意見は、まさに今、世界に向けて日本が発するべきものだと思われます。

2　憲法・児童憲章・子どもの権利条約に則った子どもたちの権利と学びを保障しよう

新自由主義的教育政策によって、子どもたちの成長・発達への影響が深刻になる中で、コロナ禍がいっそう拍車をかけ、小・中学校における不登校児童生徒数や小・中・高校から報告があった自殺者数が過去最多となっています。ユニセフは「子どもの権利条約」4つの原則として「生命、生存および発達に対する権利」「子どもの最善の利益」「子どもの意見の尊重」「差別の禁止」をあげています。「不登校」「自殺」「いじめ」や「理不尽な校則による人権侵害」など、子どもたちの権利が保障されていない学校や社会を一日も早く改善していくことが急務なのではないでしょうか。

3　子どもの意見を聴き、子どもの最善の利益を優先し、子どもの可能性を信じること

子どもの貧困は約7人に1人と高い割合のままで、改善が進んでいません。子どもたちに十分な食事をとらせることができず健康や成長に影響をおよぼすのではないかと心を痛めている保護者が増えています。保護者や地域のとりくみで学校給食無償化を実現させた自治体も広がっています。子どもたちのいのちと健康を守るために必要なことを参加者で話し合いましょう。

6月に「こども家庭庁設置法」「こども基本法」が成立しましたが、「こども家庭庁設置法」は「子どもの権利条約」4つの原則に触れていないことや、基本理念で「子どもの養育は家庭が基本」と記すなど、虐待や貧困など家庭の中で苦しむ子どもや保護者に自己責任を押しつけ追い詰めることが懸念されます。

4 「GIGAスクール構想」を入り口にした「教育DX」

小・中学校・高校・特別支援学校すべてで実施されている改訂学習指導要領は、国が定めた「資質・能力」を子どもたちに押しつけ、指導方法や評価のあり方まで定め、子どもたちや教職員への管理統制をいっそう強めるものです。特に、「観点別評価」は、テストの点数ばかりか子どもたちの内面まで評価し、競争と支配を強化するものです。「GIGAスクール構想」は学校現場に大きな混乱を広げています。「教育のICT化」は、「管理統制」や「観点別評価」などと親和性が高く、文科省は「教職員の働き方改革」に役立つと推進しますが、けっしてよい面ばかりではないことがどんどんはっきりしてきています。

5 教員不足は国の文教政策が招いた問題——教育予算を増やし教職員定数増が必要

社会問題となっている教職員不足について文科省は初めての全国調査をおこない、2021年4月に2000人以上の「不足」があったことを明らかにしました。その背景に、産育休や病休の代替が見つからないことや、教員のなり手そのものが大幅に減っていること、教職員の賃金・処遇が低く抑えられていること、教職員の長時間過密労働や職場でのハラスメントが横行していることなど、深刻な問題があると考えられます。

また、部活動をめぐって社会的に大きな関心が寄せられています。当事者である子どもたちの声を聴き、その思いに応えることを最優先するとともに、経費や活動支援で保護者に負担をかけない運営や、地域と学校の連携によるスポーツ・文化活動のあり方を、教職員の働き方の課題をふくめ、みんなで考える場をつくっていきましょう。

おわりに

「教育のつどい２０２２」の分科会には２８５本のレポートが集まりました。教育のつどいは、２０２３年度から分科会を再編し総合することで、新たな課題にも対応できるような広がりと深まりをつくり出そうとしています。今後の分科会に引き継がれるように積極的な討論をお願いします。

「教育のつどい２０２２」はコロナ感染対策をとるため必要な措置としてオンライン併用で開催します。いま、学校現場は夏休みでも忙しく、教職員は「教育のつどい」に参加する余裕がないという実態があります。保護者・市民のみなさんも多忙で集まることが難しくなっていると思います。オンライン参加という形が新たな広がりをつくり出すことを期待しています。

「教育のつどい」は、レポート発表と討論によって実践を深める教育研究の場です。同時に、参加者・司会者・共同研究者が親しく語り合い、人間関係をつくり、励まし励まされ、その後の教育実践に勇気とヒントを得ることができます。参加者のみなさん、いっしょに会場とオンラインの参加者がそうした関係を結べるような「教育のつどい」にしていきましょう。

太平洋戦争中、日本では教師が子どもたちを戦場に送り出した例が数多くあり、戦後、教師たちはそうした自らの過ちを深く反省し、「教え子を再び戦場に送るな」のスローガンのもと、平和と民主主義を大切にし、憲法・１９４７教育基本法に則った教育を進めてきました。いま、ロシアのウクライナ侵略を「利用」して日本を再び「戦争できる国」にしようとする動きがありますが、教職員や保護者、地域、市民、労働者、そして子どもたちが手をつなぎ、ともに世界に平和を広げていくことが何より大切なことなのではないでしょうか。

開会全体集会講演

多様性を包み込む社会へ

法政大学名誉教授・前総長、江戸文学・江戸文化研究者
田中優子

みなさまこんばんは、法政大学名誉教授の田中優子です。

今日は「多様性を包み込む社会へ」という題名で、現在の社会、それから憲法にかかわる考え方をお話ししたいと思います。

多様性の包摂の重要性

「多様性」という言葉をいろいろなところで耳にすると思います。「ダイバーシティ」とも言います。ただ、それが言葉の上のことだけではなくて、国籍や民族性、男性と女性にとどまらない多様な性のあり方といった多様な存在、多様な能力、多様な考え方を、私たちの社会が包み込むことができるのかが非常に大きな問題です。

教育に携わる者たちにとっても、一人ひとりの能力をどのように伸ばしていくか、生かしていくかということに直面したら、この「多様性」という問題にかならず向き合わなければなりません。なぜかというと、〝能力とは何か〟という問題だからです。しかし、〝能力とはこれだ！〟と決めて、どんな子どもたちも、どんな人たちも、その決まった能力に近づけようとする考え方だと、まったく「多様性」のない社会になってしまいます。人々が一律に生きなければならない、非常に息苦しい社会ですし、それぞれがもっている個性や能力を伸ばすことができない社会です。

私は法政大学の総長であったときに『ダイバーシティ宣言』をしました。どんな教育機関も、あるいはどんな企業・組織も、「多様性を容認します」よりも、「多様性を包み込みます」と宣言したほうがよいと考えています。それぞれのメンバーに対して、「あなたのことを〝あなた〟として大事にしますよ」というメッセージになるからです。

ですから、「多様性を包み込む組織」も大事ですし、そういう組織がたくさんある社会は、「多様性を包み込む社会」になります。しかし、法律がなかなか追いつかないという現状があります。「多様性」は単なる社会の雰囲気の問題だけではなくて、法律や制度にもかかわってくる問題です。私たちは「多様性」に向かって社会のあり方や法制度を求めていかなければならないと思っています。

戦争を回避するため

「なぜ多様性の包摂が重要なのか」について、具体的にお話ししていきたいと思います。

第一には、戦争を回避するため、戦争を起こさないためです。戦争がなぜ起きるのかの一番大きな原因は、ひとつの権力がほかの権力を奪おうとすることです。しかし、多様性のある社会であれば、ひとつの権力への集中には意味がなくなります。多様性を理解することによって、戦争を回避する可能性が出てきます。

例えば、現在まだ継続しているウクライナ戦争の背景のひとつは、第二次世界大戦中の独ソ戦争です。つまりドイツとソ連の戦争の恐怖感がまだまだ残っていることが背景にあります。ナチスドイツはロシアのスラブ民族をユダヤ人、ロマ族、イラン系民族等と同じように差別し、殺戮の対象にしていました。ソ連の軍人と民間人の死傷者の総計は、独ソ戦争時に史上最大だったと言われています。ロシアは現在、ウクライナをナチと呼んでいますが、これは民族差別による暴力の連鎖（まさに戦争は暴力の連鎖です）が起こっているのです。以前に起こった独ソ戦争の恐怖感から、〝ヨーロッパが自分たちを攻めてくるのではないか〟という現在の恐怖感へとつながっています。

この独ソ戦争とはどんな戦争だったのかが生々しくわかる本があります。ノーベル文学賞をとったスヴェトラーナ・アレクシエーヴィッチという女性作家による『戦争は女の顔をしていない』（岩波現代文庫）です。これは女性兵士たちの話です（現在もロシアは兵士が足りなくなっているので、同じ状況になるかもしれません。つまり女性たちも兵士にならなければならない。独ソ戦争のときもそうでした）。女性兵士たちがどういう経験をしたのかインタビューし構成したノンフィクションです。それらを読むと、戦争の現場がどういうところなのか、だんだんわかってきます。

そしてパレスチナ問題もずっと続いています。ナチスドイツによって虐殺されたユダヤ人にはシオニズム（民族国家建設運動）という運動があります。〝やはり国家をもっていなければ、自分たちはこういう目にあうんだ〟と考えたわけです。それでいきなり国家をつくったわけですが、しかし当たり前のことですが、そこにはすでにパレスチナ人たちが住んでいた。ここでも戦争が起こっています。ナチスドイツによるユダヤ人差別に端を発した民族差別による暴力の連鎖があるのです。

このように戦争の大もとのところに、民族差別の問題があります。それぞれの社会における多様性の容認や包摂がいかに大切か、ということがわかります。

他の民族を排除することは意味のないことですが、しかしそこに意味を与えてしまうような考え方が民族差別だということを私たちは認識しなければならないと思っています。

人権抑圧、情報遮断を回避するため

「なぜ多様性の包摂が重要なのか」の第二は、人権の抑圧や情報の遮断を回避するためです。これらは戦争になるとかならず起こることです。

例えば日本です。日本は、1889年に大日本帝国憲法が発布され、翌年、教育勅語が発布されました（「勅語」は天皇の言葉ということです）。すると、教育は教育勅語に則っておこなわれるようになり、それ以外の教育は許されなくなりました。教育という、一人ひとりの才能を伸ばすはずのものが、国家によって統制されることが現に起こりました。

さらに満州国の建国です。現在、ロシアがウクライナ東部に向かっておこなった「独立を認める」ということとてもよく似ていますが、満州国の建国宣言はもっと大規模でした。満州国という傀儡の帝国をつくりあげて、独立を宣言する。そこに皇帝を送り込むということをしたわけです。この傀儡国家をつくるために、前年には自作自演の爆破事件を起こしています。満州事変（「事変」とは戦争ではないという意味ですが、現在のウクライナ戦争でもロシアは「戦争ではない」と言っています）を勃発させて、そして満州国の建国を宣言してしまう。ところが、国際連盟としてはこれを認めることはできません。リットン調査団を派遣して十分に調査した上で、「撤兵しなさい」と勧告決議（42対1）をするのです。日本は完全に孤立し、国際連盟を脱退します。ロシアと大変よく似た状況です。

こういう状況のときに何が起こるか。例えば小林多喜二の検挙と虐殺であったり、政府が勝手に大学教授たちに辞職勧告をしたり（滝川事件）、といったことが起こります。それから、学問の自由が奪われていきます。書籍を発禁処分にしたり、天皇に対する不敬罪を適用しようとしたりする。こういうことがつぎつぎと起こって、日中戦争が開始されました。戦争になり、国家総動員法が発布されると、戦争に向かって全員が同じ行動をとらなければならなくなります。大本営発表によって、ご存じのように、国に都合のいい情報だけが国民に知らされるようになりました。現在、ロシアやさまざまな国で起こっていることととてもよく似ています。ですから、いまの日本がまた戦争に近づいていけば、同じことになります。

つまり、人権抑圧や情報遮断が起こらないようにするために、やはり「多様性の包摂」がとても大事な考え方になります。

誰もが自由に議論できる社会にするため

「なぜ多様性の包摂が重要なのか」の第三として、誰もが自由に議論できる社会にするため、ということもあります。実際に日本にはそういう時代が少しありました。

江戸時代は身分制度の時代ですから、武士が政治を担っていました。ところが明治になると、その武士が突然いなくなってしまったわけです。そうすると政治を担う人がいない。身分制度の撤廃とは何かというと、政治を担う人がいきなりいなくなったということです。

それでもう大変困って、1874年に「民撰議院設立建白書」、つまり憲法をつくりましょう、それから議論するために国会を創設しましょうということが提案されました。

この明治維新を誰がおこなったのかと言うと、非常に多くの人たちが動いたわけですが、ほとんどが藩士でした。全国の藩の中にいた武士たちです。その武士たちが（実際にはもう武士ではないわけですが）、先頭を歩きながら新しい社会をつくっていきました。

この「民撰議院設立建白書」は大変おもしろい内容です。今の政治権力は天皇にあるわけでもなく、かといって人々にあるものでもなく、官僚にだけ集中している。その結果、政令はつぎつぎと変わり、官僚の好き嫌いで賞罰が決まっているが、それを訴える場所もなく、苦しみを告げる方法もない。その状況をこのままにしておけば国は滅びるしかない。そこで天下の公議を張る、つまり社会について公平な議論をするには、民撰議院が必要だ、というもので、国会を創設しようという当然の動きになるわけです。

・自由民権運動

こうした動きが自由民権運動でした。自由権、参政権の獲得をめざして、国会の開設、地租の軽減、対等な条約改正の実現を目的としていました。日本最初の民主主義運動と言ってよいと思います。政治運動でもあり、思想運動でもあり、文化運動でもありました。

明治憲法が制定される1889年ぐらいまで運動が続き、ピークは1880年、1881年あたりです。おもしろいことに、ちょうどその頃に私立大学の前身がつぎつぎと設立されます。法政大学も明治大学もこの時期に創られています。創った人たちは藩士出身の若者たちです。「反政府士族」と言いますが、「士族」とはもとは侍だった人たちです。そういう人たちと農民たちが民権の結社を創っていったことがわかっています。

江戸時代には、新しい動きをするときには「一揆」という方法をとりました。一揆はルールがきちんと決まっていて、単に暴力を振るうことではけっしてなく、ルール通りにおこなっていくものです。反政府運動というよりも、自分たちが暮らしている村の中で困ったことが起きた場合に、為政者のところに行って「何とかしてくれ」とはっきりと具体的な要求を掲げる、これが一揆でした。その一揆から民権運動に移っていったのです。

・結社について

民権運動の基本になるのは「結社」でした。ピークだった1880年当時、日本には名前が判明しているだけで、2000社を超える結社がありました。江戸時代が終わると、武士たちがいなくなり、農民、町人、そして元武士たちがいっしょに議論しなければならなくなった。そうすると身分をもたない市民たちが、憲法の制定や国会の開設を目的にするためには、勉強もしなければなりませんから、読書会が盛んに開かれたり、そこで議論をしたり、いろいろな人を呼んできて演説会が開かれたりしました。そうしたことが全国でおこなわれました。

この起源をさぐっていくと、藩士たちが学んだ藩校や私塾での教育が浮かび上がってきます。この藩校・私塾の教育の一番最後の段階には「会読」があります。この「会読」という段階は、議論をするための段階です。

『四書五経』と呼ばれる儒学を基本とした教科書をつかうのですが、それを声に出して読み、耳で聞いて、体の中に染みこませる。そしてその意味を、講義を聞いてちゃんと知る。しかしそこまでにとどまらず、今度はそれを自分の言葉にして、人の前で話す。自分で話したことに対して、他の人たちが質問したり、議論をふっかけたりする。これが盛んにおこなわれたので、藩士たちは議論の能力をもつことになりました。こういう人たちが明治維新をつくり、また結社をつくっていったのです。いかに議論が大事なのかということがわかります。

当時は、政治的な運動だけではなく、いろいろな運動があり、さまざまな結社が全国にあったことが、色川大吉さんの『自由民権』（岩波新書）で述べられています。基本的人権を無条件で絶対のものとしていた立志社の日本国国憲按もありました。大日本帝国憲法はその通りにはなりませんでしたが、そういうものも提案された。それから五日市憲法草案。大変有名な草案ですが、民間から出てきました。こうした動きは、今はあまり見られないですね。あとで述べますが、今、憲法草案を出しているのは自民党だけです。

当時、民間には、私権（個人の権利）＝市民的自由を重視する人と、公権＝政治的自由を重視する人とがありました。両方とも大事ですが、政治的自由だけに偏ると、個人が犠牲になりやすい側面もあります。とにかくそうした議論を経たのちに、大日本帝国憲法は発布されました。

つまり憲法は国民がつくるものだということです。当たり前なのですが、そのことを私たちは知っておく必要があると思います。多様性の包摂の中での議論が大切なのです。

差別をなくし社会を安定させるため

差別をなくして社会を安定させるため、ということも「なぜ多様性の包摂が重要なのか」の理由のひとつです。差別のある社会では、年中いろいろな騒動が起こってしまい、無駄な争いが生まれやすいわけです。

例えば大学の場合には、創造的で革新的な次の世代を社会に送り出す教育をしなければならない。また、社会のさまざまな課題の解決をするのは学問です。多様な価値観をもっている市民が助け合い、望む幸福を実現できる社会の構築も大事です。そのためには、研究組織である大学が、多様な背景をもつ学生や教職員が安心して創造的に学んで、働いて、個性を伸ばせる場でなければなりません。これは大学に限りません。教育の場にはどこでも必要なことです。

今述べたことは、先述の法政大学の『ダイバーシティ宣言』の中に盛り込んだ内容です。差別やヘイトスピーチは、学ぶ環境を壊します。それから個性や能力を伸ばすことを妨げます。それは恐怖を与えるからです。そういう意味で、差別のない組織をつくっていくことは、能力を伸ばすうえできわめて大事だということを『ダイバーシティ宣言』で述べています。

個性を伸ばし社会を発展させるため

また、個性を伸ばし社会を発展させるため、ということも、「なぜ多様性の包摂が重要なのか」の理由としてあげられます。『ダイバーシティ宣言』から引用します。

「ダイバーシティの実現とは……自由な市民が有するそれ

ぞれの価値観を個性として尊重することです」として、人権の尊重はもちろんのことですが、「性別、年齢、国籍、人種、民族、文化、宗教、障がい、性的少数者であることなどを理由とする差別がないことはもとより、これらの相違を個性として尊重することです。そして、これらの相違を多様性として受容し、互いの立場や生き方、感じ方、考え方に耳を傾け、理解を深め合うこと」がとても大事だ、としています。差別が「ない」だけではなく、これらの相違を「個性として尊重する」と述べていることに注目してほしいです。

排斥や差別をしていると理解を深められません。ですから、お互いに話を聞くことがとても大事です。「個性ある市民がそれぞれの望む幸福を追求する機会が保障され」ることが大事だとも述べています。

市民の個性があるということは、それぞれの市民にとっての幸福はちがうということですね。みんな同じ幸福感をもっているわけではありません。異なる幸福感をもっています。ですから、お互いに耳を傾ける必要があると述べています。これも『ダイバーシティ宣言』の中に盛り込んだことです。

誰もが自由を生き抜くことのできる社会にするため

「なぜ多様性の包摂が重要なのか」として、誰もが自由を生き抜くことのできる社会にするため、ということもあります。

私が法政大学の総長であった頃に、『法政大学憲章』をつくりました。それまで法政大学には憲章がなく、私はこの憲章をつくる必要性をずっと感じていました。なぜかと言うと、大学は他の教育機関にもまして社会からあれこれと要求される立場にあるからです。高度経済成長のときには、経済成長を支えるための会社員や工場で働く人たちなど、働く人たちの能力や組織への従順さを育てることを強く要求されました。ところが現在は、〝いや、それじゃダメだ、個性を伸ばしましょう〟と要求されているわけです。

社会は大学に対していろいろなことを要求してきます。大学はその都度要求にふりまわされていいのでしょうか。社会が今、何を必要としているか、あるいは何が自分たちに求められているかということに、当然耳を傾けるべきです。しかし、それにふりまわされてはいけない。ですから、自分たちの基準、つまり価値観、とくに人間についての価値観を大学はしっかりもたなければなりません。だから、大学憲章が必要なのです。

・自由を生き抜く実践知

大学憲章とは、国でいう憲法のようなものですから、価値観の柱になる言葉が必要です。その言葉をブランディングをつくる会議で、教職員がいっしょになって探していきました。ブランドと言っても、私たちは広告とは考えませんでした。社会への約束と考えていたので、広告代理店をつかうのではなくて、自分たちでつくっていったのです。その言葉をいろいろと文章にしていきました。そして、その文章全体に「自由を生き抜く実践知」というタイトルをつけ、その獲得を社会に約束することにしました。

「自由」とは、特定の人間だけではなくて、社会の成員すべてに保障されるべきものです。人権の尊重や多様性の包摂、機会の保障は、多様性に基づいて実現されるべきものです。「自由」は、単に何をしていいということではなく、一人ひとりが自分なりの自由を生き抜いていくことです。これはむずかしいことです。そのむずかしいことを大学生たちにはできるようになってもらわなくてはならない。「自由を生き抜く」ことのできる社会をつくっていくには、「多様性の包摂」が第一番に必要です。

『法政大学憲章』の文章は長いので全体を紹介できませんが、タイトル「自由を生き抜く実践知」にある「実践知」とはギリシャ哲学の言葉です。どういう世界をめざすのかという価値観や方向性をはっきりもっていることが第一です。しかし、自分は今どこにいるのか、と考えたときに、その価値観や理想とはかけ離れているのがほとんどの場合です。そういうときに、めざす方向を向きながら選び、判断し、決断して、行動し、実現していくことが必要になります。実行する知性を鍛えること、これが「実践知」です。実践知には、自己制御の能力、つまり自律の能力をもっている必要があります。まさにこれが市民がもっているべき能力です。そういう能力があってはじめて自由が自分のものになるのです。

自らが生きる現場で実践しながら知性を磨くのですが、その行動はやはり自由でなければいけないし、その理想とするものは、誰もが自由を生き抜ける多様な社会の実現をめざすということでしょう。

この「誰もが自由を生き抜ける社会」は、今、世界のどこにあるでしょうか。ほとんどないかもしれません。とくに、戦争をしている、あるいはさせられている国や地域では、ほとんどの人は「自由を生き抜く」ことができていません。飢え、あるいは病気などに見舞われている地域もそうです。つまり、ほとんどの時代の多くの国や地域の人たちは「自由を生き抜く」ことができていません。

しかしながら、理想としては、誰もが自由を生き抜ける多様な社会の実現をめざしていく。そのために一人ひとりが、その方向を向いてものを考え、議論し、実践していくことが大事だということです。いきなり理想を実現することはできません。今いる場所で何らかの行動を少しでも起こしていく。

そのことを「自由を生き抜く実践知」と呼んでいます【図A】。これが『法政大学憲章』です。ですから、法政大学のダイバーシティは、「自由」と大変深い関係があり、それが今でもずっと受け継がれています。

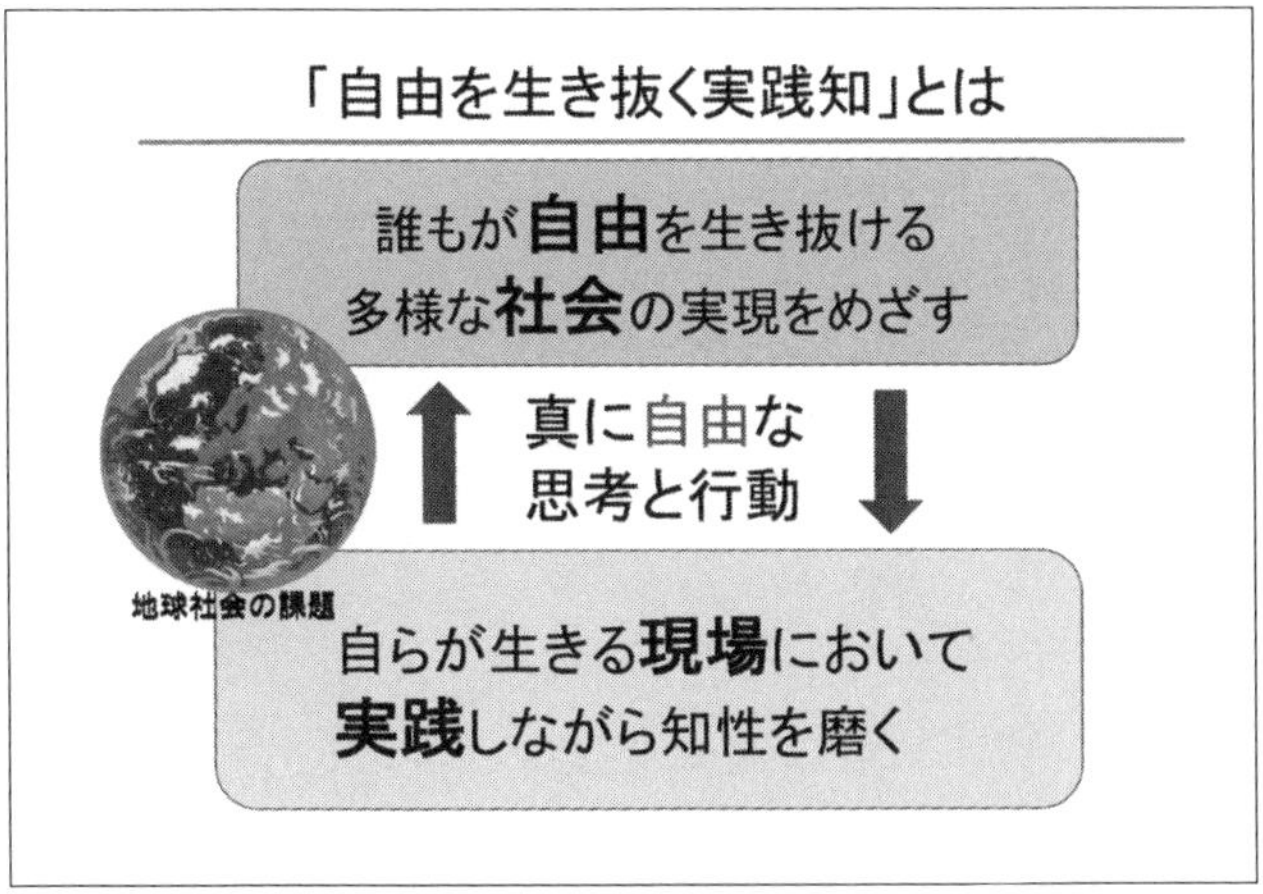

図A

格差を縮め社会を安定させるため

さて、日本のように比較的自由な社会でも格差はあります。「なぜ多様性の包摂が重要なのか」は、格差を縮めて社会を安定させるため、でもあります。差別が戦争を引き起こしたり、社会に混乱を引き起こしたりするのと同じように、格差でも同じことが起こります。格差については、私はとくに女性の間の格差について、いろいろなことを考えてきました。

2021年3月、私は法政大学総長として最後の卒業式、学位授与式の告辞で、ある事例を取り上げました。

その前年に起こった事件です。バス停で眠っていた60代の路上生活の女性が、石を入れた袋で殴られて亡くなった事件です。女性は非正規で働いていた方で、コロナの感染拡大によってその職を奪われ、ホームレスになってしまいました。どんな人生の選択をしても、こういう終わりを迎えるようなことがあってはならない、人間の尊厳をもって生きていける社会が必要なのではないか、ということをお話ししました。

カマラ・ハリス氏が女性初のアメリカ副大統領になり、それから私自身が7年前に総合大学で初めて女性総長になりました。そうやってたしかに女性の社会進出が進んできています。「企業の役員30％を女性にすることを目標にしましょう」「女性の議員を増やしましょう」とも言われています。いろいろなところで、とくにトップの女性について、さまざまな試みがなされて、その必要性が叫ばれていますが、一方で非正規雇用の女性労働者は少しも減りません。女性の非正規雇用率は依然として高いままです。そういう状況で「女性活躍」ばかりを言っていてよいのか。これが本当に「女性活躍」なのかについて、とくに女性の卒業生たちに考えてほしかったのです。

エリート女性になることをめざすと、どうしてもそこしか見えなくなります。他の女性がどういう生き方をせざるをえなくなっているのかを考えから外してしまいがちです。そこに差別が生まれます。女性の間の差別が生まれてきます。それはあってはならないことです。なぜ女性がそういう働き方しかできなくなっているのかについて、正しい認識をもっている必要があります。ですから、最後の卒業式の告辞でその問題意識を伝えました。

このような現在の社会で起こっている問題からも、「多様性の包摂」を考えさせられます。

ジェンダー平等によって社会を豊かにするため

ジェンダー平等も「なぜ多様性の包摂が重要なのか」の理由のひとつです。

私は以前から随分いろいろなところで平塚らいてうについてお話ししています。平塚らいてうが『元始、女性は太陽であった』を書いたのが1911年、もう100年以上前です。1911年当時は、まだ女性は選挙権をもっていなかったのに、〝女性解放とは何なのか〟について、非常に本質的なことを述べています。日本の女性解放運動はすごいと私は思っています。単なる政治運動ではなかった。意識改革でした。女性に対して意識変革を求める運動でした。

実際に、意識改革は起こりました。らいてうたちが青鞜社という会社をつくって『青鞜』という雑誌を出版するのですが、青鞜社にはたくさんの手紙が届き、多くの女性たちが上京してくるという現象が当時起こりました。つまり、たくさんの女性たちが〝自分たちの生き方はこれでいいのだろうか〟と、当時すでに考えていたということです。そのことを考えると、私はやはり今でも女性たちに対して、女性が何らかの言葉を訴え続けることが必要ではないかと思います。

平塚らいてうの場合は、男性になろうということではなく、一番大事なのは「潜める天才を、偉大なる潜在能力を十二分に発揮させることに外ならぬ」、これが「真の自由解放」だと述べています。ここで「天才」という言葉は、才能や個人の中の能力という意味です。この言葉を考えてみると、女性男性関係なく、人間にとっての「真の自由解放」とはそういうものだということです。

そういう意味で、私たちはジェンダー平等を考えていかなければなりません。平塚らいてうは、「我々女性の知識の水平線が男性のそれと同一になったとしたところでそれが何であろう」と言っています。独立の生活ができたといっても、それが本当の自由解放じゃないと述べています。私たちの時代は、職業を得て自立できた女性、学歴を得る女性たちが多くなって、男性と同じになってよかったね、という話でおしまいにしてしまいがちです。ですから、このらいてうの考え方は、日本で最初に起こった女性解放運動なのだけれども、現在でも新しいという気がします。

・女性が自由を生き抜くには

らいてうの言葉を現在の言葉で捉え直すと、女性の自己肯定感が大変重要であること、もうひとつは、家族とは何か女性はきちんと考えておく必要があるということです。

まず自己肯定感から述べると、「基本的自己肯定感」がとても大事です。私たちが混同しがちなのが「社会的自己肯定感」です。成績とか学校の序列、収入、これは相対的な条件なので簡単に崩れます。ですから、社会的自己肯定感ではなくて、自分が自分であるということ、そして自分が潜在的能力をもっているということ、これを理解することが「基本的自己肯定感」です【図B】。基本的自己肯定感は女性はとくにもちづらいと言われています。

・とりわけ低い女性の自己肯定感

総長だった頃のダイバーシティ研修で、ある女性の講師にお話をうかがったところ、男性は60％できると「できた」と言う、女性は１２０％できても「できなかった」と言う、

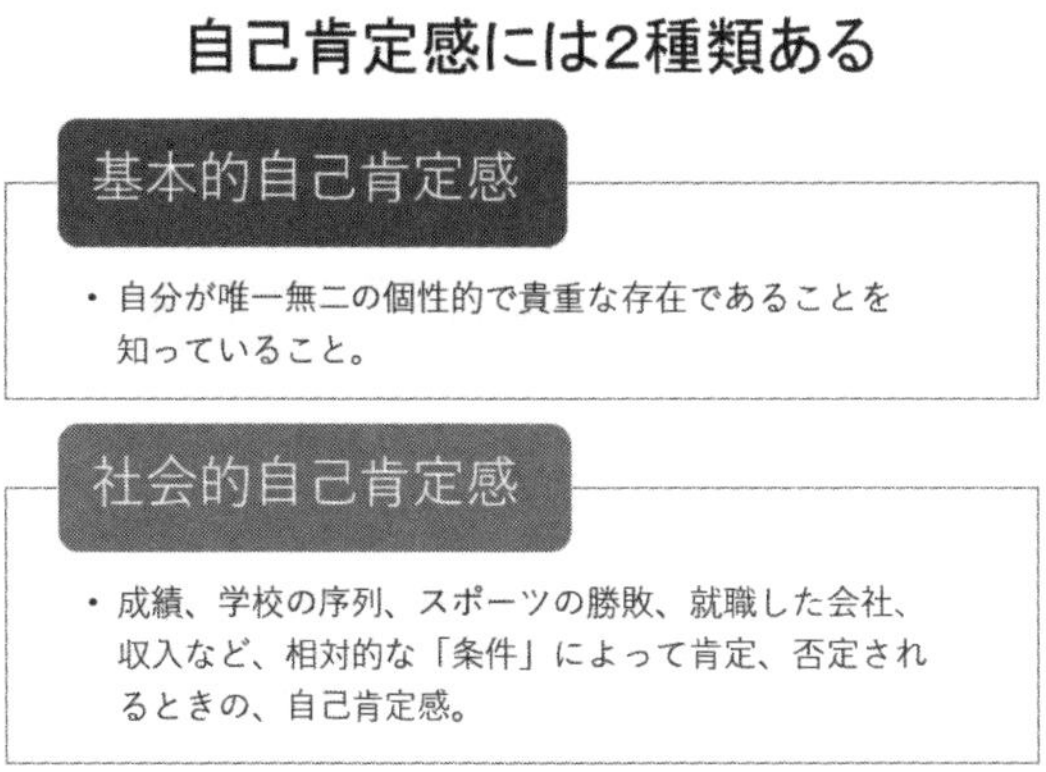
自己肯定感には2種類ある
基本的自己肯定感
・自分が唯一無二の個性的で貴重な存在であることを知っていること。
社会的自己肯定感
・成績、学校の序列、スポーツの勝敗、就職した会社、収入など、相対的な「条件」によって肯定、否定されるときの、自己肯定感。

図B

「最先端の企業でもそうです」とおっしゃっていました。だから、女性は推薦しても自分から断る。理由は「できなかったときに迷惑をかけるから」と言うのだそうです。しかし、できないかどうかは、実際にやってみなければわかりません。

この問題は、私自身も経験者なので知っています。今の自分が引き受けても、今の自分にはできないかもしれない。しかし、その地位についたとたんに、今の自分ではなくなるのです。なぜかというと、見える景色がちがってくるからです。その地位についたときに、自分ができるように猛烈に勉強もし努力もします。いろいろな人の意見を聞き、助けを得ます。獲得しなければならない情報がちがってきます。もちろん、そういうふうにいろいろなことにとりくむと、もう、すぐに今の自分ではなくなります。

つまり、その立場についてみないとわからないのです。ですから〝今の自分には無理だ〟という考え方自体がまちがっているので、女性はそういう考え方をしがちだということを知っているだけで、随分決断の仕方がちがってくると思います。

・基本的自己肯定感を育てるには

自己肯定感の育て方について、尾木直樹先生といっしょに語り合ったことがあります。子どもの頃から自分で選ぶ習慣をつける。自分で目標をつくってそれを達成する。これだけなのです。人から言われて決めないということです。〝〇〇をいつまでやる〟と目標を自分で決めて、「あっ、達成した！」という経験を積み重ねていくことです。約束を守るということでもあります。

・「家族」の固定観念

それから「家族」とは何かのイメージを拡げることについてです。「家族」についての固定観念は、私たちの中に頑強にこびりついていて、それを外していくのは大変なことです。

例えば、私たちの頭の中にある家族制度がいつできたのか、ふり返ってみます。１８７２（明治５）年、「壬申戸籍」というものができました。日本人のほとんどは江戸時代まで苗字をもっていませんでした。武士階級だけが苗字をもっていました。時代劇などで苗字で呼んでいる人が登場しますが、あれは正式なものではありません。屋号だったり、適当に呼んでいるだけのもので、正式に言うと、人口の10％ぐらいを占める武士しか苗字をもっていませんでした。しかも、苗字をもっている武士階級の夫婦は別姓なので、妻は夫の姓を名乗ったりはしませんでした。

ところが、明治になって身分制度がなくなると、〝全員、苗字をもちましょう〟となります。これは戸籍をつくらなければならなかったからです。では、何のために戸籍をつくるのか？　税金のためであれば、もうすでに、寺請制度と言って、江戸時代からお寺が管理している戸籍がありました。ですから税金のためだけではありません。明治になったとたんに、日本は戦争をするようになりました。戦争には兵隊が必要なので徴兵をする。徴兵制度を布きます。そのためにも戸籍が必要だったのです。

そして戸籍に「戸主」という考え方を導入して、「戸主権」をもたせます。非常に強い権限で、大抵の場合、男性が「家父長」になって「戸主権」をもつことになりました。このような家父長制度の下の家族制度が私たちの頭の中にこびりついています。しかし、この戸籍制度ができたときにはまだ、夫婦別姓でした。つまり、全員が苗字をもったのですが、その苗字を夫婦別姓でもっていました。

・選択的夫婦別氏制度について

1898（明治31）年になって、ようやく日本はドイツの真似をして、夫婦同姓になります。これは選択的ではありません（ちなみに、江戸時代も選択的な別姓ではありませんでした。かならず別姓でした）。「かならずどちらかの姓を名乗りなさい」ということで、ほとんどが男性の姓を名乗るようになりました。

ところが1996年、選択的夫婦別氏制度の導入が提言されました。しかし、いまだに実現されていません。現在、日本が最初に真似をしたドイツをはじめ、ヨーロッパ諸国では選択的夫婦別姓になっていますが、日本では別姓制度が認められていません。なぜ実現できないのかを問わなければなりません。

幸せな人を増やすため

この夫婦別姓に加えてもうひとつ、日本でなかなか実現しないのが、同性婚です。ＬＧＢＴの差別禁止法案すら通らない。性的少数者や同性愛、同性婚に対してうしろむきの考え方、否定的な考え方をもっていることははっきりしています。

こうした否定的な考え方について、ニュージーランドの議員のモーリス・ウィリアムソンさんが同国の議会ですばらしい演説をしています。この演説はインターネットを通じて世界中をめぐりました。どんな演説だったかというと、「明日も太陽は昇ります」「住宅ローンは増えません」「寝床にヒキガエルが入ってくることもありません」「世界はそのままです」「この法案は、影響のある人にとってはすばらしいことであり、他の人にとっては何も変わらないのです」。議場が笑いに包まれました。最後に「汝、恐れることなかれ」という言葉で締めくくって、同性婚を認める法案が通りました。

この演説が言っているのは、〝この法律は単に幸せな人を増やすだけです〟〝必要のない人には何の変化もない〟〝あなたがたの生活は何も変わりませんよ〟〝それなのになぜ恐れるのですか〟ということです。

これは今日の日本にも当てはまります。〝選択的夫婦別姓なので、別姓にしたくない人は、どうぞ同姓のままでいてください〟とそれだけのことです。〝同性婚をしたい人はしてください、でもしたくない人はそのままでいてください、何も世の中は変わりません、幸せな人が増えるだけです〟ということです。

これは「多様性の包摂」という意味では、とても重要なキーになるところです。そういう考え方がなぜもてないのか。それは多様性を認めたくないからです。

以上のようなことで、今、私たちがもっている「家族」についての考え方をどのように変えていくか、あるいは、変えたいけど変えられなくなるかもしれませんよ、ということを少しお話ししたいと思います。憲法24条の話です。

・憲法24条に注目

「婚姻は両性の合意のみに基づいて成立し、夫婦が同等の権利を有することを基本として、相互の協力により、維持されなければならない」（傍点は編集者）——これが現行憲法の第24条です。『自民党憲法改正草案』第24条では、これに「家族は、社会の自然かつ基礎的な単位として、尊重される。家族は互いに助け合わなければならない」を加え、そのあとに現行憲法と同じ文章が続くのですが、一か所変えてあります。「合意のみ」の「のみ」をなくしています。

これは非常に大きな問題です。なぜかというと、婚姻、結婚は2人が合意するだけで成立しますと現行憲法は述べています。〝他の人がどんなに反対しようと関係ありません〟と言っているのです。ところが、『自民党憲法改正草案』では「のみ」をとることによって、〝両性の合意に基づいて成立するけど、他の要因もありますよ〟という、〝他の要因〟をいくらでも加えられるような余地をつくっています。

「のみ」を外した理由は、改正草案の条項に加えられた「家族」という言葉です。〝家族が反対したら結婚できませんよ〟と言っているようなものです。このように『自民党憲法改正草案』は「家族」という言葉、「家族」という概念に非常に多くの大きな意味を与えています。

・憲法を読みましょう

憲法をぜひ読んでほしいです。現行憲法の特徴は、「個人」「人権」その「普遍的価値」を世界的・地球的価値として明確に述べています。つまり、人間がめざすべき未来を示しています。「日本人が」ではなく、「人間が」なのです。そういう世界全体の理想とする社会像を表明しています。それに対して、『自民党憲法改正草案』は、天皇を元首として国民の上にいただき、国民は「個人」ではなく「人」になっています。「個人」という言葉が『自民党憲法改正草案』からは消えてなくなり、全部「人」になっています。動物ではなくて人です、と言っているのと同じです(笑)。国の基本的な単位は「家族」になり、憲法の存在理由は「国家を子孫に残す」ことになっています。

現行憲法の第9条は、みなさん、もちろんご存じのことと思います。現在、自民党は憲法改正4項目を出していますが、4項目に挙げられている9条の改正案は、自衛隊を認めるという一文が入っているだけです。しかし『自民党憲法改正草案』には、「国防軍を保持する」という言葉があって、国防軍の条項が入っています。ですから自民党の憲法改正のねらいは4項目だけになったと気をぬかないないほうがよいです。〝4項目になって、自衛隊が認められました。じゃあその次は!〟ということになります。憲法改正のハードルをより下げていくのが4項目なので、それを実現させたら、国防軍へと進んでいくでしょう。そうした方向で改正が進められていく可能性があります。

・現行憲法前文

憲法の前文は、先ほども述べたように、憲法のめざしている社会像を非常に明確に表すものです。現行憲法の前文は、「人類普遍の原理」を謳っています。「恒久の平和を念願し、人間相互の関係を支配する崇高な理想を深く自覚する」、日本国民はそれを深く自覚すると言っています。そして、「全世界の国民が、ひとしく恐怖と欠乏から免かれ、平和のうちに生存する権利を有することを確認する」「政治道徳の法則は、普遍的なものであり……」、つまり全世界の国民、人類普遍の原理をはっきりと宣言しています。世界全体のことを考える、そういう社会像をもっているのが現行憲法の前文なのです。

・自民党憲法改正草案前文

それに対して『自民党憲法改正法案』の前文は、「日本国」という主語ではじまります。「国民」ではないのです。まず「国」が主語になっている。そしてその「国」は「天皇を戴く国家」です。そして、中ごろに「和を尊び、家族や社会全体が互いに助け合って国家を形成する」こと、「美しい国土」を守り、「活力ある経済活動を通じて国を成長させる」とあります。国の成長とは経済活動のことです。そして最後に「日本国民は、良き伝統と我々の国家を末永く子孫に継承するため、ここに、この憲法を制定する」、つまり、憲法は子孫のためにある。子孫に継承するためにある。だから家族をつくらなきゃならない。そういう流れです。

・ピッタリと重なる自民党と旧統一教会の価値観

安倍元首相の銃撃事件にかかわって、旧統一教会のことが次々と明らかになっているのはご存じの通りだと思います。なぜ自民党と旧統一教会なのかということのカギが、この「家族」という考え方とつながってきます。つまり「家庭」です。報道でご存じのように、旧統一教会は、「勝共連合」といって共産主義に対抗するために、政治団体との関係の中でつくられた宗教団体です。しかし冷戦構造が終わり、世界が変化していく中で軸をずらしていきました。

それが「家族」でした。「家族主義」「家」中心主義ということです。ここで言っている「家族」とは、いろいろな人が集まって共同体をつくっている、という意味の家族ではありません。先ほどの『自民党憲法改正草案』にみられるように、男性がいて女性がいて、結婚をして子どもを生んで子孫をつくるということです。つまり、子孫が非常に重要になっている。そして子孫が重要であるということは、先祖も重要なのです。旧統一教会が先祖の怨念をはらす、はらしてあげますよ、という名目で、信者からどんどんお金を吸収していたことも報道でご存じだろうと思いますが、つまり先祖と子孫をもった上での家族観です。この点が自民党の社会像と、旧統一教会の教義とがピッタリと重なるところです。ですから、お金や選挙での票の問題というよりも、価値観が一致している。そのことを私たちは知っておく必要があります。

自民党の憲法改正のねらいが最初は4項目であっても、改憲に一歩踏み出すことは、「家族」を中心とする国家に向けて、私たちが歩み出すことを意味しています。もちろん「それでいいのだ」と考えることは個人の判断ですが、そのことを知っておかないと、思いも寄らぬ間にそういう社会にもっていかれる可能性があります。それは大変こわいことだと思います。『自民党憲法改正草案』がどういうイデオロギーをもっているのか？　自民党イデオロギーというのは何なのか？　ということを十分に知る必要があります。

私たちは投票をするときには、最低限の知識をもっていなければなりません。それは政治や法律についての細かい知識である必要はなくて、むしろ政党がもっている価値観や社会像であったりするものです。幸いなことに、自民党はそれを非常に明確に出しています。私たちには判断する材料があるということです。今回の事件でもっと明確に、この「家族」という問題を出してくれました。私たちはそういう社会でよいのかどうかを自分の考え方として固めていく必要があるだろうと思います。

江戸時代、270年間の平和と循環システム

ここから江戸時代について少しだけお話しします。江戸時代のことをこの講演の内容に入れることには理由があります。270年間戦争をしなかっただけではなくて、「循環システム」をこの時代につくりあげていたのです。私たちのこの日本列島の中で経済を完結させるためには、「循環」ということが非常に重要です。「循環」という考え方は、江戸時代を維持していく上で必要だったのですが、実は現在も必要になっている。私たちはここから学ぶことがあるのではないかと考えています。

・江戸時代とは

江戸時代は、大航海時代という言葉をご存じだと思いますが、グローバリゼーションの中で生まれた時代です。植民地化されるかもしれなかった時代であり、自分たちも外国を植民地にする可能性がありました。実際に秀吉がアジア全体を植民地化しようとしました。しかし、負けて帰ってきます。その敗北をきっかけにして江戸時代が生まれ、〝もうこれ以上、外国とは戦争をしない〟ということを江戸時代の体制は選びます。それと同時に、それまで日本国内はずっと内戦状態でしたが、内戦を終結させることも決断します。そのために参勤交代という新しいシステムをつくりました。ヨーロッパとの通商関係も結び、周辺諸国の、とくに秀吉が侵略した朝鮮王朝とは外交関係をしっかり結び直します。また中国の文物をもたらしてくれる琉球王国、今の沖縄県とも外交関係を結びます。そのような外交をきちんとおこないながら、しかし「もの」については単に輸出して売るということはしませんでした。

当時の日本は輸入依存で、まだものづくりができない状態でした。つまり、インドと中国という、世界で最も優れたものをつくっている国から輸入してしまうと、自分たちでものをつくらなくなります。また、日本は銀で支払っていたのですが、その銀が中米のメキシコや南米のペルーからスペインの船で太平洋を渡ってアジアに入るようになったことで、日本は競争力がなくなり、お金がなくなっていきます。

そういう背景があって、江戸時代の日本は新しい時代をつくらなければなりませんでした。現在の日本社会が直面する問題を考えさせられるような事態です。つまり経済力がなくなってきた日本は何をしたらいいのかということです。このとき江戸時代の体制は、もはや海外進出をして何とかしようとは、もう考えませんでした。それが不可能なので、大変な

事態になることもわかっていました。ですから、輸入を少なくするという判断をしたのです。つまり、多くの銀や銅を貿易の決済にまだ使っていましたが、銀や銅をどんどん支払って買い物をするのではなく、自分たちでものをつくる、ものづくりの国へと出発しました。中国やインドという模範になる国から入ってくるものを、自分たちの技術として見習っていくことによって、新しいものづくりの国をつくることを決断します。

ものづくりの国に向かうと同時に、教育の国にもなろうとします。武士の子弟たちに本格的な教育をする。これは国際的に生きていくためにも大事でした。東アジアにおける国際的な教養です。

子どもたちのために、未来を生きていく若者たちのために

このようにして、江戸時代は再出発しました。日本は戦争に負けることによって新たに出発するということを、古代から何回かくり返しています。

再出発するためには価値観の転換が必要です。今まで通りに右肩上がりというわけにはいかないことをわきまえる、知っているということです。同時に、新しい国をつくるにはどうしたらいいかを考える。今の日本でいうと、もし周囲で戦争が起こった場合に、一番問題になるのは物流です。日本のように食料自給率が低い国は、どのようにして生きのびていくかが、非常に大きな問題になります。その問題を見越しておけば、江戸時代と同じ方法、つまり資源を循環させながら自分たちで食糧その他のものづくりをおこなっていく国を構想することができるはずです。お金を軍事に使うのではなくて、むしろ新しいものづくりの国を再出発させるために使う。それが、これからの日本に必要な決断になっていくのではないかと私は考えています。

憲法をはじめとして、今のこの状況の中で、日本がどのような方向に進むことが子どもたちのためになるのか、未来を生きていく若者たちのためになるのか、ということを真剣に、お互いに考えていきたいと思います。どうもありがとうございました。

質疑応答

――「家族」第一という自民党の考え方は、どこからきているのでしょうか。

自民党の議員さんが新聞のインタビューで答えている中で、「マルクス主義は家族を大事にしない」と言っています。別

にマルクス主義が「家族」について何かを述べているのではなくて、おそらく何となくそう思っている程度の話だと思います。マルクス主義、共産主義に対峙するために、家族主義を掲げている可能性がある。非常に大きな勘違いですが。

もう一つは、戦前の日本との連続性です。例えば「日本を取り戻す」という言葉があります。その「日本」とは何を指しているのか？　よくわかりませんが、戦争に負ける前の日本、つまり戦前の日本を指しているのでしょう。そうすると、明治維新から戦前に至るまでの日本にもう一度戻ることを目標にしているのだと思うのです。これは時代錯誤＝アナクロニズムと言って、非常におかしな考えだと思います。

なぜかというと、世界はどんどん変化していて、科学でわかってきたことがたくさんあります。それと同時に、多くの人たちがいろいろな立場をもっており、まさに多様性の世界が明らかになり、そういうことが大事だという認識が進んでいます。女性の能力についてもわかってきた。いろいろと変化が起きているにもかかわらず、戦前のような「家族」の理念に戻ろうとするのは、おそらく昔の強い日本に戻りたいということだと思いますが、これはロシアのプーチンさんの「昔のソ連に戻りたい」と言うのと、とてもよく似た考え方です。あまりにも単純すぎて、不思議な気がします。自民党の人たちは、世界にどういう変化が起きているのかを学ぶことをしていないのではないでしょうか。

――「こども家庭庁設置法」と「こども基本法」が成立しました。最初の「こども庁」が「こども家庭庁」になり、「子育ての基本は家庭である」と書き込まれましたが、そのことも今のお話と関係がありますか。

「こども家庭庁」の問題は、子どものための省庁なのに、本当におかしいと思います。まさに、自民党の「家庭」についての考え方、戦前の「家族」を中心とした国家づくりをしようとしているという意図がはっきり反映されていると思います。

――文科省や内閣府、経済産業省などは、「教室の中には多様な子どもがいるから、一人の教員の一斉授業には限界がある。ICTを使って、その子にあわせた教育をすることが多様性を伸ばすことになる」と言います。しかし、お話しいただいたように、多様性の包摂には議論することや互いに認め合うことが大事だと思います。行政が出している「多様性の教育」について、どのように思われますか。

またご用意いただいたスライドの中に、江戸時代の寺子屋の絵があります【図C】。子どもたちが思い思いのほうを向いて座っていて、遊んでいる子もいます。この絵は歴史の教科書や資料集にも載っていて、江戸時代の農民や町人の子たちはこんなふうに読み書きを習っていたと、授業で話しています。机の置き方がバラバラなので、「先生、寺子屋って学級崩壊しているよ！」という子もいました。この絵についてどんなお話をされる予定だったのでしょうか。

　机をバラバラに置いている理由を考えさせたらよかったですね。この机は自分の机です。子どもが入学する時に自分で持って来て、卒業する時に持って帰ります。親が買ってくれたとても大事な、自分の机ですから、自分の好きなところに置いてよいのです。当時は電気がない。窓はありますが、明かりがどこにさすかはその日によってちがうので、明るいところに机を置く。また、仲のよい子どもの近くに置きたい。それについて先生は一切口を出しません。自分の机は、自分の好きな所に置いてよいのです。

　それから当時は個人教育です。年齢もレベルもちがう子どもが入ってくるので、それに合わせて教科書を変えます。極端に言うと、一つの寺子屋の中で全員がちがう教科書を使っていることもあります。「今日、あなたはここからここまでね」とそれぞれに課題を出して添削する。そのくり返しです。課題が終わった子は少し暇になって、他の子と遊び始める。

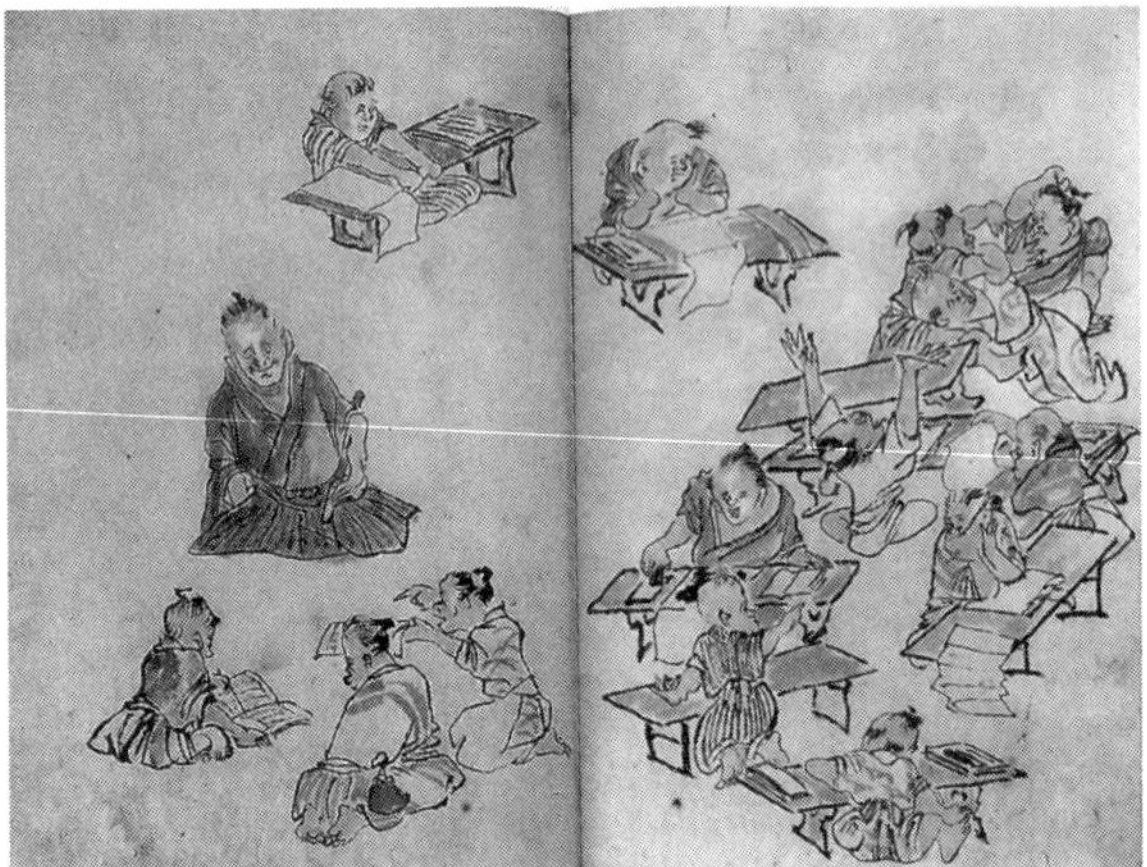

図C　1818年　渡辺崋山『一掃百態・寺子屋』（愛知・田原町蔵）

それを規制する必要があるかというと、その必要はないと判断しているのです。女の子の寺子屋の絵もありますが、それも同じです。集団を規制する必要がないのです。

　子どもだけではなく、大人の世界もそうです。規律について、近代社会のような考え方をしないのです。例えば、歩き方。当時は行進ができない歩き方をしていました。「ナンバ歩き」と言いますが、近代になって軍隊をつくる時に、日本人は一斉に歩けませんでした。そのために軍隊の行進の仕方を教えるのに大変苦労をしたという話を聞いて、私は「なるほど、学校に運動会があったり朝礼があったりするのは、そのせいか」と思いました。規律というのは、教えなければ身につかない。でも、戦争がない江戸時代には、規律を身につける必要がない。例えばその子が丁稚奉公で店に入ったりします。その時にその店の規律はあります。でもそれは、その店が決めることで、寺子屋が決めることではないのです。

それから、教科書はそれぞれの地域によってちがいます。子どもによってちがうだけでなくて、例えば商売人の多い江戸の中心部では、「商売往来」という手紙文でできた教科書を使います。コミュニケーション能力が必要だからです。手紙が書ける・読めることは大事で、中世までは字体の統一はなかったのですが、江戸時代に入って御家（おいえ）流という字体に統一されました。どんなに遠い所から来ても手紙が読める・書けるようにするためです。それは、農業をする上でも商業をする上でも大変重要で、商売用の言葉、農業に必要な言葉、職人さんに必要な言葉をイラスト入りで学びました。あとは算術です。そのように、生きていくために必要な能力を身につけるのが寺子屋なので、規律を身につける必要はないということです。そこが、近代の教育との大きなちがいだと思います。

子どもたちはどう感じるかというと、楽しいのです。なぜなら、寺子屋は遊べる所だからです。他の文献を見ても、寺子屋の終わりの時間になって一旦帰って来るのですが、「また行きたい」と戻ってくる。友だちといっしょにお昼を食べるから、お母さんがお弁当つくったりとか、そんなことが書いてあったりします。楽しいから行く、というのはすごく重要なことです。

しかし、遠くまでは行かないです。例えば東京都町田市相原、以前の相原村ですが、相原村は、上相原、中相原、下相原と分かれていて、相原村だけで5つの寺子屋がありました。相原駅の近くにある医院は、江戸時代は蘭学医でしたが、寺子屋も開いていて漢文の教育もしていました。そういうレベルの高い所もあって、子どもたちは、歩いて行かれる範囲で、好きな所に行けばよかったのです。

ですから、「一人ひとりにあわせて」というのはその通りだと思いますが、タブレットさえ与えておけばそうなるというものではありません。何かを教わる時に、それぞれレベルがちがうから、それに合わせて教わったほうがよいのかもしれない。でも、本当はそのあとが大事なのです。「タブレット閉じましょうね」と言って、「あなたはこれについて何を考え、どう思ったか」と、自分の言葉にする段階が必要です。

子どもにも議論する能力は必要だと思います。投票年齢が18歳になって、それまでに自分の考えを持っている必要がありますが、今はぜんぜん間に合っていないです。社会と政治がどうなっているのかわからない。なぜかというと、受け身で知識を覚えても、自分の知識にならないからです。自分でしゃべってみて、「それ何?」と聞かれて、答えなければならない。そういうやりとりが必要です。子ども同士のやりとりの中で、「自分はこんなこともわかっていなかったのか」「ここまでしゃべれるんだ」とか、しゃべってみて「自分はこう考えていたんだ」と気づいたり、人の考えを聞いて「それ嫌だな」「それはいいな」と思ったり、ということを通して自分を探っていく。そのプロセスがとても大事です。私はタブレットに反対ではありませんが、プラスαが必要だと思います。

――「基本的自己肯定感」について、男性と女性のちがいを先生ご自身が感じる場面があったと言われましたが、よろしければ具体的に教えていただけますか。

自己肯定感というか、「やってみませんか」「やってくれませんか」という声がかかった時にどうするかということです。ある地位につくということは、責任をとらなければならないから厄介なのです。また、地位が上がって良さそうに見えるけれど、大してお給料は増えません。大学もそうです。私は総長でしたが、基本給は普通の教員と同じで、総長手当がつくだけです。企業でも同じようなものです。そうすると「何のメリットもないじゃない」というような声を、特に女性からよく聞きます。それで断る人もいます。でも私は「引き受けたほうがいい」とかならず言うのです。なぜかというと、かならず成長するからです。ずっと同じことを続けるのでなく、ちがう場所に立つことになるので、ちがうことを学ばなければなりません。教員として自分の専門をやり続けていればいいだけだったものが、学部長になると、学部の議論をまとめて学部長会議に出なければなりません。そうすると、他の学部長がいて、他の学部の議論が紹介されたり、議論が起こったりします。総長や理事たちがいて、その立場の話も聞こえてくる。そうすると、「こんなことを考えている学部もあるんだ」「こういう観点があるんだ」「こういう事件が起きているんだ」とか、いろいろな情報が入ってきて、大学が今どうなっているのか初めてわかります。そうすると、情報や学びにおいて何が足りないかがわかってきて、そこを重点的に勉強しようということになります。

総長になる時は、そういう経験があったから断らなかった。そして他の大学の学長がいる会議に出るようになると、他の大学で何が起こっているか、あるいは海外の大学はどうなっているのか、世界情勢がどうなっているか、なども知らなければならない。「だから、やったほうがいい」「お給料は少ないけれど、学びは多いよ」と言います。自分の成長や、学ぶことに好奇心や意欲のある人はぜひやったほうがいいと思っています。

――今の日本社会の課題を考えた時、憲法の問題にしても、きな臭いほうにいきそうな感じです。そうした中で子どもと向き合っていく学校の先生たちや教育関係者に何が問われているのか、メッセージをお願いしたいです。

困難な時代だからこそ、今までのような価値基準で考えないほうがいいです。「経済成長しなければならない」といったことを子どもたちに伝えるのは、もうやめたほうがいい。もっと大事なことがある。一人ひとりが自分の能力や個性をどう伸ばしていけるのか、それをいっしょに考えていく時代になっていると思います。なぜなら、何が起こるかわからないからです。これまでと同じように進むのであれば同じような能力しか必要ないですが、何が起こるかわからない時には思わぬ能力が必要になったりします。その時こそ、多様性の強さが出てきます。社会はかならず変わっていきます。地球そのものが変わってしまうかもしれない。その時、今まで誰も注目しなかったような能力が必要になってくるのです。

今日はふれませんでしたが、「ニューロ・ダイバーシティ」という言葉があります。神経の多様性です。情報が入ってくる、その段階に個性があるという意味です。ある情報を、みんなが同じように受け取っているかというとそうではなく、同じ情報でもちがう受け取り方をしているのです。たとえば発達障害の方たちは、表現など「アウトプットの仕方がちがう」と勘違いしてしまうのですが、実はその手前の「受け入れ方がちがう」のです。それは受け入れ方の多様性であって、多くの人が感じない、すごく大事なことを感じている可能性があります。アメリカのＩＴ産業では、発達障害という言葉は存在しないぐらい、そういう方たちが新しい領域を開拓しています。シリコンバレーなど、まさにそうです。日本ではそこがとても遅れています。だから、「多様性」ということをもっと真剣に考えないと、日本は次の時代に進めないと思います。能力についての考え方が狭すぎる。それがメッセージです。

教育フォーラム

現地企画

教育フォーラムA

どの子にも豊かな「子ども時代」を

冒頭、コーディネーターの神代洋一さん（明星大学）から、フォーラムの趣旨と課題について以下のような提案がありました。

3つの実践から「子ども時代」について考える

2019年、国連子どもの権利委員会は、日本の教育・子育てに大きな警鐘を鳴らしました。

それは、「社会の競争的な性格によって子ども時代と発達が害されることなく、子どもがその子ども時代を享受することを確保する」ことであり、「あまりにも競争的な制度をふくむストレスフルな学校環境から子どもを解放する」ということでした。

そのためには、何よりも「子どもの最善の利益」が考慮され、子どもがその意見を聴かれる権利を保障するとともに「子どもの力を伸ばし発揮させるような参加を積極的に促進」することが必要だとしました。

コロナパンデミックの2020年4月の委員会声明では、「子どもの最善の利益の保障」「31条（休息・余暇・遊び）の諸権利の保障」「栄養ある食事の保障」「子どもの意見の考慮」などを各国に求めました。

「子ども時代」は単に大人になるための通過点ではなく、固有の価値を持つ意義ある「時代」です。その中心には権利条約31条の諸権利が置かれるべきであり、中でも、競争や課題、義務や刺激のない時間と空間が必要です。また、子どもたちが意見表明権（12条）や集会・結社の自由（15条）などの権利を自覚的に使い、自ら子ども時代を築いていくことを志向した実践となっているかについても考えなければなりません。

これらの点を踏まえ、3つの実践〜「食を通して見えてきた子ども・家庭・地域」「学校でも家庭でもないサードプレイスで見えた子どもの姿と学生の役割」「自分らしく居ることができ、意見を言い合って生活をつくる少年団の魅力とコロナ禍のとりくみ」～を切り口にフォーラムのテーマを深め合いたいと思います。

〝ふうわり〟できる小さな場がいっぱいあったら

栄養職員の北村真知子さんは、コロナで休校となった時も、家にいることができない子に給食だけは提供しよう、いつも通りの給食をと努力してきました。以前から、和食を苦手と感じる子も多く、食べ物や料理の名前を知らない大人も少なくないことから、「場を共有して食べる学校給食」を通して経験の幅を広げてほしいと願い、免疫力を高め、病気になりにくい食事のあり方を発信してきました。

一方、住民としては、近所の子どもたちのことを知らず、子どもたちも自分のことは知らないだろうし、教職員の多忙化で子ども一人ひとりとその背景（家族や環境）をじっくり見る余裕もなかったと言います。

そうした悩みを溶かすヒントになったのは、友人が行っている「子ども食堂」に、「美味しいものを作ってくれるおばさん」の一人になって参加したことでした。

みんなでつくって食べる楽しさ、誰かに会えるという期待、嫌いと思っていたものでもみんなといっしょだと食べられる、中学生になってフラッと現れる子もいる、誰もがそんな場と時間を待っていてくれている。温かい食べ物があるところには、〝ふうわり〟とした雰囲気があることを感じ、そういう「小さな場」がいっぱいあったらいいと願うようになりました。

「聞いてほしい」「見てほしい」という思いに寄り添う

大学4年生の森野純夏さんは、学生仲間と「だがしやふぃーか」をコロナ禍の2021年5月に開設しました。毎週水・金・土の放課後にオープンし、一日30～40人の利用がありります。ふぃーかの基本理念は「学校・家庭以外の大人との信頼関係を築ける、遊び場」です。「成績や能力に関係なく誰もが自分自身を確かに受けとめてもらえる場」「家族に求められている機能を地域でも果たせるようにする」ことを大切にしています。

このような場を立ち上げようと思ったのは、「子どものしんどいをおきざりにしない社会」をつくりたいからです。学校も家族も崩壊していく中で、地域にはさまざまな施設や制度があるけれど、子ども自身がそれらを知らなかったり、「支援される人」だと思っていなかったり、「支援と子どもが結びつかない実態」があり、「人に頼る」ということを主体化できない現実があることに気づき、「子どもの日常で出会い、遊びや何気ない会話を通して、子どもの内面に寄り添っていきたい」と考え、スタッフ同士でのリフレクションを通して子ども理解を深めてきました。

実践を通して、子どもたちは「聞いてほしい」「私を見てほしい」という思いをたくさん持っていることを知ったと森野さんは言います。

「子どもが主人公」の子ども時代をつくること

大阪少年少女センターの中村健二さんは、小5の時に参加したキャンプファイヤーで、大声で歌い、踊り、叫ぶことを心から楽しんでいる「初めての自分」に気づき、それをきっかけに、「子どもが主人公」の少年団を地域の仲間たちと結成します。

「みんなが楽しめることを話し合って決めておこなう」「自分の意見を言う」ことを実体験としてつなげていくことで「自分の頭で考える」姿勢が育ったと中村さんは言います。

現在は、保護者として、大阪少年少女センターの事務局をしている中村さん。コロナ禍で、子どもたちの成長の節となり糧となっている少年団やキャンプ活動がおこなえなくなりました。しかし、「子どもたちがしんどい時に子どもたちの楽しみの場をつくれないのはおかしい」と考え、子ども、青年、保護者、みんなの意見を聴き、活動の意義や新型コロナについての学びをくり返して、キャンプを実施することを決断しました。

感染の波が大きくなる中で、ようやく1泊のキャンプを実施することができましたが、短期間のキャンプでは、「失敗することができない」ため、失敗・成功のくり返しの中で、「自分たちが作っていく」という実感を持てるような「波が作れない」残念さも感じたそうです。

コロナ前から「子ども時代」が奪われていた

参加者からは、「学校が教科とともに暮らしを学ぶ場であることに気づかされた」「コロナ以前から『子ども時代』が失われていたということに改めて気づいた」「『学校教育からの解放』と言うことを『放任』ととらえる人たちにどう伝えたら良いのかを知りたい」などの意見が出されました。

しんどさを語り合い、つながりあって「子ども時代」の伴走者に

意見交換を受け、コーディネーターから以下のまとめがありました。

学校も家庭も地域もますます矛盾が深まり、教師も子どもも親も「しんどい思い」を抱えながら日々の生活を楽しいものにしていこうと努力しています。3人のシンポジストの報告から見えるのは、そうした現実を受け止めつつ、子どもの声を聴き、認め合い、子どもの権利を尊重したかかわりを深めようとすることがゆたかな子ども時代を保障するベースに

なると言うことです。

それは、「ありのままに〝ふうわり〟といられる場」であったり、「おいしいものを食べてホッとできる場」であったり、「一人ひとりの声から『こんなことやってみたいね』と心とからだが動き出す場」を子どもたちとつくることでした。

一人の市民・住民として「ゆたかな子ども時代」をつくろうとする子どもたちの伴走者になることが私たちの課題です。

〔神代洋一〕

教育フォーラムB

「GIGAスクール構想・教育DXをジャックせよ！」

コーディネーターの鈴木大裕さん（教育研究者）が、ICTの活用を目的化させて、子どもの学びも教師の仕事も大きく変えてしまおうとしている「GIGAスクール構想」「教育DX」について、「大事なことはこの議論の主導権をいかに現場が握るか」であるとして、「どうしたらこの議論をリードしていけるか、みんなで考えよう」と問題提起しました。

吉田典裕さん（出版労連）は、「GIGAスクール構想」は2030年をゴールとする「教育DX」の入口に過ぎないと切り出し、デジタル教科書・教材のデータ量が学校の通信容量を超えており、デジタル化が当初の計画より遅れていること、ライセンス関連の事務処理の大変さ、検定や採択等さまざまな問題が生じているにもかかわらず、経済界からの圧力によって進められている現状を語り、〝ツールとしての位置づけ〟を呼びかけました。

濱田里美さん（香川・小）は、何度か選択し直せば正解にたどり着けるAIドリルについて、「考えなくてもいいから好き」と言った子の例をあげ、「子どもの考える力や観察する力を奪うことはないか」と問題提起しました。また、研修の場で、「（授業支援ソフトで子どもの答えを電子黒板に集約すれば）机間巡視は必要ない」と言われたことについて、「子どもの微妙な変化をどうやってつかむのか」「端末があれば教師はいらないと言われている気がする」と批判しました。

さまざまな場面でICTを活用してきた経験から、「有効に使うにはメリット・デメリットを理解することが大切。教師が長年の経験や自主的な研修で培ってきた教育の本質をICTで代用しようとする風潮がある。人を育て、学びをサポートできるのは、やはり人の温もりではないか」と語りました。

覚道康代さん（大阪・小）は、大阪市で導入された「児童生徒ボード」について報告しました。子どもの名前、写真に加えて出欠席と健康の記録、成績、担任のコメントが蓄積されます。毎朝、「晴・曇・雨・雷」から選んで子どもが入力する「心の天気」について、「雷が一番カッコええから、毎日雷や」と言った2年生の例を紹介し、「人を見ないでデータで人を判断しようとすることの過ちと問題点があると思う」と述べました。また、個人データを「利活用」できるよう条例を改定し、成績や家庭の経済状況を集約する「子ども見守りシステム」と、教室に4台のカメラをつけて授業中の子どもと教師の動きをAIが解析して「授業改善に役立てる」事業を試行している箕面市の例を挙げ、個人情報保護について問題提起しました。

池田亮子さん（東京・新婦人）は、休校中のオンライン授業に、不登校気味になっていた友だちが顔を見せてくれたこと、私立の学校では自費で端末を用意しなければならないこと、保護者会がほとんどオンラインなので、保護者同士のつながりが希薄になってしまったこと、端末を持ち帰った子どもが、フィルターを外してゲーム三昧になっていることなど、子どもと家庭の様子を語りました。

また、都立高入試への英語スピーキングテスト導入反対の声が急速に広がっていると報告しました。テストは民間企業に〝丸投げ〟。事前登録が始まった途端に個人情報の流出を危惧する声があがるとともに、家庭や自治体の経済的な格差が教育格差に直結してしまうことへの批判が強まり、大きな運動になっています。

高知の小笠原秀春さんは、「離島を除いて全国で二番目に小さい自治体」の小学校で、端末を活用しながら子どもたちのゆかたな学びをつくり出してきた実践を報告しました。ICT教育の指定を受けて、2015年度から一人1台の端末が導入されていたので、休校中も課題を出したり発表したりして、つながり合うことができました。再開後も宿題や授業で、長期休業中は子どもの様子の把握や連絡に活用しました。校庭に村ぐるみ1500人が集まる「謝肉祭」の準備は、児童会や生徒会が端末を使って会議を開き、入学式や卒業式も動画配信します。外国から短期留学していた子が帰国後、写真を送信したり、日本の授業の様子を送り返したりなど、多様な使い方が紹介されました。

会場に122人、オンラインを合わせて272人が参加しました。以下、討論の概要です。

○分度器を使う授業。子どもが目の前にいれば「こうすればいい」と言えるが、遠隔では無理。2022年の1年生は昨年の6年生の端末の使い回し。いつまで続くのか不安（小学校教員）。

○教師が子どもと肌感覚でふれ合うことを大事にする教育が学校から失われつつあるのではないか。ICT以前の問題。子どもとどんなふうにかかわっていきたいのか、それを考えるところから始めたい（小学校教員）。

○ICT一辺倒で黒板が使えない教師、筆圧が弱まり、長い文章が書けなくなっている子どもなど、懸念材料がある。アナログの基本があり、それで力をつけた上でデジタルをどう使いこなすのか、ではないか。（大学教員）。

○教育の脱技能化、教師の教えのテクニック化・商品化が進んでいる。経産省「未来の教室」の事務局はアメリカの公教育の民営化に一役買った企業。注意しつつ、〝アンチ〟ではなく、人格の完成をめざす教育にいかに役立てていけるかの視点を大事に（研究者）。

○問題は、現場教員ではなく文科省の「構想」であること。教師としてやりがいを感じ、意味があると思ってやっていることが、奪われてしまうのは危険。この「構想」がどこに向かっているのか学習し、子どもの発達保障の立場で考えたい（小学校教員）。
○教育産業は「それでは大学に受かりませんよ」と、マウント商法で入ってくる。影響力を広げて値段を上げる。学校が、そうしたビジネスの草刈り場にされてしまうのではないか（高校教員）。
○ソフトやデータに頼っていると、そのサービスがあるかないかで教育が左右されてしまう。数字による基準を押しつけられ、それにあった教師でないと生き残れない。人と人とのつながりを大事に。教育に必要なものは何なのか、立ち戻って考えたい（中学校教員）。
○どのようなデータが収集され、どのように活用されるのか、まったく不明確。契約抜きで入り込んでいることも問題だ（教育研究者）。
○「誰一人取り残さない」「個別最適」と言うのであれば、端末を使う子がいてもいいし、使わない子がいてもいい。行政の言葉を使って切り返す方法もあるのでは（高校教員）。
○本来、教師の仕事は楽しくておもしろいもの。ＩＣＴ化はそれを奪い取ってしまう。教師の仕事の醍醐味を次の世代に伝えながら、助け合って、ＩＣＴに「使われる」のではなく、上手に使っていきたい（濱田さん）。
○今日のような議論の中に教育の本質があると思う。国内だけでなく、海外のＩＴ企業が日本の教育の市場化を企んでいる。デジタル化をどう「ジャック」するのか、知恵を出し合おう（吉田さん）。
○保護者と先生が本音で向き合うことの大切さを学んだ。「相手が大きすぎて」と思っていたが、「おかしい」と思ったことに声を上げ、行動することで動かしていける。教育ＤＸにも主体的にとりくみたい（池田さん）。
○できる範囲で積極的に活用する。そのためには環境整備が不可欠。それを言い続ける。ルールをつくって文房具のように活用しよう（小笠原さん）。
○データで人間を判断するのはまちがい。小笠原さんの実践にほっこり。少人数教育のよさでもあると思う（覚道さん）。
○それにとらわれないことが「ジャック」することかな。使うことを目的化する貧弱な教育観をどう克服するか。我々の側の「構想」を打ち出そう（鈴木さん）。

その他、オンライン上で、高校生の端末の負担について「なぜ県によってちがいがあるのか。国が責任を持つべきだ」「学校が教育データの収集場になってしまってはならない」など、活発な意見が交流されました。

（糀谷陽子）

教育フォーラムC

子どもの「多様性」を尊重するとは
～「みんなちがってみんないい」を考える～

これまで「多様性を尊重する」ということばは、学校教育や教育政策が押しつけてきた「こうあるべき」からの解放という文脈で語られてきました。金子みすゞの『私と小鳥と鈴と』の「みんなちがってみんないい」も「ありのままでいい」というメッセージとして魅力的です。今回の「教育のつどい」の全体会の田中優子さんの記念講演「多様性を包み込む社会へ」でも、多様性を包み込むことが平和な社会をつくりだすことと直結していることが語られていました。

近年では、少子高齢化、気候危機など地球規模で世界そのものの持続可能性が問われている中で、「多様性と包摂性」が政策課題として語られるようになっています。日本の教育政策でも、たとえば中教審答申「『令和の日本型学校教育』の構築を目指して」で、「多様化する子供たちに対応して個別最適な学びを実現しながら、学校の多様性と包摂性を高めることが必要である。その際、現状の学校教育における個の確立と異質な他者との対話を促すことに弱さがあるとの指摘も踏まえ、一人一人の内的なニーズや自発性に応じた多様化を軸にした学校文化となり、子供たちの個性が生きるよう、個別化と協働化を適切に組み合わせた学習を実施していくべきである」と「個別最適な学び」と「協働的な学び」を関連させています。しかし、「GIGAスクール構想」などの政策は「個別最適な学び」をより重視する傾向があり、「多様性の尊重」の名のもとに公教育の市場化を進め、「みんなちがってみんないい」も教育への公的な責任の放棄を正当化してしまう恐れがあるのではないでしょうか。また、「多様性」をあたかも「少数派」と同義であるかのように捉えてしまうと、「多様性と包摂性」に込められている「対等性」ということが見えにくくなってしまうのではないでしょうか。このような問題意識をコーディネーターの中村雅子さん（桜美林大学）の基調報告で共有し、あらためて子どもの多様性を尊重するとはどういうことか、3人のシンポジストの経験にもとづく語りを通じて、会場とオンラインあわせて171人の参加者で考え合いました。

鈴木教子さん（登校拒否・不登校問題全国連絡会）は、高校1年生の夏休み明けに学校に行かなくなったわが子の例から、子どものとらえ方を語りました。当時、本人には部活動に参加し続けたいという思いはありながら、不登校になると退学という選択しかない制度になっていることに疑問を抱いたこと、本人が不登校の「原因がわからない」と考えているのに、教員は「原因がある」と思って働きかけていないか、一人ひとりに向き合って理解しようとしているのだろうかと問いかけました。そして、学校の流れに乗れないものを排除するのではなく、みんなが行きたくなるような学校をつくってほしいと語りました。

大島悦子さん（全国障害者問題研究会）は、大阪での特別支援学級の担任の経験からインクルーシブ教育について語りました。大島さんは、インクルーシブ教育を障害のある子が通常学級でいっしょに過ごすことだけと捉えるのではなく、「すべての子どもの学習する権利、発達する権利を保障する教育」と捉える教育実践をしてきました。特別支援学級に在籍する子が、通常学級で交流するときに生き生きと学習し生活するためには、通常学級の子どもたちの障害のある子への理解と共感的応援が必要であり、このような理解はただいっしょの場にいて交流するだけでは育たないと考えるからです。また、このような教育実践をするためには、トップダウンでなく一人ひとりの教員の創意工夫と教職員集団の民主的な議論や学び合いが大切であることを指摘しました。いま特別支援学級や学校に自分の居場所と仲間を求めざるをえない子どもたちが増えている背景として、競争主義的で排他的な教育政策の問題も指摘されました。

中国残留孤児3世である高知市の新改文香さん（小学校教員）は、高知市で生まれました。中国残留孤児1世の祖母は56歳の時に帰国し、その翌年、2世の母が日本に来ました。新改さん本人は10歳になるまで自分自身は日本人だと思っていたのに、ある日クラスで「お前中国人やろ」とからかわれ、家に帰って母に問うと「中国人だよ」と言われた時のショック、学校にも家にも居場所がないと感じた日々、一方で学校が嫌にならなかったのは小学校の担任が腫れ物に触るようにではなく、一人の人間として指導してくれたことや友だちの支えがあったこと、高校で地元の伝統芸能に触れ地域の方と話す中で、自分の考えていたことが小さなことだと思えるようになったこと、大学で県外の友人が増え、中国人であることを肯定的に受けとめてくれた経験などを率直に語りました。日本国籍がないので教諭になれないことについて、「ここでも国籍が関係するのか」とショックを受けましたが、いま講師として教壇に立っています。向き合っている子どもたちの中には残留孤児4世の子や中国から来日した子もいます。居場所がないと感じている子どもや保護者の話を聴き、共感できる教員をめざしていると語りました。

オンライン上やフロアからは、「GIGAスクール構想」のもとで端末を通じておこなわれる「個別最適な学び」が、むしろ学びの画一化を招くのではないかという指摘もありました。また、人間の成長と発達には、お互いのちがいを認め合うことが必要であり、そのためには他者との出会い、共感する仲間、そして時間が必要であることも語られました。そして、いま学校で、子どもの多様性とともに教職員の多様性を尊重するというのであれば、なによりも学校や教育に自由やゆとりが必要であり、教育条件整備が求められるという意見が寄せられました。

〔檀原毅也〕

教育フォーラムD

平和な未来を　子どもたちとともに

はじめにコーディネーターの渡辺雅之さん（大東文化大学）がロシアのウクライナ侵略や日本政府の動向にふれながら、「憲法は、過去の戦争の反省のもとにつくられ、権力を縛るもの。戦後の民主教育が築いてきたピースマインドは強く日本社会に根づいている。社会の進歩と発展はしゃくとりむしの動きに似て、行ったり戻ったりしながら前に進む。『戦争はよくないけれど武力は必要』という若者たちは少数ではない。教育活動を通して何ができるか、みなさんといっしょに考えていこう」と提起しました。

田原ちひろさん（学生平和ゼミナール）は、3月に、ロシア大使館に対し、「すぐに戦争をやめてください」という緊急署名（高校生平和ゼミナール等8団体がオンラインをふくめ1週間で集めた5212筆）を届けたこと、5月には東京学生平和ゼミナールを結成し、首都圏の学生30人で広島の原水爆禁止世界大会に参加したこと、8月には外務省に「日本政府に核兵器禁止条約への署名・批准を求める署名」（オンラインをふくめ1万3642筆）を提出したことなど多彩な活動を報告しました。そして「平和で自由な社会は当たり前にあるものではなく、地道な運動によって築かれるものであると、学習を通じて確信を広げてきた」と発言しました。

外務省要請に参加した鳥海太佑さん（東京高校生平和ゼミナール）は、「政府はさまざまな立場の国の橋渡しをすると言いながら、核兵器禁止条約へのオブザーバー参加すらしないことへの疑問は深まった」と発言。広島、沖縄の平和ゼミの高校生もそれぞれ思いを発言しました。

村井眞菜さん（四万十町議、幡多高校生ゼミナール元会長）は、参議院主催の「子ども国会」に参加し、いろいろな高校生の話を聞いて「ちがいは宝物、ちがってこそより良くなっていく、と体感。自分の人生を主体的につくっていこうと思った」と発言。

また、民営の平和資料館・草の家のキムさんという韓国の人と幡多高校生ゼミナールがパネルディスカッションをした時、『「当事者の話を聞きなさい、現場に行きなさい」』と言われた。多感な時期に出会う人の影響は大きく人生を支えるもの」と語りました。

中村元紀さん（高知・小）は、「教員になったのが一斉休校の年で、初めての仕事が休校中の宿題づくりだった。大阪から来て頼れる人もなく孤独だったが、平和学習会に誘われ、そこで戦争やビキニのことを知り、どっと視界が開けた。学習会は楽しく、子どもたちといっしょに何かしたいと思えるようになった」と語りました。

4年生を担任し、絵本『せかいいちうつくしいぼくの村』（小林豊、ポプラ社、1995年）とその続編を読み合い、子どもたちの感想文を学級通信で紹介。ロシアのウクライナ侵略と重なり、「村は破壊されたが友だち同士の関係が破壊されなくてうれしい」という感想に、10歳の子どもが希望を見出している姿を見たといいます。今は1年生の担任で、6年生が『へいわって　どんなこと?』（浜田桂子、童心社、2011年）を読み聞かせに来てくれたが、「6歳の子から戦争という言葉が出る。子どもたちといっしょに話し合う中で平和を考えるようになった」と語りました。

会場とオンラインを結ぶ交流では、ウクライナ問題をどう考えるかのやりとりもありましたが、「私たちができることは、ロシアに侵略をやめよと言うこと、署名行動や国際社会に働きかけ国際世論を高めることだ」「非暴力コミュニケーションを小学校から入れたらどうか。対話を大事にしながら輪をつくる力が大事」「学校で平和教育をやりづらくなっている」「高校生もぜひ地方議会にも働きかけてほしい」などの発言がありました。

教育をめぐって、中村元紀さんは「学習会に出て、失敗してもいいんだと思った。支えられた。1年目は教え込むことを考えていたが、主権者は子どもたち、子どもに返してみようと思った」と。田原ちひろさんは「受け身、おしつけの教育でなく、議論をし合い民主主義を感じられる場が大切だと思う」と語りました。

村井さんは、きれいなカラーで手づくりの議員活動新聞「しまんとRainbow」を紹介し、「人生楽しまんと。水を守る活動もやりたい」と、町議としての抱負を述べました。

渡辺さんは「原爆やウクライナ問題など具体的な問題での『とりたて平和学習』と、いじめやけんかなど子どもたちの『日常の平和学習』の両方が大事。みんなどう思う？　と投げかけ、いっしょに考えていくことが大事だ。一挙に社会は変わらない。かならずしも多数派が正しいとは限らない。かつては女性の参政権、子どもの人権など問題にされなかった。しかし今はそうではない。いのちを大切にする、対話を尊重するなど、正しいことを掲げてやっていけば、やがては平和で当たり前の世の中が来る可能性がある。今日はありがとうございました」と結びました。

参加者はオンラインをふくめ117名でした。


「高校生・大学生のみなさんの生き生きした活動の中に、私たちの日々の教室でのたたかいが報われるような気がしました」「(中村さんの報告を聞いて)平和学習の力は、子どもたちを成長させるだけでなく、教師をも大きく成長させていくのだなと、教えてもらいました。議員をされている村井さんも、高校生の活動があっての現在だとわかりました」等の感想が寄せられました。

〔石川喩紀子〕

教育フォーラムE

開かれた学校づくり
～語ってつくろう、学校を～

フォーラムEは、教育のつどい開催地が企画しました。現地実行委員会でさまざま議論した中で、高知ではいくつかの学校で三者会や三者協議会のとりくみがおこなわれていると いうこと、そして、このとりくみはこれからの学校づくりではとても大切なテーマになるのではないかということで、「開かれた学校づくり」というテーマが設定されました。

1996年、高知県では「土佐の教育改革」と言われる教育改革政策がとられました。そこで「開かれた学校づくり」が言われたわけです。この学校を開くという言い方は、新自由主義的な側面もあるだろうと思います。当時は、学校を開放する、地域や外の声も聞く、という受け止めが大きかったように思います。しかし、その時の議論としておもしろいのは、開いてどんな学校をつくるのかということです。当時、「土佐の教育改革」はそのことに応えるように「子どもが主人公の学校づくり」という言い方をしてきました。

学校のことを教職員だけでなく、保護者や地域に開いてみんなで知恵を出して学校づくりにとりくんでいこうということです。「地域ぐるみの学校づくり」という言い方をした教育委員会もありました。県教委もすべての学校に「地域教育推進協議会」をつくるよう呼びかけました。そして、子どもが主人公の学校づくりというわけですから、その会議の中に子どもが参加すべきだということになったのです。

フォーラムEのタイトルは「開かれた学校づくり」ですが、サブタイトルに「語ってつくろう、学校を」という言葉を入れています。これは「開かれた学校づくり」が、子どもや保護者、教職員や地域の方たちもみんなで語り合って学校づくりを進めていこうという思いが込められています。

当日は、三者会や三者協議会にとりくむ奈半利《なはり》中学校、国際中学校、太平洋学園高校のとりくみの報告、そして高知市で中学校の「ジェンダーレス制服」採用にとりくんでいることの報告がおこなわれました。

奈半利中学校からは現役の生徒会長がとりくみの報告をし

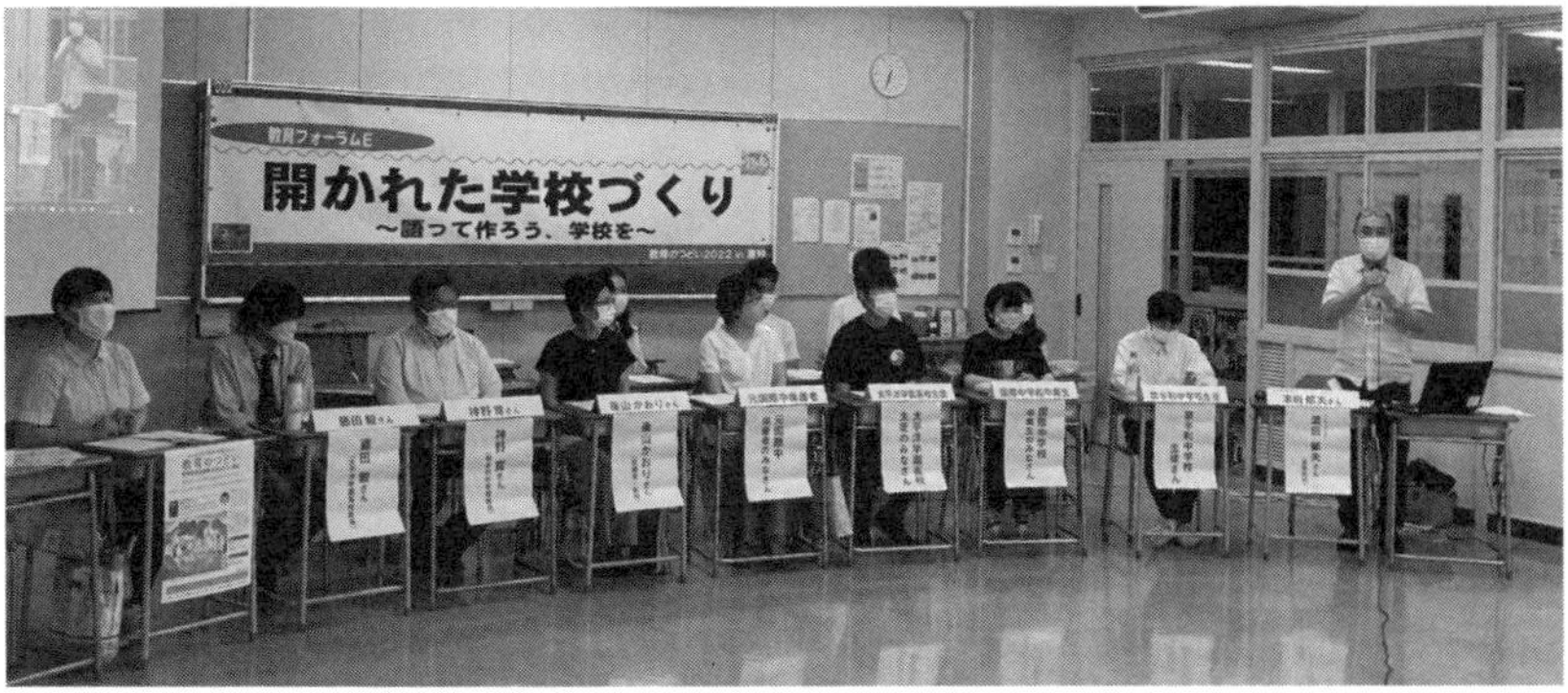

てくれました。2021年度の三者会では「置き勉」や頭髪ツーブロック問題などについて話し合われたといいます。三者会当日に話し合われることの大切さはもちろんですが、実は三者会の前のクラスでの話し合いがとても大切だということが語られました。1年生と3年生では意識がちがうし、クラスの中でも思いがちがっている。そこでの話し合いにとても時間をかけているということでした。自分たちだけでは変わらないこともある。そういうことにぶつかって「社会のことも考えるようになりました」と結ばれました。奈半利中学校の三者会は1999年に始まり、以来20年以上続いています。

国際中のとりくみについては、2019年からとりくまれた当時の中学生お二人が報告してくれました。国際中学校は新設の中高一貫校（国際バカロレア）です。1年生の時からアウターをめぐって、自転車通学には不便だから変更できないかなどの要求がありました。しかし、なかなか受け止められない状況が続いていました。何とか話し合いで解決できないかと三者協議会（「みらい会議」）にとりくんだと言います。奈半利中学校の三者会を見学したり、保護者もまた自分たちでも学習会を開いたりして準備を進めたと言います。すごいのは、生徒が先生方にもプレゼンをして「SA活動」として始めたということです。運営はほぼ生徒の力でやっていることにも驚きました。その中で、アウターも選択制にするなどの改革もおこなわれ出したということでした。全校生徒の思いを汲み取るためにアンケートにとりくんだり、参加を呼びかけたり、ニュースを発行したりと大変だったけど、問題意識をもってとりくめば、制度もより良いものに変えることができるということを伝えたいと締めくくりました。国際中からは保護者もパネリストとして参加され、保護者の役割について発言されました。もちろん保護者も初めてのことなので、何度か学習会をして保護者間でイメージを共有することが大事だと話されました。そのうえで、とりくみは生徒の思いを学校側に伝えることや、生徒の準備会議には最初は参加して必要なサポートをしたこともあったと言います。また、保護者として生徒や学校にきちんと要求することは大事だと話されました。

太平洋学園高校では、2015年から生徒会を中心に三者協議会がとりくまれています。生徒からは授業に対する要求や教室の使い方、学校施設の問題など、さまざまなことが話し合われ、話し合われたことは、職員会でも議題にされ、多くのことが改善されていったということでした。特に、授業のあり方などにずいぶん時間を使って話し合われているということでした。そういう中で生徒会としても何かイベントをして学校を盛り上げようということも話し合われているということでした。「学校はほんとに楽しいところで、自慢できる」という感想が心に残ります。

高知市内の中学校の保護者は、中学校の制服をジェンダーフリーにするとりくみを報告しました。市議会に請願書を出したら、多くの方が協力してくれ全会一致で採択され、そのことをきっかけに、学校では制服の見直しにとりくまれるようになりました。しかし、まだまだこれはいかがなものかと思われるような校則があり、各学校の校則をぜひホームページなどで公表してほしいと訴えました。また、校則などを決めたり変えたりするときには児童生徒・保護者・教職員の参画が出来るようにしてほしいと訴えました。

会場全体でのディスカッションの時間を十分とれなかったことが大きな反省です。感想を紹介します。

「校則の問題を自分たちで内から変えていくという画期的なとりくみがとても刺激的で感銘を受けました。生徒や保護者の意見を学校がきちんと受け止めていく。協議する機会を設ける。このスタイルがこれからの当たり前になっていき、もっと過ごしやすい、不登校の少ない学校になっていけばいいと強く思いました。田中優子さんの全体会での講演にあった、多様性を認める社会にしていくために、頑固にこびりついていた固定観念を外していく作業が我々教員に求められているのではないかと思いました。そして、このような三校の魅力ある実践が、今後も継承されて広がっていけば教育も希望です。

『学校は子どもたちが主人公』。そのためにはどのような学校づくりを進めていけばいいのか。保護者も教職員も生徒もいっしょになって話し合いながら学校づくりを進めていく、そうすることで学校は楽しく生き生きとしたものになっていくのだと、とても勇気をもらったフォーラムでした」

〔濵田郁夫〕

分科会報告

憲法と子どもの権利条約がいきて 輝く 教育と社会を確立しよう
みんなで21世紀の未来をひらく教育のつどい
教え子を再び戦場に送る

全体集会

＊分科会共同研究者・司会者一覧

（順不同、8月20日現在）

分科会	共同研究者	司会者 幼・小・中・団体	司会者 高校・障害児学校
1 国語教育	荒木美智雄・荻野　幸則・得丸　浩一・山中　吾郎	千葉　政典（宮城）・鈴木　康子（埼玉）・清田　和幸（山口）	上野　剛志（和歌山）
2 外国語教育	江利川春雄・久保野雅史・根岸　恒雄	井深　晴夫（岐阜）	中村　正道（和歌山）・立石　斉（佐賀）
3 社会科教育	浅井　義弘・岩本　賢治・菅澤　康雄・吉本　健一	村田紀代美（東京）・西村　徹（奈良）・岩﨑　圭佑（高知）	加藤　健児（新潟）・長尾啓三郎（大阪）・藤本　慎司（兵庫）
4 数学教育	伊禮　三之・栗原　秀幸・林　和人・山本　佐江	中村　潤（埼玉）・門間　裕史（千葉）・児玉　崇志（和歌山）	槌賀　稔（兵庫）
5 理科教育	石渡　正志・鈴木　邦夫・谷　哲弥	森山和津雄（埼玉）・伊藤　浩史（東京）・國貞　圭佑（東京）・岡林　耕平（高知）	
6 美術教育	柏倉　俊一・柳沼　宏寿・山室　光生	國枝　渉（大阪）	森内　謙（岡山）
7 音楽教育	小村　公次・中林　均・山本　誠	山田　慶子（東京）・大西　新吾（京都）	
8 書写・書教育	押谷　達彦・野坂　武秀		中谷　幸代（北海道）

9	技術・職業教育	阿部英之助・内田　康彦 鈴木　賢治	新村　彰英（東京）	三上　賢一（青森）・谷口　行弘（大阪）
10	家庭科教育	大矢　英世・伏島　礼子	筧　敏子（東京）・辻　聖佳（大阪）	
11	体育・健康・食教育	石田　智巳・金井多恵子 鎌田　克信・中村　好子 野井　真吾・森　敏生	渡辺　孝之（宮城）・黒須　勝枝（埼玉） 松本　恭子（東京）・大味　祥恵（京都） 川野　朋子（大阪）	稲毛　倫世（埼玉）
12	生活指導・自治的活動	上森さくら・小川　京子 春日井敏之・鎌倉　博 木村　哲郎	板橋由太朗（東京）・津川　正洋（東京） 三野　紀子（京都）・小田原典寿（高知） 永吉　孝一（北九州）	廣林　研史（香川）
13	発達・評価・学力問題	富田　充保・馬場　久志 深澤　英雄・本田　伊克	鈴木　隆（東京）・根無　信行（大阪）	
14	障害児教育	荒川　智・河合　隆平 木全　和巳・越野　和之 高木　尚・三木　裕和 山﨑由可里	鈴木智代子（東京）・文珠四郎悦子（大阪）	村井　文（北海道）・山本　千秋（埼玉） 野田　洋美（東京）・横尾　初美（神奈川） 松本　陵子（愛知）・阪倉　季子（滋賀） 荒瀬　耕輔（京都）・西野　直人（山口） 村上　雄一（山口）・笹方　真佑（高知）
15	幼年教育と保育	大宮　勇雄・塩崎　美穂	櫻井真由美（東京）	
16	思春期・青年期の進路と教育	大村　恵・杉田　真衣		小池　正久（山梨）・松倉　英幸（富山）
17	ジェンダー平等と教育	関口　久志・中嶋みさき 前田　浪江・水野　哲夫	関本かおる（東京）	塚本　徹（静岡）

18	子どもの人権と学校・地域・家庭	生田 周二・増田 修治 森田 満夫	濱田 里美（香川）	竹井 久義（岡山）
19	平和と国際連帯の教育	一盛 真・久保田 貢 長屋 勝彦	平井美津子（大阪）	角谷 悦章（北海道）・市場 美雄（岡山）
20	学校づくりへの子どもの参加、父母・教職員・地域の共同	石井 拓児・土屋 直人 宮下 聡・山本 由美	阿部 真一（東京）・漆山 昌博（滋賀） 鷲海 まや（新婦人）	鎮西 知代（高知）
21	教育条件確立の運動	新井 秀明・田中 秀佳 藤本 典裕		板原 毅（東京）・天野 剛（山口）
22	環境・公害問題と教育	安藤 聡彦・大森 享		亀沢 政喜（富山）・西山 幸江（岡山）
23	文化活動・図書館	齋藤 史夫・山口 真也	高津 純子（北九州）	浜口 尚子（埼玉）
24	教育課程・教科書	植田 健男・川地亜弥子 中妻 雅彦・中村 清二	内藤 修司（北海道）・石垣 雅也（滋賀）	
25	登校拒否・不登校	山田 哲也・山岡 雅博	山田勘太郎（岐阜）・久保田智万（全国連絡会）	竹内 悟（埼玉）・鎌田 ユリ（全国私教連）
26	国民のための大学づくり ——大学教育と高大接続	川口 洋誉・丹羽 徹 光本 滋		加藤 栄一（富山）・椎野 寿之（愛知）
27	生活科・総合学習	小林 桂子・船越 勝 和田 仁	中河原良子（東京）・笹ヶ瀬浩人（静岡） 中川喜久子（北九州）	

28	今日の教育改革 ——その焦点と課題	中嶋　哲彦・中田　康彦	小宮　幸夫（調べる会）	近江　裕之（京都）
特設 ①	「道徳教育」のあり方を考える	山崎　雄介・渡辺　雅之	熊崎　聡（大阪）・江頭　啓之（山口）	
特設 ②	日本語指導が必要な 児童・生徒と学校教育	笹山　悦子・藤川　純子	富崎　千賀（北九州）	

分科会報告 *1*

国語教育

荒木美智雄
荻野　幸則
得丸　浩一
山中　吾郎

1 課題提起　人間的成長を支える国語教育の創造
――今こそ必要な言葉の力とは

２０２１年の国語教育分科会の課題提起では、昨今の国語教育が望ましくない方向へと変質している状況を指摘し、それを「実学化」と「デジタル化」という観点から分析しました。この傾向は今も変わらず、むしろ加速度的に進行しており、「ハイパー画一化」「ティーチャーレス化」の域にまで達しようとしています。

「ハイパー画一化」というのは、度を越した授業の画一化・無個性化のことを指します。「授業スタンダード」「学習スタンダード」の蔓延に加えて学習指導要領体制がますます強化され、「指導と評価の一体化」の号令の下、教科教育で育てる力を指導要領に列挙された「資質・能力」に抽象化・矮小化することが現場に要求されています。そのため、子どもの実態や教材の特質、教師の個性は不問に付され、深い子ども理解とゆたかな教材研究に裏打ちされた教師の専門性を発揮する場も奪われます。

ＧＩＧＡスクール構想以降、一人一台端末を授業で使用することが強く推奨されていることも、画一化・無個性化に拍車をかけています。子どもたちの端末で操作するデジタル教材・ツールは、開発者によって想定された学習の型に誘導する装置となります。学習の内容が指導要領の「資質・能力」の枠に囲まれ、授業の方法にデジタルツールの枷がかけられれば、教師に認められるのはＩＣＴをいかに活用するかという工夫ぐらいであり、個性的な実践は突出したものとして排除されてしまうでしょう。どの教室の授業風景も代わり映えのしないものになってしまいます。内閣府とデジタル庁、経産省、文科省が一体となって推進する教育ＤＸで「個別最適な学び」と「データ駆動型の教育」がさらに進行すれば、企業が開発した学習コンテンツとＡＩドリルが教育の場を席巻し、人間の教師は要らない（ティーチャーレス化）という未来さえ招きかねません。

今次の課題提起では、文科省が動画まで作成して懇切丁寧に解説・宣伝している、ＩＣＴ活用事例やデジタル教科書実践例を紹介し、国語教育の変質の実態を明らかにしました。そこに見られるのは、すべての言葉・表現を「情報」として一元化する貧弱な言語観と、日常生活の文脈の中でのみ言葉を扱う活動重視の学習です。本来は学びの手段であるはずの「ＩＣＴの活用」が目的化してしまえば、国語科で育てるのは「デジタル読解力」と「プレゼンテーション力」、必要な情報を収集・整理・運用・発信するための「情報処理力」だけということになってしまいます。

国語教育の「変質」は「崩壊」の道へとつながっています。今こそ国語教育に人間らしい息吹を吹き込んでいかなければなりません。今、私たちの目の前にある、コロナ禍による分断・孤立化・閉塞感も、ロシアによるウクライナ軍事侵攻に代表される平和と民主主義への脅威も、デジタルとテクノロジーの力だけで解決できるものではないはずです。社会の発展に必要なのは、子どもたちを既存の社会を乗り越えていく変革主体に育てることです。

国策とも言えるSociety5.0の実現に必要な人材としてではなく、子どもたちを歴史の主体者として育てるために、今こそ必要な言葉の力とは何か。その問いに対する実践的な応答が、本分科会に全国から持ち寄られたレポートの中に結晶しています。すなわち、膨大なビッグデータを解析しても簡単には「最適化」などできないほど複雑で、だからこそゆたかですばらしい世界を認識し表現するための力。言葉によって人とつながり、言葉で自己の思考を深める力。人間認識・社会認識を育て、主権者として必要な言葉の力です。そして、その土台として、教師の自由闊達な実践と、それを可能にする時間的・精神的な余裕、ＡＩでは決して代替できない教師の専門性があってこそ、本分科会が追求してきた、たしかな「言語の教育」を踏まえた、ゆたかで深い「言語活動の教育」が確立されていきます。

以上のことを踏まえ、人間的な成長を支える国語教育を継承し、発展的に創造していく議論をつくりあげていくことが、分科会冒頭の課題提起で呼びかけられました。

2 教科書問題と自主編成

山田桂吾報告（出版労連）「この1年、教科書に何が起こったか、私たちはそれにどうとりくんできたか」は、文学教材の扱いをめぐって混乱した高校の教科再編による教科書検定をめぐる事態と、低価格に抑えられている教科書がデジタル教科書になれば一層深刻になる現状が報告されました。

3【小学校小分科会】言語・説明文教材の実践・その他

白石昴報告（和歌山・小）「4年　ヤドカリとイソギンチャク――どの子も楽しく学ぶことのできるユニバーサルデザインの授業づくりを目指して」では「焦点化・視覚化・共有化」という日本授業UD学会の方法論を踏襲した実践が報告されています。授業UDへの評価はさておき、「説明文の秘密」を学んだ子どもたちが授業後につくったリーフレット、「サンゴガニとサンゴ」「ダテハゼとテッポウエビ」は見事でした。参加者からは「持ちつ持たれつの関係の中で、したたかに生き残る生き物の本質をこそ学ばせたい」という意見が出され、文章の伝達性（授業UDでは「論理」と呼ぶ）の学びにとどまらない説明文の授業のあり方について議論が進みました。

山本博子報告（兵庫・小）「一人一人が考えを持ち交流する中でより深まる授業を目指して――主体的に学ぶ姿とは」では、科学的読み物や文学教材を要約し、紹介文やポップにして表現する実践が報告されました。「なぜ要約が大切なのか」「なぜポップづくりをするのか」という参加者からの質問によって明らかになっていったのは、校内研修の枠組みの中で「やりたいわけではないけど、やらなければいけない」という実践上の制約です。研修講師が「単元を貫く言語活動」を強く推奨してくる中、山本さんは「子どもには着地点としてポップを作ることを示すが、教師としてはポップを作ることだけが目的にならないよう気をつけたい。ポップを作る活動を着地点として、どんな力をつけたいかを明確にしておく必要があるであろう」と述べています。ポップづくりは学習の「ゴール」ではなく「着地点」に過ぎないとして、手段の目的化を戒める姿勢は、厳しい制約への抵抗の姿とも言えるでしょう。

4 【小学校小分科会】文学教材の実践

倉田亜由美報告（埼玉・小）「小学2年　スーホの白い馬――文学を読む楽しさを味わう授業を目指して」は、小学校2年生の教材「スーホの白い馬」の実践報告です。官製研修で発表された内容ではありますが、倉田さんは「本来の意味での『主体的・対話的で深い学び』とは何かということを考えながら」授業を進めていきました。一読総合法に学び、一語・一文を大切に読み味わう授業、学級の仲間とともに学び合うことを大切にする授業を志向しています。その成果は、多様で個性的でありながら作品の思想に迫る、授業後の感想文に表れていました。参加者からも「倉田さんにしかできない、倉田さんと子どもたちの実践である」と、「教室で文学を読み合うことの価値」に言及する発言がありました。

南部真実報告（高知・小）「いっぱい聞いて、いっぱい発言！　みんなで楽しく学び合いたい」も一読総合法による「スイミー」の実践記録です。ただし、南部さんは一読総合法の定石を離れ、「題名読み」の後に教材の全文を読んで、音読の練習もしてから授業に入っています。それは、一度読んだだけでは読解もままならない子どもの実態を踏まえ、その方がイメージが広がり思考も深まりやすいと考えたからです。長年の実践的検証を経て確立された一読総合法のオリジナリティはもちろん尊重しなければなりませんが、「目の前の子どもに合わせて自分なりの授業の展開法を選択することこそ教師の専門性である」という参加者からの意見は首肯できるものでした。

三輪聡報告（愛知・小）「文学を文学として読む――『モチモチの木』を通して『読みの授業』を考える」は小学校3年生「モチモチの木」の実践記録です。教師は「船頭の役目」に徹し、各場面で設定した項目ごとに、子どもたちの話し合いを主体にして授業が進められています。言語活動につなげたり成果物を残したりするために教材を読ませ、その様子をルーブリックを使ってパフォーマンス評価するというのが現在流行中の授業パターンです。そのような「目的をもって読む」ことの対置概念が、三輪さんの言う「文学を文学として読む」ということです。三輪さんの主張を重要なものと認めつつ、参加者から出された「文学を文学として読むには、この方法しかないのか」という意見は、「そもそも『文学を文学として読む』とはどういうことか」という問いへと発展していきました。私たちが自明のことと思っている概念の本質的な意味をあらためて問い直すことは、今後の課題として確認しておきます。

酒井大輔報告（山口・小）世界で一番やかましい音』の授業――多面的な見方・考え方を子どもたちに」でとりあげられた教材は、登場する人物が静かさの価値に気づき変容する物語として読まれがちですが、酒井さんは「本当にそうか」と問い直します。「世界でいちばんやかましい町」が「世界でいちばん静かな町」になったところで、人々の認識は本質的には変わっていないのです。「一面的に見たり考えたりしてしまうことの危うさや、ものごとを多面的に見ていき、判断していく力を身につけさせたい」という酒井さんのねらいは、授業の記録を見る限り達成されています。

しかし、参加者からは「道徳的な感想が多い」「一定の価値観に到達させることを目的とした読みは、文学を文学として読むことにならないのではないか」という意見が出されました。たしかに、文学の授業において教師の読みを押しつけることは厳に慎むべきです。一方で、たとえば平和教材の授業で、戦争の本質とともに平和や幸福を希求する人間の真実を認識させたいという教師のねらい（願い）はあって然るべきです。解釈の多様性・相対性と文学の授業のあり方に関する議論は、これからも継続していく必要がありそうです。

5 【小学校小分科会】綴り方（作文）教育

安福歩報告（京都・小）「一年生の作文教育――言いたいこといっぱい」は、学級通信の発行が「禁止」される中で、したたかに一枚文集を発行し、子どもたちの思いを学級の中で共有する実践でした。それが子育て不安をかかえる家庭へも響いていきます。

東京都教職員組合報告（東京・小）「コロナ禍だからこそ子どもたちの心の解放を！――学年で取り組んだ詩の実践」は、「書くこと」が実用文に傾斜する中で、生活の中での思いや気づきを表現する児童詩の実践が学年としてとりくまれたことに希望を感じるものでした。その題材は豊富で、子どもたちの本音の表現を保障するものでした。

織田萌子報告（奈良・小）「5年生の子どものことば」は、教室や学校を飛び出してしまうなど、課題を持った子どもたちが、担任と母親がゆるやかにつながりながら一人ひとりの子どもを見ていこうとする中で、安心して表現する教室の様子が感じられました。

岡崎謙太郎報告（大阪・小）「通信・作文と学校行事が結んだクラスの絆」は、書くこと、読み合うことで「らしさ」が共有され、学級集団も育っていくことが子どもたちの作品から感じられました。コロナの制約の中でも、できることを突き詰める岡崎さんの姿勢が印象的でした。

6【中学・高校小分科会】

今回の中高小分科会での実践報告は5本、全て高校の作文・「表現」教育のレポートだけでした。

最初に「表現」について高校の定時制からの「国語表現」の授業でおこなった実践3本を取り上げます。

池上昌作報告（高知・高）「表現力の向上――社会性の育成をめざして」は、「国語表現」の授業で「自己紹介文」「自己PR文」「情報伝達」等をおこなったが、特に注目されたのは「自己表現シナリオ」です。演じるために「嘘」を織り込む「自己表現シナリオ」のとりくみは、不登校や発達段階による躓きを抱えた生徒に自己表現力を養い、感性ゆたかな人間として「社会性」を育成する創意工夫に溢れた実践でした。とりわけ「社会性」の育成では、「生徒同士との繋がり」「自分の居場所に確立」を重視しつつ、その目的は、生徒たちの「伸びしろ」が充分に実感でき育成されたと考えられます。

坂下直美報告（高知・高）「他者とつながるための国語表現―― SUPER COOL JAPANESE な…」は、他者とかかわらなければ成立しない課題を提起しつつ、外国語指導助手の先生に贈る「誕生日おめでとう」のメッセージカード作りや「おすすめの日本語」の辞典作りをおこない、表現における「垣根」を乗り越えゆたかな表現力を培う実践です。他者との「垣根」を積極的に対話というコミュニケーションを通じて克服する演習量の確保は大いに「成果物」を実らせた実践でした。

定時制の最後は、中村晋報告（福島・高）「俳句の可能性――俳句会を通して、対話と相互理解を促す授業の実践」です。中村さんが自ら金子兜太氏に師事し、俳句を詠む俳人であり、生徒にも「言葉」の自己における再認識を持続的に求め主体性や対話力、さらに深い学びに向かわせる「俳句創作」は素晴らしい効果を上げています。生徒が詠む句「無被曝の水で被曝の墓洗う／フクシマに柿干す祖母をまた黙認」等は、中村さんが日常に問題意識を先鋭化させるという「むずかしい平凡」を見事に成し得ている成果です。俳句創作の過程が詳細に記録されていれば尚良かったと感想を抱きました。

戸川貴之報告（北海道・高）『「北海道のアイヌ民族の物語をもとにした高等学校段階における創作活動」について』は、アイヌの寓話を学び、寓話を創作する授業です。生徒は、「アイヌ民族の物語に触れたことがあるか」という問いに「知らない」と応答。戸川さんは、「アイヌ民族の文学作品には、カムイについての考え方をはじめ、和人入植前の北海道の姿やそこでの生きる知恵がふくまれた大変貴重な内容が詰め込まれている」と言います。アイヌ民族に限らず、その民族、その土地に生きた人々の文化の表層を学ぶことはあっても、その文化を形作る精神まで知ることは難しい。戸川さんはまた、そんな民族の精神を「魂」と呼び、アイヌ民族の文学の中にある「魂」を感じる経験の授業をつくりだしています。

授業では、アイヌの「ウエペケレ（民話）」を読み、生徒にウエペケレ創作をさせます。その書くことの四条件は、①人物名をアイヌ名に、②地名をアイヌ名で、③比喩表現の使用、④寓意を設定というものです。中でも②は、生徒がモチーフとする現実の土地がアイヌの呼び名で呼ばれることで、物語の創作過程においてリアルに土地とアイヌ表現との重なりを感じ取り、イメージした土地がアイヌの世界になる仕組みだと報告します。③比喩表現では、文学的表現の特徴のひとつであり、この条件によって高度ではあるがゆたかな言語体験を可能にします。この点はウエペケレの創作に限ったことではなく、他の創作活動においても汎用可能なものとなっています。生徒の創作を多く見ることができなかったのは残念でしたが、会場では作品一篇を紹介され、授業内の条件を満たしつつよくつくられていた創作でした。

最後は但馬徹哉報告（私学・東京・高）「話題提供の1つのための覚え書き、『評価』に着目して」です。これは自律的な学びに着目し「評価」をふくんだ「作文」や「表現」を多角的に探究するという試みでした。

但馬さんは授業について「問答―生徒の〝主体性〟が出てこない。自律的な学びをどのように実現したら良いか？」問答が抱える説明性の濃さの問題等を提示します。それは、生徒の書いたものについて「生き生きしている」や「具体性があって良い」といった評価の曖昧さを持ち出し、「どのようにしたら作文で身につけたい力、学力を『可視化』できるか?」を問います。また、「生徒の力を深く広く問える『真性』のテストをどうデザインすれば良いか?」と、評価に関連する問題意識をこのレポートでは鋭く追求します。

但馬さんは「評価を正面切って考え」ることが「自律的な学び」「共同的な学び」への突破口になると考え、「ICEモデルによるルーブリック評価」を実践します。「表現」の分野では、①ICEモデルの簡易な見取り図を配布、書くためのガイドラインにする。②ルーブリック表にある観点を元に授業者が添削、コメントを入れて返却。③評価が高い生徒の文章を読み合い、さらにコメントを書き合う、というとりくみの手順で実践します。授業の場面ではICEを導入し、「段落内の対比」「段落相互の対比」「概念地図（concept mapping）」という流れを重視し、教師はほとんど発問をしません。事前学習では、ペアで意味調べ、単語クイズ、一斉音読からペア音読、一人読みという流れで何度も教材文を読みます。作業は約20分。「話したい人は話しながらやってかまわない」「歩き回っても構わない」の支持によって、「集中してとりくんでくれるようになった」と一定評価しています。但馬さんは、「生徒同士の対話をどうデザインするか」が今後の課題だとしています。共同研究者からは、「一定の指標を示すことは必要だが、文学では、ルーブリックはそぐわないように思う」という感想がありました。

今回は、高校での作文・「表現」教育の実践のみでしたが、来年は、是非中学の実践報告、及び「言語教育」「文学教育」や「評論教育」の実践を期待したいと思います。

7 分科会の総括と今後の課題

今年の国語教育分科会では、中学・高校小分科会に文学教育のレポートがありませんでした。たまたま今年はなかっただけなのか、高校国語の科目再編で文学軽視が進んでいることと関係があるのかはわかりません。いずれにしても、実用化とデジタル化が進行する国語教育の危機的状況の中で、文学教育の復権は一つの希望となり得るはずです。だからこそ、小学校小分科会で「文学を文学として読む」ということの本質的な意味が問い直されたことは、時宜にかなった議論であったと言えます。言葉・表現の教育、認識の教育であり、人間の教育、芸術教育でもある文学教育のゆたかな実践が、全国の小中高校の教室でとりくまれることに期待します。

分科会での意見交換から、全国の学校現場で管理統制が強化され、実践の自由が制限されつつある現状が明らかになりました。小中高校とも国語の授業が画一化され、子どものためになるかどうかも不明で、教師がやりたいわけでもない授業を、それでもやらなければならないという苦しい現実があります。それに加えて怒涛のような教育DXの荒波が現場に打ち寄せ、ICTの積極的な活用を強要してくるのです。この逆風に立ち向かうためには、子どもの現実/生活実態からスタートした、説得力のある実践を積み上げていくことが肝要なのですが、職場の状況によってはそれが困難な場合もあるようです。

　そこで参加者からは「自分たちの言葉、子どもたちの言葉で語るためにに、意に沿わなくても相手の言葉をうまく使って語ることも必要」という提起がありました。これは敗北でも妥協でもありません。逆風に立ち向かうための方略です。たとえば、ICTの活用を抜きにしてこれからの教育が語れないのであれば、私たちがめざす国語の授業に、便利な道具としてのICTを上手に取り込んでいけばよいのではないでしょうか。たとえ困難が山積していたとしても、情勢に負けず、子どもたちの声を支えに、したたかな実践を創造していきましょう。

　全国から集まったレポートから学び、議論した成果を持ち帰り、子どもたちの人間的な成長を支える国語教育を各地で芽吹かせていくことを呼びかけて、国語教育分科会を閉会しました。

【レポート一覧】

山中吾郎　共同研究者
●課題提起：人間的成長を支える国語教育の創造——今こそ必要な言葉の力とは

① 北海道　戸川貴之　高校
●「北海道のアイヌ民族の物語をもとにした高等学校段階における創作活動」について

② 福　島　中村　晋　高校
●俳句の可能性——俳句会を通して、対話と相互理解を促す授業の実践

③ 埼　玉　倉田亜由美　小学校
●小学2年　スーホの白い馬——文学を読む楽しさを味わう授業を目指して

④ 東　京　東京都教職員組合　小学校
●コロナ禍の今だからこそ　子どもたちの心の開放を！——学年で取り組んだ詩の実践

⑤ 愛　知　三輪　聡　小学校
●文学を文学として読む——「モチモチの木」を通して「読みの授業」を考える

⑥ 京　都　安福　歩　小学校
●一年生の作文教育——言いたいこといっぱい

⑦奈　良　織田萌子　小学校
●5年生の子どものことば

⑧大　阪　岡崎謙太郎　小学校
●通信・作文と学校行事が結んだクラスの絆

⑨兵　庫　山本博子　小学校
●一人一人が考えを持ち交流する中でより深まる授業を目指して――主体的に学ぶ姿とは

⑩和歌山　白石　昴　小学校
●4年　ヤドカリとイソギンチャク――どの子も楽しく学ぶことのできるユニバーサルデザインの授業づくりを目指して

⑪山　口　酒井大輔　小学校
●「世界で一番やかましい音」の授業――多面的な見方・考え方を子どもたちに

⑫高　知　南部真実　小学校
●いっぱい聞いて、いっぱい発言！　みんなで楽しく学び合いたい

⑬高　知　池上昌作　高校
●表現力の向上――社会性の育成をめざして

⑭高　知　坂下直美　高校
●他者とつながるための国語表現――SUPER COOL JAPANESE な…

⑮私学（東京）　但馬徹哉　高校
●話題提供の1つのための覚え書き、「評価」に着目して

⑯全国　山田桂吾　出版労連
●この1年、教科書に何が起こったか、私たちはそれにどうとりくんできたか

分科会報告 2

外国語教育

江利川春雄
久保野雅史
根岸　恒雄

1 基調提案　外国語教育の現状とあり方

　会場とZoomによるハイブリッド開催となった今年の分科会は、心配されたトラブルもなく円滑に実施されました。参加者は40人あまりで、レポートは2021年の7本を上回る10本（小学校2、中学校3、高校5）、うち現地発表4本、オンライン発表6本でした。コロナ前に較べるとレポート、参加者ともに大幅減ですが、質の高いレポートが多く、充実した分科会となりました。

　はじめに、共同研究者の江利川春雄（和歌山大名誉教授）より以下の基調提案がなされました。

①ロシアのウクライナ侵攻で、平和と民族共生のための外国語教育の目的論があらためて重要。
②文部科学省が2022年8月8日に発表した「英語教育・日本人の対外発信力の改善に向けて」は、依然として英検等による欺瞞的な到達目標の設定、四技能入試を実施する大学への補助金支給など重大な問題をふくみ、批判と克服が必要。
③GIGAスクール構想は利権と教育市場化の危険性が高い。個別最適学習は究極の習熟度別授業であり、人間関係の希薄化と学力格差を招きかねない。デジタル教科書導入も警戒が必要。
④新学習指導要領は、上位1割の「グローバル人材育成」を求める政財界の意向を受け、小学校での外国語の教科化、

中高での語彙の大幅増と言語活動の高度化など、英語嫌いを大量に生み出しかねない。批判的に克服するとりくみが重要。

⑤コロナ禍だからこそ仲間とつながり、心を通わせる協同的な学びが大切。人間形成と学力形成のための外国語教育をめざし、議論と交流を深め、労働条件の改善を。

〔江利川春雄〕

2 小学校外国語教育と小中連携

詫間恵里子報告（埼玉・小）「『これはひじきです』――単数形・複数形を意識した給食メニューの授業」は「はじめに」で、①さいたま市の教育をめぐるいくつもの問題を批判的に紹介、②授業実践では、母語もふくめ「言葉のおもしろさに気づく」「ちがいを知って理解を深める」ことを大切にしたい等の考えを示しました。

具体的には、さいたま市のグローバル・スタディ科5年の「給食大好き！」の単元を「子どもたちにわかる」「楽しく学べる」等を重視して実践を組み直し、①食材を「数えられる」「数えられない」に分けて、単数・複数を理解させ、グループで「みんなで食べたいメインメニュー」を考えさせる、②食材を「数えられるもの屋さん」「数えられないもの屋さん」から買わせる、③「おいしそうな料理名を付け」「材料の産地も紹介する」グループでの発表会を持つ等の手順で進めました。料理名の例で、“This is お肉たっぷり meat and potatoes. These potatoes are from Hokkaido. This pork is from Saitama.”などが紹介されました。

「成果と課題」として、①児童が this と these を理解して使い分けられた、②単数・複数の理解が、その後の学習にも生きた、③グループ活動を多く盛り込めて、協力して楽しんで英語に触れられた、とまとめていました。英語教育を深めている人が教えることが大切だと思わせ、学ぶことの大変多い報告でした。

入澤佳菜報告（奈良・小）「ことばの力を育む外国語の授業をめざして――『言語・文化』のとりくみ」は、まず「ことばの教育」、複言語活動（ことばの気づきを育む言語活動）、「言語・文化」のとりくみ等の意義や方法をわかりやすく提示しました。続いて、「複言語での複数語」の学習で、複数を表す時に、単語の形が変化する語があることを知り、それぞれに決まりがあることを気づかせる実践を紹介しました。子どもたちの感想からゆたかに学んでいる様子が良くわかりました。

さらに、「日本語と朝鮮語」の3回の学習で、①ハングル文字はローマ字と同じ子音と母音の規則的組み合わせでできていること、②元が漢字であるので、発音が似ていること、③同じ外来語でも母音の数がちがうので、ちがった音になること等を学習させました。感想から、子どもたちが興味を持って学び、ことばへの関心を高めているのがわかりました。「ことばの力を育てる＝ことばの土台をつくる」がわかり、その土台が英語や他の言語の学習、日本語をわかっていくことにつながることを実感させる報告でした。

黒川千里報告（滋賀・中）「小・中学校教員コラボ授業の実践――小・中学校のなめらかな接続を目指して」は、まず行政主導の外国語教育推進事業（グローバル化に対する人材育成）を批判的に検討し、小学校外国語教育の問題点（総授業数の増加、単語数増加による大幅負担増、中1の4月段階で英語からドロップアウトしている子が少なくない等）もしっかり捉えています。その上で、「今、小学校で英語を学ぶ意味を理解し、共有したい」「世界の多様性、人間の多様性、言語と文化の多様性を認識する教育に、特に小学校で力を入れて欲しい」と要望しています。

具体的実践では、6年生への出前授業（コラボ授業）で、ALTの紹介や英語や文化などに興味を持ってもらうための工夫、中学校での学びに希望を持ってもらうための工夫等を多く紹介しました。

3つの実践報告から、（1）英語教育の目的を問いなおす（英語力一辺倒でなく、人間を育てる教育の一環であること）、（2）過重負担をなくし、人間性をゆたかにし、外国語に関心を持たせる多様な実践を保障すること、（3）小学校での成果や課題を受け、中学校では全員を再スタートさせる教育をめざすこと、（4）専科教員を中心にした専門的知識を備えた教員を配置する、等の重要性が見えてきたと言えるでしょう。

（根岸恒雄）

3 教材の創造的な扱いと自主編成、評価の工夫

神志那《こうじな》吉則報告（福岡・中）、「新しい教科書で変わったこと　変わらないこと」は、まず新学習指導要領によって小学校の外国語が教科化され、そのあおりで中学校の英語教科書が著しく難化した実態を報告しました。言語材料と英文量が増え、即興的な会話が要求されるなど、生徒たちは無理を強いられています。

詰め込み教科書への対応として、基礎基本をていねいに指

導し、特に記号付けによって英文構造を可視化することで理解を促進しました。意味内容を重視し、「習うより慣れよ」ではなく「わかる英語」へのさまざまな工夫が秀逸でした。たとえば、音読と翻訳読みは効果が大きく、足場掛けとしての「リスニングメモ」は聴き取りを支援しました。新課程で大幅に増えた語彙に対しては、必須語を明示することで受容語彙との区別を明確にしました。ごほうびシールも生徒のやる気を刺激します。生徒の作文への添削では、正解を与えるのではなく、ヒントだけ与えて再提出させることで自ら主体的に学ぶよう指導しています。生徒としっかり向き合う姿勢が感動的でした。

村山美那子報告（長野・高）「スピーキング力を高めるトライアングルディベート」は、2名の肯定派と1名の否定派の3名でおこなう簡易ディベートで、ジャッジはおこなわず、英語を話すことに重きを置いた指導について報告しました。

効果として、問題に対して根拠に基づいて賛否両論の意見を持つようになり、1分ずつ話すことによるスピーキング力と、相手の意見を集中して聴くことによるリスニング力がつき、それらを通じて人間的な関係性が構築されていきます。生徒にとってディベートは高いハードルですから、積み上げ式の入念な準備が必要とされ、意見を支えるエビデンスをタブレットPCなどでリサーチさせることで、探究的な学びの要素が加わります。まさに主体的・対話的で深い英語の学びといえるでしょう。

報告後の討論では、①賛成2＋反対2のほうが協同的な要素が高まるのではないか、②お互いの妥協点を探る協調的ディベートへと発展させれば、さらに深みが増すのではないか、といった意見が出され、さらなるステップアップのためのアイディアが共有されました。

2021年のレポートの続編といえる大西里奈報告（京都・高）「3観点評価への対応と共同的な授業で――『教え』から『学び』への転換を」は、新学習指導要領によってホットな問題になっている3観点評価と協同学習に焦点をあてた発表で、パワーポイントが美しく、わかりやすく工夫され、模範的なプレゼンテーションでした。

特に問題にされたのは、新設された「主体性評価」の危険性についてです。本来は数値で評価できない領域であり、評価規準を設定すれば生徒はその価値規範に合わせた対応をするようになり、真の主体性どころか、権力への忖度と服従につながるのではないかという指摘は、問題の本質を突くものでした。

その上で、いま教員に求められているのは生徒の主体性を評価することではなく、生徒が主体性を発揮できる授業設計を教員がおこなうことではないかと問題提起しました。それを踏まえて自身の協同学習に関する実践を報告しました。特に、生徒が自由に場所と相手を選べる「立ち歩きタイム」によって、学習形態や内容を生徒自身が主体的に決定する学び方は、協同学習を新たな段階に進めるものとして注目を集めました。こうした実践には生徒への信頼が不可欠です。ある生徒は「先生はみんなを尊重していた」との感想を寄せました。これが授業成功の秘訣でしょう。

2022年度の1学期はコロナ禍のため中間考査までは一斉講義型授業でしたが、その後は協同学習に切りかえた結果、中間考査の平均点52・3点が期末考査では65・5点（+13・2点）に上昇しました。また「グループワークをやりたい」と回答した生徒は60%から83%に増加しました。協同学習の威力を実践例とデータで示した秀逸の報告でした。

〔江利川春雄〕

4 平和・人権・環境・国際理解

斎藤貴子報告（埼玉・高）「地球市民の育成をテーマに――コミュニケーション英語Ⅲの授業」は、3年生の選択科目「コミュニケーション英語Ⅲ」の実践を報告しました。このレポートは、2021年度埼玉県教育研究集会・外国語教育分科会での発表を経て全国教研に推薦されたもので、教科書 Vivid English Communication III（第一学習社）から4つの課（L1 Happy Nations / L2 Gamification / L4 Can Cellphone Recycling Help African Gorillas? / L9 A Lucky Child）を選び、1課に12～14時間をかけて生徒たちに「どのような力をつけてほしいか、何を考えてほしいか」を追求したものです。

「地球市民の育成」を目的としたのは、2022年2月に始まったロシアによるウクライナ侵攻が契機でした。ユニセフがめざす「地球市民の育成」の定義を踏まえて、他国で起きていることを知り、それを自分のこととして捉えられる感性を養うためです。授業中に「自分の力でテキストを理解する」経験ができるように、〈読解前〉〈読解〉〈読解後〉に分けて授業準備を工夫し、読解の後に感想・考えを述べる機会を設定して、「生徒自らが問いをつくる」活動にも挑戦しています。「なぜなのか」「どうしたら改善できるのか」と問う力を持つことは民主的な社会をつくるために不可欠で、自分で問いをつくる力は卒業して生きていく中でもとても大切な力、という言葉が強く印象に残りました。

橋山芳子報告（滋賀・高）「エールを届ける英語の授業――BTS・恐竜・Queen おまけのおまけを振り返る」は、

コロナ禍で苦しむ生徒たちを勇気づける教材を開発する実践を報告しました。勤務校の授業は共通プリントを使用して共通進度でおこなうため、教員自身が「これを教えたい！と思うパワー」を発揮する余裕がありませんでした。しかし、教育のつどい２０２１でオンライン発表をおこなった際に「自分の授業で使えなくても、研究会の仲間達と共有できる洋楽プリントを作ろう！」と発想を変えました。教室にプロジェクタが整備され、板書ではなくスライドで動画・音声を提示することができるようになったため、自主教材を追加しても同僚の進度から後れを取らないようになりました。

10月にとりくんだのは、韓国のグループＢＴＳの Permission to Dance で、1月にはイギリスのバンド Queen の You Are the Champions を取り上げました。3月には、日本のバンド ONE OK ROCK（ワンオクロック）の Be the Light を聞きました。

２学期末考査の返却時には、「恐竜が人類に気候変動対策を訴える?」という国連のユニークなキャンペーン動画 Don't Choose Extinction（絶滅を選ぶな）を視聴してリスニング活動をおこないました。「生徒は教員を選べない」と言われます。しかし、画一的な授業を強いることで教員の個性・創造性の芽を摘んではならない、との思いを新たにしました。

（久保野雅史）

5　学力保障

有本和生報告（和歌山・高）「定時制高校の英語授業」は、生徒たちの中には、自己達成感が低く自信が持てない、コミュニケーションが苦手、などの問題を抱えている生徒が少なくありません。このような状況をていねいに分析し、「安心して居られる教室空間」をめざした授業の工夫を紹介しました。実践報告の中で印象的だった言葉の一つが「青春」です。生徒も教員も自分たちの人生や毎日の暮らしを充実させ「青春」したい、という言葉使いに新鮮な驚きと感動を覚えました。

他にも印象的な言葉がありましたので、以下に引用します。子どもも大人も同じ時代をつくる仲間で、一人ひとりが「青春」できる世界・社会をともにつくっていく同志／教え合い助け合いができる友だち関係を大切に、そういった学生時代をふり返ることができることは幸せ／本人が前向きになって初めて学習は成立する／子どもたちの成長を主眼にして本当に大切なことを伝える／真理の探求が学習であり、それが社会を支える力になる／年齢・性別等、さまざまなちがいに寄らず、誰もが尊重される社会をつくること、他者を尊重する人であること……

開会スピーチにあった「子どもといっしょに育っていくことを選んだのが教員」という言葉を紹介し、教育活動を通して観察眼を磨いていくことの重要性を訴える発表でした。

〔久保野雅史〕

6 協同学習の成果と課題

東京都教職員組合報告（東京・中）「自ら調べ仲間とつながる活動がしたい――教え込み授業の反省を活かして」では、東京教研の分科会報告に凝縮されていた、①ローマ字教育が混乱したままで、小高学年に英語の読み書きまで要求するのは理不尽、②小・中英語教科書の問題、突破策、③英語スピーキングテスト問題、他の今日的課題がいくつも提起されました。

本報告では、新教科書の「ものすごい単語数！ 文法事項の教え込み、詰め込み」を反省し、「主体的に活動して欲しい」と願って取り入れたいくつもの活動を紹介しました。「人間の尊厳を取り戻そうとする」素晴らしい実践報告でした。困難の打開の方策として、①人の心を動かす教材（人種差別等を自分ごと化する映画）を使う。②ワークシートの記述をシェアし、より深く学び合う機会にする。教材論と協同的な学びが困難を打開していく上でカギということが明らかになったと言えるでしょう。音声教材や読み物でも辞書を使って読み、グループで協力、自己表現（今から20年後）に挑戦させ、作品を交流する等をしました。時間が限られている中で果敢に挑戦し、教材づくり等に同僚の協力をどう得るかも紹介していました。

〔根岸恒雄〕

7 総合討論

（1）分科会全体を通して、教育のつどいは教育政策等の本質的な研究・協議、具体的実践の両方が学べる大事な場であることが確認されました。司会者・共同研究者から「教研活動をどうより活性化させるか」をテーマに協議することを提案し、次のような活発な意見が出されました。

①ハイブリッド開催が実現したので、現地参加、オンライン参加の両方を大切にして、広く参加を呼びかけていきたい。参加の条件が広がった意義は大きいだろう。②多くの若い教員が睡眠時間を削らなければならない程の実態がある中で、教研の魅力を語るだけでは参加につながらないだろう。③多忙な実態がある中なので、県段階でも全国レベルでも、宣伝や呼びかけに特に力を入れていく必要がある。④参加がしやすくなるので、ハイブリッド開催をぜひ続けて欲しい。⑤現場の多忙な状況が深刻なので、自主的研修を進めていくためにも、教育政策を変えていくことが大事だ、ほか。

（2）討論の結果、①超多忙な状況を改善するためのとりくみ、②教育政策も実践も学べる教研の魅力を若い教員、中堅の教員をふくめて広く宣伝し誘うこと、③若者にとって魅力的になる内容・運営の工夫、④地区、都道府県、全国でレポーターと参加者を増やすとりくみ、等の重要性が確認されました。

〔根岸恒雄〕

8 次年度への課題

（1）英語エリート作りの「グローバル人材」育成の競争・格差政策ではなく、コロナ禍だからこそ教室を心通わせる場とし、協同と平等の民主教育の原則で、すべての子どもに外国語のゆたかな学びを保障します。

詰め込み主義、スキル主義、個別最適化とデジタル偏重、数値目標管理主義に抗して、人間性を育てる授業の創造に努めます。そのために、協同的で主体的な学びを発展させ、教師の自由を守り、同僚性を高めます。

（2）新学習指導要領による教科内容・指導法・評価法など国の方針の上意下達、小学校英語の早期化・教科化、中学校語彙の実質2倍化、「英語で授業」の押しつけ、上からの到達目標設定と言語活動の大幅高度化などの問題点を明らかにし、保護者・国民に粘り強く訴えていきます。

学習指導要領を批判的に乗りこえる目的論、教材論、指導法などを交流し合い、小・中・高・大教員の連携を追求します。

（3）文科省「英語教育・日本人の対外発信力の改善に向けて」（2022年8月）による、大学個別入試への民間試験導入の補助金誘導、高校生のための学びの基礎診断、GIGAスクール構想、デジタル教科書化に伴う教育市場化に反対し、子どものゆたかで多面的な学びを平等に保障する教育の公共性を守り育てます。

（4）愛国心の強制をふくむ道徳の教科化を批判し、優れた教材を通じて民主的な主権者＝歴史形成者の育成と人格形成の力となる外国語教育を進めます。

政府見解を強要する教科書検定に反対し、教科書作成に学校現場の声を反映させ、内容ゆたかな教科書をつくる運動を進めます。教科書採択への行政の不当な介入に反対し、現場での民主的な採択を推進します。

（5）一部のエリート校への重点投資ではなく、すべての学校の外国語教育の充実に必要不可欠な予算増、少人数学級、教員定数拡充と労働時間の大幅削減、担当授業数の削減、課外指導の軽減、小学校外国語教育への専科教員の配置、教師の自主的で自由な研修の保障、教材教具の充実などの教育条件の獲得に努めます。

（6）いのちと人間性の尊さに目を開かせ、平和・民主主義・人権・環境を守り、国際理解・連帯を進める外国語教育の創造に努めます。

日本国憲法の平和と民主主義の理念を授業実践に活かし、自主的な教材を発掘・創造するとともに、読み取り、文法、音声、自己表現、協同学習などの分野で経験交流を深め、指導・学習・評価についてのあり方を明らかにします。

（7）「外国語教育の四目的」を実践・検証するとともに、教研活動を若手教員に積極的に継承・拡大し、外国語教員の連帯を強めます。そのために、若手への働きかけ、さらに各地区、都道府県教研をより活性化させるためのとりくみを強化します。

討議のさらなる活性化・深化を図るために、レポートの表題・目的・結論の明確化と、発表・質問・討論技術の向上に努めます。子どもの変容と学びの深まりに留意し、経験の交流と情報・実践の共有化を進めます。

（江利川春雄）

［外国語教育の4目的］

①外国語の学習をとおして、世界平和、民族共生、民主主義、人権擁護、環境保護のために、世界の人々との理解、交流、連帯を進める。

②労働と生活を基礎として、外国語の学習で養うことのでき

る思考や感性を育てる。

③外国語と日本語とを比較して、日本語への認識を深める。

④以上を踏まえながら、外国語を使う能力の基礎を養う。

【レポート一覧】

		江利川春雄	共同研究者	●基調提案
①	埼玉	詫間恵里子	小学校	●「これはひじきです」――単数形・複数形を意識した給食メニューの授業
②	埼玉	斉藤貴子	高校	●地球市民の育成をテーマに――コミュニケーション英語Ⅲの授業
③	東京	東京都教職員組合	中学校	●自ら調べ仲間とつながる活動がしたい――教え込み授業の反省を活かして
④	長野	村山美耶子	高校	●スピーキング力を高めるトライアングルディベート
⑤	滋賀	黒川千里	中学校	●小・中学校教員コラボ授業の実践――小・中学校のなめらかな接続を目指して
⑥	滋賀	橋山芳子	高校	●エールを届ける英語の授業――BTS・恐竜・Queen おまけのおまけを振り返る
⑦	京都	大西里奈	高校	●3観点評価への対応と共同的な授業で――「教え」から「学び」への転換を
⑧	奈良	入澤佳菜	小学校	●ことばの力を育む外国語の授業をめざして――「言語・文化」のとりくみ
⑨	和歌山	有本和生	高校	●定時制高校の英語授業
⑩	福岡	神志那吉則	中学校	●新しい教科書で変わったこと　変わらないこと

分科会報告 3

社会科教育

浅井 義弘
岩本 賢治
菅澤 康雄
吉本 健一

1 はじめに

3年ぶりに開催された社会科分科会には22本のレポートがエントリーされましたが、部活動付き添いの関係等で3名のレポーターが欠席、19本のレポートで大いに学び合いました。新型コロナの関係で、4名のレポーターと共同研究者1名がオンラインで参加しました。

〔浅井義弘〕

2 全体会Ⅰ

（1） 主権者教育の実践と課題

池田理報告（北海道・高）「総選挙で模擬選挙――4回の取組で見えてきたこと」は、模擬選挙の周到な準備から管理職への説明など、「政治的中立性」をどう確保すればよいか、管理職や外部からの「横やり」が怖いと感じている先生方でも、安心して実施できる方法が示されており、「追試」可能になっています。2016年参院選時、管理職は生徒用副教材の範囲内か否かを入念にチェックしましたが、2017年衆院選時はほぼ「助言」もなくスムーズに進行しました。衆議院解散に備え教科の年間指導計画にきちんと記載していた点も、抜かりがありません。この2回の模擬投票の対象は、ほぼ授業担当クラスでしたが、２０１９年参院選時は、これが学年全体に広がりました。そして転勤後の２０２１年衆院選時は、それまで模擬投票経験がない学校でしかも開校記念日、見学旅行などが重なる悪条件の中でも、授業担当クラスでネット投票もふくめて実施できました。校長に実施要綱を渡しましたが、口頭説明のみで十分という態度でした。「補助教材の範囲なら」という限定がつくかもしれないが、教育行政・管理職の対応は変わってきていると池田さんは言います。

生徒たちの感想を読むと、選挙を通じて政治を担う主体になっていこうとしている様子がうかがえます。「どの政党がいいかでは無く、自分はどういった国だといいと思うか全て自分で考えてみると更に面白かった」とまで書く生徒がいました。

佐々木孝夫報告（埼玉・中）「中学生の模擬投票――主権者を育てる教育のために」は、社会科の目標が「平和で民主的な国家及び社会の形成者に必要な公民としての資質・能力の基礎を育成する」としていることから、主権者を育てること＝主権者教育を前面に出して、全校で社会科の授業の中でとりくみました。その中心は中学生による政党への質問と政党への手紙で、しかも全学年・全生徒を対象にした教育実践です。中学生は、私たち以上に社会のほころびを感じ、だからこそ社会への強い願いも持っていたと佐々木さんは言います。ある生徒は、「選挙が日本の進む道を決めると言ってもおかしくないくらい大切だから、今回にも模擬投票をきっかけに、家族や周りの人たちと真剣に話し合いたいと思った。自分の一票では変えられないけど、大勢の人が集まれば日本の未来を変えられるんじゃないかなと思った」と書いています。

このとりくみの流れは、政党に聞きたいことアンケート↓10項目質問書・回答集の読み合い↓模擬投票↓政党への手紙を書く、とあるように、最後には自分のことばで意見表明をすることで、今までの学びを社会に広げることで、自分の学びが意味づけられています。この政党への質問書は、その後２０２２年には上尾市内3中学校１６００名にまで広がりました。

(2) 新学習指導要領と社会科の課題

藤村泰夫報告（山口・高）「『歴史総合』の最初の項目『歴史の扉』が持つ意味――『歴史総合』とグローカル教育の関係について」は、生徒に「自分事」として歴史をとらえさせるためには歴史総合が適しており、特にその導入、ある意味根幹にあたる「歴史の扉」や大単元の導入にある「問い」も看過される実態が示されました。その原因は、時間的余裕がない、進度が進まないということでした。しかし、人々の生活や社会のあり方の変化に重点が置かれるということは、歴史学習が自分たちとかけ離れたことではなく、自分たちの問題として考えさせることであって、知識を溜め込む従来型の暗記歴史教育から、自分事として歴史をとらえる考察を主眼とした歴史教育への転換を提案されました。

吉井啓介報告（山口・高）「歴史総合MOVIES」は、歴史総合を視野に入れた世界史Aの授業づくりの報告でした。自作した授業動画（20分程度）で講義部分を済ませて、残りの時間を質問や討論に活用するという試みです。動画はYouTube等で共有させ、生徒は何度でもくり返し視聴できる工夫もしている。このことによって、生徒も集中力も高まったといいます。ただ共同研究者から、YouTubeにアップロードする際は、著作権問題のクリアが必要と指摘されました。

吉井さんは、藤村さんとは少しちがっていて、「生徒は世界史の知識が乏しいので、知識獲得も重視する。そもそも知識がないと、考えることもできない」と主張します。また、「歴史の扉」の取り扱いも、この部分は重要だが、理論や史観といった観念的なものの押しつけになることを避け、ある程度知識理解が深まった時点で取り扱うといいます。

長田雄人報告（愛知・高）「独立宣言のグローバル・ヒストリー」は、歴史総合を意識した実践で、教育内容は、アメリカ独立宣言の歴史的影響の大きさです。史実を読み解く視点は、土着化とモダナイズだといいます。土着化とは、ある歴史事象に影響を受けて行動する人々が、自身の地域の歴史や特性をふまえて、その歴史的事象の解釈や取り入れをおこなっていくことを指し、モダナイズとは、過去の歴史的事象を現在に生きる人々が自身の時代の状況に合わせて解釈や取り入れをおこなっていくことを指すと定義しています。教材は、独立宣言とその後の諸宣言と憲法を読み比べ分析させる。教具はOneNoteを使用して、リアルタイムで資料を提示、書き込みをして理解の補助をします。

この授業を受けた生徒は、日本国憲法の中にアメリカ独立宣言の歴史的影響を学んで、「テストのために暗記するだけだったけど、……流れを知って憲法の一つ一つの言葉に重みを感じた」と述べています。暗記では小さな意味しか見いだせなかった生徒が、この授業で大きな意味を捉えていくことができているようです。

和井田祐司報告（私学・大阪・高）「もしも〈あなた／あなたの息子〉に赤紙が届いたら……――銃後・個人の戦争責任を考える授業」は、歴史修正主義の影響が強まっている中で、歴史事実に立脚した授業づくりが求められているが、そこから人間理解に通ずるような戦争学習をしたい。現在も国政で不正や不誠実がまかり通っているのに、それを追認してしまう人々の「心性」があるからこそ、戦争当時の「空気」や状況に目を向け、同時に現在を見る目を養いたい。人間の弱さを抱えつつ葛藤・格闘した人間の可能性を通して現在を見つめたいと思い、この実践を進めたと報告されました。

教材は、精巧な赤紙レプリカ（鳥塚義和さん復刻）です。初発の発問「もしもあなたに『召集令状』が届いたら……？」で使用します。

最後の教材は、朝日新聞の記事で、三國連太郎は母からの手紙で徴兵を知るが、それを忌避して逃亡を図る。母にお詫びの手紙を出したところ、憲兵に逮捕され、戦場へ送られるという、母が息子を売った話です。

和井田さんは展開後半で、「では、あなた自身ではなく、あなたの息子に『赤紙』が届いたらどうする？」と投げかけた後、三國の事例を紹介します。次いで、「あなたがこの母親だったら、どうする？」とたたみかけ、三択（A：手紙を燃やし無事を祈る、B：警察に届ける、C：その他）から選ばせます。さらに、三國の母は、戦争の加害者か、被害者か、どちらとも言えないかを、問いかけます。被害者を選ぶ生徒が多いけれども、意見は三分されます。和井田さんは、このお母さんの事例をみても、被害者、加害者両方の要素があり、戦争へのかかわりには加害・被害という考えの軸だけでなく、抵抗・加担という軸があり、個人の立場は重層的であると話しました。さらに加害・被害・抵抗・加担という四類型を板書で明示することも避けました。生徒が「型」に当てはめて、事実を類別化する安易さを避けたわけです。これは、歴史総合「歴史の扉」をめぐって、山口の藤村さんと吉井さんの微妙なちがいにつなげると貴重な議論になったかもしれません。高校生に抽象的な世界観や歴史観や人生観ともいうべき観念をどう学ばせるのかが、問われていたのです。これは価値観につながるだけに、慎重であるべきであることはまちがいないのですが、学んだことの価値や意味をつかませたいと願う教師の思いも理解できます。

参加者からは加害・被害・抵抗・加担だけでなく、「連帯」というあり方もあるとの指摘があり、一方共同研究者からは、「あなたが〇〇だったら……」という発問は歴史の時代を超える発問であり、慎重におこなうべきだという見解が表明されました。

西村太志報告（滋賀・高）「『民主主義の担い手』となる市民を育成する方法としての紙上討論学習——同調圧力のもとで、討論を成立させるために」は、民主主義の担い手を育てるという視点から、紙上討論という教育方法の独自の意義を示そうとするものでした。西村さんは、①面と向かって意見を言うことができない状況でも、質の高い討論を可能にする。②全員が意見表明できる。③じっくり考える時間を取れ、意見を深めることができる。④聞き流すことなく、他者の意見を充分に把握することができる。⑤冷静に判断し、意見表明をすることができる。⑥さまざまな意見を整理し、論点を明確にすることで、対面討論の質を高めることができる。⑦教師が次の展開を考えられ、教材研究の時間を確保できる、の7点を指摘した上で、紙上討論が①自分自身の考えを修正・成長させようとする資質の育成に対する効果、②対面討論のステップにとどまらない役割、③匿名にすることの効果と限界の検証を報告しました。

班内回し読みコメントでは同調圧力の排除はむずかしく、無記名意見表明の紙上討論では、特に第4次の意見表明で相手の意見を聞くことの重要性が述べられており、自分自身の意見を修正・成長させようとする資質の育成に一定の効果があったと結論づけました。

寺川徹報告（出版労連）「この1年、教科書に何が起こったか、私たちはそれにどうとりくんできたか」では、歴史教科書の記述変更強要問題は、学問研究に基づきながらつくられた教科書が国の検定を受け合格したにもかからず、なおその後国会議員等の質問による閣議決定でその検定さえも覆り、書き換えを強制されるこの事態は、学問研究の自由への何重もの侵害であり、国民の思想信条の自由、真理を求める学習権の侵害であることが明らかにされました。

参加者からは、デジタル教科書の導入に関連して、配布タブレットでは画面が小さすぎて、ロイロノートなどのアプリとデジタル教科書を同時表示させると小さくて実用的ではないことが指摘されました。

〔岩本賢治〕

3 歴史認識小分科会

松尾良作報告（大阪・中高）「世界史Aで何を扱ったか」は、転入生への特別補充授業を通して考えた世界史Aの報告です。報告者は、新課程になって、このままでは「歴史総合」で日本近現代を扱い、「日本史探究」で日本前近代を扱って、受験対応科目として展開する学校が多数出てくるのではないか。世界史を学ばない生徒が出てくるのではないかという危機感を持っておられます。この実践を通じて世界史Aで扱ってきたことを今一度ふり返り、「歴史総合」にどう継承していくのかを考えたいということです。

前近代は、地域世界の形成と仏教、儒教、キリスト教、イスラム教の誕生というようにテーマで扱います。ルネサンスと宗教改革から産業革命、市民革命とヨーロッパの変化、帝国主義の時代、アジア・アフリカの植民地化をどう扱うのかと続き、第二次世界大戦後の世界を学んだあと、最後に核兵器禁止条約と、人権の国際的保障を学んだ生徒が書いた課題文を紹介されました。映像も使いながら、生徒と対話し、毎回の課題で小論文を書かせています。分散会では「世界」を視野に入れた授業をどうつくるのか。世界史Aの成果をどう引き継ぐのかを話し合いました。

森口等報告（京都・中高）「生徒に寄り添い授業を楽しみ希望の種をまく歴史教育を――コロナ禍で模索中の『新しい』?世界史の授業」は、コロナ禍でスタートした高校2年のオンライン授業を通して、報告者自身の教師生活をふり返りながら、「社会科教育で大事にしたいこと」「教師として大事にしたいこと」として、3つの問題意識を挙げられました。それは、⑴生徒に寄り添うこと～教育の原点、⑵授業を楽しむこと～生徒に寄り添い、教師が授業を楽しむ、⑶希望の種をまくこと～生徒とともに希望を語ることであると言われます。

実践例は、「感染症の世界史」として、「黒死病（ペスト）の背景からコロナ禍を考える」「スペイン風邪からコロナ禍を考える」を紹介され、「太字暗記」ではなく、生徒に寄り添いながら教材を選択し、「現在と過去との対話」を生徒とともに考えられています。生徒からも「過去のことだけでなく現代のことと結び付け、ビデオを使った授業をおこなったり、授業に興味がもてるように工夫してくれている。（中略）ただ歴史を知るだけでなく、そこから学んだことを今の社会に結びつけ役に立つ、とても大切な授業だということに気づかされました」という感想が出されています。

森口さんは、授業は「料理」と同じで、「素材」を厳選し「料理人」として腕をふるい、上質の料理を提供することであると言われます。「遊び心」も大切にして、「教具」を活用し、「発問」を練り、「授業を楽しもう」。「教師自身が授業を楽しむ」姿勢が、実は生徒に希望をもたらすと述べられました。

部活動付き添い等で当日報告できなかった実践を2つ紹介します。

金井強報告（高知・中）「『加害』『被害』『抵抗』『創造』

を歴史教育でどのように扱うか――平和教育の在り方について考える」は、4年目の先生の報告です。勤務校で使用している「中学歴史教科書」の令和4年度版と、昭和46年度版を比較して、「加害」「被害」「抵抗」「創造」がどのように記述されているかの比較分析と、実践を報告されました。報告者による「創造」とは、「反戦平和に対する『前向きな動き』」をいうそうです。

田城賢司報告（和歌山・高）「『歴史総合』と地域教材――実践例『和歌山の移民』『エルトゥールル号遭難とその背景』をもとに」は、地域教材が「歴史総合」においてどのような役割を果たし得るのかを、これまでの実践をもとに考えられました。実践例は、「和歌山県の移民」「エルトゥールル号事件とその背景」です。自分たちの地域が、日本や世界の歴史の流れの中にあったことを理解することで、生徒自身も歴史の中の主体であることを実感できる。主体としての認識を育む点においても、地域の教材化は大きな意義があると述べられています。

〔浅井義弘〕

4 現状認識Ⅰ小分科会

現状認識Ⅰ小分科会では、高校から3本のレポートが報告されました。

谷口春夫報告（兵庫・高）「電車でＧＯ！　その日のうちにどこまで行ける?」は、２０２1年度に引き続き、オープンハイスクール（中学生向け体験授業）における実践的とりくみを報告されました。本年度の報告はタブレットを使って調べ作業をさせるもので、生徒たちに現在地（三田市）から鉄道を利用して8時間以内に行ける場所（駅）を探させています。グループに分けられた参加生徒は、初対面にもかかわらず作業が進むにつれて打ち解け合い、しだいに協力しながら課題にとりくんでいきました。それは、報告者がねらいとしていた「生徒同士の教え合い」でもありました。

報告者は簡単な調べ学習でも、生徒たちが気づくことが多いと言います。たとえば、青森あたりまで行くことができる一方で、近いと思っていた紀伊半島や九州でも行けないところがあることを知ります。生徒たちは交通の不便な地域は、距離が近くても時間がかかり、距離だけの問題ではないことに気づきます。これが今回の調べ学習のポイントでした。

野村伸一報告（富山・高）「飛び出せ、砺波高校生――地域との連携」は、総合的な探求の時間の報告です。勤務校が自分の母校であり、また生まれ育った砺波市に強い愛着を持つ報告者は、生徒が地域に誇りを持ち、将来的には地域を支えるリーダーとなってくれることを期待しています。そうした想いを持って、総合的な探求の時間の探究活動では、地元の自治体や企業と連携した教育実践活動を積極的に実施しています。

活動の中で、生徒たちは砺波市のタウンミーティングにも参加し、砺波平野の屋敷林の維持の一環として「ボランティアによる剪定《せんてい》枝リサイクル大作戦」を市に提言しています。その提言が市に採用され、2021年度から屋敷林の枝下ろし作業が実施されることになり、生徒たちもボランティアで参加しました。また、ゴミの減量化にとりくんだ生徒グループは、校内のゴミ分別実証実験のためのコマーシャル動画を作成しました。それは市役所の協力でユーチューブ動画になって公開されています。

こうした砺波高校生の自主的な地域研究に対しては、砺波市民や市役所、そして市長も応援しています。今後、この地域研究を継続し発展させていくことが期待されています。

大橋達報告（宮城・高）「コラボ授業やっちゃいました――ALTとの英語・世界史共同授業と絶滅した香港通識教育を意識して」は他教科との共同授業の報告で、一昨年（2020年度）のカナダ出身のALTと共同でおこなった「カナダと日本を比べてみよう」に続いて2回目となります。2021年度はジャマイカ出身のALTとの共同で、「大航海とアメリカ征服」をテーマに2時間の授業を実施しています。英語による質問を取り入れた世界史の授業で、授業はパワーポイントを使って進められました。報告者は他教科・他科目の担当教員が連帯して学習活動をおこなうことが、必ず生徒と教員にとってプラスになるという考えでとりくんできた授業実践でしたが、他教科との共同授業はまだ難しいといいます。

報告者はもう一つ、重要な教育のあり方を生徒に伝えていました。それは香港通識教育という健全な批判的精神によって民主的社会を守る教育です。それは今の日本社会でもしだいに薄れているものです。本報告は報告者の生徒への熱い想いが伝わる授業実践でした。

現状認識Ⅰの小分科会のレポートは、共通して報告者が生徒に寄り添い、生徒の力を信じて伸ばすという教育実践でした。来年度は小中学校から、そして地理総合の報告を期待しています。

〔吉本健一〕

5 現状認識Ⅱ小分科会

田澤秀子報告（長野・高）「民主政治の基本原理を学ぶ――主権者意識を高める授業を目指して」は2年生の「現代社会」の報告で、単元は「現代の民主政治」、講義形式の学習に考える学習やグループ学習、発表、動画視聴を取り入れ、ゆっくりていねいに授業が進められました。実際に使用された授業プリントを見ると、イラストや写真があって親しみやすいこと、授業の流れに沿って用語を記入できることなど、生徒の実情に合った工夫が感じられました。田澤さんは、前任校では生徒が意見を書いてくれたが、現任校1年目ではほとんど書いてくれなかったと言います。その原因を考察すると、前任校には「3者協議会」があり、生徒の意見を受け入れる体制があったことがわかったと発言がありました。学校の体制と授業が関連していることがわかります。

天崎能孝報告（愛知・中）「中学生が国民審査をしてみると」は主権者教育の一つとして、中学生に最高裁判官の国民審査をおこなわせた実践です。2021年10月の総選挙時に、国民審査を受ける裁判官11名が、かかわった裁判と書いた判決をネット検索し、判断の材料を仕入れたうえで罷免の可否を投票させています。中学生の判断と実際におこなわれた大人の判断が、大きく異なったことに着目させ、両者を比較し感じたことを記述させます。「『審査用の公報』に問題があるのではないか」と、的確に指摘できる中学生が頼もしく感じます。筆者は国民審査制が形骸化し、裁判所を民主的に統制する機能を果たしていない現状を変える可能性のある授業と感じました。この実践を参考にさまざまな学校で「模擬国民審査」がおこなわれることを期待します。

小林克巳報告（広島・中）「考え、学び、行動する中学生――ウクライナ問題を考える」は中学3年生に特設時間で、ウクライナ問題を取り上げた実践報告です。ロシア軍のウクライナ侵攻を目の当たりにし、子どもたちにとっても大きな関心事になったようです。現任校に転勤した4月下旬、「この問題をどう考えているか」のアンケートを取り感想を交流。6月下旬、特設授業「なぜ？　どうして？　ロシアのウクライナ侵攻」では、資料を配付して説明し、班になって関心のあることを調べるという流れです。アンケート結果を見ると、中学生は全員がウクライナ侵攻を知っていました。主な情報源はTVとインターネット。罪のない市民や女性、子どもが犠牲になって衝撃を受け、戦争の原因を知りたい、募金活動をしたい、何かしたい！　と心が動いていきます。さらに授業でウクライナ侵攻の理由や、日本国憲法と国連憲章を確認していきます。筆者が驚いたことは、支援カンパのため街頭に立つ女子中学生2人がいたことです。「コッキ先生」が子どもたちに信頼されている証拠でした。

滝口正樹報告（民主教育研究所）「中村哲医師の『地域協力』活動35年の軌跡が『問いかけているもの』」は、2020年度と2021年度に社会科教育法の授業の中で、中村哲医師の姿勢や生き方（思想と行動）が「問いかけているもの」は何か、それをどう思うか、（報告者が中学校教師だったときの）「社会科の授業の中で、中村哲と出会った中学生たちの感想を読んでどう思うか」を大学生に聞き、それに対して大学生はどのように応答したかの報告でした。報告時の配付資料には、読み物教材、授業プリント、実践記録、大学生の感想が書かれ、授業の全体像が読みとれます。滝口報告は「個人の生き方」の教材化の典型実践として共有される必要があると感じました。

（菅澤康雄）

6　全体会Ⅱ

全体会Ⅱのテーマは「民主主義と社会科教育を取り巻く課題」です。当初予定されていた井本幸輝報告（山口・高）「歴史総合（「大衆化」）の実施に向けた授業実践——地域史（宇部市米騒動）を活用した授業実践」は、校務で発表できなかったため2本の報告となりました。報告はどちらも「平等な社会の実現」をテーマとした授業実践でした。

金竜太郎報告（東京・中）「差別をなくし、本当に平等な社会を実現させるにはどうしたらよいか考える授業」は、社会的弱者に目を向けさせることに重点を置いた授業実践です。「朝鮮通信使」で日本と朝鮮とのつながりを取り上げたあと、順に日本における差別問題を取り上げ、どうすれば平等な社会が実現できるのかを生徒に考えさせています。授業における教師と生徒のやりとりを具体的に示し、生徒の意見をていねいにくみあげた実践報告になっています。報告後は部落問題についての理解をめぐり、会場やオンラインの参加者から数多くの意見が出されました。

その中で、共同研究者から「（被差別部落やアイヌなどが）〝被差別〟でひとくくりにされているが、差別の原因がちがうし、解決の方法がちがう」「部落問題は近代日本社会に残存した封建的身分関係の残滓の問題であり、そこに資本主義的貧困が結合した社会問題である」として、被差別をめぐる歴史認識やその変化について指摘されています。また、差別の歴史を取り上げる際は、その「生成と発展と消滅を教えること」が大切であり、「農耕生活の始まりから差別がある」というように、あまりに長いスパンで捉えすぎると「ものすごい時間、差別は続いてきたんだなー、これからも続いちゃうよね」と子どもたちは考えてしまうのではないかという共同研究者の指摘もありました。参加者からは、授業での取り上げ方について、「対立・分断ではなく、弱者に寄りそう姿勢を育てる教育が重要」であり、差別を否定するだけでなく、なぜそのような行動をとってしまうのかを考えさせていくことに重点を置くことが望ましいのではないかという意見がありました。

山本悦生報告(島根・中)「世界で〝今〟起きていることを授業に!――〝BLACK LIVES MATTER〟の教材化」では、移民の国アメリカで起きている「BLACK LIVES MATTER」運動を取り上げ、「黒人対白人」ではなく、「正義対不正義」という対立の視点で授業を組み立てています。報告者は、「子どもたちが文章に書く差別には〝いじめ〟のことしか出てこない。さまざまな人権問題をあつかって、その解決にも目を向かせながら、子どもたちの人権意識を高めていきたい」と主張します。

発表後の質疑応答では、子どもがこんなに多くの文章が書ける秘訣を訪ねられ、報告者は「書きたくなるような教材だった」のではないかと答えています。参加者からは、「教師の仕事は正しいことを伝えて、あとは子どもに判断させること」が大切であるとして、授業実践における重要な視点が共有されました。

討論では、管理職は教員に「主権者教育」をやるように言う一方で、実際に授業実践で取り上げるとなるとストップをかけたり、プリントを使った独自の教材で教科書と少しでもちがう内容をすると制限をかけてくるという報告がありました。また、外国籍の子どもが多い中で差別や偏見を考えさせることは重要で、授業実践によって自分とかかわりがないと考える子どもが変化することにつながるとして、人権教育の重要性が指摘されました。

〔吉本健一〕

7 終わりに

今年度のレポート報告は、18歳選挙権時代にふさわしく、模擬投票など主権者教育にかかわる報告、人権に関する教育実践の報告、ウクライナの問題に機敏に対応し、戦争と平和を考える報告もおこわれました。また、新学習指導要領の完全実施に対し、「歴史総合」や「総合的な探求」の報告もおこわれました。討論学習の方法についても、会場とオンラインから活発に意見が出されました。

来年は小学校からのレポートをふくめ、新学習指導要領における課題、ＩＣＴやＧＩＧＡスクール構想に関する実践、18歳選挙権と合わせて、18歳成年時代にふさわしい主権者教育など多様なレポートを期待しています。

（浅井義弘）

【レポート一覧】

①	北海道	池田　理	高校	●総選挙で模擬選挙――４回の取組で見えてきたこと
②	宮　城	大橋　達	高校	●コラボ授業やっちゃいました――ＡＬＴとの英語・世界史共同授業と絶滅した香港通識教育を意識して
③	埼　玉	佐々木孝夫	中学校	●中学生の模擬投票――主権者を育てる教育のために
④	東　京	金竜太郎	中学校	●差別をなくし、本当に平等な社会を実現させるにはどうしたらよいか考える授業
⑤	長　野	田澤秀子	高校	●民主政治の基本原理を学ぶ――主権者意識を高める授業を目指して
⑥	富　山	野村伸一	高校	●飛び出せ、砺波高校生――地域との連携
⑦	愛　知	天崎能孝	中学校	●中学生が国民審査をしてみると
⑧	愛　知	長田雄人	高校	●独立宣言のグローバル・ヒストリー
⑨	滋　賀	西村太志	高校	●「民主主義の担い手」となる市民を育成する方法としての紙上討論学習――同調圧力のもとで、討論を成立させるために
⑩	京　都	森口　等	中高（私学）	●生徒に寄り添い授業を楽しみ希望の種をまく歴史教育を――コロナ禍で模索中の「新しい」？世界史の授業
⑪	大　阪	松尾良作	中高（私学）	●世界史Ａで何を扱ったか
⑫	兵　庫	谷口春夫	高校	●電車でＧＯ！　その日のうちにどこまで行ける？
⑬	和歌山	田城賢司	高校	●「歴史総合」と地域教材――実践例「和歌山の移民」「エルトゥールル号遭難とその背景」をもとに
⑭	島　根	山本悦生	中学校	●世界で〝今〟起きていることを授業に！――〝BLACK LIVES MATTER〟の教材化

⑮	広島	小林克巳	中学校	●考え、学び、行動する中学生――ウクライナ問題を考える
⑯	山口	藤村泰夫	高校	●「歴史総合」の最初の項目「歴史の扉」が持つ意味――「歴史総合」とグローカル教育の関係について
⑰	山口	吉井啓介	高校	●歴史総合MOVIES
⑱	山口	井本幸輝	高校	●歴史総合（「大衆化」）の実施に向けた授業実践――地域史（宇部市米騒動）を活用した授業実践
⑲	高知	金井　強	中学校	●「加害」「被害」「抵抗」「創造」を歴史教育でどのように扱うか――平和教育の在り方について考える
⑳	私学（大阪）	和井田祐司	高校	●もしも〈あなた／あなたの息子〉に赤紙が届いたら……――銃後・個人の戦争責任を考える授業
㉑	全国	滝口正樹	民主教育研究所	●中村哲医師の「地域協力」活動35年の軌跡が「問いかけているもの」
㉒	全国	寺川　徹	出版労連	●この1年、教科書に何が起こったか、私たちはそれにどうとりくんできたか

分科会報告

4 数学教育

伊禮　三之
栗原　秀幸
林　和人
山本　佐江

1〈1日目午前〉つまずきを超え、学びたいわかりたい子どもの見とり

〈基調報告〉

3年ぶりに対面できた喜びをかみしめつつ、オンラインも並行してハイフレックスで実施されたので状況によって参加しづらかった方々もともに学び合える会となりました。栗原秀幸共同研究者から基調報告がありました。小・中・高と学校種を分けず、コロナ禍による影響の下、現在の学校で同時に起こっている問題をともに考えていこうという提案です。各学校の対応のあり方を共通する困難を解決するために協力していきたいです。官庁の縦割り行政、小はこれ、中はこれと規定することがほんとうに子どものためになっているかどうかということも追求していきたいです。先の見通しがもちにくい中、GIGAスクール構想下でのとりくみなど対策の具体化を図り、子どもの学習環境への配慮を重ねていくと、教職員の加重労働など悪循環に陥る部分も出てきます。算数・数学分科会のレポートにはこういう背景が表されています。教育課題の改善に向けて、教師の自主的な学校づくりのための検討を深めていきましょう。

〈苦手意識をなくしたい！　論証指導〉

岩崎宏子報告（東京・中）「苦手意識をなくしたい！　論証指導」は、中学校数学の「ヤマ」と言われる中2論証指導の単元です。2021年のとりくみをふり返り、今後の指導

に生かすことを目的としました。本単元とのつながりを考えた指導をおこないました。一つ目は、中1での作図。ただ作図するだけでなく、操作や作図の根拠を、数学的用語を使って説明できるようにします。数学用語に慣れるようにするために、授業始めの10分間に復習や小テストをしたり、練習シートや家庭学習で同じ問題に挑戦したりして定着化を図りました。二つ目は中3の中点連結定理を使った証明。「結論を生徒から引き出す」ことと「既習事項を押さえる」ことをねらいとして、グループでタブレットを用いて図形を動かし、自分の言いたい性質の妥当性を検証し合う機会にできたそうです。

本単元では、既習事項を使って新しい性質が証明できるようにします。図を見せてどんな性質が成り立つか考える時間をとると、「合同を証明すれば長さも等しいと証明できる」という声が上がり、その流れに沿って授業を展開しました。他にも生徒が主体的に学び合う仕掛けを随所につくりました。相談タイム、教師が板書した誤答に生徒が気づく、他の答えをよく聞くようにして復唱、クロームブックで教科書のデジタルコンテンツ活用などです。また、証明を書く手が動かない生徒のために、証明の「見通し」を板書しておく、図に仮定や結論を色別に書き込むなどの工夫を入れました。

今後は、証明の「方針」を生徒自身で立てられるようにしたり、生徒同士や生徒と教師の関係をさらに深められるようにしていきたいとのことです。また、「主体的に学びに向かう態度」の評価について、どのように評価すればよいか悩みました。

討論では、東京都独自の習熟度別クラス編成への疑問が出ました。また、評価についてルーブリック作成は教師の負担になるので、見本を見せてふり返りを書けるようにするとよいとの提案がありました。態度は短期間に育てるのではなく、数学の魅力にふれ、数学的なよさを実感できるようにすることこそ大切だという意見にうなずきが大きかったです。

〈特別支援学級での算数教具〉

何森真人報告（大阪・小）「特別支援学級での算数教具」はオンラインによる報告でしたが、映像音声ともにうまくつなげられて、詳細に話を聞くことができました。教職生活29年目にして何十年ぶりかの支援学級担任となった学級や、以前の通常学級でも開発した算数教具と、市販で使いやすい教具について、たくさんの紹介がありました。徹底的に子ども目線で作った「苦手を助ける」「仕組みを見通す」教具です。

市販のものでは、「クツワ」の直角のところに色がついている「算数三角定規」、コンパスは「ソニック」の「くるんパス」、これは専用のキャップをつけると、わしづかみをしていてもクルクルまわせるのだそうです。すべらないように下敷き代わりの「ダイソー」のエバーマット、「ミドリ」の1cm間隔で穴があいている「穴あき定規」と併用して使うと、子どもの苦手を減らせるそうです。また、アマゾンで買ったカップヌードルのマトリョーシカは拡大縮小に、胡椒《こしょう》や塩入れをビー玉と組み合わせて5の合成分解に使うなど、市販の用具も工夫次第で立派な教具になります。「数字・数詞・もの・タイル」カードや長さメーカー、タングラムなどは、『さんすうしい‼』（大阪数教協のホームページ　http://ami.to/sanssouci/）に載せていて、メールをもらえればつくり方や使い方も教示してもらえるということでした。

「教具の活用は算数の時間か、それとも自立活動の時間なのか？」と質問が出て、何森先生は「基本的な操作を身につけ、イメージの獲得をめざすものは算数でも自立活動でもちょっと空いた時間でもとことん使い続ける」と答えました。また、「教具を実際に動かしていくことはデジタルよりいいかもしれない」という感想には、「子どもの様子を見て、必要に応じて教具を作り、バージョンアップしていく。試行錯誤しながら準備する」とのことでした。子どものために自分は何ができるかを常に問い、実行していくという教職の喜びをあらためて感じられた報告でした。

（山本佐江）

2〈1日目午後〉教師のデザイン力を縦横に展開する

松元大地報告（私学・埼玉・中高）「ずっとやりたかった『微分積分』授業の記録」は、公立の学校ではおよそ不可能だと思われる、教員の教育ないし学習指導の自由性、独自性が十分に発揮されている50回にもおよぶ実践の記録でした。物体の落下現象を手がかりに、実験を柱に始まり、2次関数とグラフ、数列の和なども包含しながら、高校数学の学習の最終目標である微分・積分へと高校生の認識を広げていくものでした。あまりにも広範にわたっているため、展開での統一性にやや欠けるという意見も聞かれましたが、もしこうした実践が戦後の教師の中で広まりおこなわれていたら、学習指導要領試案から、学習指導要領、そして、指導要領の法的

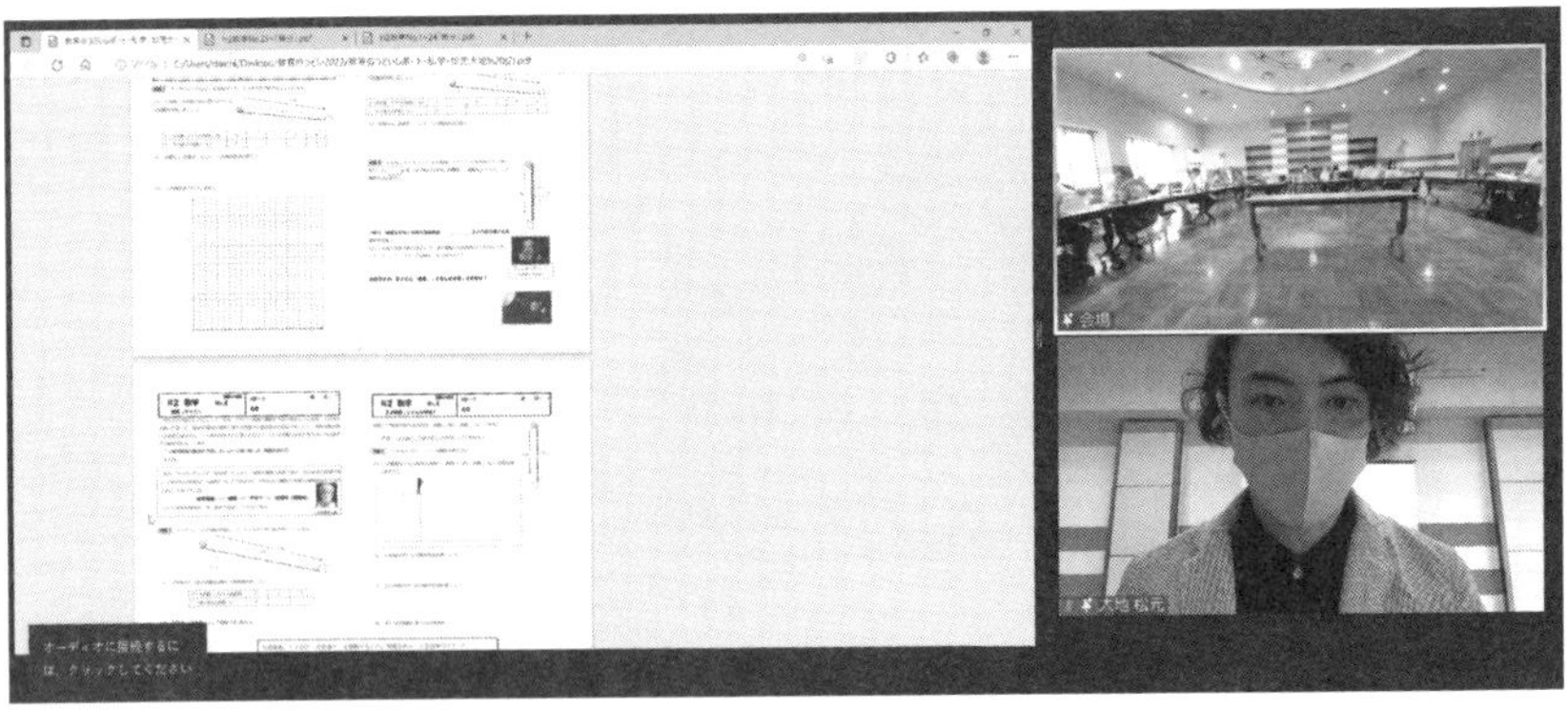

拘束力へという、今につながる教育の流れは大きく変わり、現在の教育状況も自由度のある、生き生きとしたものに変わっていただろうと感じさせてくれました。現代科学のように分科する前の近代科学の生成と関連づけながら微分・積分を位置づけ展開したものであり、一大叙事詩のような印象ももつものでした。こうした試みをきっかけに、科学史にも興味を持つ生徒も出てくるかもしれません。可能性に満ちた授業の報告でした。

大島和重報告（埼玉・高）「大学入試が高校数学に求めているものとは――高校3年生の進学補習を通じて感じたこと」は、現代の高校のもう一つの現実である大学入試に焦点を当て、県内有数の受験校に所属しながらも、いわゆる有名大学の入試問題を教育という視点から取り上げています。取り上げている話題が入試問題ということもあるので、受験技術的、テクニカルな側面を想像しがちですが、批判的な視点をもった継続的な報告であり、高校でのまっとうな数学学習の大切さを掘り出し訴えていました。

島田佳幸報告（高知・高）「『数学を活用する力』を育む指導法――高知の地域素材の教材化を通じて」は、これが戦後の民主化が求めた、地域とそこに生きる教員が主体になる教育の現代の姿だと感じさせてくれるものでした。教師自ら授業イメージモデルを作成し、それに基づく実践を報告しています。数学と現実の距離を縮める実践として、教師の発問を手始めに、外に出て影の長さを実際に測る実験実習という体験学習を経験し、教科書に戻り、再び校舎を測ることへと戻っていくという挑戦から始まります。フィールドワークへの第一歩でもあり、続いて、本格的に範囲は学校を飛び出し地域へと広がっていきます。その中で取り上げた地域素材は、土佐の歴史的人物、野中兼山の整備した「鎌田井筋」へと進みます。環境問題への視点も生まれ、ＩＣＴ機器を使った調査の体験による自分の限界の認識、など教科融合あるいは、教科の枠を超えた生きた自分の学習観の未熟さを知る。学校に戻り自作の測定器の作成。そこで現れた生徒の実態として、数の大きさの実感をもっていないことが示されました。小学校の学習での量感の指導は何であったのか、机上や教室内にこもらず教室を出てまた校庭にも出て、本当に量の実感を身に着けることの重要性を垣間見せるものとなっていました。これらのあと、地域素材と数学を融合させる作業へと進みます。特筆すべきことは、手書きの絵を描くことを取り入れ、機器の利用に偏しない場面を用意したことです。島田さんによれば、自作問題を電子情報化し、他の生徒と共有できるようにするといった、「生徒は信じられない粘りと集中力を発揮する」とあります。他の生徒の問題を解きあえるようにし、優秀作の投票、表彰式と、数学を十分に活用し楽しめる場であったことが想像されます。一連の活動は、高知県の「観光ガイド」をかねた問題集「高知数学旅日記」としてまとめられます。こうした試みがどこの学校でも可能になれば、高等学校で数学から落ちこぼされ、何のために、また、できなかったと後悔して数学から去っていく犠牲者が激減するのではないかと思うものでした。

田原悦史報告（富山・高）「パスカルの三角形を拡張してみた」は、Pascal の三角形への自身の興味に導かれ、思考を深めるだけでなく、その探求過程で感じた魅力を生徒にも伝えていきたいという気持ちに引っぱられた研究報告で、先生自身「数学の自由性」を享受している様子がみえ、心温まるものでした。Pascal の三角形に現れる数列の授業における利用というのは、さして珍しいものではありませんが、それとは別の方向性をもった展開の中で、数学のもつ魅力を伝えたいという思いを持つことは、数学の教師の大切な資質であると思いました。

今回の4本の発表は、それぞれ特徴があり、刺激的なものでした。最初の発表は、自由に開かれた私立学校のよさに導かれるもので、公立では不可能ではないかという思いが、3番目の高知の高校の報告で見事に崩されてしまいました。きちんとした教育目標をもって、またそれに対応した教員の広い人間的としての教養の力、地域への理解、さらに、生徒を信じる力などがあれば可能なのですね。

（栗原秀幸）

3〈2日目午前〉操作を通して数や計算方法をつかませたい

今井健太報告（千葉・小）「体験的にわかる算数」は、1年生のくり上がりのあるたし算の実践レポートです。基本的には教科書に沿って進めている中で、「はてなボックス」や

「10の積み木」などの教具を操作させて数概念を育てて、その概念を生かしてたし数を指導しました。教科書通り10の補数法で進めながらも、5－2進法も「考え方を残しておきたかった」ので、第1時は7＋6を扱い、その後は教科書の指導計画通り進めました。

大阪の何森真人レポーターから「5のかたまり」はどういうよさがあるか質問があり、伊禮三之共同研究者から「認知科学では3までは一目で捉えられるが、4以上を捉えるのは難しいと言われている。だから、7を5と2にするとわかりやすい」また、「体験的な学習は、ものを操作することでイメージを形成する（内化する）ことができる。しかし、5や10をまとまりとみるとか、数の合成分解とか、くり上がりとくり下がりの理解など、内化するには個人差があり。ある子はその時間内に理解し、またある子は半年かかったりする」という提言がありました。

また、高知の中田浩香・山本みちこレポーターからは「10の補数法でやるか、5－2進法でやるか迷う」という発言がありました。これについては、林和人共同研究者からたし算45題の一覧表を提示して「くり上がりのたし算45題を7つの型に分ける。10の補数法なら9＋4型から、5－2進法なら7＋6型から始める。そして指導する順番が異なるので、先生が方針を決めて、子どもたちが迷わないように型ごとに進めてほしい。適切な順序で進めると、子どもたちが計算のタイプに気づき、10の補数と5－2進法を使い分けるようになる。10の補数法の場合45題すべて合成分解が異なるが、5－2進法だと10パターンだけになる」そして、「5－2進法はくり下がりのひき算で真価を発揮する。10の補数法では、ひき算も45題のパターンがすべて異なるのに対して、5－2進法では5－1、5－2、5－3、5－4の4パターンを覚えればできる」という発言がありました。

中田浩香・山本みちこ・樋口弘恵報告（高知・小）「やっぱり十進法！　数の仕組みをとらえる――ロングとうさんといちこちゃんを使ってやってみた」は、1・2年生の数の構成、大きい数、加法、減法の指導で、子どもに操作させることで確実に理解させようととりくんだレポートです。「教科書ではくり上がりの意味を教えませんが、ブロックを縦に置き、たし算して『くり上がり』という言葉も教えました。やはり、『10になったら一本変身くり上がり』は押さえておきたい」と提案しています。授業では、いちこちゃん（一）、ロングとうさん（十）、ひゃくじいさん（百）と単位になるタイル（ブロック）をキャラクター化して子どもたちに提示する工夫をしています。また、2年生の大きい数では、315個の一円玉を数えさせて位取りを指導しました。

学習スタンダートをめぐっては、松元大地レポーターから

「小学校で『めあて』を書いていることがカルチャーショックです。これから学ぶ未知のことを、『めあて』としてたとえば『1000より大きい数』と板書したらつまらない」という指摘があり、2人のレポーターから「学校がスタンダートを実施しているから、管理職や校内研修の縛りがあって、やらざるをえない」という発言がありました。また、参加者から授業スタンダードにしたがって「めあて」「まとめ」を必ず板書しなければならない、さらにその板書をタブレットで撮影して提出させられている実態が語られました。スタンダードの強要によって子どもの自由な思考や教師の持ち味を奪ってしまうのは本末転倒で、子どもの実態に合わせた柔軟な活用が必要だということを話し合いました。

　また、滋賀の参加者から「2年生を教えているが10のかたまりをつかんでいない子が多い。たとえば、13－7は8、9、10、11、12、13とたして6という子もいる。数えて答えるのではなく、この実践のように10のかたまりの必要感を子どもに感じさせたい」という発言がありました。

　林和人共同研究者から、「くり上がりとくり下がりの授業に先だって指導する『2桁の数』（教科書は100までの数）で、10個で1本と教えるか5と5で1本と教えるかによって、たし算とひき算の指導法が『10の補数法』か『5－2進法』か決まってくる。だから、くり上がりのたし算とくり下がりのひき算を見通して2位数の指導をすることが大切である」また、「授業の導入で使った『ロングとうさん』の紙芝居のように、操作活動でも10個を1本に結合したときは、ブロックの区切りが見えないようにカバーをして1本に変身させるほうがいい。そうすると、たし算でくり上がって1本に姿を変えることと、ひき算でくり下げて1本を10個にばらすという操作が、補助数字を書く計算方法の根拠になり、操作と計算を結びつける授業を可能にする。つまり、操作から計算方法が導かれて、子どもたちが納得する」という提案がありました。

（林　和人）

4〈2日目午後〉教科内容の理解に基づいて子どもの学びを創る

　池添梨花報告（奈良・小）「かけ算の学習で構造をもって考えさせる」は、かけ算の構造を意識して、具体的な場面から1あたり量を抽出し、ブロック等の操作を経て一般化し、そのいくつ分で全体量になるとしてかけ算の意味を言語化し、シェーマ図への移行へと進む単元全体にわたる実践でした。埼玉の参加者から、九九指導で子どもたちの声を聞きながらいろいろな図を出して直積図にもっていくプロセスは高く評価されましたが、1あたり量やいくつ分の部分のない直積図について、子どもたちは、1あたり量やいくつ分に相当するお皿の部分をどう捉えたのかという問題提起がありました。関連して、単位あたり量や比例へのつながりを考えた場合のシェーマ図についても議論になりました。

共同研究者（伊禮・林）から、池添実践は、子どもたちのもつかけ算のさまざまなイメージから、その構造をもっとも反映した純化・様式化したイメージ（シェーマ）を作る過程が組み込まれ、記憶に反映され生成効果の期待できる授業であると評価されました。課題として、①2年生の乗法以降は、3年生の除法、4年生の乗除、5年生の単位あたり量を経て、内包量を俯瞰する（内包量指導の到達）ことになります。その数値化には除法が必要ですが、2年生では扱えないため外延的な内包量（1あたり量）として、生活の中に埋め込まれている1あたり量を明確に取り出すことが重要ですし、その概念形成の過程をていねいに扱うことの必要性と、②シェーマ図として、「直積図」（全体量に相当する部分）を採用されていましたが、単位あたり量へのつながりを考慮した「かけわり図」（1あたり量、いくつ分、全体量の構造図）の検討の必要性が指摘されました。また、比例を背景とした分配法則など、加減にはないかけ算固有の規則性を、もっと楽しんでは、という提案もありました。

中村潤（埼玉・小）報告「子どもの生活に根ざした算数を学ぶこと――学ぶ楽しみと発見のよろこび」は、特別支援学級の3人の子どもたちに向き合い、その子たちに合った学びをつくろうと、自らの足で身のまわりにある算数の世界と出会わせ、新たな自分を発見させていく実践でした。1年生のかいと君との「5までの数を探す」学習では、校庭がいいという彼の発案で、プランターやタイヤの「5」をつぎつぎと発見します。教科書の問題でも「つまらない」と、恐竜などの絵を描きながら問題をつぎつぎとつくり「さんすうブック」に仕上げていきます。さらに、たし算ひき算の続編へと意欲をつなげていきました。他にも2年生のたいちゃんとは筆算の世界について、5年生のそうし君とは自らの体積の問いから、子どもの発意に基づいた授業づくりを報告してくれました。

山本佐江・共同研究者から、3人の子どもたちに寄り添い、仲間とともに遊びながら、一人ひとりが主人公として日々の生活を集積した大きなストーリーをつくる報告は、個別最適化の理想的な状況だと評価する言葉がありました。こうした学びをつくり出すためには、教師の一方的な誘いかけではなく、個々の子どもへのいろいろきっかけをつくり、その気づきに対して真剣に受け止める、聞く教師としてのあり方が重要で、そうした対話的な学びの中から、授業の目標を発展的なものにつくり変え、目標を超えていくような授業づくりがおこなわれていくとの指摘がありました。また、林和人・共同研究者から、教材の提示の仕方によっては、教師の意図を越えて、子どもたち自身でどんどん学びを進めていくこともあり、それに教師が「寄り添う」ことが大事だとの指摘もありますが、「寄り添う」という教師と子どもの上下関係ではなく、子どもは教師の「同伴者」であり「批判者」だと捉えることを推奨し、教師を乗り越えていくように育てたいと話されました。

吉野真（千葉・小）「教師が子どもと出会うとき・子どもが算数と出会うとき――『学び』を校内研で問いなおす」は、スタンダード化の名の下に安易な形式化の統一が進む現在の授業研究に対して、子どもの学びの事実や学び合う関係性の見取りから教師の指導を問い返すことを提起し、ゆたかな事後研究（事例研究）として校内研究を進めながら、教師の授業観の転換を促す報告でした。こうした中で、校内研究ニュース「アンラーン」を不定期に発行し、従来の問題解決型学習への疑いから校内研究の方向性の確認をしたり、ゆび算によるくり上がりのたし算（素過程）の実態から10の補数法や5－2進法による学びの実際を共有しながら、「問い」をどう持たせるのかという教材観や子どもの理解の道筋をどう捉えるのかという児童観などの課題を抽出して、次への展望を示してくれました。会場の参加者からも、教科書を終わらせることが自己目的になりがちな現場の状況から、こうしたとりくみに共感の声が寄せられました。

伊禮三之・共同研究者から、ＩＣＴやＡＩに取って代わることはできない教師の専門性について、教師の学習観や指導観などの信念に支えられた優れた教師の多元的、状況的、文脈的な思考（授業で起こっているさまざまなことを瞬時に意思決定、判断をしていく）を育むためには、教科内容の理解に基づく子どもの学びを中心とした事例研究の重要性を指摘しました。

その後、今次教研の総括として、まず、山本佐江・共同研究者は、評価とその結果である評定との混同を整理し、子どもたちの学びを育てる役割としての評価の重要性を確認しました。観点別評価の3観点も、子ども一人ひとりの学びを細かく見ていくため、形成的に扱う分析的な評価であり、これをもとに、教師の指導の改善をはかる（指導と評価の一体化）ことが本来であることを指摘しました。特に、難しいと言われている「主体的に学習にとりくむ態度」の評価の、観点別評価で見取ることができるといわれている「自らの学習の調整」について、「自分で計画を立てて見通しを持ち、遂行して、その遂行の結果がどうであったかということを自分で内省して、次の学習につなげていく」自己調整学習の流れに対し、自己調整の力は、友だちや先生など社会的なかかわりの中で育つ（共調整学習）ということを指摘しました。続いて、林和人・共同研究者は、子どもたちの能動性を引き出すことの契機は、子どもにその教材をよく理解させることにあると指摘しました。よく理解できれば結果的に対話が生まれ、さらに問いが生まれ、理解が深化していく……、と教科内容の認知と能動性の関係を整理し、教師が教材の本質をよく理解することと、それを授業の技量に結びつける必要性を提起し、いい授業をみてまねをするなどしながら教師自身が学び続けることが重要であろうとまとめました。

（伊禮三之）

【レポート一覧】

① 埼　玉　中村　潤　小学校
② 埼　玉　大島和重　高校
③ 千　葉　吉野　真　小学校
④ 千　葉　今井健太　小学校
⑤ 東　京　岩崎宏子　中学校
⑥ 富　山　田原悦史　高校
⑦ 奈　良　池添梨花　小学校
⑧ 大　阪　何森真人　小学校
⑨ 高　知　中田浩香　山本みちこ　樋口弘恵　小学校
⑩ 高　知　島田佳幸　高校
⑪ 私学（埼玉）　松元大地　中高一貫校

●子どもの生活に根ざした算数を学ぶこと――学ぶ楽しみと発見のよろこび
●大学入試が高校数学に求めているものとは――高校3年生の進学補習を通じて感じたこと
●教師が子どもと出会うとき・子どもが算数と出会うとき――「学び」を校内研で問いなおす
●体験的にわかる算数
●苦手意識をなくしたい！　論証指導
●パスカルの三角形を拡張してみた
●かけ算の学習で構造をもって考えさせる
●特別支援学級での算数教具
●やっぱり十進法！　数の仕組みをとらえる――ロングとうさんといちこちゃんを使ってやってみた
●「数学を活用する力」を育む指導法――高知の地域素材の教材化を通じて
●ずっとやりたかった「微分積分」授業の記録

分科会報告

5 理科教育

石渡　正志
鈴木　邦夫
谷　哲弥

1 理科教育の現状と課題

現状に応じたコロナ対策が取られる中、小学校から高等学校で、新学習指導要領が完全実施されました。現場では、GIGAスクール構想に基づきタブレット端末が導入されました。

理科教育においても、研修会・研究授業等で、タブレット端末を使用することが前提であるという議論も盛んになり、よりよい理科授業をどのように創り出すのかというそもそもの議論が軽視される傾向が見られます。

理科教育分科会では、児童・生徒に、科学的なものの見方や考え方を養うために、以下4点を大切にした討論を進めました。

①現場からの報告を受けて、理科教育の現状と課題を交流します。

②自然に直接触れる学習体験や具体的な実験考察によって、科学的なものの見方・考え方を養う学習活動について検討します。

③タブレット等、デジタル機器を活用するICT教育をめぐる現状と課題を整理して、今後の実践方向を検討します。

④児童・生徒の実態に即した継続的な実践研究によって、創造的な理科教育の教育課程を追求します。

2 継続的な実践研究の成果と課題

前川拓也報告（埼玉・高）「力を受ければ速度が変化する――力と運動（2021）の実践から」は、「物体の速度が変わるとき、物体は力を受けている」という概念を生徒に獲得させようという実践報告です。提案者は、実践を数年にわたり継続して記録し、仲間とともに研究しています。その成果が、従来のプランに新たに以下の5つの内容を加えたことに現れています。

1つ　等速で運動するエアパックが受ける力
2つ　運動の法則における陸上選手のv－tグラフ
3つ　水平面上での台車の往復運動
4つ　v－tグラフと摩擦力
5つ　鉛直方向の加速度運動

1つ目は1時間目に入っています。その意図は、子どもたちが抱いている「等速直線運動している物体は運動方向に力を受けている」という誤概念を払拭し、「物体が等速直線運動しているとき、物体が受けている合力は0である」という正しい概念を獲得させるためです。この誤概念は、報告者の学校だけでなく、世界中の子どもたちが抱いていますので、払拭することは物理教育の大きなテーマの1つです。

課題は「等速で運動するエアパックが受ける力を図示せよ」です。案の定、多くの子どもが運動する方向に力を描き、正しく描いたのは1人だけでした。解決の根拠は「直接力の場合、物体が力を受けるのは接触しているときだけである」ということです。それを意識させるには、子どもに「物体が○○から受ける力」と表現させることです。報告者もそう表現するよう求めていますが徹底できたでしょうか。意見を発表させた後、どれがふさわしいかを考えさせましたが、「受けた力が残る」という誤概念もあり、子どもが結論を出すには至りませんでした。そこで授業者が説明して、〈わかったこと〉を書かせることになりました。新しく加えた課題だけでなく「接触力で受けた力は残らない」ことに言及する課題が必要なのかもしれません。

この授業の到達目標はma＝Fを子どもたちに発見させることですが、ネックになったのは速度と加速度の概念が曖昧だったことです。v－tグラフを多用して進めているので、グラフのどの部分が速度を示し、どの部分が加速度を示すのか、子どもにさらに言及させてもよかったかもしれません。

とはいうものの、やはり継続研究は大きな成果を生みました。ma＝Fを使って考える子どもが出てきたのです。後半に課題「500kgの物体が0・008Nの力を受ける。速度変化するか」を考えさせると、ある子どもが「物体は力を受けている限り加速し続けるので変化すると思う。（ma＝Fを使って計算し）0・000016m／s^2 の加速度がある」と答えたのです。そして討論の結果、「加速する」が12人から21人に増加しました。そして授業後の感想を見ると、多くが「物理を楽しく学べ、学んでよかった」とつづっているのです。

〔鈴木邦夫〕

3 到達目標を明確にし、児童生徒を引き付ける理科授業実践

佐伯岳彦報告（滋賀・小）「到達目標をもっていたから見つけられた授業の問題点――到達目標から『水溶液のはたらき』の授業を考える」は、都合により直接の報告はかないませんでした。

しかし、授業づくりの根幹にかかわる提案です。内容は6年「水溶液のはたらき」です。報告者は、1時間の授業で生徒に自分の言葉でつづらせたいことを「つながる到達目標（1時間の到達目標）」と位置づけ、それを次ぐことで「次ぐ到達目標」に発展させ、「次ぐ到達目標」を次ぐことで「単元の到達目標」に接近させるという授業づくりをしています。

「つながる到達目標」は3つです。1つ目は「固体の酸物質を溶解させると酸性を示す」、2つ目は「気体の酸物質を溶解させると酸性を示す」、3つ目は「液体の酸物質は水溶液にしたときに酸性を示す」です。その3つを次ぐことで「酸物質は水溶液にしたときに酸性を示す」という「次ぐ到達目標」に接近させようとします。そうして実践記録を取るわけですが、3つ目の「つながる到達目標」のところで子どもたちは難儀します。酢酸が教材ですが、純物質の酢酸を子どもたちは水溶液と考えてしまったのです。そこに気づいた報告者は、冷蔵庫から取り出した氷酢酸を混じりけのない純物質の固体と確認し、それを放置すると空気から受ける熱で融解し、液体の酢酸になることを明確にすべきだったと改善の見通しを持ちます。1時間の到達目標とそれらの関連を意識し、授業記録をとることが、授業改善につながるという提案です。

〔鈴木邦夫〕

小幡勝報告（東京・小）「3年生の自然観察」は、3年生での初めての自然観察の授業実践報告です。

教科書検討では、植物や動物がいずれも美しいカラー写真で示されているため、写真を撮ることが目的となっているのではないか？　また、児童が観察し、スケッチする時の参考になりにくいのではないか？　などを指摘しています。その上で、

教科書が示す「色」「形」「大きさ」の視点だけなく、「生物が生きている姿」を中心に観察することを大切にしつつ、児童が週末に主体的にとりくんだ観察記録を「自然のお便り」（学級通信）を編集し、児童へ配布する営みを継続した実践研究です。

授業では、サクラ・ヒメリンゴ・カラスノエンドウ・タンポポ・ナガミノヒナゲシなどを観察対象とし、その生きている姿を捉えさせる手だてが取られました。初めの観察では「花の仕組み」を意識させたことで、花びら、おしべ、めしべに着目する児童がふえて、花の後に実ができること、実には種ができることを見いだせる力につながっています。

討論では、具体的に観察カード「み〜つけた」カード（B5両面使用）を使った指導方法が紹介され、絵と文を使うことで生物の姿を生き生きと描ける力が育まれていく過程が示されました。また、総合的な学習の時間で「カイコの飼育」にとりくみ、卵から成虫までの成長・産卵の様子を観察させるために、3令幼虫から観察とスケッチをし、繭を使った繭人形作り・糸繰りの活動に加えて、蛹の羽化から交尾、産卵の様子を観察したことが報告されました。じっくりと実物と向き合った継続的な実践であることが確かめられました。

（谷　哲弥）

辻本正純報告（大阪・高）「腎臓のはたらき」は、高校生物基礎の「恒常性の働き」において、ヒトの臓器とほぼ同じブタの腎臓の解剖を通して、その仕組みと役割を学習した実践でした。最初は外観の観察から腎動脈・腎静脈・輸尿管を確認しています。次に100円ショップの化粧品用シリンジを用いて腎動脈から墨汁を入れて糸球体を黒く染めて観察しました。このとき教科書などには「反対側が黒くなったら墨汁を入れるのをやめる」と書いてあるが、それでは糸球体の観察がうまくいかず目一杯入れることが重要との話がありました。その後に切開して腎《じん》うを観察し、腎皮質から切片を作って顕微鏡で観察しました。

実物を観察したことで、生徒はふだん目にすることのない臓器の手触り、切り口の模様や匂いなどを実感し、観察後には「とてもおもしろかった」「興味深かった」「びっくりした」などの好意的な感想が多く見られました。

討論では、観察によって腎臓の働きについて生徒の認識がどう変わったのかという質問や、それを意識づけるためには、腎臓が正常に働かなかったらどうなるかを扱うことや、腎臓がなぜあるのかを進化の視点から学ぶ必要があるという意見がありました。

また、このような臓器の学習において実物入手の難しさも話題となりました。保護者に食肉関係者がいれば協力を仰ぐことや、費用の面では事務職員によく説明すると工面してくれるという経験談が出されました。またイカなどの費用がかかる教材をどうするかを指導主事に聞いたところ、生徒に買わせてもいいと言われたという事例もありました。

実物を生徒に見せることの重要性は参加者の共通理解ですが、実物で生徒が感動するのには、まずは教師が感動しそれを伝えることが大切という意見もあり、今後の実物教材の扱いについて広い範囲の討論ができました。

〔石渡正志〕

4 問いを持ち、学び続ける教育実践

後藤幹報告（私学・埼玉・中高）「Coronaウィルスと私たち〜休校期間中に生徒に届けた手作り教材」は、2020年の全国的な一斉休校の中で自宅学習として実践した報告でした。新型コロナウイルスのため突然一斉休講になった4月当初、ドリル的な課題だけではなく何か生徒が自主的にとりくめる課題を出せないかと検討し、まず最初に理科を学ぶ意義について教員からのメッセージという形で伝えた後、コロナ禍の現在何が起こっているのか、過去の人類はこのような感染症とどのように向き合ってきたかなど、日常から生まれる問いをテーマにした冊子を作成して生徒に送付しました。生徒からは、さらなる疑問などがメールで送られ、教員がフィードバックするという過程を通じて「いっしょに考える」授業づくりができたとのことでした。生徒はコロナウイルスについて調べる中で、科学的な知識だけでなく現在の社会の中でどのようなことが起こっているのか、過去はどうだったのかなど、総合的な学びになっていきました。

討論では、報告者からコロナ関連の話がだんだんタブーになってきている雰囲気があるという感想や、情報がセンセーショナルなものばかり取り上げられるという問題点が話されました。さらに、今回の一斉休校および自宅での個別学習を経験して、学校や教員、理科の授業が本当に必要なのかという教育の本質的な部分についても話題に上がりました。それに対し、学校は、人間が集まって話し合うことで、多様な考えからお互い学び、新しい考え（新しい自分）をつくることではないかという意見がありました。また、理科教育の重要性については、今回のようにわからないことが世の中にあるから大事であるという意見や、心理的・社会的な問題も科学の問題であり、教員は科学をどう学んできたのかを問う必要があるという意見がありました。

以上のように、学校や理科教育の本質まで考えた大変意義ある討論となりました。

南部拓未報告（宮城・高）「探究・課題研究をどう学ぶ？」は、「探究」や「課題研究」の学びをどう創造するか考えながら実践した高校での報告でした。報告者は、物事を問い続け、考え続けることが多様な課題を抱える日本社会において必要不可欠な資質と捉えています。一方でそうした「答えのない問い」を考えることが不得手な生徒が多く、教師もどう指導すべきか明確でないとして、フィールドワークを通して生徒に問いを生成させるとりくみをしました。

最初は理数科から始まり、「まず動く、観察する」ことを重視し、そこから生徒自ら課題を立てていくことをめざして学校周辺の野外巡検をおこなっています。このとりくみを普通科にまで広げるため、希望者に対して「南三陸フィールドワーク」「栗駒フィールドワーク」を企画し、実施しました。さらに自然科学部において仙台西部の地質調査をおこない、そこで出た疑問からカルデラの構造を考察したとりくみは、つくばグローバルリンクで探求志向賞を受賞し、シンガポールの国際大会に招待されました。

探究や課題研究では、まず観察することによって生徒はさまざまな疑問を抱き、それに対して教員がていねいに対応することで、生徒が自ら問いを立て、解明していく道筋をつくることができるという報告でした。

討論では、報告者からは問いを持続させていくためには、データを視覚化することや疑問を素直に話し合える環境などが効果的だったとの説明や、教師の態度として、傾聴の姿勢が重要で、生徒に対して「これっておもしろくない？」「どうなんだろうね？」などと、問いのきっかけをつなぐような対応の必要性が話されました。

生徒自らが探究の問いをつくることは非常に難しいので、今回の報告は大変参考になるものでした。

（石渡正志）

5 理科授業における具体物とICT活用に関する検討

下岡康宏報告（京都・小）「本物にさわって学ぶ理科の授業――3年『電気で明かりをつけよう』の実践で大切にしたこと」は、3年の回路の学習とそれを利用した金属学習の実践報告です。報告者は、まずタブレットありきで、使うことが合目的になっている現状もある中で、本物にふれさせることこそが子どもの成長を促すことを再確認しようと提案します。

回路の学習では、乾電池と豆電球のさまざまなつなぎ方を絵コンテで提示し、どのつなぎ方をすると電流が流れるかを予想させ、班ごとに話し合わせて分類させせます。各班の結果を黒板に貼って発表させます。その相違点から「乾電池を逆向きにすると豆電球がつかないのか」「2つの乾電池のうち1つの乾電池の＋ともう1つの乾電池の－をつなげればつくのか」という疑問が出てきました。そして実際の豆電球と導線、乾電池を使って確かめます。その結果、子どもたちは「1つながりの回路になってはじめて電流が流れる」ことを発見します。

金属学習では、「スプーンは電気を通すか」と課題をなげかけます。スプーンも、木製、プラスチック製、塗りがあるもの、銀製、真鍮製、ステンレス製とさまざまな材料があります。導通性を確かめることで、子どもたちは、導通性はスプーンという形状ではなく材料にかかわることに気づきます。そして導通性があるのはぴかぴか光る金属であることを理解していきます。「銀紙は電気を通すか」「金紙はどうか」と迫り、実際に実験します。その結果、「導通性があるのは確かに金属だ」と確信します。

討論では、金属を先に取り扱ったほうがいいのではという問題提起があり、参加者から「密度の学習を先にすれば、同体積の金属を扱うので可能だ」という指摘がありました。これに対して報告者は「電気を通すものが金属だとわかってほしいので今の順番がいい」と主張しました。実践の蓄積が求められるのではないでしょうか。

また、「2つの乾電池のうち1つの乾電池の＋ともう1つの乾電池の－をつなげればつくのか」という学習課題はとても大事で、それが1つながりの輪になってはじめて電流が流れることを確かなものにするという指摘がありました。

ＩＣＴとのかかわりでは、何をいかに教えるかがもっとも大事で、「何を」に当たるものが「子どもたちに獲得させたい自然科学の概念」で、「いかに」に当たるものが「子どもたちが討論を重ねて何が正しいかを発見できるようにする」ことです。「いかに」に当たるところでＩＣＴが有効な場合にはそれを使うけれども、使うこと自体を合目的にしてはならないということでしょうか。

〔鈴木邦夫〕

久宝一也報告（兵庫・小）「ＩＣＴを活用した理科教育――小学3年生の実践」は、ＧＩＧＡ端末（以降、端末）を活用することが推奨される中、どのような授業を創り出していくのかを模索した協同的な実践です。これまで理科教育にとりくんできた報告者は、理科のものの見方や考え方を大切にしながら、同僚の若い教員とともに端末が使える場面と使えない場面を見極めながら進められた実践報告でした。

端末を使った植物観察「みつけた花の写真をはろう」の学習活動で、児童は花の写真をたくさん撮り、デジタルで名前を調べ、端末内のシートにはりつけることができたそうです。

しかし、写真を撮り、名前を調べるという一連の操作は、端末でできるのですが、児童は、端末のカメラを通して花を見ているのであり、紙などにスケッチを描くようには花を観察できていないことがわかったことで、あらためて、自分の目でよく見て、観察カードに記録する学習活動が必要になったと報告されました。

　また、「風とゴムの力のはたらき」の学習において、風の強さで走った距離（実験結果）をどのように表現すると効果的なのかという場合に、児童が指をペン代わりにして画面をなぞると、結果を帯状のグラフで表すことが可能になり、見た目にわかりやすく表現できることが指摘されました。他の単元でも実践紹介がされました。

　討論では、教科指導においてデジタル化を進める時、授業の様子を客観視することが大切であり、どのような学びを児童生徒から引き出すのかという姿勢でとりくみ、デジタル化はその中でどのように働くのかを実践を通して考えていくことが大切であると結ばれました。

（谷　哲弥）

6 これからの研究運動の課題

　GIGAスクール構想のもと、タブレットの活用研究が優先課題になっているとともに、実物に触れたり、具体的な観察実験をおこなったりする機会が減る傾向にあること、また理科専科の配置が進む中では、理科教育分科会へのレポート報告が少なくなることが危惧されていました。

　今回の理科教育分科会では、2日間に、小学校から4本、高等学校から4本の報告がありました。本分科会で大切にしたい4点に沿った討論では、参加者の質問や意見交流を通して、次のことについて考え、深めることができたものと考えています。

　理科の学習においては、何を目標にして、どのように学びを組み立てるのかを考えることが大切であり、また学ぶことの意味や価値を考えることについて再考できたのではないかということです。その時、教員は、児童生徒の学びをどう理解して、どう寄り添うのか、ということです。

　8本の報告を通じて、実物や本物、時にはモデル（テキストや図など）を用いて、学年や発達に応じた学習課題を提示することで、児童生徒の反応の仕方や思考の特徴をつかみ、科学的なものの見方や考え方を養い、より高めようとする教育実践が語られました。

　それらの実践過程で、教員は設定した到達目標をふり返ったり、児童生徒の学ぶ姿から、理科を学ぶ意味や価値を再確認したりしていることがリアルに伝わるものでした。今後は、中学校での理科教育実践報告が期待されます。

　大きな課題である、「押し寄せるデジタル化の波」に対しては、学習過程における児童生徒の学びはどうなっているのかという視点でこれまで継承されてきた実践をふり返り、よりよい教育活動を創り出すという立場からの実践研究の発信が求められます。

　また学習評価における教員の役割とは何かという問いかけをしながら、評価についての検討が待たれます。合わせて、学習履歴のデジタル化の課題についても慎重な検討が必要になります。

　今後も、地道に児童生徒の実態に即し、学習への関心を高め、科学的なものの見方・考え方を養おうとする多くの実践報告を受け取り、成果と課題が交流できることを期待します。

【レポート一覧】

①宮　城　南部拓未　高校
●探究・課題研究をどう学ぶ?

②埼　玉　前川拓也　高校
●力を受ければ速度が変化する――力と運動（2021）の実践から

③東　京　小幡　勝　小学校
●3年生の自然観察

④滋　賀　佐伯岳彦　小学校
●到達目標をもっていたから見つけられた授業の問題点――到達目標から「水溶液のはたらき」の授業を考える

⑤京　都　下岡康宏　小学校
●本物にさわって学ぶ理科の授業――3年「電気で明かりをつけよう」の実践で大切にしたこと

⑥大　阪　辻本正純　高校
●腎臓のはたらき

⑦兵　庫　久宝一也　小学校
●ＩＣＴを活用した小学校理科教育――小学3年生の実践

⑧私学(埼玉)　後藤　幹　中高
●Corona ウィルスと私たち～休校期間中に生徒に届けた手作り教材

分科会報告 6

美術教育

柏倉　俊一

1 はじめに　2021年度から2022年度へ

　2021年度、山室光生共同研究者は「明日から〝新しい課題意識〟を持って学ぶことができそうです。教育実践というのは、やはり独りで考えているだけでは進みません。……来年会えることを……」を結びの言葉としました。

　この言葉に、私たちが学び・研究する意味が凝縮されていると思います。2022年は、いかにリアルな感動を共感することができるかの追求だったように思います。筆遣いや鉛筆の線に気持ちの揺らぎが見てとれ、作品を感じたいというのがこの分科会の特徴です。作品とともに子どもたちの様子を語り合う、これが私たちの大事な願いです。5月の打合せでは、運営やオンライン併用にかかわる話だけではなく、今年何を大事にしていくかに多くの時間が必要でした。ウクライナ侵略であらわになった平和の課題、コロナ3年目で子どもたちの変化をどう捉えるか、この混乱の中、押し進められているICT教育への懸念が浮き彫りになったと思います。この春からの平和のとりくみなど、タイムリーにフレッシュな報告をしていただこうと工夫し、訴えかけていくことにしました。コロナの再拡大で、直前まで開催をめぐっての会議がされていたことを最初に触れたいと思います。

2 基調提案「新しい課題」と「四つの問」

山室さんは、「新しい課題」を討論の基盤として再確認した上で、「四つの問」と、現場で感じる思いを率直に訴えかけられました。その思いを大事にしたいので抜粋します。

■昨年度の分科会で生まれた「新しい課題」

□「子どもにどんな作品を作らせるかというよりも、表現を通して子どもたちをどのように育てていくのか、私たちはどんな未来を展望するのかが重要で……」

□「過酷な状況に耐えながらも美術表現によって乗り越えようとする実践……生徒たちの心に寄り添う姿勢……」

□「描くことで身近な家族の新たな発見があったという報告は、コロナ禍という苦境を乗り越える可能性を……」

□「羅列的表現に陥りやすい題材を……子どもとの対話によって個性豊かな表現活動に開花させ……」

〔『日本の民主教育』美術教育分科会報告（著述：柳沼共同研究者）より〕

■学ぶよろこび、教えるよろこびとは…？

多くの職場で「教員の自由」が奪われるとともに、子どものことや日々の悩みをありのまま語り合う仲間、場、時間も失われています。教育の成果や改善点は子どもの内にこそ見出されます、ここを語らずしてどのように授業を進めるのでしょうか。実践を聞き、悩みや課題もありのまま出し合って、表現の主体者を育てる美術教育の展望を確かめ合いたいです。また、教育に携わるよろこび、大人としての展望も見出し、自信を深めたいと願います。

■〝いまを生きる〟ための表現とは……？

「創造や表現は『生きる』を〝問う〟ことでもある」と言われます。『生きる』とは、「自分が自分でいること」「自らの主体者として成長すること」だとも思います。創造の過程や作品の内には、子どもたちの今を生きる想いや願いが込められているのです。「自分たちの思いを閉じ込めていた子どもたち」が、「制作を契機に、外に向かってそのエネルギーを形に」して、「自分たちの生活を見つめ…生活を変えていく」こうしたとりくみは心を大きく動かしてくれるものです。子どもたちにとって真に必要な学びとは何か……？　また、美術教育では何をどのようにめざすのか……？　を考えるうえで、とても貴重なものではないでしょうか。

■「新たな発見」と図画工作科・美術科の学力とは……？

学習指導要領に示された事柄は、〝いまを生きる〟子どもたちの成長に欠かせないものとなっているでしょうか。また、「評定」は子どもたちの学びをよりゆたかにするはたらきを果たしているでしょうか。要領では「対象と自分とをつなぎ合わせる造形的な力」と、どのように結びつくのか？　表現方法や素材については多くのことが説かれているのに、子どもたちと表現対象との関係については提起が曖昧だと感じます。また、「興味・態度・関心」が軽くない比重を占めていることも納得がいきません。

図画工作科・美術科で追求したいことは、

・造形活動を通して表現の対象とのゆたかな〝対話〟を心がけたい。〝対話〟によって、対象と自分とがゆたかにつながり合うことができる。

・美術教育では「対象と自分とをつなぎ合わす造形的な力」（「対象」──物や事柄、家族や仲間などの他者や自分自身など）が大事ではないか。

実践から学び、「新たな発見」をし、対象と自分とを結びつける力を育むためには、学年や発達段階に応じて、どのような学習の積み重ねが必要でしょうか？　表現することが、またその「評価」「評定」が、今を生きる子どもたちの〝自分見つけ〟を励ますようでありたいと願います。

■手段と目的が逆転していないか……？

「タブレットを使っていますか？」とその方法や頻度を文科省による視察で問われると聞きました。仲間とのくらし、学びがあるからこそ描きあげられる作品。そうした実践をしているのに、タブレットをどれだけ使っているかを調べることが、ほんとうに必要でしょうか。手段と目的が逆転していませんか。そんなことより、子どもたちや教職員の、日常のこうした営みこそを視察してほしいです。

教育実践は疑問や課題↕問いの〝過程〟に生まれる営みだと思いますが、なんとかしてみんなの力で、手段↕目的の逆転を防ぎ、〝問い合う〟ことへとチェンジさせなければなりません。

■基調提案の議論

提案は、美術教育の本質が見失われている危機感に基づいており、〝いまを生きる〟子どもにどのように向き合うべきか。心に寄り添い、耳を傾ける姿勢を大事にしながら、個性ゆたかな表現活動を開花させる姿勢が明確に示されています。ICT化の影響やウクライナ情勢を踏まえながら語り合おうという視点が共有され、議論の中心が浮き彫りにされている、との賛意が表明されました。

3 実践報告と討議（オンライン併用のため、報告直後に質疑と意見交換がされました）

（1）池田有希報告（東京・小2〜6）「赴任して一年——一人一人の発想を大切にして」

たてがみからイメージを広げた「ライオンのたてがみ」（2年）。障子紙に綿棒を使ってカラーインクで色付けした「こいのぼり」（4年）。鳥の巣形などの植木鉢（陶製・6年）。「毎回の授業で生き生きとした表現ができるように」と願ってとりくまれた2〜6年までの実践です。専科としてとりくんだ実践で、多様な素材を扱った作品群は力強く、教師のアプローチの重要性が際立っていました。表現欲求を引き出せるように題材を選定し、子どもたちに合わせて手立ての工夫をされていました。また、子ども同士のつながりを生み出してもおられました。それが生き生きと表現することにつながっているると思いました。

前任校の落ち着きのなさから、新任校では落ち着いた雰囲気になり、先生自身も落ち着つかれたそうです。記録を取り、子どものことをよく見る時間の余裕、作品を学校中に展示できる工夫ができるようになってきたと語っておられました。材料の工夫と素材を活かす視点に「面白さ」があり、子どもの目線に合っていると感想が出ました。化石発見の実践は、子どもたちが没頭していく、想像力の飛躍や変化が興味深く、植木鉢は生活と結びついていました。学校全体を生徒の作品で飾っていくことが、学年を超えて表現が伝わっていくことにつながっていると感じました。

（2）菱山充恵報告（京都・小4）「小4木版画『ごんぎつね』」

国語の授業で読みとりを木版画でも表現させた実践です。初発の感想で子どもが発した「自業自得」という言葉から、「ごん」の気持ちに焦点を当てた（自分の気持ちの大事なところ）場面を選び、形やしぐさを何度もかき直しています。「図工の時間を子どもに任せっきりにするのではなく、描きつくる思いに共感していきたい」と言います。それは「喋ることを忘れるくらい静かで、私は喋るのをやめてカードに書かれてあることを読み取ろうと思いました」の発言に良く表れていると思いました。じっくり読み解くことで多様な表現に発展していました。先生自らが苦手意識を乗り越えるべく、試しに作品を作る姿勢も共感を得ました。担任ならではのかかわりで子どもたちの心情をうまく引き上げていて、子どもを見る目の優しさが、滲み出る表現に魅力がありました。子どもに必要なアプローチで、版画で心が動いている感じがしました。

版画のいいところは、白黒がはっきりして、必要なところを表せる、単純化できる、だからこそごまかせない（それ以外の部分を省略して表現）。版画とポスターは似たようなところがある、何にポイントを絞り、どう伝えたいか?が鮮明となる表現・場面をしっかり切り取る、白黒は表現の強調になる、などの意見もありました。

「展覧会などで物語の版画が出てくるが、描かれた場面がどれも同じような『感動する』ステレオタイプになっていることがある。似たような表現になっているのを考えると、子どもが苦しんでいるかもしれない」と、子どもの気持ちを第一に考えることの大切さを指摘した発言もありました。

「菱山さんは『私の作品が子どもたちの表現の支えになっていないのでは……』と言われていましたが、作品を見ると、構図や毛の彫り方、風景の処理など生徒はさまざまに先生の作品から学んでいる」という感想も出て、先生が思いを込めて、子どもにかかわっている姿が印象的でした。

（3）松本晶子報告（高知・小4）「『楽しかった』『できた』と感じられるように」

子どもに寄り添った学びが構築されていました。子どもたちの発達要求、表現要求を引き出せるように題材を選定し、子どもたちに合わせて手立ての工夫をされていました。形や色、イメージなどをもとに「この材料や用具を使って、自分はこんなふうにつくりたい（表したい）」という気持ち、感性や想像力を働かせながら、意欲的に造形表現ができる。「楽しかった」「できた」と感じられるような題材が年間通して計画されています。

道具の使い方、材料の工夫など、試行をしながら、仲間に支えられている活動「見てみてタイム」が生き生きと報告され、私たちの気持ちも吸い込まれます。「一番太いやつ（木）をのこぎりで切るとき、『グーパーグーパー』の手ができないくらい　つかれたけど、楽しい」【今日のふり返り　より】など、子どもたちのみずみずしい言葉が綴られています。

「ひみつのすみか」では、どこに置こう、誰が住むかなぁ、撮影の場所も選んで記録していく様子に、子どもたちの心の中の楽しい会話が聞こえてくるようでした。ほとんどの子が児童集会のようすを学級文集に書いたことが、自分の作品に納得している気持ちを表していると思いました。

人間関係の安定が、仲間との安心感が、作品の優しさに見事に出ていると感じました。そうした安心感が、心の中で会話をしていく、思春期の「内言」の深い根になっていくことを感じる報告でした。

（4）宮澤拓矢報告（東京・小6）「心を育てる図工――砂絵　見つけようぼくの色　私の形」

「心をおさえつけていることを表現した、ふくざつな心」「話し合い活動で心が成長していくことを描いた、緑の心」など、揺れながら葛藤する6年生の心が、砂の色の混ざり合いや組み合わせで表現されています。

自分の心と向き合うことを主題に据えたもので、素材との出会いが子どもの抵抗感を取り払いゆたかな表現をもたらし、表現（色・形・材質感による造形化）を通して心の中をほり下げ、〝いまを生きる〟自分と表現する自分とが一人の新しい自分になっていく過程に学び合えた実践でした。

学年や子ども一人ひとりの特徴を踏まえて、砂絵という表現がピッタリとしていました。子どもの目線に立った題材・教材の選び方と工夫が、表現の楽しさや指の感覚も気持ちを伝える大事な要素だと分かりました。

「同僚として分かるのは、子どもの気持ちに寄り添って担任をしてきたからこそできる実践だった」（チャットから）

「サーフィンの作品」では、作品の中から子どもの生活や思いが浮かび上がってくるような報告でした。寒色・暖色の捉え方も、国語の授業からの発展で、つながりを持って展開されていることもわかりました。とらえたものを砂で表現する難しさや、細かい表現の難しさなど、率直な意見もあり、砂絵の可能性が伝わってきました。

（5）上野山愛鐘報告（大阪・聴覚高等支援学校・上海日本人学校）「名画の描写から自画像へ」

授業では、手話を使わない・使えないなどコミュニケーション方法に幅があり、教員と生徒、また生徒同士の意思疎通など、授業以外にかなり配慮が要ることが想像される、高等部単独の聴覚支援学校での実践です。

描写作品は、「叫び」（ムンク）・「真珠の耳飾りの少女」（フェルメール）・「自画像」（ゴッホ）で、生徒の苦手意識や上手下手の気持ちを払拭したいと願って、水彩絵の具の混色指導や「少女」の頬の陰影の表し方、またゴッホの「自画像」では油絵の具を用いて顔部を自分の顔に置きかえて描くなど、きめ細かな指導がなされていました。生徒たちに合わせて手立ての工夫をされて、思いどおりの色がつくれると、積極的になっていく過程が作品によく表れていました。文化祭での領域融合の作品制作も生徒らの表情が瑞々しく素晴らしい実践でした。大きなイベントを成功させるまでのとりくみに、拍手が湧きました。

「額で飾るのが素敵です。作品に厚みがあると飾るとぐっと引き立ち、一人ひとりをまとめて展示することで、その子の個性が見えてきて、いいなぁと感じました」（チャットから）

上海日本人学校では、生徒の意欲をどう高めるか。意思疎通に悩みがある中での実践だからこそ見出せる〝こたえ〟があるように思いました。ロックダウン以後　ずっとＺｏｏｍで授業をしているので気持ち的に辛く、家庭にあるもので制作する苦労もあったそうです。新学期になっても、担任も同級生も知らない状況で、校外学習はなくなり、イライラ感があるようです。手元を（カメラで）見せながら、個別に対応していることが、個別指導のバーチャル版のように受け止めてもらい、教室の授業より個別感が良いなど、まるで隣の部屋からのような報告に、Ｚｏｏｍの道具としての威力を感じました。

(6) 高知（中2・3）加藤優子実践「『15歳の自分を描く』『墨絵』」

「自画像が新しい自分づくり・自分見つけに……」

加藤さんは、子どもたちの自分を見てほしい、がんばろうという気持ちを受け止め「自分の考えや悩みを描いていいんだよ」と投げかけます。気持ちがひしひしと伝わってくる作品でした。マスクをとって自画像を描く、ありのままの自分を見つめる表現の深さに驚きました。子どもたちの言葉や変容も紹介され〝いまを生きる〟ことがリアルに伝わってきました。墨絵のナイーブな表し方や空間の表現も魅力的な作品でした。淡墨・濃墨の中に空間や思いの余白が生まれてくる、気持ちを込めて一気に描く、そんな気構えが伝わってきました。

「中学生になったら描きたがらない中で、先生の導入がいいと感じた。描いていく順番や構図、こうしたらこう伝わるなど教えてほしい」の問いに、「顔の向きで気持ちの伝わり方を話し、目つきの表情などで目標や未来へ想いの伝わり方、

実践発表で作品を前に話し合う

背景に想いを伝える工夫などを伝えています」とのていねいな受け応えに、授業での様子が伝わってきます。「導入のレクチャーが生きていて面白い、先生への信頼がすごく表れている」（チャットから）

「自画像は、自分の置かれている状態やその中での心の動き、社会の情勢が描かれるので、そこを読み取っていくことが大切だと思います。中3が自分に向かい合う、大切な姿勢・真摯な態度・素直さ・先生との関係も見えてきます。自分の中に、もう一つの自分や自画像から三つ四つの自分を発見し、物事に感情移入する、そこが心を育てる」そんな感想が溢れました。

（7）大阪（中2）國枝渉実践「『子どもの権利条約』を学んでつくる人権ポスター」

「子どもの権利条約」を中1で学び、人権啓発ポスターに中2で発展させています。ていねいに表現された作品には、ポスターという表現の中に、人権意識の深化だけではなく、画面の構成・配色・レタリング・視覚的な効果など、指導の観点がしっかり組み込まれています。國枝さんは校内の人権委員会にも参画され、人権を軸にして、学年と教科のとりくみを展開されています。美術を通してどう人権にかかわっていくかという、着想から行動へと意識されています。また、このとりくみが5年にわたり、さまざまな展示を通して先輩から後輩へと、人権のメッセージが受け継がれていることも感じることができました。まさに学校づくりのエネルギーに

ポスター作品

なっていることを教えていただけました。

ポスターのアイデアを全員分コピーして展示する工夫など、発信するポスターだけではなく、仲間の気持ちを受けとめる組み立てもされています。ポスターの実践に並々ならぬ情熱を感じることのできる報告でした。

今回の報告では「平和・戦争」をテーマとする作品が増えたという点に注目しました。人権といえば、「ウクライナのことも気になるね」とさりげなく触れると、例年では、身の回りの人権・いじめ・暴力が多いのに、今年は、戦争・平和を扱った作品が急増したそうです。子どもたちの中に、リアルな戦争の恐怖が迫っていることを感じました。タイムリーな実践・報告に学びました。「自分の思いを、誰かに伝えることの大切さを再認識した」と語られました。子どもたちに自分ごととして、問題を捉えていくことを伝えていただきました。

また、構想や情報・写真の収集などは宿題とし、授業では作業時間を十分にとるようにするとともに、タブレットを使われる道具ではなく、使うツールとして発想することの大切さも指摘されました。

「思春期に社会問題を考え表現することの重要性や、そのことを内外に発信する美術教師の役割について深く考えさせられました」「地球規模の問題を前向きに、学年を通してとりくんでいる」と思春期でのポスターのとりくみの大切さを評価する意見がたくさん出ました。

（8）新潟（新潟大学）柳沼宏寿実践「子どもが描いた戦争から学ぶ――日本とポーランドの比較を通して」

日本とポーランドの子どもが戦中・戦後に描いた戦争の絵の比較を通して、平和へ向けた美術教育の意義や役割につい

戦時中に日本の子どもが描いた絵

戦後にポーランドの子どもが描いた絵

て考察したものです。Ｈ・リードの「人間の『破壊を求める本能』をコントロールできる唯一の本性が『秩序を求める本能』であり、それは『芸術による教育』が基礎となっている」（『芸術教育による人間回復』）の引用から始まり、子どもたちが描いた絵の思いを報告していただけました。新潟県の里山に保管されていた、大正・昭和の絵の調査研究から、美術教育の課題を自らに問いながら、我々の課題を明確にされたと思います。国家総動員の中で描かれた作品（学術技倆報・・前線の兵隊に送る慰問の書画・作文など）は、「戦意高揚（兵隊に行きたいとか、国につくす内容など）」となり、同時代のポーランドの子どもたちが戦争を「見て体験して」描いた絵の内容とのちがいに、強い衝撃を受けました。

作品（文化財）のアーカイブが進むにつれ、「この作文・絵、うちの爺さんのだ」とお年寄りが作品をより深く理解していく姿、また、作品から子どもの心情を今の学生たちが、自分のこととして受け止めようとする姿もありました。時を超えて、記憶が継がれていくすごさを感じます。美術教育を越えた、人として考える・生きる姿を見たように思いました。地域に根ざす教育の広がり、地道なとりくみに感動しました。

満州引き上げの親の話と、ポーランドの子どもたちの「見た・体験した」目線が同じとの発言や、各地からの平和のとりくみ・戦争展などチャットでたくさん報告がされました。

大学生が小学生の先生となり、お年寄りがかかわって、村の文化遺産として書画を読み解いていく運動に発展し、学びが深くなっていくとりくみでした。

4 総括討論

報告されたどの実践も、実態を踏まえた教材設定と興味・関心を抱かせる工夫によって子どもが表現の主体者になっていました。特に、子どもの声をていねいに聴きながら作品を読み取っていること、そしてそれが子ども自身の確かな学びにもつながっていることが印象的でした。〝いまを生きる〟子どもとその表現を支える教師の関係性が実感されたと思います。コロナ禍での変化、気になる子どもの姿、人とのかかわりの希薄さや、休校やオンラインの授業が増えることで心身の不調も報告されました。実践で示された子どもたちの興味関心の高さが、美術だけにとどまらず学校の楽しさにもつながっていると感じました。手でつくり、色で感じ、指先やさまざまな感覚を使っておこなわれた授業は、実感のともなうことがいかに大切な事かと、提案していると思います。

「ウクライナ侵略で日本の子どもたちは……」と問うことで、子どもたちが自分らしく〝いまを生きる〟ためには表現の営みが欠かせないもの（人権）であることをはっきりと感じました。また、図画工作・美術科で培うべき力についての大事な視点を与えてくださったと思いました。急な投げかけだったこの課題に、意欲的にとりくんでいただけたことに、本当に感謝したいと思います。実にフレッシュな報告だったと思います。

情報機器に関しては、作品やモデルの記録、資料の検索・作品の発表など、利用が進んでいます。一方「タブレットで撮った自分の顔をプリントして、カーボン紙で写して描くような〝実践〟もあるが、疑問を感じても口に出せない」という悩み、操作にあえぐ教員が若い先生のお荷物になり、やめていく事例の紹介がありました。切実な問題であり、どう使うのかの投げかけもありました。ある脳科学者は「タブレットは、子どもの脳によくない」という話もあり、いろいろな考えがあるのに、現場では使え使えと急かされます。その忙しさに、子どもも先生も辛い思いをしていることが伝わってきました。情報機器は、できることをできるところから使い、無理をするのは良くないというフォローもありました。使われる道具ではなく、使うツールとして発想することの大切さの指摘もありました。

國枝・柳沼実践は、教科から学年へ、学年から学校へ、そして研究が学生と小学生を結びつけ、地域の運動として展開していく、実践の新しい地平を拓いていく素晴らしいとりくみでした。

　また、山室さんは分科会の終了後に次のように語りました。

「いろいろな意味でリアリティーを大事にする美術教育分科会からの発信が、今こそ、求められているよ。美術教育だけでやり遂げようということではなく、今こそ考えるべき視点を美術教育分科会から全体に提起してほしい（仲間の発言の紹介）」「柳沼先生の研究報告と問題提起は、次年度へ課題を模索させる貴重な機会でした。人間形成の機能としての美術（H・リード）と、その機能をどのように審美へと導くか（J・デューイ）にかかわって、私は、『学力の形成という側面は、実在を意識に反映してこれを支配するための知識・技術・術練の形成を内容とする』（小川太郎）を思い起こしました」

　参加者全員の協力と活発な意見交換、高知のみなさまの尽力によって、多くの困難を乗り越えることができた大変有意義な分科会となりました。今年度も「教育実践は独りで考えているだけでは進みません……」と、ともに感動し動いていくことの素晴らしさを実感し合いました。

【レポート一覧】

		山室光生	共同研究者	●基調提案：ハッとさせられた〝ことば〟から——四つの問
		柳沼宏寿	共同研究者	●子どもが描いた戦争から学ぶ——日本とポーランドの比較を通して
		國枝　渉	司会者	●話題提供：子どもの権利条約を学んでつくる人権啓発ポスター
①	東　京	宮澤拓矢	小学校	●心を育てる図工——砂絵　見つけようぼくの色　私の形
②	東　京	池田有希	小学校	●赴任して一年——一人一人の発想を大切にして
③	京　都	菱山充恵	小学校	●小４木版画「ごんぎつね」
④	大　阪	上野山愛鐘	特別支援学校	●名画の描写から自画像へ
⑤	高　知	松本晶子	小学校	●「楽しかった」「できた」と感じられるように

分科会報告 7

音楽教育

小村　公次
大西　新吾
中林　均
山田　慶子
山本　誠

1　基調提案

私たちはさまざまな実践を交流する中で、「優れた教材を使えば、すぐに良い授業ができる」わけではないことを学んできました。さまざまな授業実践の交流を通して、子どもたちの自然で率直な表現が、音楽の喜びと深く結びついていることを学んできました。つまり子ども自身が音楽のもっている魅力、音楽の力にふれたとき、すなわち〝心動かされる音楽〟を発見したとき、子どもたちの喜びは大きくはじけていくのだと思います。

私たちはなぜ歌い、音楽で語りかけるのか

２０２１年の基調提案では、「私たちはなぜ歌い、音楽で語りかけるのか」という話し合いの視点をあらたに提起しました。これはコロナ禍のもと、それ以前とはまったく異なる困難な状況の中で〈音楽〉の存在についてあらためて考えてみたいと思ったからでした。

２０２１年度のレポートでは、子どもたちとの出会いとなる一番大切な時期を「休校」で迎えなければならなかった中、そして学校再開後のさまざまな制約―マスク、小さな声、ソーシャルディスタンスといった中でも、創意工夫をこらしたゆたかな実践がおこなわれている様子が詳しく報告されました。こうしたレポートと音源から伝わってきたのは、子どもたちが音楽を心から喜ぶ姿、心を解放して音楽に向かう姿、

その瞬間瞬間に音楽で育っている姿でした。このことは、どんなに困難な状況にあっても〈音楽〉は人と人とをつなぎ、子どもたちと私たちをゆたかに育んでいく大切な存在であることを、私たちは実践を通してこれまで以上に強く感じることができました。

このことは、「私たちはなぜ歌い、音楽で語りかけるのか」という視点から〈音楽〉の存在について考え、交流し、深めることにつながったと思います。ハイブリッド開催となった今年も、対面する交流の中で、率直に語り合い、交流し、学び合いたいと思います。

2022年の分科会で深めたいこと

2021年の音楽教育分科会では、以下の4点を柱にして交流しました。2022年もこの4つの柱を軸にして深めていきたいと思います。

- 教師自身が〝心を動かされた〟音楽（教材）をどう〝発見〟したか
- その音楽を子どもたちにどう届けたか
- 子どもたちはその音楽をどう受けとめたか
- 私たちはなぜ歌い、音楽で語りかけるのか

2022年は3年ぶりの対面方式での分科会です。2019年度の分科会では、音楽という営みは、演奏する側の〝私はこう演奏したい〟という表現意思と、それを受けとめる聴き手との間で交わされる無形の対話であり、交流であることについてふれました。今回はコロナ禍では難しかったリアルな対話と交流が久しぶりに実現する機会です。

オンラインで参加される方もあり、いろいろな制約もありますが、レポート報告を聞き、音源を聞き、参加者のみなさんとともに率直な意見交流をおこない、学び合っていきましょう。

〔小村公次・中林　均・山本　誠・大西新吾・山田慶子〕

2　レポート発表と討論の概要

コロナ禍になっても音楽教育分科会のレポート数はほとんど変化することはありませんでした。今回の3年ぶりの対面による分科会でも12本のレポートが寄せられ、そのうち3人がオンラインで発表をしました。そしてそのすべての報告で、コロナ禍にかかわるさまざまな制約の中で明るく前向きに音楽にとりくもうとする教師や保育士の姿と、その音楽で育つ様子が語られ、音源や映像によって実際の様子を共有し、交

流することができました。

レポート発表と授業実践の音源等

①群馬・保5歳

「遊びと生活でふくらむ歌」

『船乗りたちの歌』『尾瀬のひばりの歌』『ミューズの子』『かじやの合唱』

②群馬・小1

「子どもと　歌と」

『かじやの合唱』『いそいでにげよう～魔法の鈴』『十二月の歌』（2種）『木の芽は緑に』

③京都・小1・2

「共に歩んできた子どもたち」

『チポリーノの冒険』『森のかじや』『はずむよ　はずむよ』『そんごくう』（1・2年）

④大阪・小2

「コロナ禍でも音楽はやめられない」

『うみ』『アイアイ』『しろくまのジェンカ』『言葉によるリズムづくり』『リズムづくりによる卒業メッセージ』

⑤京都・特別支援学校

「たいせつな時間」

『はる』『あかいしんめ』『パパパ』『一瞬の「今」を』『みずたまりたんけんたい』

⑥高知・小1・2

「1・2年生と音楽を楽しむ――少人数学級の強みを生かして」

『きょうがきた』『なかよしのうた』『ブルッキーのひつじ』『うんつくてんつく』『十二月の歌』『がっこう』

⑦東京・小2

「子どもと共感して歌う――音楽は生きる喜び」

『夏の樹』『わたしの歌はふるさとです』『霧の合唱』『歌はかがやき』『若い月たちの歌』『きょうがきた』

⑧東京・小1・3年

「再び、歌う喜びをとり戻す」

『たんぽぽひらいた』『船乗りたちの歌』『ブルッキーのひつじ』『若い月たちの歌』『一瞬の「今」を』『機関車の歌』『見知らぬ町へ』

⑨広島・小3・6

「ホップステップジャンプ6年生！――コロナ禍でも表現する喜びを」

『ホップステップジャンプくん』『はずむよはずむよ』『はねこ踊り（映像）』『きょうがきた』『雨の音楽』

⑩京都・中1～3

「歌うことの意味を問い直す」

『いそいでいこう』『詩人、ミューズのお気に入り』『ききたがりや』『美しく青きドナウ』

⑪広島・中1・3

「コロナの嵐続く日々、中学生と〝うた〟をさがす」

『恋する喜びはみんなのもの』『かき』『An die Freude』『春の歌』『法則』

⑫長野・高3

「コロナ禍における合唱活動の事例――令和3年度の取り組み」

『虹』『彼方のノック』

各レポートの発表について

須藤潤報告（群馬・保育園）は年長クラスの1年間のさまざまな活動と歌とのかかわりが柱です。進級して憧れの年長になった子どもたちは『船乗りたちの歌』（ワーグナー）が大好きになります。その歌の世界を子どもたちがもっとイメージできるようにと、帆船についての絵本や話、そして太い竹とシーツを使って実際に帆柱をつくります。また、休符の意識についても語られました。さらに尾瀬合宿、リズム表現、鍛冶屋などのさまざまな活動を通して子どもたちの歌がふくらみ深まっていく様子を聞くことができました。そして「子どもたちの歌が変わる瞬間には必ず遊びや生活を楽しむ日々があった。そういった体験と歌の世界のつながりを見つけるたびに、子どもたちはその歌のイメージを広げ、歌を好きになっていったのだと思う」と結んでいます。

中林均報告（群馬・小）は、同学年の先生の理解を得ながら楽しく1年生の授業を進めてきました。規制はあるもののつい大きくなってしまう歌声は、養護の先生からも喜ばれます。やがて2学期に緊急事態宣言が出て歌えない状況になると、疑問の多いＩＣＴでも使えるところは使おうと、鑑賞の授業に利用します。そして屋内で歌えないのならばと、屋上で歌うことを思いつき、こうしたとりくみを「不自由さを逆手に取る」と表現しました。3学期の最後に選んで歌った『木の芽は緑に』（スメタナ）はもう1時間というところで学級閉鎖になりますが、「完成しなくてもいい。ここまででも歌で育った感覚は子どもたちの中に残る」と語りました。「それは今まで学んできた中での確信でもあった」とレポートは結んでいます。

覚道康代報告（大阪・小）は、コロナ禍が続く中、1年生にどのような音楽の授業をしていくかを考えてきた報告です。音楽を使った活動では、接触をしないで楽しめる活動を工夫しています。『しろくまのジェンカ』（ケンウォール）では、子どもたちが身体全体で楽しんでいる様子が動画で紹介されました。「リズムづくり」では、「言葉をリズムにする」ということを活かして、言葉のリズム打ちの活動にとりくむ際に

8ビートに合わせることで、子どもたちがより楽しむ姿が報告されました。制限が解除になってからは、マスクはつけていても、歌や鍵盤ハーモニカ、手遊び歌、授業時間以外での歌う活動と、音楽を止めることのない日々を送り、「目の前の子どもたちとともに、より楽しく学んでいける場をめざすことがなにより大切」だと結んでいます。

　佐々布純子報告（京都・小）は、1年生との歩みを報告してくれました。けんかが絶えない日々の中、〝気持ちがつながったときのほっと温かくなる気持ち〟を感じてほしい、互いの気持ちを伝え合うことを第一と考えてきた佐々布さんは「音楽が子どもと一番つなげてくれた」と語ります。ある日、自分を表現するのが苦手な二人の子に「前で歌ってみない？」と呼びかけ、『森のかじや』（ミヒャエリス）を歌う二人に「じょうず！」と声をかけます。以前よりも口が動き、歌う表情が柔らかくなってきているのを見逃さない教師の働きかけが見事でした。また、『はずむよはずむよ』（丸山亜季）の歌では、当初自分の伴奏を「なんだかしっくりこない」と感じていたのを、ともに学ぶ仲間のアドバイスでテンポや弾き方を変えたところ、伴奏と歌がピタっと合い、子どもの声が変わったのを目の当たりにし、教材をどう届けるかを学ぶことが大切と話されました。

　野原明香里報告（京都・特別支援）は、病院に併設されている特別支援学校に勤務されています。コロナ以前からマスク着用、手指消毒が必要な環境でしたが、今ではさらに厳重な対策が求められ、多くの制限の中で、ほとんど発語のない子どもたちに音楽を届けている実践が報告されました。野原さんが歌う『はる』（林光）の中でただ一人発声のあるSさんがあげる「あっ」という喜びの声に、先生の音楽が確かに子どもに届いている瞬間を聴くことができました。また手浴の時にマッサージをしながら歌う『あかいしんめ』（林光）の心地よい響き、そして子どもの前で歌うことまで制限されたときに、事前に録音した歌声に合わせて手話で伝えた『だれがこおりをとかすの』（林光）など、どうしても子どもたちにこの音楽を、という強い願いが伝わってくる報告でした。

　田中美智報告（高知・小）の学校は小規模校です。担任の学年は1年生ですが、音楽の授業は2年生との合同音楽。前年度担任した2年生が「この歌大好き」と言いながら歌うと、それはそのまま1年生に歌を伝えていることにつながります。2学期の行事では1～3年生で音楽劇『さるかに合戦』（丸山亜季）にとりくみ、その中で、不安感の強い1年生の子が一番出番の多い役に立候補し、どんどん自信をつけていく様子とそれを喜ぶ保護者の手紙も合わせて紹介されました。一昨年度から卒業式の中で全校の歌として歌うようになった『がっこう』（林光）は〝積み重ね〟を感じることができる歌声になっていました。レポートのサブタイトル「少人数学級の強みを生かして」を実感させる報告でした。

嶌田千津子報告（東京・小）は、1学期の緊急事態宣言の中であっても2年生の子どもたちに毎週新しい歌を届けました。保護者からの「家でも朝からたくさん歌っている」という話を受けて、「歌の種まきに光が射す」と述べています。2学期、組曲『風と川と子どもの歌』（丸山亜季）の世界と今のコロナ禍を重ね合わせた嶌田さんはその中の『霧の合唱』『子どもの対話』を初めて教材に取り上げました。そしてその中で自分が難しく感じていた歌も聞いたまま自然に歌う子どもたちから、あらためて〝教師の歌〟が大事であると言います。3学期が始まると、学年閉鎖でオンライン授業をせざるを得なくなりますが、その「オンライン朝の会」でも嶌田さんは歌うことを続けました。「一緒に楽しい時間を共有し、歌の言葉を通じて、生きるって楽しい！　歌うっていいな！と共感し合いたい」という一文と重なります。

森谷直美報告（東京・小）は初任者担当の非常勤教員として1年生と3年生の授業を担当した実践を報告しました。1年生の4月、最初に歌った『たんぽぽひらいた』（丸山亜季）で、よりたくさんの音を達者に弾くことと子どもにその曲の本質を伝えることとはちがうことを森谷さんは実践の中でとらえています。7月には教科書教材の『うみ』（井上武士）からつなげて歌った『船乗りたちの歌』（ワーグナー）が子どもたちは大好きになり、歌が進めば進むほど集中した歌声になりマスク越しであっても歌いたい気持ちは抑えられないようだったと言います。初めはなかなか声が出なかった3年生に勢いをつけたのが『機関車の歌』（丸山亜季）でした。曲の中で音楽が展開するところを教師が意識することの大事さを伝えています。そして2学期の校内音楽会に向けては、「声量を期待するのではなく内面に働きかける歌」として組曲『スーホの白い馬』（丸山亜季）を選曲したといいます。子どもの成長にとって限られた時間の中で何を届けるか、それを問い続けている報告でした。

後藤恭子報告（広島・小）の学校は感染対策のための制限がとりわけ厳しい状況でした。満足に音楽の授業ができない中、3年生が運動会で民舞『はねこ』をすることになり、3年前に教えた6年生に見本を見せてもらうという話になります。その6年生が音楽室に貼ってある歌詞を見て「なつかしい！」と言い、歌ったのが『ホップステップジャンプくん』『はずむよはずむよ』（丸山亜季）でした。3年間の時を越えて歌うその声には、心ゆくまで歌えるという喜びがあふれていました。今年度は全く歌えない状況が続く中、3年生と〝詩の授業〟を思い立ちます。『いっしょうけんめい1年生』（谷川俊太郎・詩）の授業を通して、「やはり子どもたちの〝いま！〟はかけがえのないもの」と後藤さんは思います。ようやく好転してきた時に歌った『きょうがきた』（谷川俊太郎詩／林光曲）の中にその「いま」を感じることができました。

山本誠報告（京都・中）は冒頭で、「4月、あたりまえに学校が始まり、授業があるということの〝日常〟の大切さをかみしめた」と書いています。自分で歌うだけでなく、過去の上級生の録音を使うという工夫もこらしています。行事がことごとくつぶれている中では、まさに授業の中身が問われると語りました。感染が拡大している時期には、ピアノを弾きながら大きな声を出すことはあえて求めず、ひたすらていねいに音楽を伝える、ということさえ幸せに思えたという山本さん。そこには子どもたちが音楽にしっかり心を傾けているという信頼があります。そういう授業で育ってきた3年生は、学年主任の先生が毎時間いっしょに歌ってくれるという温かい雰囲気の中で『美しく青きドナウ』（ヨハン・シュトラウス）や『ききたがりや』（シューベルト）など〝珠玉の作品〟ともいうべきたくさんの歌を歌ってきています。そして「私にとって音楽とは」のテーマで書かれた〝卒業論文〟での前向きな子どもたちの考えに、教師自身が励まされると語りました。

今村節子報告（広島・中）は、4月から12月までの8か月の中で、声や音を出す活動ができたのはたった3か月だったと言います。表現活動を規制された時期の実技テストで「指揮」を扱ったことを市内の研修会で発表すると、指導主事から「指揮は音楽活動ではない」という発言があったことも報告されました。このような学校の内外での厳しい状況の中でも、3か月の中でできる限りの音楽を伝え続けました。1年生の授業では、教科書教材の『赤とんぼ』（山田耕筰）へのとらえ方を見直しながら『かき』（工藤吉郎）にとりくんだり、2年生とは鑑賞にオペラがあることから『トロヴァトーレ』（ヴェルディ）の中の曲を、そして3年生とは『魔法の笛』（モーツァルト）や『An die Freude』（ベートーヴェン）などを歌います。これらの教材を選ぶ時に「今これが大好きで心から夢中になれるという歌をぶつけていく」と語られました。

宮下靖弘報告（長野・高）は、授業や音楽関係クラブの顧問といった校内の仕事のみならず、県の高文連合唱専門部の理事や地域の合唱団の指揮など、幅広い活動にとりくんでいましたが、それらのほとんどがコロナ禍で中止に追いやられます。そういった状況でもＮＨＫコンクールに向けてのとりくみに尽力し、例年の講習会に代わる事業を計画し、開催にこぎつけました。また文化祭での合唱コンクールは、近隣の学校が軒並み中止を決め職員会議でも中止を求める声が大きかったのですが、ここで生徒たちが動きます。宮下さんはこのことを「生徒達の探求活動の血が騒いだ」と表現していました。どうしても合唱コンクールを、という生徒会役員は、大規模イベントのガイドラインや他県の実情、飛沫実験報告書などを調べ、自分たちの感染対策ガイドラインを作成して県の了承を得て、ついに職員会議で承認されたという報告は、音楽で培った生徒の力を思わずにはいられないものでした。「生涯にわたって音楽を愛好する人間を育てること」が一番の目標と宮下さんは語りました。

感想・討論より

基調提案に示された「教材をどう発見したか」「音楽をどう子どもたちに届けたか」「子どもたちはどう受けとめたか」「なぜ歌い、音楽で語りかけるのか」を柱として、さまざまな感想や意見が出されました。

◆発表全体にかかわって

・歌は人が人間らしく生きるのに不可欠と感じた。
・レポートでは、できることをギリギリまでとりくんでいるが、どれも楽しそうで悲愴感がない。
・みんなが大変だった２０２１年という年に、これほどすばらしい実践が生まれているということにどんなに励まされることか、と思う。
・教研の中身が語り合うことで毎年新しくなっている。
・参加者にはさまざまな立場、考え方のちがいがありけっして一律ではない。教研のいいところはそうした参加者の多様さが学びをゆたかにしてくれていることだ。

◆「教材をどう発見したか」にかかわって

・仲間と学び合う中で自分のピアノが変わり、子どもの声が変わったという報告と、まさにその瞬間の実践を聴くことができた。
・伴奏をどうしたらいいか、伴奏譜をよく見て必要な音を子どもと歌いながら探すということが、教材を新しく発見し直すことにつながっていた。
・「この歌を渡したい」と思った時、自分の気持ちが動いていないで今までの経験だけでピアノを弾いていると、歌が動いていかない。

◆「音楽をどう子どもたちに届けたか」にかかわって

・保育園の実践は生活の中で本物を体験していて、「これぞ生活の中の音楽」と思った。「歌が遊びと生活でふくらんだ」という言葉はその通りだ。
・この状況の中で、たくさんの歌を教えているのは毎日の結果であり、何があっても歌をやめないということに、実践の力強さを感じた。
・「屋内近距離」という規制をくぐって屋上で歌う、複式学級での上級生の活躍など、「不自由さを逆手に取る」という発想が楽しい。
・大人が気持ちよく誰よりも楽しんで歌うのが一番。そういう楽しさを感じた。
・あえて大きな声は求めない、という言葉が心に残った。
・「体験」がただそのまま子どもの歌を高めるのではない。体験を通して子どもといっしょに大人の音楽もふくらみ、それを子どもに伝える働きかけが大切。
・歌えないから「鑑賞」というのではない。鑑賞の授業に逃げるのではなく、鑑賞の中で大事なことをする。

◆「子どもたちはどう受けとめたか」にかかわって

・初めて参加した。紹介された曲のすばらしさを感じた。音楽は生活の中にあふれていて子どもたちはいろんな曲を知っている。デジタルの発達で自由に聴けるが、自分の好きなものだけ聴いている。普段触れることのないものを体験できるのが学校。レポートから、子どもといっしょに音楽を創っているのを感じた。
・重度の障害を持つ子どもの声にうれしいショックを受けた。語りかけ歌いかけての反応、それは音楽の持つ本質。
・中学生が歌うモーツァルトの歌には思春期の子どもたちが夢中になっているのがわかる。
・3年前に初めて参加して、子どもたちの体の内側から喜びはじける歌声に感動した。なまじ専門の人間には出せない声。専門の勉強をしているうちに忘れていたものを思い起こさせた。

◆「なぜ歌い、音楽で語りかけるのか」にかかわって

・高校（宮下さん）の仕事は大変だが、そこに音楽があるから楽しんでいるように感じた。やはり音楽好きを増やすことが基本だと思う。
・話し合いの中で、共同研究者だった作曲家丸山亜季さんの言葉が紹介された。
「今の世の中の流れはきびしい方向に向かっている。今おこなわれている実践のほとんどが、できなくなる日が来るかもしれない。その時何ができるかで教師の真価が問われる」
・今、子どもたちは音楽をイヤホンと小さな画面で楽しんでいる。学校で音楽を教える意味はそれが学校でしかできないものだからだ。

・音楽にはいろいろな要素がある。その中の崇高なものに触れる、発見する、そしてそれを子どもたちと分かち合うことが大事。それはコロナ、そして戦争を乗り越える力になる。それを確信したいし、伝えていきたいと思う。

＊　＊　＊

今回の分科会は対面とオンライン併用の〝ハイブリッド〟形式のため、提案者や発言者の前にカメラがありました。そのために、日頃の活動の様子を写真や動画で紹介したり、歌に合わせての手話もはっきり見ることができました。また〝コロナ前〟までの分科会で大事にしてきた「歌う活動」も今年は実施され、その際に楽譜を画面に映してオンライン上の参加者も見ることができました。これはハイブリッド形式の大きなメリットでもありました。

〔中林　均〕

3　まとめ

3年ぶりの対面とオンラインによるハイブリッドでの開催となりました。音楽分科会での大切な学びのひとつである会場での「歌う」という状況をオンラインでの参加者と共有し合うという点では、昨年のオンラインのみでの開催とはちがった音響面での難しさが感じられました。その部分を司会者・共同研究者はもちろんですが、現地責任者の方々にていねいにかかわっていただき、2日間の音楽分科会の内容を実りあるものにすることができました。

これまでの教研活動で大切にしてきた《ピアノを弾くことを通して共に歌い合う》ことを、今回の教研では久々に対面で実現でき、またオンラインでも実施することができました。そうした実践者のピアノで〝歌う活動〟を分科会の流れの中に司会者団が上手く取り入れたことも、分科会の充実につながったように思います。

12本のレポート発表の他にのべ26人の発言によって2日間の音楽分科会の討論は大変ゆたかに深められ、基調提案の4つの柱に沿って学びを共有することが出来ました。「歌い」「語り」「聴く」ことを通して、一人ひとりのレポートの事実だけでなくその背景にある現実から大事なことをすくいだし、討論の中でさらに学びが深められ、相乗的な高まり合いが感じられた2日間でした。分科会を通して、討論の質を創り上げていく参加者一人ひとりの学ぶ力にあらためて目を見張らされる思いがしました。

群馬の保育園からの報告にあったように『船乗りたちの歌』

を教えるのに園で帆掛け船をつくったり、実際に自然を体験したりすることで、さらに曲の持つイメージをゆたかにふくらませることが大切なことは言うまでもありません。一方で、限られた条件の中でいかに想像力を広げていくかという働きかけや営みもまた大事なことだと感じました。

分科会の中での大切なキーワードとして《不自由を逆手に取る》ということが取り上げられました。コロナ禍で大きな声が出しにくい状況の中で、中林さんのレポートの中にある「屋上で思いっきり歌う！」という発想にみられるように、コロナ禍であっても子どもたちの「最善の利益のため」に何ができるのか――と知恵をだすことの素晴らしさが具体的な事実を通してゆたかに深められました。広島の後藤さんのレポートでは〝歌ってはいけない〟〝吹いてはいけない〟という不自由さの中で3年生に民舞『はねこ踊り』を教えるのに6年生（3年前にとりくんだ子どもたち）の希望者が3年生の教室で楽しそうに教える動画からは〝より良い文化をともに学びあう〟喜びの姿が伝わってきました。高知の田中さんのレポートにもありますが、〝複式学級〟での学びをプラスに捉え、2年生に憧れて歌が育っていく事実も嬉しい思いで受けとめられました。

また、野原さんのレポートでは「呼吸器をつけ、脈拍や体温を確認、吸引しながらのベッドサイドでの授業」は厳しい制限が常に求められる中での実践です。その中で何が出来るかを探し、最大限の準備をし、子どもたちに歌い、語り掛ける野原さん。その働きかけの中で「わずかに口が動き、目が開く」様子を見逃さず喜ぶ姿。そこには最終日の小村さんの「野原さんの子どもがその瞬間に出す〝あっ！〟というちょっとした笑い声は、一方通行では絶対に生まれない。子どもと野原さんが相互にキャッチボールする中でこそ生まれる貴重な実践だ」という発言にあるように、分科会の中での象徴的な学びの核心にふれた話でした。

久々の担任で、子どもとの歌がしっくりとこないと感じていたとき、仲間との学びで「ピアノが変わり、子どもとの歌がぴったりと合い、声が変わった」と佐々布さんは話しました。また、中林さんが「子どもの歌に勢いがないなあ……」と思っていた時、「子どもは変わろうとしているのに自分の音楽が新鮮になっていない」と、教師が常に新鮮に音楽を学び続けることの大切さについて発言されたことも参加者の共感を広げました。基調提案にもある「失敗したり、うまくいかなかったことを率直に出し合う」ことも教研の学びをさらに深める大切なことだとあらためて心に刻みました。

その中で、大事な事実を再確認させられたことがあります。今はデジタルな環境の中で子どもたちは好きな音楽を自分で選ぶ。しかし、2日間の音楽分科会で歌われている曲は「学校でしか触れられない音楽だ」（初参加の佐賀のKさん）という感想は、「私たちが教研の中でなぜこうした作品を取りあげ、子どもたちに届けるのか」という長年積み重ねてきた問いへのひとつの答えでもあるようにも思います。

同じく初参加の佐々布さんは、東京の実践から「どんな時でも歌を届けたい」「歌を絶やさない」という熱い思いを感じた、と。また大阪や長野の実践から「子どもに音楽の楽しい世界を伝えたいという教師の熱い思いが伝わってきた。教師のこういう〝たたずまい〟が大事なことだ」と感想を述べられました。こうした若い教師の学びは、教研を通して新鮮な学びの喜びを気づかせてくれました。

（山本　誠）

【レポート一覧】

①群　馬　須藤　潤　保育園
●基調提案

②群　馬　中林　均　小学校
●遊びと生活でふくらむ歌

③東　京　森谷直美　小学校
●子どもと　歌と

④東　京　嶌田千津子　小学校
●再び、歌う喜びをとり戻す

⑤長　野　宮下靖弘　高校
●子どもと共感して歌う——音楽は生きる喜び

⑥京　都　野原明香里　特別支援学校
●コロナ禍における合唱活動の事例——令和3年度の取り組み

⑦京　都　佐々布純子　小学校
●たいせつな時間

⑧京　都　山本　誠　中学校
●共に歩んできた子どもたち

⑨大　阪　覚道康代　小学校
●歌うことの意味を問い直す

⑩広　島　今村節子　中学校
●コロナ禍でも音楽はやめられない

⑪広　島　後藤恭子　小学校
●コロナの嵐続く日々、中学生と〝うた〟をさがす

⑫高　知　田中美智　小学校
●ホップステップジャンプ6年生！——コロナ禍でも表現する喜びを
●1・2年生と音楽を楽しむ——少人数学級の強みを生かして

分科会報告 *8*

書写・書教育

押谷　達彦

1　2022年度の課題と基調提案

2022年度は、久しぶりの現地開催とオンラインとのハイブリッド形式の開催でした。思い出せば昨年度のつどいはコロナ禍の中で、オンラインでのフォーラムや分科会の開催となり、無事に分科会ができるのかという心配もあった中、思いの外多くの参加者に恵まれました。教育現場では、環境が整っていないのにどんどん押しつけられてくるZoomをはじめとするインタラクティブなICT活用にイライラしていることが、こうも定着して『新しい』教研を実現させてくれたことに複雑な思いがあります、とここで述べたのを思い起こします。

野坂武秀共同研究者の基調報告では、1989年に全国教研ではじめて本分科会が設置された経緯や、以下のような基本理念が語られました。ここでは、単に教科として書を教えるのではないこと。書を通して子どもたちを丸ごと育てるために、書写・書教育ではどのような教材をどのように提示し、ほんとうの意味での『基礎基本』とは何かを問い続けること。基礎基本とは、「常に新しい発見に満ち、何度くり返しても飽きのこないもの」だという確認。結論として「自由自在に思うように線がひけること」「思うように墨量・墨色を表現できること」「心の動きを流れとしてつなげていくこと」「さまざまな空間認識ができること」などを習得することが基礎基本であると確認しました。

コロナ禍の中での教育実践は、特に本部会のように実技を主体とする教科・活動に大きな制限を設けてしまいました。『主体的で対話的な深い学び』を謳った学習指導要領を何年も前から先取りして、教え合いや協同制作などの実践を積み上げてきたわれわれにとってはまさに大きな制限です。しかしそんな中だからこそ、子どもたちに『心の表現』を促すことが大切であり、感性を高めて教育の根本としてより良い発達につながるものだと強調しました。

本分科会のテーマは、けっして書の出来映えではなく、主体的に生きる力を、書でどう育てるのか、ということで一貫してきました。現場の困難さの中、子どもたちと向き合った指導の工夫とカリキュラムの自主的・民主的な編成が報告されてきました。また、義務制の書写においては、指導要領が永年掲げる『毛筆指導は硬筆指導の補完』という理念の是非も話し合ってきました。そして『評価』は作品の出来映えではなく、子どもたちの到達点とこれからの課題を示し、指導者の実践の自己点検となるべきであるとの論議もくり返してきました。

各地で教研集会が再開されているにもかかわらず今回集まったレポートは2本。しかし本分科会では司会者・共同研究者も毎回レポートを報告して、同じ悩みを持つ参加者の一員であることを共通認識した運営をする、という特徴がありま す。これを話題提供として、議論を深めていこうと事前に確認しました。はじめに自己紹介と自分の課題意識をきちんと述べ合ってから、ていねいに始めていく形も確認して分科会を開催しました。

さて今回、参加者は小学校2名、中学校1名、高校2名に司会者共同研究者3名の8名でした。小中学校の3名はオンライン参加で、むしろはじめからオンラインだった2021年を下回る数となったのは遺憾の限りです。ただ、久しぶりに現地の役員さん3名のご協力を得て、また討論にも参加していただきながら、教研活動が戻りつつあることを実感できたと思います。

以下、レポートと討論の概要を述べます。

2 基礎基本と子どもたちの意欲をひき出す指導

野坂武秀報告（共同研究者・北海道・小〔元高〕）「リズムで教える書写指導」。町の嘱託職員の任期が満了した今春からも、半分以上がボランティアで町内の小学校へ毛筆書写指導に出向いています。確かな知識とユーモアとオノマトペが詰まったその実践は、今もなお健在でした。しかも現役時代にも増してエネルギッシュで多彩です。『リズムで書く』というのは野坂さんのライフワークというべきか、体操からはじまる指導で、身体や腕全体を使って書くことを目標にしています。これが小学生にはハマるようで、地域の名物？　として学校の通信にも載せられるほどです。

野坂さんは『用筆よりも運筆』が大切と言います。文字を書く前に鬼の絵を描いたり、らせん運動を書いたりすることで、子どもたちの興味関心をひきます。それからトン・スー・ピタ、の掛け声でリズムよく線をひく。子どもたちが気持ちよく書の世界に入って行ける工夫があります。

小学校全学年を通して、以下のことを大切にしたいと野坂さんは言います。

○書写は楽しい
○筆で書くのは楽しい
○体全体で書くことは、表現だ
○筆遣いの基本は、運動力学
○文字の成り立ちや意味を知る
○漢字は言葉だ
○漢字には、歴史が詰まっている
○基礎基本は応用力

小学校の書写指導も、言葉を書く以上は『表現』に他ならないという信念が伝わります。4年生以上になると、文字のパーツごとの練習をしたり、文字の字源を知ったうえで字形を整えていく、といった発達段階に適切なカリキュラムも特徴といえます。

質疑では「中低学年の毛筆指導は興味関心が高いので導入しやすいが、高学年になると導入が難しいがどうか」という質問がありました。野坂さんは「高学年でも体操をしたり、筆慣らしの意味で文字ではないものを書いたりする。教科書の手本を示す前にそれをやる。平仮名の字母など知識欲に訴えるのもよい」とのアドバイスがありました。

田中希京報告（私学・滋賀・高）「主体的に創作する子どもたち」は、私立の総合学科、しかも非常に困難を抱える子どもたちの多い学校での実践です。毎年のように変動するクラス数、強化指定を受けていない部活動に対する教員の無理解など、現場的な困難も乗り越えて、着任8年を迎えています。着任時には書道室がなく、環境整備から苦労されてきたことが伝わりました。

もともと特別な支援を要したり、不登校だった子どもたちが多いため、どの授業でも集中してとりくむことが難しい中、導入の興味付けや、独自のカリキュラム編成で楽しく授業に参加できるよう工夫を凝らしています。

導入では、同じ漢字を①何も見ずに好きなように書く、②古典を見て書く、③5秒で素早く書く、といった矢継ぎ早な

展開で、子どもたちを飽きさせません。この中で『自分らしい』のはどれだろう、と考えさせることで、心を解放することができます。多くのとりくみでも見られる『用具用材の工夫』も、単に珍しがらせるだけでなく、筆の良さ、また硬筆とのちがいなどに気づくようていねいな指導がなされています。

カレンダー作りや団扇づくり、紙漉きに硝子エッチングと、実用に即した生活に生きる書を作るとりくみも多く紹介されました。そのいずれもが、子どもたちの楽しんでいる様子がよくわかる作品でした。このように多彩なとりくみを通じて、さまざまな表現方法を子どもたちの心に落とし込んでいます。

書の甲子園をはじめとする公募展に出品しても、書道部の部員より授業の作品のほうが良い評価を得られる、といった嬉しい悩み？　も聞かれました。

これは、指導者の日々研鑽する努力や幅広い情報収集能力の成果であると評価されます。滋賀県では、小学校から高校まで、書写書道の研究会が一本化されていて、互いの研究発表も盛んです。それらを貪欲に取り入れて自分の学校に合った指導方法をつくる、指導者の器が問われるところです。

さらに参加者を驚かせたのは、コロナ下で教員に距離ができたことを感じ、教職員での『書で繋がろう Project』を実践していることです。書道部がよくやる『書道パフォーマンス』を教員でやってみよう、と呼びかけ、（管理職も率先して）駐車場で大きな作品を書き上げる。これが何回も続いているということ。また、部員のパフォーマンスにも教員も混じって参加していること。しかもそれらの作品が、滋賀ご当地スーパーの『平和堂』の最大店舗『ビバシティ彦根』に展示されていること。そのことで職場環境は改善されたのかという質問には「今や、いつ声がかかるかとまちわびている教員もいる」とのことでした。

田中さんの報告でよく耳にした言葉が「これは私の好きな授業です」。これが後で述べる、「授業していて幸せですか?」という司会者の問いかけにつながります。

3 ゆたかな表現から見える子どもの姿

磯角広一報告（北海道・高）「12年目の『もやもや』」。確か前回のテーマも『もやもや』だった気がします。12年間ずっとモヤモヤ（レポート本文ではカタカナ表記）しているが、近年磯角さんが課題としている授業の中での生徒同士の『学び合い』を効果的に用いようとしている姿がうかがえました。

生徒同士の交流や協働性が必要だと感じ、書道教室の座席を自由席と変更しました。これは、いっこうに一斉指導が入らない『聞き取れない』『できない』子どもたちへの対応として考え出したことです。また、コロナ禍において『なぜ学校に来て学習活動をおこなわなければならないのか』という疑問に『ともに成長し幸せになるため』だと自答したこと、休校や分散登校により、生徒同士の人間関係の結び方がうまくいっていないと感じたこともきっかけです。

子どもたちが独り黙って考えているだけの授業ではそれらは改善されない、それこそがモヤモヤの原因だったと気づきます。「立ち歩きOK、他の生徒の作品を見てどんどん交流しよう」と投げかけています。結果的には「うまくはいかなかった」とのことで、別の次元のモヤモヤが生まれそうだと結ばれました。

しかし、3年生の『自分の言葉で作品作り』の作品は、協同作品にまで発展する息の長いとりくみで、戦争・差別・憲法などをテーマに、堂々と自分の言葉をしっかりと書いたものでした。「個人的にはつまらないと思う」と磯角さんは言いますが、それぞれの子どもたちの考えを共有・共感できているのではないかと評価されました。「なぜつまらないと思うのか」という質問には、「読める、読めないにこだわり過ぎて、非可読性の芸術に目覚めていない」と厳しく自己批判します。

「授業で子どもたちを動かしていく効果はどうだったか」という質問には「人間関係ができた自由席であるかどうかが問題」とし、「指導者の言うことを聞いていなくても、お互いに教え合う、また孤立している子どもを拾うような雰囲気を大事にしている」と語ります。ただ「孤立できることも、良しとしてはどうか」「自由席だからこそパーソナルスペースを確保するという意義もあるのではないか」という意見も出て、有意義な討論となりました。

押谷達彦報告（共同研究者・滋賀・高）「平和を書く」は、時宜を得た内容かと思いきや『平和だからこそ書ける書』という意表を突いた？　ものでした。押谷さんの授業のメインは『現代文作品』。さまざまなテーマを投げかけて、子どもたちは自由な発想で自分の言葉を作品にしています。

発端はレポートにも掲載された、書道部員の書いた「戦争はよくない」という作品。去年の夏に書いたもので、実篤の詩がロウ書きで二色に表現されているがそれがまさにウクライナの国旗の色。書いた時はまだロシアは攻め入っていませんでした。この春の学外展に展示した時、ウクライナ平和への意思表示の作品だと評価されたことで、「感情を表現することが、それが見た人にも伝わることが、果たしてそれほど重大な意味を持つのだろうか」と、押谷さんは問います。その疑問は、漢字仮名交じり書を『〇〇の古典を活かした表現』ばかり追求する指導要領の批判にも及びます。結局、古典の筆法なんてバラエティは知れているのだから『同じものを書きなさい』と言っているに過ぎないのではないか、それは軍国主義の時代の押しつけではないのか。

その点、自分で自由に好きなように書いている押谷さんの授業こそ『平和ならでは』だと力説します。先だっての田中優子さんの記念講演で、「多様性の包摂」を主題にされていたことにも触れ、『自分で選ぶ、決める、他人から決められないこと』が基本的自己肯定感を育み、安定した社会の平和を築く基礎となる、そんな子どもたちの成長を援助したいと言います。

最低でも全紙サイズの協同作品や、紙の大きさまで自由な、色とりどりのテーマ創作作品が床に並び壮観です。怪獣映画から発想した大作には『読める読めない』を超越した奔放さがあり、四国巡りの修学旅行テーマ作品は（コロナ禍により沖縄方面が急遽変更になったにもかかわらず……つまり事前学習は沖縄のことしかしていないし書いていない）ほのぼのとした温泉やお城といった題材で、自由な発想を発揮しています。3年生ともなると個人で全紙一枚仕上げるという書道部並みの腕前になります。

押谷さんは決して創作テーマを押しつけません。どんな題材にしても、子どもたちの発想にまかせています。これは日頃から「これを書きなさい」という受動的な作品作りをしていないことを物語ります。そして子どもたちは授業者や学ぶべきことを理解し、学校生活の中で作品制作の「ネタ」になるようなことをしっかり掴んで表現している様子が見えてきます。

質疑では、報告には取りあげていなかった『印』が注目されました。押谷さんの学校の印は『なんでもあり』で、篆書で刻されたものは皆無です。漢字、ひらがな、カタカナ、アルファベット……中にはそれらのハイブリッド。しかし、印として四角にうまく配字されており、違和感がありません。ここにも、子どもたちの自由な発想を大事にする姿勢がうかがわれます。要員の方からは「このような世界ははじめて見

た。自分が習ってきた手本のある書道と全く異なり驚いた」との感嘆の声もあがりました。

中谷幸代報告（司会・北海道・高）「最近変わったことと、ずっと変えたくないこと」。学年2クラスの単位制高校で学年主任として活躍されています。小さな学校ですが全学年2単位で芸術があり、さらに学校設定科目まで開講し、中谷さんの日頃の現場でのがんばりの賜物といえます（北海道では書道としての採用はなく、国語採用のまま書道を担当するため、書道ばかりに専念することが難しいと聞きます）。そこへ一気に加速したＩＣＴによる仕事の機械化が進む中で、（自らをアナログ人間と言う割に、会場では持参のｉＰａｄがオンライン『補器』として活躍したのは事実です）なんとか授業に取り入れるべきことを模索しています。学校設定科目でのオリジナル印の印稿作りや学園祭展示作品の題材選びなどにスマホ（個人端末を持っているのは1年生のみ）で検索させる中で、それぞれの子どもたちが自己のあり方を大事にしていることに気づきます。学園祭の展示作品はそれぞれに個性的な表具で仕上げられ、半紙サイズの小品ながら、子どもたちの顔が見えるものばかりでした。このあたりが『最近変わったこと』。

『変えたくないこと』は、2単位の授業を2時間連続でする、ということ。規模の大きな学校であれば気にもしないところですが、小さな学校では絡みの選択授業の関係で1単位ずつ2回ということも少なくないようです。今まで勤務した学校をふり返って、どちらも経験したうえで、2時間連続授業にメリットがあり、絶対に変えたくないとのこと。2時間でじっくりととりくんだ書道Ⅲの半切条幅作品は、古典選びから子どもたちに任せて書き込んだもので、美しい表装と相まって大変見ごたえがありました。

中谷さんは持参した子どもたちの作品を広げて、臨書の古典選びの苦労や、学校設定科目での創作指導で「絵しか描かない」と嘆きます。どんな作品でも、自分で考えて書いたものの、拙いように見えても、一生懸命書いたのならいいのではないか、との意見もありました。オンラインで参加の小学校の先生は「小学校と比べてアピールするものがあり、参考にしたい」との感想も述べられました。

4 総括討論

レポートの報告を1日目に固め、2日目を総括討論の時間としました。1日目の最後に 2 3 で述べた討論の柱と課題を確認しました。ここで再度『基礎基本』とは何か、について参加者が意見を出し合いました。

「小学校では低学年から水筆の指導が取り入れられているが、現場的には実践されていないのではないか」と小学校の参加者は言います。水筆は、手軽に毛筆体験ができる（要するに汚水を出したり筆を洗ったりする手間がない）ことで大々的に取り入れられました。毛筆の基礎基本を手軽に伝え、硬筆と毛筆のちがいを認識させるためと言われていますが、現場としては扱いに困っている模様です。

高校現場からは「数を書いて自分で気づき、いくらでも書きたい、という意欲を持つこと」が大切ではないか、「毛筆でしかできないことをくり返しているうちに、自分で気づいて工夫して書くことができる」「筆圧の感覚をつかませることではないか」「自分は何を書いているか、どこに向かっているかを大事に考えられること」などの意見が出ますが、小学校の現場からは「芸術科ではない小中学校は教材費や紙の枚数に限度があり、むやみにたくさん書かせることは難しい」と伯仲しました。

「どんな指導をするにせよ、指導者自信が嫌々やっているのは、子どもに伝わるのではないか、それが肝心だと今日の報告を聞いていて思いました」という現地要員のスタッフの感想で、1日目が終わりました。

2日目からは、新たにオンラインで小、中学校から各1名の参加がありました。いったん総括討論を中断して、中学校の参加者の悩みを聞くこととなりました。今年から初めて書写主任をまかされたが、授業がうまくいかないとのこと。先輩の先生は色を使ったりして楽しそうに毛筆指導をされているが、自分はとても楽しめていないし、子どもたちも楽しくなさそうだ……とのことです。

野坂共同研究者は、レポートを再度簡潔に紹介し、オノマトペの掛け声や体操リズムなど子どもたちの心をつかむ実践を説明されました。また小学校の参加者からは「子どもにしか書けない表現を『見つけて』とにかく褒めることが大事で、どんな不器用な作品も大切に評価してあげることで、子どもたちのモチベーションを上げてみる」「好きなこと、書いてみたいことを自由に書かせる」などのアドバイスも出ます。

ここで司会・中谷さんから名言が飛び出します。「授業をしていてしあわせですか?」という問いでした。ほとんどの参加者は、書や作品を通して児童生徒と心の交流を図ることができているのでしょう。この方以外はみな、「しあわせです!」と答え、周りの返答に驚いていました。また、『既成のカリキュラムや教科書から離れて、自主的に計画を立ててみる』という本部会のスタンスも紹介され、いくぶんその参加者の悩みも晴れた様子。

それから総括討論に戻り、それぞれの参加者が各自、このつどいの総括を述べる形で進めました。

「それぞれの参加者が、指導の中でブレずに大事にしているものがある。自信を持ってやっている。私もこの場の報告からいただいた実践も多く、ここでフィードバックをくり返してきた。このような場をもっとたくさんの人のものにしていきたい」

「いつも幸せそうな報告ばかり聞いてきたが、本気で悩んで参加された方がいてかえって新鮮な思い。私の仕事は目の前にいる子どもたちをいかに楽しませるか、です」

「年をとってから書写の授業にとりくむようになり、猛勉強している中でこの場に出会った。高校の報告にあるような子どもたちを育てる基礎を義務制は担っている、と感じて真正面からとりくみたい」

「幸せに指導しておられるみなさんが羨ましいが、良いアドバイスをいただきやる気が出ました」

「義務制では、専門家ではないので指導に困っている人が多い。滋賀では小中高一貫の研究会があり、そこでも勉強させてもらった。そういう協同の土壌がなければ簡単にやめてしまったり、いい加減に指導することになってしまう」

要員のスタッフからは「こんなに楽しい作品ができるんだ、と書に対するイメージが変わってしまった」「教科がちがうので、スタッフだからここにいたが、書は教育そのものだと感じた」と好意的な意見をいただきました。

共同研究者の押谷さんは、自分の高校のクリアファイル(中学生やお客に配る、表も裏も書道部員の作品)を見せ「学校丸ごと書に。カリキュラムを自主編成を進め、自分なりの基礎基本を確立し、どんな子どもたちにも褒めるところを与え、校内で存在感を示す」という持論を展開し、新教育課程になってもさらに芸術科の単位数を増やしたと胸を張ります。

見たことがない作品を見るときが一番幸せだと言います。

最後に野坂共同研究者より「基礎基本とは、つまらなくてもやらねばならないからする、ものではない。根っこには面白い、楽しい、がないとダメ。そうでないと次に（応用力・自己解決力に）つながらない。ここは、『作品』という結果がただちに見える教科、これ以上に幸せな教科はないのではないか。自立と自律、自己肯定感を持てる、ゆたかな子どもたちに育てることを目標に、実践に励みましょう」と締めくくりがありました。

ゆたかな内容の報告と、濃厚な討論ができましたが、オンライン併用の現地開催としては課題が残ったと思います。会場によって差もあるのだと思いますが、ウェブカメラと内臓マイクに接続したデバイス一組の組み合わせでは、スムーズな報告・討論ができません。結果的に共同研究者の一人がデバイスとカメラ・マイクの移動の専属となって動き回る始末でした。それはたぶん仕方ないことで、多くの会場にそれらを取り揃えていただいた本部の尽力には感謝しかありません。全体的に参加者数の動向も気になるところですが、新しい開催形式として記憶されるつどいではなかったかと思いました。

（押谷達彦）

【レポート一覧】

① 北海道　磯角広一　高校
●12年目の「もやもや」

② 北海道　中谷幸代　高校
●最近変わったことと、ずっと変えたくないこと

③ 全　国　田中希京　子ども全国センター（私学・滋賀）
●主体的に創作する子どもたち

④ 押谷達彦　共同研究者
●平和を書く

⑤ 野坂武秀　共同研究者
●リズムで教える書写指導

分科会報告 9

技術・職業教育

阿部英之助
内田　庚彦

はじめに

２０２２年のレポートは、小学校1、中学校4の全部で5本でした。最初に、参加者全員の自己紹介をしてもらい、今回の教育研究集会に参加した思いを語ってもらいました。次に共同研究者から、２０２１年度の分科会報告のふり返りと２０２２年度の分科会のテーマである「授業や教材の工夫による『学びの深まり』と技術・職業教育の『楽しさ』」とした経緯について説明しました。

1 子どもとともに学ぶ「楽しさ」

小林郁生報告（高知・中）「免許外教科の『技術』をいかに楽しく教えるか」は、急遽免許外教科として「技術科」を担当することとなった授業実践報告です。小林先生は、免許は国語で教員歴33年のベテランです。これまでに体育・理科をはじめ音楽以外の教科を免許外で教えた経験があるといいます。そのような中で、急遽技術科を担当することになり、これまでに3年間指導しています。先生は、技術科は生活体験に根差した楽しい学びの場として再認識していると言います。

1年生の「木工」では、選挙で使ったベニヤ板を使い、カホンという楽器づくりをおこないます。材質やその厚み、叩く場所で異なる音のちがいから生徒によるさまざまなアイディアでユニークな作品が生まれました。2年生は生徒7名で7時間かけて水没したバイクを思い思いに分解し、その工具を調べ、分解方法を学びます。そこでの作業を通じて、ブレーキや発電の仕組み、そして、理科や社会にも関連する学びにつながっていきます。生物育成では1・2年生で男女に分かれ収穫量を競う「園芸バトル」、3年生では、製図でなぜ誤差が出るのかをチェックするとりくみなどをおこないます。小林先生は、全国学力テストの各教科を重視した授業形態では薄っぺらな「学力」を求めており、むしろ実体験でこそ育つものがあると言います。各実習では生徒の生き生きとした様子を見ることができ、楽しみとわくわくが感じる報告でした。また、これまで分科会では免許外の事例は話題にあがっていましたが、免許外の方の実践事例はほぼなく、どのような状況でやられているのかなど、実際の事例は、とても貴重な報告でした。

山元幸一報告（京都・中）「実際に見たり、体験したり、生活と関連づけた技術の授業――生活力・生きる力をどう培うか」は、生活経験が乏しい生徒たちに実際に見たり、体験したり生活に関連づけて、技術の学習内容を身につけさせる実践報告でした。先生は、視覚に訴える授業として、演示実験など生徒に見せて理解を深めることの大切さを訴えます。実際に、いくつかの教材を示し、バームクーヘンを年輪に見立て木目板の木目の説明やそれ以外にキャビネット図、熱エネルギーについて、実際に先生の手作り教材を使い、わかりやすく説明していただきました。先生は生活力・生きる力をどう培うか、技術・家庭科でどのように学び、何を教え、伝えるのかを重視します。また、実際の家庭生活や社会生活において必要なものが、どのように進化してきたのか、その成り立ちや新しい技術について自ら考え探求することで、社会に出て必要な力が身につくことにつながると言います。実物の教材を使い、説明してくれました。先生が楽しく、好きなことをやり、好きなことを実験することで、子どもとともに学ぶ「楽しさ」につながることが実感できる報告でした。

植林恭明報告（私学・東京・小）「職人さんから学ぶ――本格的なものづくりとの出会いから生まれるもの」は、地域と学校が連携し、児童が「人との出会い」から学ぶことの楽しさを知った授業実践のレポートです。生活の中の道具をテーマに、職人さんと連携しながら10年近く続けていた特別授業が、行政からの補助金の削減で継続が途絶えたが、保護者からの強い要望と地域の協力により再実現することになります。6年生の子どもたちが夢中になりそうな「木工ろくろ」

を体験させ、「職人から学ぶ～陶器づくり～」の企画から人間関係が育まれる「出会いのすばらしさ」が伝わる活動報告でした。植林先生は、職人さんに触れることを重視し、数年がかりで教材化した経過を報告するとともに、手回しロクロで小皿を削り取り、柿渋で塗り上げた実践の説明をします。つくりたい気持ちが高まり、休み時間にもつくり、感想には楽しい学びであったことが卒業生の感想にもつづられていました。あらためて授業や教材の工夫による「学びの深まり」や子どもとともに学ぶことの「楽しさ」について、実感できるレポートでした。報告後には、植林先生が持参した「ろくろ」を使った実演をおこない、参加者も実際に「ろくろ」を回す作業を体験するなど参加者も楽しんだ報告でした。

（阿部英之助）

2 楽しみに導く「学びの深まり」

赤木俊雄報告（大阪・中）の報告は3年前の報告の続編で、当時報告しきれなかったところを中心にした、退職前3年間の報告でした。大阪でパイナップルを育てる実践で、F君という不登校の子どもといっしょに悩み、学び、失敗をくり返しながら栽培実習する中で「学ぶ楽しさ」を共有していき、不登校であったF君の行動変化を生み出していました。大阪でのパイナップル栽培という誰もやったことのない実践では失敗がつきものであることをプラスにとらえ、くり返し挑戦していく赤木先生の姿は喜びに満ちていました。苗の準備ではスーパーの協力、挿し木から収穫までは沖縄の生産者、岡山の研究者、農業指導員との交流から学びながら、F君に代表される子どもたちの一生懸命に世話をしてる姿に励まされながら、大阪での栽培方法の技術的確立に進んでいます。赤木先生の「学びに真摯な姿勢」はF君の態度変化を生み、3年生に進級したときは自然に教室には入れるようになるまで成長させていました。誰もやったことがない大阪でのパイナップル生産への挑戦が、「自分も挑戦してみよう」と、F君を大きく成長させたと考えられます。一般的に不登校の子どもが失うものは「学力」「体力」「友だち」と言われていますが、パイナップル栽培という未知の世界を自ら切り開く中で、新しい知識・学力、相談し合う仲間、労働から得られる体力と、3つとも獲得していくことが容易に想像できる報告でした。

新村彰英報告（東京・中）「自律的な問題解決に向けて——都専門部の実践研究から見えたもの」は、課題発見・課題解決に向けて、物づくりの中でより効率の高いモーターカーづくりにとりくむ実践でした。最終的には、子ども自身がより効率の高いモーターカーとはどんなモーターカーなのかを考え、物づくりに生かせるようにとりくませています。最初に「テック未来」の教材特徴の紹介があり、続いて5つの評価要素（スピード、パワー、移動空間、車重、信頼性）と、5段階による評価方法を子どもに示し、実践をスタートさせていました。とりくみを進める中で子どもが新たな評価要素をつくり出し、構想する必要性に気づいたとも報告されています。

　一方、報告自体の「課題発見・課題解決」に対する評価軸を再考する必要性にも触れており、課題解決力の4つの要素（価値、見通し、好奇心、環境）を評価基準としてスタートした報告ですが、より多種の評価基準や、今までとりくんできた授業の中に多種多様な要素があることに気づいたとしています。

　楽しみに導く「学びの深まり」の2つの報告から、指導者が新しい課題にとりくむことを喜びとし「学び」を深めていくことが、子どもたちの課題にとりくむ勇気を支え、「学びの深まり」に向かって努力する一人ひとりの姿勢を支え、一人ひとりのとりくみが「気づき、相談、協力」を生み、学級全体に深まっていくことが報告されました。

　文科省学習指導要領では、「生きる力」を育むという目標に向かって、「主体的、対話的で深い学び」の視点から「どのように学ぶか」も授業方法改善として規定しています。教師が善意から、あるいは子どもの自立という本来的な目標から「主体的な子ども」を育てたとしても、指導要領の命令がある限り主体的ではなく、「文科省の言うとおり」の子どもが育つという矛盾に文科省が気づいていないとすると滑稽です。真に主体的な子どもを育てるには、主体的に教育できる教師から学ぶことが必要になります。真に対話的な子どもを育てるなら、対話的な教師から学び取ることが必要になります。子どもたちからまた教師からそのチャンスを奪い取っているのが新学習指導要領であり、今問題となっている全国に広がる教員のブラック化や教師不足を生んでいるのも文科省の10年ごとにころころ変わる学習指導要領や方針です。

2つの報告から主体的、対話的に学んでいる子どもの姿が見えるのは、文科省学習指導要領があったからではありません。教師が主体的・対話的に学びを楽しんでいる姿を見せることから、子どもたちは学び、自ら行動し、仲間と協力し合う成長を遂げたのです。文科相もそろそろ「評価法」「教育手法」「教育内容」など教師の専権項目に関する口出しをやめ、現場の声を聞き、対話することを主体的におこなって、現場を支える教育行政に戻ってほしいと思います。

（内田庚彦）

3 全体報告

全体報告では、レポート報告と議論を受けて、その中から3つの課題に絞って討論をしました。①技術科の教員養成及び採用の現状（免許外もふくめた配置の問題など）、②子どもに寄り添う授業とわかりやすい授業づくり、③小・中・高を通した普通教育としての技術教育の意義と楽しさや深い学びを引きだす技術・職業教育の教育内容、の3点について討論しました。

①では、共同研究者から免許外担任について、高知県土佐町の事例が紹介されました。土佐町では、中学校美術科と技術・家庭科の技能教科において、免許のない教員が指導する「免許外教科担任」が常態化しているとして、土佐町議会は2021年3月に、県と県教委に解消を求める意見書を提出して採択されました。このことについて、高知の小林先生から補足説明をしていただきました。また、技術科の教員養成の先細りと技術科を志望する学生が少なく、むしろ工業科の教員志望が多いなど、より技術科教育の魅力を伝えていくことの大切さについてあらためて参加者と共有しました。

②子どもに寄り添う授業とわかりやすい授業づくりでは、子どもたちに寄り添う授業＝わかりやすい授業であり、先生方がやりやすい授業について討論をおこないました。また、共同研究者からは、ユニバーサルデザインの授業の紹介があり、そこでの視点からわかりやすい授業につながることの紹介がされました。

③小・中・高を通した普通教育としての技術教育の意義と楽しさや深い学びを引きだす技術・職業教育の教育では、3年ぶり対面での分科会をおこない先生が教材を持ち寄り、実践していただいたことで、あらためて技術教育の意義と楽し

さや深い学びを引きだす技術・職業教育の魅力を実感できた点です。実際に見て、さわって、やってみる、そしてほんものの教材をみることの大切さを、あらためて参加者一同実感することができました。

また2023年度の分科会には、教材実践のコーナーや教材を持ち寄って検討・相談などのコーナーなどを設けていくこととしました。技術科教育の魅力を広く伝えていくことを参加メンバーと確認し、より魅力ある分科会へつなげていきたいと思います。

〔阿部英之助〕

【レポート一覧】

① 東　京　新村彰英　中学校
●自律的な問題解決に向けて——都専門部の実践研究から見えたもの

② 京　都　山元幸一　中学校
●実際に見たり、体験したり、生活と関連づけた技術の授業——生活力・生きる力をどう培うか

③ 大　阪　赤木俊雄　市民
●大阪でも出来るパイナップル栽培

④ 高　知　小林郁生　中学校
●免許外教科の「技術」をいかに楽しく教えるか

⑤ 私学(東京)　植林恭明　小学校
●職人さんから学ぶ——本格的なものづくりとの出会いから生まれるもの

分科会報告

10

家庭科教育

大矢　英世

1　はじめに

２０２２年度のレポートは、出版労連１本、小学校１本、中学校２本、高校２本の６本でした。初めてのハイブリッド開催で、ネットでのつながりにトラブルを抱えながらも、参加者全員の自己紹介から始めました。分科会のテーマは、２０２１年に引き続き「子どもの現実に寄り添い、社会の課題に切り込んだ家庭科の実践をつくっていこう」としました。それぞれのレポートをもとに充実した討論がおこなわれました。

2　基調報告

分科会の討論を進める指針として、共同研究者から基調報告をおこないました。まず、教育の現状と家庭科教育の課題、大学の現状について話しました。国立大学教育学部の教員養成課程は小学校が中心となっており、中等教員養成課程の技術・家庭は閉鎖の対象となりやすいです。一方、私立大学では、人気のない家政学部は次々に学部の名称や教育内容も変更されてきています。そのような背景のもと、家庭科教員をめざす若者の数も減少傾向が見られます。

また、子どもたちは、常にマスク着用とディスタンス、黙食が求められる生活が長く続き、心と体にストレスがかかった状態にあります。そのような中でＧＩＧＡスクール構想「教育のＩＣＴ化」の進展が加速し、家庭科の授業においてＩＣＴ活用とどのように向き合っていったらよいのか検討していくことも必要になってきています。

強められる管理体制の中で、根本の教員不足を改善しなければ、教員の勤務時間延長を制限しても、教員の多忙化の改善にはつながらず、教材研究にかけられる時間は減るばかりです。

このような背景をうけ、6本のレポート報告と絡ませて3つの討論の柱を設定しました。

討論の柱1は、「家庭科における教材としての教科書およびＩＣＴの活用について」です。ここでは、授業における教科書のあり方について話し合い、ＩＣＴの活用についても考えていきます。

討論の柱2は、「衣生活についてどのような学びをつくっていくのか」です。今回2本のレポートが、被服製作の実践を取り上げています。少ない時間数の中で衣生活のさまざまな学びとどのように結びつけながら実習を組み入れていくのか考えていきます。

討論の柱3は、「主権者としての生活者を育てる家庭科の学び」です。18歳成年および18歳選挙権の実現により、近年主権者教育が強調されています。そのような中で家庭科ならではの主権者教育とは、どのような学びをつくっていくことなのか実践を通して考えていきます。

衣の学習を例に挙げると、小学校では最も基本となる玉結び、玉留め、並縫い、本返し縫い、かがり縫い、ボタンつけ等を学びます。しかし、中学校でも生徒の多くができないので、最初から基礎縫いを教えることがほとんどです。さらに、高校でも生徒はできないことが多く、また最初から基礎縫いを教えなければならない状況も生まれています。場合によっては、なんとなく縫えていればＯＫとして、作品を完成させることだけが目的となってしまいます。縫い方のコツや理論、「なぜそのように縫うのか」が掴めないまま作品づくりをしていると、すぐに縫い方を忘れてしまうのではないでしょうか。手がかりとなる小学校の教科書には、名前の縫い取りとして、一辺一針での縫い方の説明がされているものがあります。しかし、これには疑問が残ります。縫い目が大きくなる傾向が見られ、またカーブがあれば一針で縫うことは不可能です。実用面から考えても、縫い目が大きくなれば、引っかかりやすくなり、洗濯には不向きなものになってしまいます。教科書通りに授業を進めるわけではありませんが、小学校の教科書では児童が見ても、「なぜそうするのか」を理解でき、実際に日常生活でもそのまま使える方法をきちんと掲載してほしいです。

　ところで、先日、中学校の家庭科教員をしている卒業生は、授業研修会で指導主事からは「学習指導要領解説をていねいに読み込んで、教科書の隅から隅まで漏れがないようにしっかり確認しながら教えてください」という話を聞いたそうです。もしそうであれば尚更、教科書が子どもの生活認識に沿っているか点検されなくてはなりません。

　気候正義を訴える“Fridays For Future”の運動は世界中に広がり、いまや日本の若者たちにも大きな影響を与えています。各地で若者たちが社会に対し声をあげ、しなやかに社会参加する姿が見られるようになりました。時代に取り残される家庭科教員にはならないように注意したいものです。制服を変えたいと生徒自らが交渉し、デザイン考案にもかかわるといった制服リニューアルにむけた生徒たちの活動も多数見られるようになりました。さらに校則の見直しにむけた生徒たちの活動など、若い世代で自分たちの願いを行動につなげる民主主義が広がっています。

　児童・生徒の願いや思いに寄り添い、憲法・児童憲章・子どもの権利条約に則った子どもたちの権利と学びを保障する家庭科の授業づくりについて、みんなで検討していきましょう。

3　討論

①家庭科における教材としての教科書およびＩＣＴの活用について

　廣瀬剛士報告（出版労連）「この1年、教科書に何が起こったか、私たちはそれにどうとりくんできたか」は、歴史教科書の記述変更強要問題、教科書価格問題、デジタル教科書をめぐる動向についてです。参加者からは、教科書を切り口に活発な意見や質問が出されました。特に教科書の価格が抑えられており、その中でも小学校教科書は5～6年合本の約150ページカラー版で288円と最も安く、「この教科書問題は、大きな流れで教育をどういう方向に持っていこうとしているのかということと密接にかかわっている」こと、そして「教科書は、良いものをつくっていくように努力することは大切だけれど、バイブルでも、正しいものでもなく、検定教科書なので限界があります。教科書依存になり過ぎないで授業をつくっていくことが大切なのでは」という考えにはみな納得しました。また、「もっと高校教員が教科書を検討する時間を保障する必要があるし、義務教育学校では、実際に使用する教員が選ぶシステムに変えていくべき」という意見も出されました。さらに、「高校家庭科の金融教育について、文科省からどんな指導が教科書会社にはあったのか」の質問に対しては、「日本証券協会の人が資料を教科書会社に持ち込んでくるようになり、自分たちがこのことを牽引してきたと話していた」そうです。「地域によっては教育行政として、資産形成に対して積極的な教科書を採択するように、という姿勢を出してくるところもあるのが現状だ」とのことでした。今後も注意深く動向を見守る必要があります。

太田美由紀報告（京都・私学・小）「小学校から高校家庭科へ——度重ねていく学び・つなぐ学び」の中に、6年生の3学期にロイロノートという支援アプリを活用した電子新聞づくりについての実践の紹介がありました。図書館の本を参考に記事をつくり、新聞にまとめ、テーマ別に集まり、そのグループ内での発表、さらにその中から代表者を選んで、全員の前で発表するという流れです。報告では、児童の新聞作品も紹介され、その文章量の多さときれいな仕上がりにみな感心しました。新聞には、「現状・問題点」「それに対して日本や世界がとりくんでいること」「自分たちができること」「調べた感想」を入れることを指示しました。その一方で、児童同士の意見交流によって深まる学びもあります。プレゼンを重視するのであれば、新聞よりも、写真やグラフなどの資料を示す方が発表を聴く側の児童に内容が伝わりやすいように思います。児童にとって、紙媒体、電子媒体をふくめ、授業の流れや学びの道筋によりその都度、適切な方法を模索していくことが重要なのではないでしょうか。

さらに、辻聖佳報告（大阪・私学・高）「ジェンダー観について考える授業の取り組み」においても、ワークシートの記述についてグーグルフォームで集計して生徒にフィードバックするという実践報告がありました。

②衣生活についてどのような学びをつくっていくのか

太田美由紀報告（京都・私学・小）「小学校から高校家庭科へ——度重ねていく学び・つなぐ学び」では、「ソーイングはじめの一歩」の授業で使用する市販の基礎縫い練習布とフエルトキットの魚のネームプレートが使いやすい教材として紹介されました。基礎縫い練習布で習得した縫い方が自由に使え、苦手な児童でも魚の形にすでに切ってあるので非常に形の整った状態に仕上がります。しかし、名前の縫い取りの一辺の長さには注意が必要です。長い場合、実際に使用する中で、引っかかってしまいかねないからです。製作は作品を完成させればよいのではなく、どの縫い方を使用すれば、きれいに丈夫に使い勝手良く、長く使うことができるように縫い付けられるのか、布の性質やつけ方等の条件で考え、「なぜその縫い方をするのか」を小学生の時から考えさせること

は、縫い方の基礎をきちんと理解するうえでとても大切なのではないでしょうか。市販教材への考え方も、意見が分かれるところです。5年2学期には、身にまとう物としてミシンを用いたエプロン製作、6年2学期には、袋の製作にとりくみ、涼しく快適に過ごす着方と手入れの学習を、6年生の1学期に実施しています。涼しい着方や衣服の選び方について、導入で「制服は暑い！」の女子の声をヒントに制服を取り入れています。女子からは「スカートのひだの部分が暑くてたまらない」「なぜ女子は短パンを選べないのか」の声が挙がりますが、この先は小学校では触れずにいるとのことでした。参加者からは、子どもたちが制服について声を上げたときに、その先を考えさせる授業をぜひ組んでもらえたらという意見が出されました。また身にまとう物としての製作をさせるのであれば、体との関係をどこかで確認する学習を入れると良いのではという意見も出されました。

　北又寿美報告（和歌山・中）「何を作るかから考えるミシンでの製作　条件はたたんで縫うだけ」では、1枚の布をたたんで縫い、ひっくり返すだけで立体が構成できるというアイデアによる実習の報告でした。たたんで作品をつくるというアイデアはおもしろく、2か所縫うだけで、ひっくり返すと、ポケットが1つだったり2つだったりになり、幅が狭ければブックカバーで、深いポケットにすればマスクケースがつくれるというアイデアはすばらしいという感想も多数出されました。参加者からは製作以外の衣の学習内容についての質問がありましたが、洗濯表示の読み方についてのみの説明でした。「表示の読み方やつくり方の学習だけでなく、どのような衣生活を送る主権者を育てるのかという観点も大切にして他の衣生活の学習もしっかりと位置づけていくことが重要なのではないか」という意見も複数出されました。また、太田報告と北又報告に対し、人間が服を着ることについても自然科学的要素と社会科学的要素からも考えていく学習と合わせて製作にとりくんでいかないと、衣生活の学習が浅くなってしまうのではという指摘もありました。

③主権者としての生活者を育てる家庭科の学び

辻聖佳報告（大阪・私学・高）「ジェンダー観について考える授業の取り組み」は、家庭基礎の家族分野のジェンダー学習についてです。自分の中にあるジェンダー観に気づき、固定的な役割分担に捕らわれない視点を育てることをめざしています。5人の戦隊ヒーローのイラストのプリントを配り、キャラクターを設定し、色を塗ってタイトルを考えるという活動にとりくませました。その後、グループで共有させた後回収し、グーグルフォームで全員の回答を入力して配布します。この方法だと誰が書いた内容かが特定されないという利点もあります。全体で8時間の家族の学習後にふり返りを記述させて終わります。

参加者からは、日常的な中でのジェンダーにかかわる言動や行動などを生活から見つけ、それをもとに授業をつくっていくことも大切なのではないかという意見が出されました。たとえば、制服はジェンダー問題の切り口になるし、ジェンダー平等については、今までの概念にとらわれない新しい生き方ととらえて大胆に授業を創り上げていくことが大切だとの指摘がありました。また、これからを展望できるロールモデルの存在も意味があるのではないかという意見が複数出されました。

永井智子報告（埼玉・高）「アイデンティティを考える」は、学期ごとに大きなテーマを設け、それに関連する内容を学習するという年間計画で、1学期は青年期の自立を中心に「働くこと」を、2学期は食分野を中心に「ライフステージ」を、3学期は衣・住・消費分野を中心に「自率に向けて」をテーマに学びます。発表は、2学期の「アイデンティティを考える」という授業です。まず、出口真紀子著『多様性と対話』（青弓社）の一部を読んで、生徒に書かせた感想は①発展させて社会の問題として捉える、②特権が自分にあることを知り、自分にできることを考えようとする、③何もないと思っていた自分に特権があり、そのことに感謝したり、特権を使っていきたいと考える、④自分は特権を受けていないと否定、問題を自分事と捉えずに回避、少数派にも特権があるような抵抗を示す、の4つに分類されました。授業では、特権ワーク「一歩前に進め」を実施、列ごとに同じ一人の対象者を担当し、代表者が一人、列の一番後ろに並ぶ。7つの質問を読み上げ、最後の「私はスなら前に一歩出る。質問内容にイエ

夜道を歩くのに不安はない」でイエスなら一歩前に出、ノーならそのままとどまりその場所から前に用意したかごにボールを投げる。生徒のワーク後の感想には、生まれた環境で差がつくことが不条理、人物像を想像するのが難しかった。特権を無駄にしないように生活するなどが見られた。最後の生徒の感想には、相手を理解するのが大切。マジョリティ中心の社会構造であることを忘れないようにしたいなどが見られた。参加者からは、特権ということに目を向けて授業をしてみようと思われたのはどのようなことからかという質問があり、「前に、ジェンダーについて最初は扱っていたのですが、性は属性でしかないので単独で扱うべきではないと考えるようになり、一方で社会の中にある、ジェンダー意識や無意識の偏見（アンコンシャスバイアス）と向き合うまでには至っていないと考え、特権について扱ってみようと思いました」。「このような授業をやって、生徒は授業を受けて親ガチャというような話は出なかったのか」の質問には、「一年間を通してやってきたことでこれまで生きてきた彼らとこれから生きていこうとする彼らと、待ち受けている社会がどういうふうになっているのかなっていうちがう視点を見たいという気持ちで授業しています」と答えました。参加者は、ジェンダーの分科会で話していることと今の議論が重なっていました。ジェンダーや性の問題が自分事とならない授業はずいぶんあるけれど、自分事と社会の現実とか社会の仕組みがつながらないということをどうするかっていうことをジェンダーの分科会でも話し合っていました。説明を聞いて属性から入っているので、とても挑戦的な実践だと評価します。問題はこの授業の特権というものをどう認識していくのかっていうことにあると思います。

東京都教職員組合報告（中）「コロナ禍の子どもの声を聞こうとする授業」では、2年生と3年生のコロナ禍で子どもの声を聞こうとしたとりくみです。2年生の住まいの学習では、教室の中の大きさを巻き尺で2～3人のグループで教室の広さ、机・椅子の大きさと自分の体の大きさの関係（自分が中に入ったときどのくらいの大きさが必要なのか）、コロナのディスタンスとしての前後の席、隣の席、斜めの席との距離も測りました。生徒は、実際に東京都の規準を満たしていないことに気づき、感じたことをストレートに文章にしていました。

次に3年生は幼児の成長発達と家族の題材で、普段の幼児のふれあい体験ができないので、その4時間分を絵本の読み聞かせや遊び、動画視聴による幼児の間接的観察にあてました。「子どもが育つ環境について考えよう」（3時間）の夏休み直前の授業では新聞記事を読んで考えます。新聞記事は、2014年厚木市の3歳児理玖くんの遺棄事件に関する「朝日新聞」の記事です。この記事を選んだのは、子どもの発達が読み取りやすく書いてあるし、間取り図もあって住居の学習の復習にもなると思ったからです。亡くなった男児の命を救うためには何が必要だったかを考えました。それをもとに夏休みの課題としてこのような事件が起きないように調べ学習「子どもが育つ環境について調べよう」のレポートを夏休みの課題とし、テーマを分担します。レポートは本や雑誌やインターネットだけではなく、人からの意見を集めることも大切と説明しています。そしてその問題点や課題を自分なりに発見してどうすれば解決できると思うのか考えてそれを必ずレポートに入れることを課しました。夏休み明けに資料室にレポートを提出してもらって40人分を印刷しておきます。授業でそれを冊子に閉じて持ち帰らせ、最低4枚（できたら6枚）読んで、良いと思う点を抜き書きしておきます。そのまとめのプリントに、学級の皆のレポートを読んでみて、他の人と話し合ってみたいと思う問題点とその理由を書きます。話し合ってみたい希望のレポートを1つに絞り話し合い、班員の意見をメモします。各班からどのような意見が出されたのかを発表する。最後にそれを聞いて、気づいたこと、分かったことをまとめます。

「子どもの声を聞こうとする授業というところに、子どもをすごく大切にする思いが表現されているし、本当に子どもの声がたくさん出ていて深めていける。この姿勢が素晴らしいと思いました」「子どもたちの声があふれていて、本当に魅力的なレポートをありがとうございました。子どもたちからの声を拾うというのは難しくそれから文字を起こしてまとめるというのは忙しい学校現場にいて、本当にたいへんだったと思います。すばらしさに感動しています」等、参加者からは実践への感動の声が多く挙がりました。

4 分科会のまとめ

最後に、共同研究者から、2日間の分科会の総括について、討論の柱に沿って、部分的に実践を紹介しながら提案をしました。

出版労連の廣瀬報告からは教科書や学習アプリの動向、京都・私学の太田報告（小）からは、ロイロノートを使用した電子新聞、大阪・私学の辻実践報告（高）からは、グーグルフォームを活用したワークシートの集計が紹介されました。教材として活用する場合、子どもたちの学びにどう作用するのか、最も適する活用となっているか等、今後も教育に有効なＩＣＴの活用について検討してきたいと思います。

京都・私学の太田報告（小）、和歌山の北又報告（中）は、製作が中心でしたが、繊維から糸へ、糸から布へ、布から衣服へ、と学びを広げ、なぜ着るのか、なぜ縫うのかをきちんと押さえ、さらには環境問題、人権問題の絡む社会背景をふくめた衣を総合的に捉える衣生活学習への提案がありました。教材のあり方もふくめ、今後も検討していくことが重要です。

大阪・私学の辻報告（高）については、生徒たちが生活のどの場面でどう感じ深めたいと思ったのかという掘り下げがあると、学ぶことの意味が分かってくるのではないでしょうか。埼玉の永井報告（高）では、単元ごとに切り離さない年間計画の新鮮さがあり、また自分事と社会をつなぐことの大切さを確認しました。東京都教職員組合報告（中）は、子ども声を聞こうとするとする姿勢に心打たれました。生徒がいきいきと自分の言葉で表現されていて、参加者に共感が広がりました。

２０２２年度の分科会で得られたものを大切にし、今後の授業研究でさらに深めていきましょう。


【レポート一覧】

①埼　玉　永井智子　高校
●アイデンティティを考える
②東　京　東京都教職員組合　中学校
●コロナ禍の子どもの声を聞こうとする授業
③京　都　太田美由紀　小学校（私学）
●小学校から高校家庭科へ――度重ねていく学び・つなぐ学び
④大　阪　辻　聖佳　高校（私学）
●ジェンダー観について考える授業の取り組み
⑤和歌山　北又寿美　中学校
●何を作るかから考えるミシンでの製作　条件はたたんで縫うだけ
⑥全　国　廣瀬剛士　出版労連
●この1年、教科書に何が起こったか、私たちはそれにどうとりくんできたか

分科会報告

11 体育・健康・食教育

石田　智巳
金井多恵子
鎌田　克信
中村　好子
森　　敏生

1 開会全体会

(1) 共同研究者からの「討論の投げかけ」

対面とオンライン併用で全体会が開会され、まず、体育・健康・食教育をめぐる情勢と課題について共同研究者から「討論の投げかけ」がありました。

石田智巳共同研究者（体育）は、教員をめぐる制度上の問題、部活動の地域移行問題について述べ、続いて体育の問題として水泳の民間委託問題を取り上げ、プールの老朽化などを理由に民間委託論議が広がりつつあることを紹介しました。この問題は部活動の地域移行とも関連し、「GIGAスクール構想」に象徴される公教育の民間移譲という危険を孕んでいると指摘しました。これに対して、体育という教科の目的や内容の価値、体育で子どもが身につける力の意味を見直し、すぐれた体育実践の値打ちを再確認していこうと、討論の投げかけをしました。

続いて森敏生共同研究者（体育）は、運動部活動の地域移行の「改革の方向性」の特徴と政策の進め方の問題について補足発言をしました。地域移行問題は、経産省の地域スポーツのサービス産業化の目論見も絡んでいます。子どものスポーツ・文化活動の教育的な意義と位置づけの明確化、子どもの諸権利の公的保障、当事者間の協議と合意形成を大切にしようと投げかけました。

鎌田克信共同研究者（健康教育）は、情勢について、身近なところでは「給食費の値上げ」が社会問題化し、世界情勢では戦争、紛争、内戦等により健康、成長・発達、生存が脅かされて、未来が奪われている子どもたちが多数いるとして、目の前の子どもたちの主権者としての未来につながる実践を創造し、共有・発展させる分科会にしていきたいと述べました。

国連子どもの権利委員会の勧告が問題視する「学校を含む社会が子どもを追い込んでいる」現状が、コロナ禍の学校で浮き彫りになっています。それに対して、子どもたちの声にならない声にていねいに耳を傾けてとりくんだ実践を手がかりに、健康と命、身体そして食の大切さとすばらしさを学び合うことの意義を深めていこうと投げかけました。

金井多恵子共同研究者（食教育）は、子どもの食をめぐる状況について、食料自給率の低下、物価高騰の給食への影響、コロナ禍での給食時間の制約、貧困の中の学校給食の役割と「子ども食堂」のとりくみなどの観点から明らかにしました。次に、食育基本法や食育推進基本計画、学校給食法の改正、食物アレルギー対応指針などの法制度の整備状況を確認しました。そして教育の課題として「食」を捉え、発達保障としての給食づくりや、食の自立に向けて食教育の充実を図る実践課題を提起しました。最後に、親や地域・生産者、教職員が連携して問題点を明確にし、栄養職員・教諭の配置の課題、学校給食の無償化の課題などの諸課題を実現できる連帯の輪を広げていく必要があると訴え、実践の実態や問題点や課題を出し合って考え合おうと投げかけをしました。

（2）全体会でのレポート報告と討論

「討論の投げかけ」に続く午前の全体会では、京都の内田智恵さん（中）の報告がありました（健康教育小分科会報告を参照）。午後の全体会では、関忠和報告（大阪・市民）「子ども食堂から見えた学校と子ども、親の姿が問いかけていること」はオンラインで報告されました。生活保護や就学援助家庭が多い地域の実践で、貧困と向かい合う子どもと家庭の姿が赤裸々に語られました。子ども食堂は、退職後も同じ学校に家庭科専科として勤務していることを活かして家庭科室を拠点に、地域住民、社協の関係者、学校の教員ボランティア、退職教員などの協力により運営されています。ニュースやＬＩＮＥによる情報発信、マーケット開催、困窮家庭への食品の個別配送、お楽しみイベントの開催など多彩なとりくみをしています。子ども食堂という居場所に、困難を抱えた子どもたちもスタッフとして参加、地元の協賛企業も加わり、さまざまな地域のネットワークと支援の輪が広がって、学び合い育ち合い支え合う関係が生まれています。子ども食堂のとりくみから見えてくる学校教育にのぞむことは、安心でき肯定される場、貧困家庭に寄り添う、温かい集団といった、学校の原点でもある福祉的な役割だったことが印象的でした。

〔森　敏生〕

2 体育小分科会の報告

(1) 体育でおこなう探究とは

伊藤大介報告（京都・中）「バスケのもつ面白さをどう教えるか」は、中学校2年生のバスケットボールの実践でした。大切にしたいこととして、①自分たちのバスケットボールを創ること、②空間を創り出すこと、③学び合いを創ることをあげました。同時に、バスケットボールの歴史の指導もおこないました。プレー面では、14時間のうち1～5時間目は、シュートやパスなどに時間をとり、6～10時間目までは2人のコンビネーションを中心とした攻防、3人対3人のハーフコートゲーム、そして残りの時間で4対4のオールコートでのゲームをおこないました。

討議では、3年間のバスケのカリキュラムをどう考えるのか、さらに、2年生のバスケでの「出口」の姿（到達目標）について議論がなされました。とりわけ、単元の組み立てに関して、ゲームを中心として、そこでどんな問題が起こるのか、それをグループで解決していくことの大切さが論議されました。このことが、②の空間を創るために、③ゲームの事実をもとに学び合いをおこない問題解決につなげること、それを経て①の自分たちのバスケットボールを創ることにつながるのではないかという仮説が出されました。これを受けて、2023年も実践報告をおこなう決意が表明されました。

(2) 体育を取り巻く情勢についての議論

全体会での討論の投げかけを踏まえ、さらに情勢の議論を深めました。

①水泳授業の民間委託の問題

コロナ禍で水泳の授業ができなかったことも関係し、プールの維持管理にかかる費用と労力から、水泳の授業を民間に委託する動きが広がっています。しかし、水泳の授業では、教師が泳げるようにするだけではなく、子どもたちがみんなでうまくなる授業や、日本泳法、シンクロ、水球などの実践も報告され、水泳の歴史を教える実践も見られます。また、民間の水泳施設も閉鎖される現状もあり、地域格差も予想されることから、安易に民営化をさせるべきではないという議論になりました。この問題には、そもそも学校体育の役割は何か？　という根源的な問いが潜在しており、それに実践で応える必要があります。

②部活動の地域移行問題

部活動の地域移行は教師の負担軽減を理由にするものの予算措置はないという問題があります。部活動をやりたい教師、やりたくない教師、自分の専門ではない部活の顧問をする教師、全員顧問、全員部活動など、さまざまな実態があります。地域移行に伴う、地域と学校の連携問題やこれまでの部活動の教育的意味が失われる恐れなどが指摘されています。「学校でやらなければならない部活指導は?」という問いにいかに答えるのか。その際、時間外労働をしないという観点と、競技成績のみを指向しないということが重要になると確認されました。とりわけ、自治活動という側面から、子どもの要求を大切にしつつ、子どもたち主体の活動を組織することが大切になることが話し合われました。

〔石田智巳〕

3 健康教育小分科会の報告

(1) 地域に根ざした食教育・健康教育の充実を

全体会では、内田智恵報告(京都・中)「栄養教諭不在校の給食・食育について考えたこと」が前任の小学校での実践として報告されました。「子どもたちが、地域を愛し、給食を愛し、食べることを大切にできる人に育ってほしい」との願いをもち、栄養教諭とともにとりくんだ給食は、子どもたちに生産者の顔が見え、調理員や栄養教諭には子どもたちの反応がそれぞれのことばでダイレクトに伝えられたり、子どもの実態に合わせた献立や調理の工夫を相談できたりと、お互いのつながり・関係性を大事にしながら進められていました。

赴任3年後に栄養教諭が引き上げとなってしまいますが、それまでの実践を引き継ぎたいと、関係者と連携しながら実践を継続しました。子ども自身が「へしこ」を漬け、それを使った新メニューを考え、つくるという体験と学習は、地域の食文化の伝承につながっています。

現在は町内の中学校に異動となり、多くの校務分掌をもちながらも時間を生み出し、食育をおこなっています。そのような中でも、「1校に1名の栄養教諭を求める署名」にとりくんだり、これまで在校時間の記録をしていなかった休日も記録をしたりして、「『豊かな食教育の充実と子どもの未来のために栄養教諭を配置しよう』と主張できる材料にしたい」と話しました。

討論では、「養護教諭の報告であることに驚いた」という

発言があり、各地域から「食育が重要と言いながら軽んじられている」実態が出されました。「全国の配置状況は平均40%で、その配置のないところには必要性がわからず、配置要求につながらない」「栄養教諭の未配置が他の職員の負担になるならば、分断につながる」という指摘もありました。

長年にわたって「地域に根ざした性教育・健康教育」を進めてきた歴史のある地域で、「子どもの願いを実現できる学校給食」をめざし、栄養教諭と養護教諭、教職員全体がつながり合ってこその実践の良さを広げ、「学校に栄養教諭が必要」「いることが当たり前」にしていきたいと確認されました。

(2) コロナ禍でつながるために

岩間さやか報告（長野・高）「新型コロナウイルス感染症の対応・実践の情報共有に関する調査研究について」はオンラインで報告されました。コロナ禍の情勢が刻々と変化する中で、実態をタイムリーにとらえ、養護教諭同士が実践を共有し合うことが重要と考え、各校の対応・実践・事例等具体的な中身をWebで共有し、各校のとりくみに活かしていきました。情報共有の利点として、「不安が解消された」「自分では気づかない視点を知れた」「安全に行事を進めるうえで参考になった」などの回答があり、「仲間での情報共有やつながりが、コロナ禍で業務する養護教諭の実践力の向上や安心感に有効であり、精神的な支えとなり得た」と考察しています。

現状では職場にコロナ対策委員会などのチームが組まれて

いるところは少なく責任の所在があいまいなこともあり、養護教諭が孤立してしまわないよう学校体制で進めるとともに、人的配置などの運動につなげることが必要だとの指摘がありました。

若杉雅代報告（私学・大阪・高）「コロナ禍でつながる——養護教諭の仕事を問い続けて」では、学校再開後さまざまな身体症状を訴えて来室する多くの生徒の様子から、「本当は話が聞いてほしいのではないか」と考え、生徒の不安や生活背景をていねいに聴き取っています。全国私教連養護教職員連絡会のアンケート調査からも「気になる生徒・家庭は増加する一方で、一人ひとりに対応する時間や場所の確保、教職員間の情報共有の時間確保も難しく、マンパワー不足を感じる」「新型コロナ対策と日常の執務のバランス・両立が非常に困難」「とにかく多忙」「虐待案件が増加」など困難な状況が明らかになっています。

若杉さんは、「ことばの力が育っていないために、自分の気持ちやしんどさを表現できず、いきなり身体症状や不登校として表している」「コロナ禍が弱い立場の人により強くのしかかり、脆弱な部分が浮き彫りになってしまっている」と捉えており、子どもたちの成長・発達を保障することの難しさが語られました。

私立学校では、養護教諭の専門性、教育職であること、学校全体で学校保健にとりくむ必要性への理解がない場合が多く、その中で若杉さんは、養護教諭の役割や重要性を幅広く知らせ、つながりをつくりながら、私学における配置改善にとりくんでいます。ただ、近年は養護教諭にも管理的な人が増える傾向にあり、「子どもの実態から出発する」という原点を大切にして養護教諭の視点を育てるとともに、養護教諭同士が不安や悩みを共有し、つながり合って学んでいくことの大切さを再認識しました。

（3）すべての子どもが生き生きと学校生活を送るために

東京都教職員組合報告（小）「多様な性について——全ての子どもが生き生きと学校生活を送るために」では、性同一性障がいの子どもへの対応において、小中学校がそれぞれ抱える課題や指導の迷い・悩みが語られました。2人の報告者から、受け入れにあたっての学校の対応、環境整備など、保護者とていねいに話し合いを重ね、子どもたちが安心して生活できる学校をめざしてとりくみを進めた様子が伝わってきました。学校は、男女別名簿や制服・校則など、管理を優先させた「くくり」の多い世界で、多様性の観点からどう再考していくのか話し合いました。

「性のあり方はグラデーションで、同じ人はいない。悩んでいる子が困らないように対応することで、他の子も安心できる」「当事者がいるから……ではなく、〝いるかもしれない〟と考えることが必要」「受け止めることから始め、固定観念にとらわれない考え方にアップデートしていく」などの意見があり、子どもと保護者双方を支えるために、知ること・学び続けていくことが大切だと確認されました。

子どもの可能性を信じ、子どもの事実と向き合いながらかかわり続けていくこと、そのためには教職員が余裕をもって子どもにかかわれる組織づくりや養護教諭の複数配置、施設・設備を整えることが重要であると再認識しました。

（中村好子・鎌田克信）

4 食教育小分科会の報告

(1) 子どもの発達を踏まえた、きめ細かな食育の実践

中野道子報告（京都・小）「給食内容充実の実践と、教職員と連携した食の指導の取組」は、教職員で子どもの実態やその背景、子どもの発達と育ちの現状等を共有し、日常の給食を大切にして学校全体で進める食育の実践でした。摂食不安やさまざまな食の課題を抱える子どもたちに、不安や緊張を取り除く支援の方法も紹介されました。コロナ禍で、黙食が強いられる中でも子どもの心にひびく言葉で給食時間の放送をおこなうことで、ゆたかな食事感を育む可能性も示されました。また、給食内容の充実に向けた専門職としての学びと、給食調理員と連携協力した改善へのとりくみも大切にされていました。

討論の中では、高校の定時制から食において育ちそびれている生徒の実態が出され、保育現場からは乳幼児期からの発達を理解した連携が必要という意見も出され、幅広い年齢層での子どもの交流と発達を踏まえた食教育の重要性について討議できました。

（2）自然ゆたかな環境を生かし、五感で食を学ぶ保育教育

井上秀幸報告（東京・保育園）「日常の中の糠漬け――収穫から糠漬け屋さんまで」は、「ゆたかな心と丈夫な身体」を保育目標にかかげ、保育の柱に「食」を据えた食農教育をおこなっている私立の認可保育園栄養士のとりくみでした。園庭や畑には、果樹や野菜が実り四季の変化を日々感じ取れる環境になっています。糠漬けの実践は、あまった糠をきっかけに始まりました。野菜が苦手なクラスでは、「くさー！」と反応は良くなかったものの、園庭でできる旬の野菜を糠床に入れ、毎日手や鼻で糠漬けを感じて過ごす中で、積極的にかかわろうとする子、苦手な野菜にも挑戦し、おかわりする子も出てきました。収穫体験から調理・加工・みんなで美味しさを共感する中で、五感を通した人間的な育ちが実感できる実践でした。参加者からも、デジタル化した社会の中で、自然ゆたかな環境のもとで実際に体験をくぐることで、子どもの食への向き合い方が変わる。五感を使った日常生活は人を人として発達させる力がある、などの意見が出されました。

（3）教職員の理解と連携で積み上げられた給食の充実と食教育の実践

猪瀬里美報告（埼玉・小）「思いを伝え合うために――給食を作る様子の動画とおいしさが伝わる言葉」は、小学校での8年間の食教育の積み重ねと、コロナ禍での課題と工夫についてもまとめた実践でした。目の前の給食や豊富な食の情報を子どもたちに知らせるお便りに「おいしさが伝わる言葉」を書く欄を設けたことで、コロナ禍でのコミュニケーションの場がつくられ共感や学びの場が広がりました。タブレットが導入されたことで動画による給食指導や、その動画を検索できる仕組みづくりなど新たなとりくみの紹介もありました。発達段階に合わせた食の授業や、給食で使うグリンピースやそら豆の皮むき体験、6年生の給食レシピ作り等も他の教職員との連携で積み上げた食教育でした。4月から卒業生の通う中学校への異動になり、子どもたちの育ちを実感しながら新たな実践にワクワクしながらとりくむ姿勢に、小中の9年間を通した食教育の可能性への期待の意見が寄せられました。

（4）子どもの声を聴き、寄り添い育ちを見守ることで広がる食教育の力

内海まゆみ報告（高知・小）「子どもの声を聴くということ――栄養教諭生活13年を振り返って」では、13年間の在職期間に出会った子どもたちとのドラマを、子ども理解、教育者としてのかかわり、子どもの育ちを教職員や親と共有する等の視点から感動的に語られました。実践の始まりは「つぶやきノート」から。子どもの側から世界を見るために、子ど

もの素直な気持ちを聴き取り徹底的に寄り添い、課題を担任や他の教職員・調理員とも共有しかかわり、子どもの変化を書き止めていくことで、見る視点がゆたかになっていきました。温かみのある手作り教材で教室に出向き、子どもと楽しく会話しながら反応を確かめつながっていく。子どもの声を聴くことの意味。子どもから学び、ていねいに育ちを見守る姿勢、その育ちを子どもといっしょに喜び、他の教職員と共有すること。子どもといっしょに給食を創っていくことも学べた報告でした。参加者からは、実践に感動したという意見が多く、たくさんの学びをこれからの自分の仕事に生かしていきたいという感想も寄せられました。

（5）もっと話したい・学びたいという思いから結成

田中英之報告（高知・ひよこクラブ）「学びとアウトプット――ひよこクラブの活動を通して」は、高知県のひよこクラブという栄養職員部の若者10名の「学びとアウトプット」をコンセプトにした自主活動の実践でした。活動の内容は、悩みや困りごとを語り合う場であり、食の生産現場の訪問、新しい調理体験、日本料理店で和食を味わい食文化を知る等楽しみながら学ぶ場づくりでした。時には、困りごとを解決するためのソフトの開発にも挑戦しています。悩みを共有できる仲間と楽しく学び続け成長したいという意欲にあふれ、これからの高知の元気な未来が楽しみになる報告でした。学び高め合う場として発展して欲しい、他県とも交流してはという意見も出されました。

（6）高校生（定時制・全日制）に、安心安全で美味しい給食と食教育を

秋葉久子報告（埼玉・高・定）「組合運動を通して給食からみえること」は、全国的に少なくなっている定時制の給食にかかわる栄養士の実践です。食教育は定時制に通う高校生にこそ必要だと言います。定時制に通う子どもたちのほとんどは、外国籍であったり、不登校で学校にあまり通っていなかったりで、給食を食べた経験が無い（少ない）子が多いのです。お腹が空いていない、野菜や果物を食べない、カフェテリア方式で料理を選択する力がない等の実態が報告され、喫食率が低い現状では給食の存続も危ぶまれるとのこと。日常的な給食づくり、子どもたちへの食教育、教職員への働きかけなどの報告があり、定時制だけでなく、社会に出る前のすべての高校生に安心安全で美味しい給食と食教育が必要と訴えられました。

（7）給食費の公会計化のデメリットから今後の課題を探る

東京都教職員組合報告（小）「給食と公会計について――

給食センターから報告」は、働き方改革という名の下で進む給食費の公会計の実態です。東京の公会計化がどのように進み、何がメリットで何がデメリットなのかを具体的に報告しました。負担軽減と言いながら、給食センターでは必ずしも栄養教諭・学校栄養職員や子どもたちの給食にとってメリットばかりではないのが実態です。討論では各県で進む公会計の内容の交流もでき、給食内容や教職員の働き方にデメリットのない方法をめざす討論がされました。その中で食材の「規格書」をつくることで、行政や業者が守るべき品質が明確になるので、見直していくことが大切であるという意見が出され、今後広がる公会計化を適正化するための問題提起になりました。

（８）食教育小分科会まとめ

今回は、７本のレポートがありました。子どもたちの実際の姿から課題を見つけ、寄り添いながら人間とし、ゆたかに育てる食教育の実践が保育・小中学校・定時制高校現場で積み上げられてきていることが実感でき、栄養士が職場にいることの存在価値が明らかになりました。全体会の報告もふくめ、給食内容の充実や、食教育を積み上げるためにも、１校１名の栄養教諭・栄養職員の必要性が明らかになりました。

〔金井多恵子〕

5 まとめの全体会

各小分科会での報告と討議の内容を共有しました。２０２２年もコロナ禍の影響や対応が語られ、政策の貧困や誤りが弱者により厳しさをもたらす中で、子どもたちの不安や悩みに寄り添い分かち合う実践と、実践でつながり合う大切さがさまざまなレポートで確認されました。こうした実践は経済性や効率性重視の施策に対峙し、公的な子どもの育ちと学びを保障する福祉や権利に立脚した民主的で自治的なとりくみとして重要だということが共有されました。

【レポート一覧】

		石田智巳	共同研究者	●討論の投げかけ
		森　敏生	共同研究者	●討論の投げかけ：運動部活動の地域移行の特徴と問題
		鎌田克信	共同研究者	●討論の投げかけ：コロナ禍の健康教育の課題とその可能性――子どもたちの抱え込んだ苦悩や困難を窓にした実践の創造を
		金井多恵子	共同研究者	●討論の投げかけ
①	埼　玉	猪瀬里美	小学校	●思いを伝え合うために――給食を作る様子の動画とおいしさが伝わる言葉
②	埼　玉	秋葉久子	高校	●組合運動を通して給食からみえること
③	東　京	東京都教職員組合	小学校	●多様な性について――全ての子どもが生き生きと学校生活を送るために
④	東　京	井上秀幸	保育園	●日常の中の糠漬け――収穫から糠漬け屋さんまで
⑤	東　京	東京都教職員組合	小学校	●給食と公会計について――給食センターから報告
⑥	長　野	岩間さやか	高校	●新型コロナウイルス感染症の対応・実践の情報共有に関する調査研究について
⑦	京　都	伊藤大介	中学校	●バスケのもつ面白さをどう教えるか
⑧	京　都	内田智恵	中学校	●栄養教諭不在校の給食・食育について考えたこと
⑨	京　都	中野道子	小学校	●給食内容充実の実践と、教職員と連携した食の指導の取組
⑩	大　阪	関　忠和	市民	●子ども食堂から見えた学校と子ども、親の姿が問いかけていること
⑪	高　知	内海まゆみ	小学校	●子どもの声を聴くということ――栄養教諭生活13年を振り返って
⑫	高　知	田村英之	栄養職員部	●学びとアウトプット――ひよこクラブの活動を通して
⑬	私学（大阪）	若杉雅代	高校	●コロナ禍でつながる――養護教諭の仕事を問い続けて

分科会報告

12 生活指導・自治的活動

上森さくら
小川　京子
春日井敏之
木村　哲郎

1 全体会報告

2022年度の全体会は、福岡の坂田恵理さんの中学校実践と、高知の氏原亜佑さんの小学校実践のレポートを取り上げました。坂田さんの実践は初日と2日目の全体会で討議し、氏原さんの実践はA分散会で討議したあとに2日目の全体会でアンコール報告をお願いしました。コロナ禍において我慢が強いられ、あきらめ感が多い学校の中で、子どもたちが安心できる環境を教師がいかにしてつくり出せるか、そして生徒どうしの関係性の中で出会いなおしの場をどうつくっていけるのかが議論されました。

坂田恵理報告（福岡・中）「甘やかしたのかな？——自立ってなんだろう」は、くーちゃん、ゆうちゃん、ナツの3人の生徒がそれぞれどう自立していけるのか、そのためにどう支援していったらいいのか、坂田さん本人が甘やかしすぎているのではないかと悩んでいる実践課題について応答する形で討議をおこないました。とくに坂田さんが課題としている「ゆう」について、主に論議がされました。ゆうは交友関係が狭く会話のキャッチボールが苦手で、人との距離感が上手くとれません。3年間、坂田さんが担任であり部活動の顧問でもあるため、関係が近いせいか坂田さんにだけ反抗し、つい坂田さんも世話をやきすぎてしまいます。討論の中では、これは「反抗」ではなく彼女なりの関係の築き方であり、自分の思いを上手く言語化できないことが原因であろう。自閉傾向が強い生徒は今の自分の思いがわからないこともあり、「今の自分をあなたはどう思っているのか」と問いかけをしていくことで、自己認識を深めていくことが必要ではないだろうか。また、厳しい地域状況がある中で、坂田さんが温かく子どもたちを大事にする姿勢が子どもたちにも伝わっており、学校が安心安全な場になっています。家庭では甘えられないのだから学校で甘えるのも必要なことであり、自立とは人とつながれるかどうかが大事であることが確認されました。

氏原亜佑報告（高知・小）「周りの子どもに気づき、関われる力をつけるために――『負けたけど、楽しい！』」では、複式学級の小規模な小学校で人間関係が固定され、言わなくても互いにわかってもらえる反面、この人はこういう人だという見方が固定化している状況がありました。そこで、話し合いを大切にしながら、活動をきっかけに出会い直しの場をどうつくっていけるのかを氏原さんは実践課題としてもっていました。

運動会で「輪回し」をすることになり、クラスが赤白の2組に分かれて競い合いますが、白組が赤組に大差で敗けてしまいます。そこで勝負にこだわる「まさき」が意外にも相手チームに「ぼくが教えちゃおか？」と声をかけます。また、誕生日レク（誕生日の人がやりたい遊びを考えるもの）のときには、まさきがサッカーを男子対女子でやることを提案するものの、力の差がありすぎるため途中から女子があきらめムードになってしまいました。この誕生日レクのふり返りでは、男子から「試合には勝ったが楽しくない」という声があがり、それを聞いたまさきはショックを受けてしまいます。そして氏原さんから「勝てたけど、どうして楽しくなかったがやろうね？」と問いかけられ、力の差がありすぎると楽しめなくなること、でも誕生日の人がやりたいことを実現させたかった、などの思いも語られました。次に教育実習生とのお別れレクの企画に立候補したまさきが、「楽しい思い出をつくるために、みんなで協力すること」「勝ち負けにこだわらず楽しむレクにすること」を目標に掲げレクを実行しました。

討議では、行事ごとに話し合いやふり返りを大事にされていることが自己の発見につながり、出会い直しの場になっていることが確認されました。また、誕生日レクが、みんなが楽しむ価値観を育てることにつながっており、まさきはみんなが楽しめるレクを考えたつもりだったが、「勝ったのに楽しくない」という発言を聞いて、失敗というより葛藤がうまれたことで次のとりくみへの工夫がうまれていったのではないか。「お別れレク」のふり返りでは、「負けたけど、なんか楽しかった」という感想が聞かれ、「前と比べるとどうだったのだろう」と担任が投げかけをすることで、まさきの変容が子どもたちの口から出るのではないか、などの意見が出ました。氏原さんは、まさきの失敗をぶりかえさない方がいいのではないか、とつい先回りをして考えてしまったが、子どもに投げかけても良かったと感想を述べていました。ふり返りの場面が子どもたちの変容に互いに気付くチャンスになっているが、言えない思いを書かせることで表現できることもあるのではないか、などの意見も出ました。少子化でこのような学校が増えている中で、少人数の複式学級だからこそのゆたかな活動世界を保証するレポートでした。

どちらのレポートも他者との関係性の中でどう自己認識を深め、人とつながるのか、そして集団がどう変わっていくのか、教師は行事や日々の活動をコロナ禍でも何とかつくり出し、その活動や関係性の中で生徒が育つことをあらためて確認できた実践でした。

（小川京子）

2 A分散会

A分散会では、小学校4本、高校1本、計5本の実践報告があり、①子どもと教育をめぐる困難な状況を見据えつつ、私たちが大切にしたい指導とは何かを明らかにする、②人間的な成長と発達を励ます自治的活動をどう発展させていくか、といった視角から検討しました。

佐々木秀麿報告（北海道・小）「子どもたちの育ちと教師の在り方」は、4年生女子1人、5年生女子1人、5年生知的学級所属の男子1人の計3人の複式学級の報告でした。

佐々木さんは、学級をもって約1か月経った頃に、子どもたちが①指示待ちなこと、②自分は自分、人は人という意識が強いこと、③失敗を怖がることに気づきます。コロナ禍でのストレスの溜まる学校生活が続いていること、特別支援学級担任の教師が知的学級所属の児童を意図的に見せしめに怒鳴って指導していることから、子どもたちが委縮してしまった結果だと分析されていました。このような状況に対して、佐々木さんは子どもががんばりたいことや好きなことを活動に上手に取り込み、また、子ども自身の「理想の自分」と活動のめあてを絡めながら、子どもが最後まで挑戦し続けることを応援することを基本的な姿勢としました。さらに、活動の最後だけでなく、途中にもふりかえりを細かく入れながら、「理想の自分」に向かって変わり続ける子どもの変化を肯定的に価値づけていました。このような細やかな手当てが、委縮する子どもを解放することにつながることを示した実践報告でした。

矢野佳奈子報告（大阪・小）「学校生活で心がけていること」は、「若手教師」と呼ばれる時代を卒業する前の自身の学びの総括的な位置づけの報告でした。矢野さんは、赴任して4年目の学校で、多くの素敵な先輩の先生方から学んだことを大切にしています。自ら研究授業を取りに行く、という同僚が幾人もいる学校で、研究授業を悔しくも担当できないときは一人授業研をおこなうほどの学びに意欲的な方です。矢野さんのような若手の教師がこのように学びに邁進できる環境はどのようにつくられているのだろうかと、多くの質問が出る報告となりました。恵まれた職場に対して桃源郷のような感傷を抱く雰囲気に包まれつつも、次の職場とのギャップで矢野さんが傷つくことを心配する声が多かったです。子どもたちとどのように成長したいのかという自身の軸を基に、子どもの様子をつぶさに観取り、自身の指導と子どもの応答を中心に据えたレポートを信頼できる人々とともに検討していくことを通じて、教師として成長し続けること期待しています。

秦和範報告（京都・小）「それぞれのストーリーが絡み合って、また進んでいく」は、2年生の学級づくりの実践報告でした。他の子どもや教師への暴言・暴力で目立つ子どもが幾人かいる中、秦さんは子どもにていねいに寄り添って話を聞きこんでいくことで、子どもの生活の要求を引き出すことを基本方針としています。ただ高学年であれば「問題行動」が落ち着いてくるタイミングで低学年の「問題行動」は落ち着きません（これには、脳のメタ認知能力の発達状態も関係していると思います）。他のクラスとつい比べてしまうプレッシャーと他の子どものフォローを無にするような「問題行動」につい秦さんは声を荒げてしまいます（会の中では「他の子どものフォローが見えないのか」と叱責する内容に共感するいう意見も出ました）。しかしながら、声を荒げたことで秦さんは自身の方針と実践がズレていたことに気づき、自身の学級にいてくれること、出会えたことへの感謝の気持ちを子どもに伝える契機となりました。会の参加者からは、「強い信念を持っていても後悔してしまうようなことがあるということに勇気をもらった」という声と同時に、子どもに寄り添いながらともに生活指導をつくりあげていく関係性を強くしていっているからこそ、自身が過ちを認めた時に子どもが赦しとともに寄り添ってくれることが確認されました。

廣林研史・山上まどか報告（香川・高）「主権者の育成を目的とした、生徒の主体性を引き出す探究活動――地域・地元中小企業と連携した『共育ち』活動と生徒でつなぐ持続可能な取り組み」は、総合学科3年間の育成プランにおける生徒と教員の学びについて報告されました。生徒が企業で働く人の後ろについて観察から学ぶジョブシャドウイングや、働くことについてのインタビューの他、高校所在地域の問題を発見し、解決方法を市役所等の大人に提示していく学びを通して、子どもが自身をもって活き活きと学校生活での学びに前向きになる様子が報告されました。協力する大人の側も、子どもからの質問に答えることで自身の働き方（生き方）の問い直しにつながっていたことも開かれた学校のあり方を示していました。一方で、現在の社会で単純に「良いもの」とみなし、批判的に検討できなければ、社会適応的な「人材」育成に留まってしまうおそれがあるのではないかということで、社会的弱者の視点（たとえば社会的障害やジェンダーの視点）から社会を検討する視角が提案されました。また、担当者が変わってしまうと方向性が大きく変わってしまう危険性が共有されました。どのような引継ぎをしていくことが、ゆたかな子どもの学びを保障するとりくみを残していくことができるのかがどの学校種でも共通する課題であることが確認されました。

氏原亜佑報告（高知・小）「周りの子どもに気づき、関われる力をつけるために――『負けたけど、楽しい！』」は、3年生6名、4年生4名、計10名の複式学級での実践報告でした。コロナ禍の影響で、「注意をすること」が飛び交うことが日常的になっていることが氏原さんは気になっていました。子どもたちが生き生きと活躍できる学校生活を送れるように、やりたいことを軸とした活動をつくるための計画と総括の話し合いをていねいに指導していました。それまでの生活で子どもたちが不満を抱きながら諦めていたことへ敏感に反応し声をかけること、諦めるのではなく公的空間の話し合いの場に出すことを支援することにより、子どもの関係性に変化がもたらされていました。今後、レポートに書かれながらも見過ごされている「子どもの出会いなおし」の糸口となる子どもの発言を発見（再発見）していくことで、より子どもたち自身に関係性が変化していることを迫る実践を可能にしていくのではないかという読み方が提示されました。

〔上森さくら〕

3 B分散会

B分散会では、小学校4本、中学校1本、計5本の実践報告があり、討論が深められました。3年ぶりの対面開催、ハイブリッド型の開催となりましたが、B分散会は対面のみでおこなわれました。

井上祐介報告（東京・小）「教師の心と時間のゆとり、そして仲間との協同が豊かな学級をつくる」では、退職後理科の専科教員として勤務する学校で、授業中に立ち歩き教師の話を聴かない子どもたちと出会い、「なぜこうなってしまったのか」と4年の担任の先生と問い合うことから実践が始まりました。そこには、教師の設定した枠に入らないと怒鳴る前年度の管理的な担任の負の影響がありましたが、今年の担任もつい怒鳴ってしまうのです。授業サポートに入ったり、交換授業をおこなったり、子どもの強みをほめることなどを大切にする中で子どもも落ち着き、担任も叱らなくなっていきました。討論の中では、学校生活のスタンダード化によって、教師は思考停止し、安心材料にしていないか。子どものためになっているのかの問い直しが必要であること。自分への評価が気になるときに怒鳴ってしまっているが、子どもに対しては、人格否定のハラスメントでもあるといった点が共有されていきました。

横山貴信報告（滋賀・小）「一人ひとりの『つながり』を深めるために――互いの動きを合わせて」では、課題の多い3年を担任し、指導することが多い日々でしたが、子どもの日に兜を制作し見せ合う「かぶとパーティ」で盛り上がったり、学級で悩みを打ち明けたB男の話を真剣に聴き声をかけるなど、学級の良さも垣間見えてきました。音楽会では、学級で群読とパフォーマンス付きの合唱をすることになりました。学級が4チームに編成され、チームの話し合いが男女で一致しないため、振り付けは男女別でおこなうという結論となり、男子も本気になってとりくみました。討論の中では、子どもたちの「強みと課題」という捉え方が大切であること。学級における自己決定のプロセスは、自治活動として重要な意味があり、とりくみによって、主体性と協働性が育まれていくのではないか。教師の主導性は、子どもに対して操作的になってしまうことに留意する必要があるといった点が共有されていきました。

水谷礼佳報告（奈良・小）「集団でかしこくなる――視野が広がってきた4年作品展」では、1年次の担任によって威圧的に対応された学級が2年次に荒れてしまい、3年、4年はゆったりいこうと学級、学年づくりがおこなわれました。

学級通信を教室で読み合い、お互いの姿をわかり合っていくとりくみ。発達特性がある子どもたちをふくめた、インクルーシブ教育、人権教育のとりくみ。これらを土台にして、4年の夏休みの「作品展」のとりくみがおこなわれました。学級での報告会を経て、2人の代表作品が全校での「知り合おう会」で報告され、学年集会では作品展のふり返りがおこなわれました。討論の中では、作品展は、学級、学年を越えた文化の創造と継承の場になっていること。作品を全校に伝えたいという子どもの願いをベースに、コロナ禍の中で工夫してとりくまれていること。学級での作品の報告会は、子どもたちがつながっていくとりくみになっているといった点が共有されていきました。

龍神美紅報告（和歌山・小）「それぞれの思いを手繰り寄せて——十人十色の『小さな』世界から」では、小規模校で2年生10人の担任としての実践が報告されました。少人数の良さと課題もあり、落ち着きがなく、保護者もふくめてみんなが気にしている一人の子どもを軸に、本をいっしょに読む「読み語り」、書きたいという気持ちを耕す作文のとりくみなどが展開されました。特に、子どもたちの日常生活の小さなつぶやきを「こ・つぶやき」として学級通信に掲載していくとりくみは、お互いのことを知り合いつながっていくきっかけになりました。みんなが気にしていた子どもも、学級が大切な居場所になっていきました。討論の中では、発達特性や家庭の課題などを抱えて登校している子どもは少なくないこと。だからこそ、担任とのつながりと同時に、学級を認め合える居場所にしていくことが大切であること。「排除の論理」に対して、保護者もつなげていく実践になっているといった点が共有されていきました。

中村岳人報告（滋賀・中）「生徒の自治的活動を中心とした学校づくりをめざして——プロジェクトリーダーを組織した総合学習の取組」では、コロナ禍の中で、「子どもたちの学びのために必要なことは何か」を考えたとりくみが報告されました。市が提唱する「学校夢づくりプロジェクト」を生かし、生徒総会、市内の中学校生徒会による「大津っ子未来会議」への参加などを通して、生徒が主体となったとりくみが展開されていきました。SDGsの視点から、学校給食のあり方について考えるプロジェクトチームが組まれ、全校アンケートを取り、学校給食に対する要望もまとめていきました。討論の中では、とりくみが残菜対策、食事時間の確保、補助食品や配膳用トレイに関する行政への要望など、自治活動として広がっていること。市議会で取り上げられ、配膳用トレイが一人に1枚用意されることになったことは、大きな成果であること。コロナ禍でできることを、子どもといっしょに考えていくことが大切といった点が共有されていきました。

した。簡単に結論が出る問いではありませんが、やはり最後に依拠すべきは「会いたかった！」「先生の授業があるから今日は朝から学校に来たんだよ」と宮腰さんを囲む生徒たちとの信頼関係であることを確認し合いました。

〔春日井敏之〕

4 C分散会

C分散会では小学校3本、高校2本の計5本の報告がありました。

宮腰一報告（私学・新潟・高）「40年間私学に生きて――私の出会った生徒、保護者、教職員は宝物」では、宮腰さんの40年にわたる私学教員生活を総括して、印象的な生徒たちとの出会い、彼ら・彼女らと展開した実践、父母との共同、職場・組合の変容等が語られました。貴重な教訓に満ちた数々の実践に共通するのは、宮腰さんが高校生たちの「失敗」「逸脱」をふくむエネルギー溢れる言動に正面から向き合い、その肯定面を励ます姿勢を常に保ち続けてきたことでした。それが難しい保護者との共同を成立させ、管理職を巻き込んだ学校づくり、ひいては私学助成運動拡大にもつながったのではないでしょうか。一方で学校の管理や組合組織をめぐる情勢は変化し、「民主的な学校をめざした職場づくり」は後退を余儀なくされています。そうした情勢下で、次の世代はこの報告から何を学び、何を継承すべきかが、討論となりました。

堀玲子報告（私学・新潟・高）「コロナ禍での文化祭――生徒と私たちが学んだこと」はコロナ禍における生徒会行事の報告でした。行事を大切にする堀さんの学校では、2020年一斉休校中の職員会議で、①健康と安全に留意しながら生徒の活動をできるだけ保障する、②例年6月実施の体育祭を9月に実施し文化祭は中止する、という方針が承認されていました。しかし「生徒が主役の生徒会行事を、職員側だけで決めて良いのか」というある職員の意見から、再度の職員会議、生徒会執行部の論議、全校生徒へのアンケート（体育祭開催支持17％、文化祭50％）、生徒総会を経て、文化祭を実施することが決定されます。当日は生徒たちが主体となって感染症対策を工夫し、父母からも感心されるような文化祭を成功させます。さらに翌年の生徒会執行部は、このままでは体育祭の伝統が継承されないという理由から体育祭開催を提案し、これも生徒たちの創意により、感染対策と競技等を両立させ見事に成功させます。生徒会指導部長としてこれらのたいへんなとりくみを指導し、執行部生徒たちに伴走した堀さんは、どこまで生徒に考えさせ、何を学校が決めるかが難しいとしながらも、特別な状況下だからこそ、生徒たちが他者と交流する喜びや達成感を味わう機会を強く求めていると述べます。自ら考え創り上げる生徒会活動の価値が如何に大きいかをあらためて実感する報告でした。

佐々木明香報告（滋賀・小）「児童保健委員会による『おなやみそうだんしつ』の取り組みから考える――ピアカウンセリングを活用した子ども達による子ども達のためのサポート活動を目指して」は、小学校の委員会活動にピアカウンセリングを導入した実践でした。養護教諭である佐々木さんの勤務校は、全校児童77名の小規模校です。しかし近隣の大規模校区から学区外で通ってくる児童や、「発達的な課題を抱える」児童が多く、保健室は悩みを抱えたり、居場所を求めたりしての来室が多い状況でした。そこで児童保健委員会の活動として「おなやみそうだんしつ」をスタートします。①児童が「相談シート」に相談したい内容を記入し、専用ポストに。②委員会児童がその内容についてアドバイスを考え、「はーとつうしん」を作成。③「はーとつうしん」を各クラスに配布し掲示する、というとりくみです。子どもならではのアドバイスが好評を博したことや、健康相談や教育相談につながっていったこと、アドバイスを考えた子どもたちの側の成長などの成果が報告されました。討論の中では、個別化が進む子どもたちの世界で、他者の悩みを共有し、サポートし合う関係性を学校全体で育むことをめざした本実践の価値が確認されました。

加古さやか報告（兵庫・小）「Aにとって安心できる教室をつくる」は、特別支援学級の担任である加古さんが、4年生から入級してきたAさんにとって「安心できる教室」をどのようにつくってきたかの報告でした。実践の大きな転機は、ていねいな支援にも拘わらず激しい登校渋りが再開したり、運動会練習からの飛び出し、競技への不参加が続いたりするAくんの行動を、「精神的に成長しているからこそ『きっとこれはできないだろう』ということに事前に気づき、前より不安が強くなっているのではないか」と加古さんが理解するようになったことでした。それによって、Aさんの課題は周囲に「できない」「わからない」が伝えられるようになることだという優れた指導の方針を持つことができました。またほぼ同時期に花、貝殻、松ぼっくりなどの「自然のもの」がAさんの心の安定の拠り所であるとの発見にも至っています。こうして自分の内面世界を理解してくれる加古さんとの安心できる関係が、Aさんにとっての居場所となり、言葉による意思表示をはじめ、その世界が大きく広がっていったことが報告されました。

足立紀夫・長谷川真優報告（岐阜・小）「できることをひとつずつ――うれしいつながり」は、長谷川さんが新採用から3年間の経験の中で、象徴的な場面をふり返った報告でした。多くの困難に直面した1年目では、自分の「力の無さ」を感じる対象だったKさんが、学校外で出会った時、踊るように大きく手を振ってくれたことで「泣きそうになった」という場面。2年目では、遊びの相談をする子どもたちに、長谷川さんが「私も入れてよ！」と声をかけたことで遊びの輪が大きく広がった場面。3年目は、子どもの話を無理に聞き出すのではなく、「落ち着いたら話してね」と言葉をかけられるようになった場面。またこうした実践を、足立さんがさまざまな「つながり」で支えていることが同時に報告されました。お二人がいっしょに勤務したのは1年間だけですが、あるときは他校の先生とコロナ禍の状況を交流し合い、あるときは支部の学習会で学び合うなど、足立さんの「つながる」の力が、長谷川さんの教師としての歩みを意義づけ励まし続けていることが窺えました。

最後に、本分散会の報告はすべてオンラインでおこなわれ、討論は会場参加者による発言とオンライン参加者からの発言を相互に保障する形で進められました。司会者のていねいな進行や、会場機器担当者のご努力で充実した討論となり、ハイブリッド開催のメリットを十分に享受した時間となったことを付記します。

（木村哲郎）

【レポート一覧】

春日井敏之　共同研究者
●基調提案：個と集団を大切にした生活指導、自治活動——コロナ時代と子どもの願い、学校の役割

① 北海道　佐々木秀麿　小学校
●子どもたちの育ちと教師の在り方

② 東　京　井上祐介　小学校
●教師の心と時間のゆとり、そして仲間との協同が豊かな学級をつくる

③ 岐　阜　足立紀夫　長谷川真優　小学校
●できることをひとつずつ——うれしいつながり

④ 滋　賀　佐々木明香　小学校
●児童保健委員会による「おなやみそうだんしつ」の取り組みから考える——ピアカウンセリングを活用した子ども達による子ども達のためのサポート活動を目指して

⑤ 滋　賀　中村岳人　中学校
●生徒の自治的活動を中心とした学校づくりをめざして——プロジェクトリーダーを組織した総合学習の取組

分科会報告

13 発達・評価・学力問題

富田　充保
本田　伊克

1 子ども・青年の発達と学力をめぐる状況とこの分科会の課題

まず、共同研究者より２０２２年の分科会で深め合いたいこととして、富田充保共同研究者から簡潔な基調がおこなわれました。

第一に、今日コロナ感染症やウクライナ侵攻に乗じた惨事便乗型の社会と教育の改変が目論《もくろ》まれており、それが平和と教育にどのような影響を及ぼすか注意すべきです。前者は保健所の削減など健康医療の削減がおこなわれてきた結果が多大な国民への被害を与え、一方後者は「核共有」「敵基地攻撃能力」等を煽ることによって、医療・福祉・教育等の民生削減と引き換えに、戦争のできる国づくりと軍事費拡大を目論んでいるのが明らかであり、それが憲法平和主義や非核３原則をなし崩しにしていき、未来に生きる子どもたちの将来社会に巨大な負荷を課すことは明らかです。

第二に、Society5.0 型社会への移行と公教育の市場化・産業化が、教育の現場に何をもたらすのか注視したいと思います。そこでは、社会的公共的共有財産である公教育が格好の利潤追求の場とみなされるばかりではありません。ＧＩＧＡスクールが、個別最適化した学習をめざすとしているように、今まで学校にあった「協同的活動や学び」「子ども・若者たちの自身の自主的自治的活動」が削ぎ落とされ、それを支えてきた教師の専門性も掘り崩されかねず、言わば側面的な管理運営者の位置に貶《おとし》められないことが、より一層重要だと思います。

第三に、けれどもコロナ禍での休業を通じて、かえって学校とは「集い協同し表現し合いながら学び合う」「子どもを見守りケアし、学習・文化を組織する教師の役割が発揮される」場所として再発見され、皆がそれを切実に求めた事実から、私たちはあらためて今後の出発点を確かめ、将来社会の像と教育の今後を展望したいと思います。

こうした課題提起を受けて、それぞれのレポート報告と議論は始められました。まず、司会者から、第一の柱は「いじめ問題と向き合う教師の歩み」、第二の柱は「子どもの願いを軸に発達を支える」、第三の柱は「子どもの発達に寄り添う学力形成」と立てられて、1日目に「第一の柱」「第二の柱」について報告と討論をおこなうことになりました。

2 いじめ問題と向き合う教師の歩み

まず大山友生人報告（埼玉・小）「いじめ問題とどう向き合うか」は、小学校3年生の女子の「こころ」というコミュニケーションが圧倒的に苦手な子が、強くて直裁的な口調でかかわり合うため、ある時は「いじめている子」とクラスメートから見られているにもかかわらず、当の本人は「あさと」や他の子から「いじめられている」と訴えてくる事実にふりまわされてきた経験を語る報告で、いったい教師の柔軟な指導・支援とは何かを考えさせてくれる報告でした。この背景には、この学校の規模とそのクラス編成にもこうした事態を生じさせる要因のひとつがあることも報告されました。全校児童が180人規模で、学級はすべて単学級だといいます。2023年度から小中一貫校になり、9年間同じクラスメートと過ごすこととなり、子どもたちと保護者には、一度トラブルが起きると、関係が変わらない中で過ごさざるをえないことが負担になると言います。

報告は、「いじめ・いじめられ」現象が実は小学校1年生からの長年にわたる、（1）「子ども同士の関係とそのトラブルの蓄積」と、そこから派生する（2）「保護者同士の不信と確執」、それらから生じる（3）「学校・教師への要望や不信」が、3年生の時に担任になった大山先生に降りかかり、それらにふりまわされながらも粘り強く子どもと保護者に向き合い続ける教師の専門性をあらためて問うものでした。というのも、たとえば（1）では、「こころ」をいじめっ子と見る子どもたちと、逆に「こころ」からすると私がいじめられていると強く訴え、保護者・親族を巻き込んで「学校には行かせないで、最終的には転校する」ことにまで至るからで

す。また(2)では、「こころ」に寄り添おうと話を聞いていると、他の子どもの親から「こころ」から嫌がらせを受けている「私の子どものほうの言い分も聞いてくれないのですか?」とクレームがくるからです。どの局面でも一方を立てると他方が立たないジレンマに陥るという悪循環に日々格闘せざるをえなかったからです。

こうした中でも大山先生は、それぞれの声をていねいに聞き取っています。「こころ」がトラブルを起こす背景には「一人ぼっちは嫌なの。みんなと仲良く遊びたい」気持ちがあるのに「どうしたらいいかわかんないの」という思いがあることをつかみ、クラス全体の前でその話を訴えたりしていることに現れています。また、「こころ」の保護者・親族から、「これ以上かかわらないでくれ」と言われても、粘り強く向き合い、たくさんのクレームの矛先になりながらも、他方で「先生は初めてこころに寄り添ってくれた先生でした。先生でよかったです」との言葉をもらうまでの関係もつくってきています。こうした点で、引き裂かれジレンマに陥りがちな時、どのように子どもに寄り添い、保護者の声に向き合っていくべきか、教師の専門性を探る歩みをつづるものでした。

3　子どもの願いを軸に発達を支える

さて表題の第二の柱に沿っては、まず宮川真幸報告（高知・小）「コロナ禍を生きる子どもたちとともに」から始まりました。卒業までの2年間が、すっかりコロナ禍と重なり、休校や分散登校など貴重な学校生活を奪われたと感じながらも、時間のない中で何をこそ伝えたいのか、精選と自主編成を進める教師の創意工夫と、何より子ども自身に「どうしたいか聞き、一つひとつの活動の意味やねらいを考え、ともにつくり上げることで子どもにも教師にも充実感があった」5、6年生のとりくみの報告でした。それは次のような作文にも表れているものでした。「2学期全集中の楽しさ　この5年間で、今学期が一番楽しかった。合宿、運動会、発表会、恋愛、けん玉、（略）、遠足、騎馬戦、喧嘩、色々な出来事があったけど自分の中で思うすべての共通点は、みんなが、自分のやることを、全力で、やり抜いたからだと思う」。こうした感想が出てくるのには、まず教師の側の時間が奪われている中だからこその精選と自主編成への確固とした視点が垣間見られます。たとえば、学校が再開してからの1学期は「沖縄をテーマ」として、「社会（地理）、総合（沖縄戦・基地問題）、図工（シーサー作り）、音楽（平和の歌）」等、各教科を横断的に有機的につなげる工夫がされてきました。また3学期には女性蔑視発言などもふくめ「人権学習」を、また3・11からは「東日本大震災」の学習を訪問した現地の写真も用いながらおこない、「社会や未来に目を開く学習にもとりくんだ」のです。ここには、規定の授業時間を取り戻すために、ひたすら教科書の内容を効率的に消化しようとするものとは大いに異なる、「時間のない中で何をこそ伝えたいのか、精選と自主編成を進める教師の創意工夫」の確固とした視点が見て取れますし、日頃からこうした視点を学校で共有する努力の蓄積によるものでしょう。

さらに、先の作文に見られるように、何より子ども自身の要望を聞き取り、自主的・自治的活動を保護者を巻き込んでつくり出していることが、そうした学校づくりを可能にしていると考えられます。それは実は、私学志向が強く受験勉強にふりまわされている子どもたち自身の強い要望で、合宿が日帰りになりかけた時、泊まりが可能な施設を調べ、管理職や保護者を説得して実現にまでこぎつける子ども自身の姿まで生み出していました。大人の想定さえ越えて行く子どもたち自身の成長の獲得と、それを励ます大人たちとの関係が生まれていることに驚かされます。逆説的にも、コロナ禍での制限があったことで、かえってそれを乗り越えて行く、実は潜在的にあった子どもたちの自主・自治の力が、こうしたそれまでの蓄積の中で、大きく花開いていったように思われるものでした。多くの参加者から、同様な意見が出されていました。

表題の第二の柱に沿っては、次に仁方越愛報告（福岡・小）「コロナ禍をくぐりぬけながら見えてきたもの」の3年生の報告に移り、議論し合いました。そこには、とても木目の細かい子ども理解がちりばめられていて、教師の子どもへの応答に現れる専門性について大いに議論が湧く報告でした。そこでは「休み時間に宿題をしていて友だちとのかかわりが見られない人、勉強の理解が難しく授業中の活動への参加を拒む人、突然登校しぶりが出てきた人たち」の様子とその変化がていねいに記されていました。

たとえば、休み時間に宿題をしていて友だちとのかかわりが見られないキイ君の場合に即して見てみると、その子の実態に応じたとても柔軟なスモールステップによる子どもへの働きかけがあり、それが結果的には本人の内発的な学習意欲を引き出すことにつながっており、またそれを可能にしているクラスづくりの仕組みがあることが垣間見られました。具体的には、計算ドリルの宿題は時たまやってくるが、漢字と音読はほとんどやってこないキイ君に、「ひとまず計ドだけは毎日続けて出すことにしない？」と声をかけると、次第に出せる日が増え、漢字もふくめて毎日出せるようになったというのです。仁方越先生は、勉強の理解が難しく授業中の活動への参加を拒む「オトちゃん」への応答もまったく同様に、今その子がほんのちょっぴりとりくもうかなと思える程度の課題をスモールステップで働きかけるのです。「できるだけ1時間に1回はそばへ行き、オトちゃんが何か一つできたらOKにしよう」というように。

ただ、これだけ見ると教師と子どもの応答関係だけの報告に見えてしまいますが、そうした学習意欲を深いところで支える、一人ひとりの子どもの出番を支え合うクラスづくりが柔軟になされているのです。このキイ君は、帰りの会のお笑いタイムを運営するクラスの「お笑い係⁉」に参加し、休み時間での本番の「稽古」を通じて、生徒同士の関係が育てられていたのです。先生は言います。「私は、キイ君が、係活動を中心に学校で楽しめるようになったことも影響して」おり、「学級内で自分の存在が認められること、自分がやりたいことに挑戦できることは、学習意欲にもつながっていくのではないか」と。ここからは、子ども同士が認め合えるようなクラスづくりの仕組みづくりの大切さと同時に、何よりその中で自らの潜在的な願いを自ら挑戦しながら達成していく子ども自身の活動こそが、学びと自己の成長をともに生み出しているのだという理念が伝わる報告であるのではないかと、議論されました。

（富田充保）

4 教師が選んで使うICTの授業

根無信行報告（大阪・小）「選んで使うICTの授業」は、コロナ休校に乗じて前倒しで導入されたGIGAスクール構想の流れで、教育長から突然に一人1台端末の配備と「個別最適化学習」の方針が教育現場に下ろされている状況を受けて、ICTを何のため、いつ使うのかを吟味するべきかを考えなければならないとします。

大きな問題は、教育課程の全体像の中にICTをどう位置づけるか、子どもの学びへの効果と影響をどのように考えるかという見通しがないままに「使わせることありき」の方針が下ろされていることです。ネット環境などハード（設備）面の脆弱性が改善されないことにも苦労しながら、IDやパスワードを打ち込めない低学年児童をログインさせ、操作を確認する作業に貴重な数時間を費やすことにもなりました。

何よりも、「ICTで学力向上を目指そう」という教育委員会の謳い文句について、目的と手段が一致していないという点に共感が寄せられました。ここでICTというのは実際には東京書籍の「タブレットドリル」のことです。タブレットドリルは一問一答式で漢字のふりがなも、手書きで書いたものをきれいな活字に修正してくれる仕様になっています。「一見、よさそう」ですが、手を動かして書くアウトプットの行為が子どもの記憶と学習につながること、子どもが手で書いたものだからこそ、その学習状況を見取ることができることが忘れられてしまいかねません。また、たとえば学校で前学年での漢字の習得状況についてふり返り、次年度に特にとりくむべき漢字を選んで練習させるなどのとりくみを大切にしていますが、タブレットドリルにはそのようなことはできません。

根無さんは、授業者が選んでICTを使うことが大切であると考え、子どもたちがおこなったICT活動で、子どもに学力がついたか、つけられなかったかという観点から、ICT活用のとりくみの選択基準を考えています。ICTを用いた家庭学習を「リモート授業」などと呼ぶが授業時数にカウントされず、教室の通信環境や、ネット環境のない家庭には自己負担を強いられることがあります。このようにICTを使うことは問題だとします。子どもたちが考えたことやノートに書いたこと、作品などを同時に映し出して効果的に共有したり、学級内の子どもの意見を短時間で把握できたりする点は、学力向上の手だてとして、ICTが活用されたと感じられた例として挙げています。

そうしたことを踏まえた上で、根無さんは、これまでの学習方法でまかなえていて、タブレットに変える必要がないところに、「もっと使え」と要請してくる教育委員会の方針に教育的な思想がない点を批判的に捉えます。そして、黒板に書いて、ノートをとる、ホワイトボードで意見を集める、班で相談する、手を挙げて発表する、ドリルを解くなど、タブレットを通さなくても、より速く、学習をリアルに体得できる方法が従来の授業の形にはあるとします。

根無報告は、学校で一体どんな力を子どもたちにつけるべきなのか、総合的な人間形成の見通しを、子どもたち自身の立場からどれだけ見通すことができているのかを問うものでもあります。

そうしたことを力を合わせて考え、学習の目的に応じた手段や活動を考え、ＩＣＴについても「使われる」「使わされる」のではなく、そもそもどんな力をどのように身につけさせるのかを自ら選択・判断して「使う」ものだと思います。

5 業者テスト文化に抗う「お笑い教え込み授業」

大島孝太郎報告（山口・小）「今年度テスト買いません――これまでの自分の振り返り」は、「朱書の教科書やデジタル教科書で教える」授業、テストのためにする授業に抗い、自らのとりくんでいる授業を「おかしい授業」「お遊び授業」「お笑い教え込み授業」と名づけ、子どもたちが仲間といっしょに考えを出し合いながら学ぶことを「楽しい」し「おもしろい」と感じる授業づくりをしています。

大島さんは、目の前の子どもたちとともに考え、さまざまな見方、感じ方、考え方を探す学びや時間をかけて教科研究や教材の工夫をおこなって授業することが「非効率で物好きな人がすること」だと感じられる雰囲気が学校にあり、「教科書通りの授業をしない」ことを心掛けてきました。

大島さんは、子どもたちの興味を惹きながらたくさんの指導内容を楽しく学ぶにはどうしたらよいかを考えた末に、思い切ってほぼすべての授業をパワーポイントによる視覚的な情報提示によっておこなうことにしました。

パワーポイントで教え込むということではありません。パワーポイントは、授業の主役である子どもたちすべてがわかる授業づくりのツールとして使用されています。一人１台端末は、必要性を感じないので基本的には使っていないということです。

どのように学習を進めるべきか、何をすべきかを明示した方が学習に見通しが持てる場合、アニメーションを使ったほうが作図や筆算のアルゴリズムが視覚的に理解できる場合など、適切な場面で使用しています。教科書、ノート、学習プリント、資料集、写真や書籍、その他の教材教具をねらいや場面に応じて使い分けながら、子どもたちにとって満足感のある授業づくりにとりくんでいます。

また、大島さんは業者作成テストありきの授業、テストに出題されるが授業で触れていない内容を確認して授業をする自分が嫌だと感じていました。そこで、テストのためのテスト、目の前の子どもたちに合わせていないテストをやらないことにして、業者作成のテストの購入をやめました。

その変わりに大島さんがおこなったのが、学習内容の理解の確認や指導のふり返りとしての自作のテストです。このテストは、A3用紙の表裏の分量で、内容は授業で子どもたちと考えた問題をそのまま出題します。授業で用いたパワーポイントのスライドをそのまま画像として貼りつけます。国語は教科書を見て答えるかたちで、テスト中も質問は受け放題、点数評価はせず、ABC評価のうち、9割がAで、Bをつける1割の子どもにも「キラキラ」をつける工夫をしています。キラキラをつけるのは、大島さんが評価を、あることが新しくわかったり、できるようになったりことを知らせることに止まらず、一人ひとりの子どもがどんなふうに勉強をしたのか、どうやって答えを導き出そうとしたのか、そうしたがんばりを共感的に理解し、励まそうとする営みとして捉えているからではないかと思います。

大島さんは、自らの授業を「お笑い教え込み授業」と称していますが、その授業観はとても魅力的で深いものだと感じます。まず、大島さんはそもそも評価とはどのような営みかを問うています。テストなどによる評価は、教育活動に不可欠な評価の営みの一部にすぎないはずのものです。でも、学力を「判定」し「選別」するという評価の機能が肥大化すると、子どもたちは判定・選別のための評価の枠組みによって、学ぶという営みのゆたかさから遠ざけられてしまいます。また、授業の中での文化との出会いも、子どもたちの世界を広げ、深め、他者とのゆたかなつながりを生み出すものというよりは、学ぶたびに子どもを傷付け、人より「できる」「できない」思いが纏わりつくような経験になってしまいかねません。

評価は学習プロセスの中にこそある。私たちは、教育における評価の営みがもつゆたかで深い側面にもっと目を向けるべきだと思います。大島さんの授業観、評価観と、それに貫かれた教育実践の報告からあらためて考えたことです。

6 みんなで楽しく学ぶ授業を通じて文化と出会う

矢田一仁報告（高知・小）「たのしくやればみんなできる」は、体育、図画工作、学年行事、発表活動など、さまざまな活動に集団でとりくむことを通して、子どもたちが楽しみながらみんなでできた達成感とともに、文化との出会いによる認識世界の広がりと深まりを導く教育実践のとりくみです。

矢田さんは、学力テストが導入され、点数を上げることが至上命令のようになってしまった現在は、教科書に示されたとおりにこなすことが教師の仕事のようになってしまい、子どもたちのいろんな力を伸ばすという観点が抜け落ちてしまっていると感じています。子どもたちの「力を伸ばす」ということは「やる気を引き出す」ことであり、自身の仕事を子どもたちの「いろんな領域のやる気を引き出して、力を伸ばす」ことである。矢田さんはそう考え、誰もが褒められるクラスを、時には親がわが子をみるような視点で子どもたちとかかわりながらつくっていきたい。そんな思いで、さまざまな教育実践にとりくんできました。

特に印象に残ったのは、「お手本図画」の実践でした。構図の16分割について説明し、矢田さんが撮影した写真の中から構図のものをピックアップして子どもに選ばせ、モノクロ写真を描くつもりでしっかり下書きし、遠景から順にていねいに色を塗り、放課後に残って描きたい子どもの製作活動につき合い、全員が仕上がると絵を並べて写真を撮り、カラーコピーした絵を教室に飾るという流れです。

フロアから、このような流れを指示してそれにただ沿うだけで、子どもたちみんなが描けるようになるだろうか。みんなでできたということの中に、文化を学びとる過程においてもみんなでできるという関係性が大切にされてきたのではないかという発言がありました。矢田さんからは、下書きの段階から教室に貼っておいて、それを子どもたちが常に見合うことができるようにしていたり、色の置き方に個性が出るのも、「色の間にさまざまな色がある」ことに気づかせたりしているという話がありました。

矢田さんの教育実践報告を聞いて感じたのは、教材に対する実に深い理解と、子どもたちが文化を学びとる過程への見通しと暖かな眼差しです。かつて、佐藤興文氏がその著『学力・評価・教育内容』（青木書店、１９７８年）の中で、「知る」ことと同時に「味わう」ことの大切さを述べていますが、矢田さんの教育実践の様子からは、子どもたちが、自らが表現する行為をふり返り、表現したものを対象化することを通じて、文化をおいしく味わいながら身につけていることが感じ取れます。子どもたちはその気になればどんどん自分で伸びていく。子どもの学ぶ力を信じている矢田さんのもとで、文化を媒介にした学び合いを通じて、子どもたちの関係性もゆたかになっているようです。

〔本田伊克〕

【レポート一覧】

①　埼　玉　大山友生人　小学校　●いじめ問題とどう向き合うか
②　大　阪　根無信行　小学校　●選んで使うＩＣＴの授業
③　山　口　大島孝太郎　小学校　●今年度テスト買いません――これまでの自分の振り返り
④　高　知　矢田一仁　小学校　●たのしくやればみんなできる
⑤　高　知　宮川真幸　小学校　●コロナ禍を生きる子どもたちとともに
⑥　福　岡　仁方越愛　小学校　●コロナ禍をくぐりぬけながら見えてきたもの

分科会報告

14 障害児教育

高木　尚

1 全体会

障害児教育分科会は、第1日目午前中を全体会とし、177（現地66、リモート111）名が参加しました。以降の日程は、6小分科会に分かれてレポート報告・討論をおこないました。

全体会の基調報告では、

○ロシアのウクライナ侵略の長期化によって多くの市民が犠牲と困難を強いられている。「全ウクライナ知的障害者NGO連合」からは戦火の中に置かれた障害のある方の困難が生々しく報告されている。

○コロナ過の中で「学校とは何か」が問い直されている。また、コロナ対応での障害者に対する差別的目線も重要な問題である。

○批判的見解が出てきているPISAを歓迎し「資質・能力論」をおし進め、「三観点による評価」を無理に現場に押しつけている文科省の動向。学校教育の教育目標・教育評価は子どもと授業との出会いで生じる事実から出発すべきであり、今回の「三観点による評価」が学校現場に強引に押しつけられることに強く反対する。

○「学習指導要領原理主義」と言えるような状況が広がっている。初任者研修・年次研修などの指導案での、教育目標・教育評価の表記が学習指導要領に準拠しているかどうかを執拗にチェックし、授業としての価値そのものを見ようとしない傾向と、この間矢継ぎ早に出されている教育政策文書の問題点と危険性について。
○「特別支援学校設置基準」の制定と今後の課題および運動が切り開いた到達点と前向きのエネルギーについて。

以上の点が強調されました。そのうえで、教育の喜びを語り合うこと、子どもたち・保護者・同僚の声を聴き取り共有すること、現地である高知の熱い息吹に応えることの訴えがありました。

基調報告の後に、現地高知から、特別支援学校の学校建設の運動・特別支援学級の問題と保護者の願いについて・医療的ケア児や病気療養児を取り巻く課題など、特別支援教育全般にわたっての報告と本つどいに向けた現地での活発なとりくみについて経過報告がありました。

以上を踏まえて、各地からの報告が以下のようにおこなわれました。

〈東京〉特別支援教室の制度改悪に抗する運動の成果と課題について
〈神奈川〉設置基準に基づく（武器にした）教育条件整備の運動（宮城からも同様の発言あり）
〈東京〉大規模校での困難な状況と行政からの締め付けについて
〈愛知〉教員不足の現状と男性育児休業とその対応について
〈山口〉学校・学級の大規模化と教育条件整備の課題
〈大阪〉支援学級に対する攻撃と運動について
〈京都〉1月の全国学習交流集会の訴え

終わりに本分科会の「名称変更」について、この間の経過と討論の呼びかけがなされました。

2　A小分科会（子ども期の教育Ⅰ――小学校）

A小分科会では小学校の障害児教育について7本のレポートが出され（当日は6本のレポート検討と論議）、3つの柱に沿って討論を深めました。参加者は37（現地5、オンライン32）名でした。

〈柱1〉障害のある子どもを大切にする学校づくり

遠藤美由樹報告（北海道・小）「副担任・特別支援COとしてできること」は、通常学級、職員室、支援員、保護者への支援についての実践報告でした。小さな学校規模、町の支援体制が手厚いことなどの環境を生かし、かかわる様々な人をていねいにつないでいくコーディネーターとしてのきめ細やかな対応が学校づくりに生かされている報告で、周りの人を巻き込んで伝わるように伝えていくことが教師としての専門性であることを学ぶことができました。

中村幸恵報告（山口・教職員組合）『あのねたっくんってね』――母さん先生と陽気な船長」は、ダウン症の5年生男子のお母さんとして、同学年の通常学級で障害理解の授業をおこなった報告でした。保護者の立場での授業という貴重な報告の中で、障害理解授業の前後では周りの子どもたちのかかわり方が変わってきたこと等が話されました。論議の中では理解教育についての交流もおこない、機能障害ばかりでなく障害による社会的制約や差別についても伝えていく必要があることが話されました。

〈柱2〉発達障害の子どもに寄り添う

中島小鳩報告（愛知・小）『おこりんぼ』真一のねがいを受けとめる」は、知的障害はないが行動に問題が出やすい3年生男子が、支援学級での授業や友だちとのかかわりを通して少しずつ変わっていく姿の報告でした。同じ学級で過ごす6年生2人とのかかわりや国語の授業での様子がていねいに報告され、討論の中では、行動の激しさの裏にある本当の願いを受け止め、「学びと仲間」を保障することの大切さが確認されました。

山林哲報告（大阪・小）「この日、開けといてな。中学校の先生と相談する、大事な日やから」は、入学当初から激しい行動でトラブルを起こし続けた男子が、5年生から支援学級で2時間過ごすことになり、学級でのとりくみや先生とのかかわりを通して変わっていく姿の報告でした。問題行動を起こす子どもには強い指導で対応する、行動を変えることを目標とする、という学校の方針に苦しみながらも、本人たちが大切にされている実感が持てるようにするためにおこなわれたていねいなとりくみからは、子どもたちに寄り添うとはどういうことかをあらためて学ぶことができました。

東京都教職員組合報告（小）『こまっているわたし』に困っている私――特別支援教室『みくちゃん』の3年間」は、特別支援教室（通級指導教室）に通う女子の3年生から5年生までの3年間の成長と変化と葛藤の報告でした。通級での支援が積み重なれば当初の目標は達成できても成長とともに別の難しさが表れ、本人にとっても辛さが大きくなることもあります。高学年には自分のことを自分の言葉で語りアイデンティティーをつくっていくことが必要で、それを支える通級指導教室の大切さが確認されました。

〈柱3〉特別支援学級をつくる

大門彩名報告（埼玉・小）「みんなで学ぶと楽しい！――国語の実践　絵本教材を通して」は、特別支援学級での国語の授業を通しての学級づくりについてでした。友だちや先生とかかわり合いながら力を付けていってほしいという願いのもとで子どもたちの実態から教材を選び、子どもたちも先生も楽しみながら学習していく2年間の様子が報告されました。一人ひとりの本をつくり、ワークシートも一人ひとりちがうものを用意するというていねいなとりくみで、子どもたちが変わっていく姿が印象的でした。討論では、絵本というゆたかな世界に集団で出会わせていくことの価値をあらためて確認することができました。

まとめの討論では、2日間の分科会の感想を出し合いながら、人とのかかわりがないところには学びは生まれないことや、目に見える成果を求めることが学びではないことを確認し、越野先生からは、子どもたちの学びを保障するゆたかな実践をつくっていくには、その条件整備をする義務のある行政に働きかけていくことの大切さについて話していただきました。どこの地域でも、運動と実践は車の両輪のようにどちらにも力を入れて進めていかなければならない、と決意をあらたにすることができました。

3　B小分科会（子ども期の教育Ⅱ――特別支援学校）

B小分科会では、30（現地9、オンライン21人）名の参加で、特別支援学校小学部のレポート6本をもとに討議しました。

伊藤みどり報告（滋賀・特別支援）「R君は『人と人とを繋げながら、影響し成長しあう仲間たちのキーマン』――R君との4年間の関りを通して学んだこと」は、人とかかわりたい気持ちはあるけれど情動のコントロールが苦手なR君に、本当にやりたいことがもてるように、また人とのかかわりで満足感を得られるようにしたいと考えてかかわりを工夫した実践でした。この実践を支えたものは、R君を担任だけでなくみんなで見ている安心感、そこから「子どもも教師集団もともに学び成長し合う仲間である」という発想に思い至ったと語られました。

橘ミレイ報告（福岡・特別支援）「シゲ子を通して感じたこと」は、偏食が多い子どもにていねいに向き合ってきた実践です。前担任から引き継いだ「いいやり方」通りにはいかずに悩み、それはシゲ子さんと前担任との信頼関係の上での方法だったと気づいたことから、シゲ子さんとの関係を築き

直し、深めていく過程が語られました。「障害児教育は児童と教師の信頼関係の構築が何よりも大事なこと」をあらためて確認できました。

尾之上直美報告（神奈川・特別支援）「書くことへの苦手意識から自信へつなげるための道筋の一考察――日常の漢字を読める知的障害のある児童との取り組み」は、できるようになりたいけれどできないことで気持ちが不安定になるA君の「書きたい気持ち」に寄り添った2年間の実践報告でした。体全体を使った粗大運動をおこなうことで体を動かす楽しさを知り、徐々に手を使う活動への抵抗感が少なくなったこと、A君の書きたい気持ちを支えるため、なぞり書きから始めて「書ける」充実感が自信につながりA君の気持ちに余裕が少しずつ出てきた様子が報告されました。

保木あかね報告（滋賀・特別支援）「おばけがいっぱい――ようかいしりとり　大ブーム」は、「集団で育ちあう」という視点を大事にもってとりくんできた知的障害低学年グループの実践です。「ようかいしりとり」を題材にして、いろいろなおばけをつくって遊ぶ活動が紹介されました。「ようかい＝おばけ」を題材にすることで、何をつくってもどんなふうにつくっても認め合えるのではと考えられたことや、つくったもので遊び込むための工夫も語られ、「ようかいしりとり」の歌に自分たちで考えたジェスチャーも加わり、友だち関係が一層深まったと報告されました。

小川裕代報告（高知・特別支援）「行きつ戻りつを繰り返しながらよい自分をつくっていく――あいくんを2年間担任して」は、「ちゃんとしなくては」という緊張状態、伝えたい思いを表現できないもどかしさや自信のなさを抱いている子どもとの3・4年生の2年間の実践報告でした。進級に伴いクラス編成が変わり、クラスでのわがままや逸脱行動が見られるようになっても「自己主張が少なかった子の自我の現れ」「安心できるクラスだからこそ」ととらえ、学校全体で子どもを支え、見守っていった報告でした。

長友志航報告（滋賀・特別支援）「子どもたちが思わず人に話したくなる学びをもとめて――綿花を題材にした生活科の授業実践」は、長友さん自身が小学生時代に出会い感動した思いを子どもたちにも味わってほしいと選んだ題材での実践で、この題材を通して「何を」「どのように」学ばせるか担任間で深く話し合い、授業づくりをおこなったことが報告されました。子どもたちの気づき、知らなかったことを知る喜びを大切にするとともに、その学びが家族や他の人たちとの話題になることの意義も語られました。

２日間を通して、「できるようになっていく自分と出会うこと」が自信を深めること、子どもも教員も集団で育ち合うことの大切さを深めることができました。

４　C小分科会（思春期の教育と生活の保障）

参加者は１日目25（現地８、オンライン17）名、２日目27（現地12、オンライン15）名が全国から参加しました。特別支援学校・障害児学級・寄宿舎指導員・保護者等、思春期の子どもたちを取りまくさまざまな職種や関係者が集い、５本のレポート報告で、２日間討論や意見交換ができました。討論は以下のようです。

野口裕子報告（宮城・特別支援）「今年出会った子どもたち――不安な気持ちを抱える子どもたちに寄り添って」は、地域の学校から転勤してすぐに出会った〝元気な〟子どもたちとの出会い、子どもたちの変化や同僚との連携について、率直な姿や思いを報告されました。子どもたちそれぞれの姿や変化の様子、保護者との連携の様子や保護者が変わっていく意義の深さについて論議できました。

M・M報告（北海道・特別支援）「『選挙の勉強』やってみました」は、主権者教育のとりくみを中心に、同僚との連携や関係つくり、教職員の人権意識についての問題意識等を報告されました。各地でのとりくみや課題意識の交流を中心に議論し、子どもたちに伝えていく基盤となる、教職員の主権者意識についても話題にあがりました。

市野司報告（愛知・中）「中学校障害児学級の『痛み』と『深み』――中学校　自閉・情緒障害学級の日常を綴る」は、思いもよらない担任配置のスタートから出会った子どもの姿や報告者の新鮮な気付き、同僚の変化からの特別支援学級のおかれる立場や教育への思いについて報告されました。子どもの内面や願いをどのように捉えていくか、共感的理解をどのように深めていくか、活発な意見交換や議論がされました。

高木浩報告（東京・特別支援）「ユキオの気持ち——みんなで語りあうことで見える姿」は、事例を通した実践紹介を中心に、職場での集団つくりや寄宿舎の概要について報告されました。寄宿舎の統廃合が全国的に進む現状の課題とともに、寄宿舎での教育実践の意義の深さについて、共有できました。

岡林卓司・中藤美紀報告（高知・特別支援）「ゆたかに学べる教育の実現をめざして」、酒井賀世・森下妙報告（高知・特別支援）「保護者のねがいにはげまされ——高知県立知的障害児学校でのとりくみ」は、特別支援学校に学童をつくり守ってきたとりくみから、現在の新設校を求める会の設立まで、高知県での教育を充実させる運動の歴史や経過、願いについて報告されました。会の共同代表である保護者が参加してくださり、保護者の目線からみた現在の学校の課題や学校への願いが話されました。学校の中だけでなく、保護者とつながり、子どもや教育、学校を捉え、ともに動いていくことの意義をあらためて確認できました。

全体を通して、特別支援学校・特別支援学級・寄宿舎・運動と、幅広い子どもの実態、実践現場からの報告がなされました。そのため、実践や報告の中身だけでなく、それぞれの場のもつ特色、おかれている状況や課題等が話題にあがり、共有できました。普段は知りえない状況や課題、実践についてこの機会に知り、共有できたことは、意義深いものとなりました。また、報告者のうち2人が、はじめて特別支援学校、特別支援学級を受け持った方で、特別支援教育への思い、子どもたちの見せる姿への捉え、かかわり方の模索など、率直な思いがレポート・協議どちらでも語られました。

幅広い実態や実践からも、共通して、思春期の時期の子どもたちの葛藤や願い、変化についてみえてきました。思春期を生きる子どもの内面・願いにどのように寄り添い・支え、ともに考えていくことができるか、どのような学びや経験に出会っていくことを考えていけるか、今後も議論していけると良いと考えられます。

5 D小分科会（青年期の教育Ⅰ——高校・高等部）

参加者は23（現地7、オンライン16）名で、6本のレポートが報告されました。

渡辺まみ報告（東京・特別支援）「学校が、聡子の居場所となるために……——知的障害特別支援学校　高等部実践」は、中学校支援級から入学した、思うように動けない・しゃべれない不登校気味の生徒が、クラスの集団活動（活動から逃げ出す自由と参加の自由は保障して……）やジョニー・デップとのファンレターのやりとり等を通して、ときどき欠席はあるものの、コンスタントに登校するようになったことが報告されました。クラスづくりのテーマとして取り入れている「責め合わない」文化と、Aさんに対して「待つ」姿勢を崩さない渡辺さんの姿勢がAさんの成長に大きくかかわったとの認識を共有しました。

吉田忍報告（滋賀・特別支援）「しんどさを抱えたまま高等部へ――友だちの力を借りながら成長していくRちゃんの姿から」は、中学校支援級2年の時に担任との関係が悪くなり、心身の状態が悪化し登校が難しくなっていた生徒が、入学当初は教室に入れず廊下で過ごすことが多かったものの、音楽やダンス、好きなクラスメイトとのかかわりで自分の居場所を段々と見つけていく過程が報告されました。どんな生徒にも「する自由」「しない自由」を与えてあげたい、生徒への支援は減らすという方向ばかりでなく、一人の大人として対話し続けていきたい、等の意見が出ました。

大澤信哉報告（北海道・高）「特別な教育的ニーズのある生徒にとって教師の役割とは何か」は、複数の高校で「特別支援教育コーディネーター」としてとりくんだ実践報告です。はじめに、分科会再編にともなう第14分科会（障害児教育）の名称変更については「『障害児教育』は当事者の教育だけではなく、取り巻く環境にいる教員や人間との関係を取り結ぶ教育だと言えると思うので、全ての教員が当事者、支援者であるという自覚が持てるような枠組みを検討してほしい」という理由から、変更する方向で支持したい、との意見表明がありました。特別支援学校の教員からは、「普通校で奮闘している先生を支援する『コーディネーター』という役割の責任を実感できた」「普通校で特別支援教育がうまくいっているのは、『子ども目線』を忘れない学校」との意見が出されました。高校にいる多様な生徒に対する「履修保障」や「単位認定」などの制度や指導実践からも学ばなければならないという共通認識が持てました。

勝田淳也報告（島根・特別支援）「Aさんとの3年間――コミュニケーションの広がりをめざして」は、不登校気味で場面緘黙《かんもく》の生徒が、教師と大好きなポケモンGOをやったり、ポケモンに関連した教材で学ぶうちに、居住先を自分で選んだり、進路選択を自分でしたりするまでになった成長の記録です。行動に時間がかかってしまう生徒に対して、「待っていてくれる」「何も言わない」教師でいたことが、生徒に週5日登校できるまでに安心感を与えた経緯がわかりました。子どもが自ら選びとっていくことが発達において大切であることを提起する実践でした。

長野暁奈報告（静岡・特別支援）「『×を○』に変えよう――Aさんとの関わりからみえてきたこと」は、不適応行動があるAさんの指導で「なめられないように」と同僚に言われたけれども「あなたは×じゃないよ。○もいっぱいあるよ」と伝えたいと指導を重ねていくと、Aさんは笑顔が増え、強い指導をしていた教師も変わっていきました。しかし、進路は決まらず、保護者の負担は大きいままということです。討論では「教師にも子どもにもマイナスの影響を与える『なめられないように』という言葉が出ない職場にしたい」「行動に課題がある生徒の進路は難しいが、がんばって受け止めてくれる施設はある」等の意見が出て、社会とともに子どもたちを「ゆっくり大人になっていく人たち」として見ていく大切さが強調されました。

林陽子報告（大阪・特別支援）「今日は何かな?――気持ち弾む、Mさんとの宿題のやり取り」では、単語書き取りや文章作成の宿題には林さんの手書きのていねいな可愛い絵が添えられており、Mさんが1日の楽しみとしてその宿題にとりくみ続けたことから、他の教師や生徒とのコミュニケーションがゆたかになっていく様子が報告されました。討論の中では、「子どもの願い・思いにちゃんと応答する事は教育を保障すると言うこと」「応答するだけでなく、さらに新しい世界を提示していくこと」の大切さを学べたレポートであったとの意見が出ました。

討論の柱を「青年期の願いに応える実践」とし、「本人の願いから出発し青年期の発達にふさわしい学びと生活をいかに学校でつくり出し、学校卒業後の生活につなげていくか」をサブテーマとして話し合いました。「子どもたちの安心安全」「教職員のチーム力」などの大切さが意見交換されたとともに、「この会の様に、特別支援学校と高校の教員の交流がもっとあっても良い」という感想も出ました。共同研究者からは「『信頼』がキーワード。青年期には信頼できる大人との出会いが重要。自分たちは信頼できる大人になり得ているのか」という投げかけもありました。

6 E小分科会（青年期の教育Ⅱ――卒業後の進路）

参加者は28（現地10、オンライン18）名で6本のレポートを受けて協議しました。

nirmal sato報告（東京・特別支援）「Yさんとの3年間を振り返って」。知的障害のあるYさんの高等部3年間を支えたsatoさんは、自身の過去とYさんの生い立ちの重なりを感じ、Yさんの家庭への支援を、悩みながらも献身的におこなってきました。教師の役割を超えた家族のような支援に参加者が注目しました。子どもたちが安心して登校できるための家庭や社会の役割、教師の本来の役割とは何か、教育の原点をふり返る機会になりました。

和田泰代報告（滋賀・特別支援）「私の子育て史と学校への思い、卒業後のリアル」。知的障害を伴う自閉症で強度行動障害のある息子さんを支えながら、学校教育に対して、行政に対して、その本質的な意味を保護者の立場から問いかけてきてくださった和田さん。教育は親御さんといっしょにつくっていくものであり、子どもたちの生活をいかに見ることができるか、子どもたちの心が動く授業、教育とは何かを考えさせられる貴重な報告でした。

中島寛貴・加村解子・藤木いおり報告（滋賀・特別支援）「卒業後の姿から学校生活で大事にしたいことを考える」では、県内の大規模特別支援学校を卒業したジンさんの高等部3年間を支えてきた3名の先生方が、あらためて学校でできることが何かを捉え提言されました。生徒の思いを実現できる自己決定をどう支えていくか、高等部延長や卒業認定、そして日々の授業をどのように考えていくか等、現在の学校の仕組みも 考え直すきっかけになりました。

白田真琴報告（京都・特別支援）「今日は人生最後の1学期の給食」。自閉スペクトラム症のTさんは対人不安が大きく、小学校時代から不登校に。不安が暴言や行動に表れても、Tさんの思いの本質を受け止め、Tさん自身も自分の気持ちに気づけるように支援してきた白田さん。Tさんの一度しかない今に寄り添ってきた白田さんの奮闘をどう普遍化していけるか、参加者も自らに置き換えて考えるきっかけをいただきました。

寺田裕香報告（和歌山・特別支援）「人とのつながりを力に――高等部卒業を振り返って」。寺田さんは学校教育が「社会に適応できる」人材を育てるような流れになってきていることに問題意識をもち、2人の生徒の高等部での学びを支える中で、生徒一人ひとりの生涯を通じての成長をどう捉えていくか、問題提起をされました。学校教育は、一人ひとりの発達保障を支えていくことが大前提であることを再認識できた報告でした。

吉岡耕太報告（島根・特別支援）「舎生とともに考える寄宿舎生活」。全国的に寄宿舎の数が減少したり、子どもたちの生活が見えにくくなってきたりしている今、舎生自らが考え、願いを実現していく過程をていねいに支えてきた吉岡さん。寄宿舎という集団での生活の場で、友だちとの対等な関係の中から自己を見つめ、生活の主人公となるこのような経験ができるということは、卒業後の生活につながる大きな力だと学ぶことができました。

今年は、保護者の方や寄宿舎指導員の先生、若い先生方の実践と、多様な視点から子どもたちの今、そして未来を考える機会をいただきました。社会が変化する中、子どもたち一人ひとりの生涯を通じての成長を支える学校教育の本質と社会とのつながりを考え続けていく必要性を学びました。

7 F小分科会（障害の重い子・青年の教育）

参加者は1日目18（現地5、リモート13）名、2日目24（現地14、リモート10）名でレポート5本をもとに深い討議を重ねることができました。

竹脇真悟報告（埼玉・特別支援）「『大きくなるということは』――障害の重い子どもにも性・生教育を考えてみた」では、「卒業式」の意味と性教育（性・生教育）について考えました。卒業式は最後の授業であることを意識し、そこに向かって、卒業して大人になっていく自分を感じたり、卒業していく6年生を見て自分の将来を考えたりすることを志向した実践でした。報告には「性教育は生教育」として、人と触れ合う心地よさを育て、それが信頼できる第二者とともに新たな世界へ踏み出す一歩となると結論付け、人が好きという特別な感情が、生活に潤いを与えていくのだ、とありました。また、小学高学年の「複雑な感情」を肯定的にとらえそれに応えていこうとする内容もふくんだ問題提起でした。

三谷真大報告（愛知・特別支援）「『穴子丼食べたい！』――子どもの本当の願いに気付かされた実践」は、エレベーター大好き、こだわり強め、給食がなかなか進まない生徒に対して、本人の気持ちをくり返し確認する中で、穴子丼を食べるようになった、という実践。卒業間近の高等部という点での教員の苦労もふくめて報告されました。穴子丼を食べたあたりから、生徒の意思表出はゆたかになり、教師が気になっていたこだわりも薄まっていきます。当初心配していた懸念もクリアできている生徒の真の力に、私たち教師は、子どもにつけていきたい本当の力について考えさせられました。穴子丼を食べるという行動に代表されると考えられる、教員との深い信頼関係や、この人となら、という絶対の安心感が、生徒の行動の変化として現れた意味について考えさせられる報告でした。

松本一色報告（東京・特別支援）「子どもたちの響き合いでつくった国語・数学の授業」は、知肢併設で児童生徒数470人のマンモス校の肢体不自由部門高等部の絵本を用いた実践。絵本を実演していく中で、絵本と生活・文化を結びつけるとともに、生徒同士のかかわり合いも視野に入れた報告でした。小学部段階から同じような絵本を使うことに葛藤がありながらも、生徒たちにとって「模倣」や「定位的活動」が大事であることに確信をもち、授業で活用できる絵本を探します。物語のリズム感やみんなで覚えて言える特徴的なセリフ、絵本の内容を学校生活の中にさらに発展させていくことをイメージしながら授業準備されている姿がF分散会の参加者全員に想像でき、教師そのものが授業を楽しんでいることは教師にとって幸せなことだと感じました。実践者の意図する「生徒たちの、『好き』のチャンネルを増やしたい」ということと集団での学習の重要さが浮き彫りになる内容でした。この報告に限らず、高等部段階の重い障害のある生徒・集団（グループ）の指導内容や教材についてはより一層の検討が必要との指摘がありました。

長尾あゆみ報告（高知・特別支援）「『大好き』といっしょに広がる世界――これからを担う先生方に伝えたいこと」は、かかわってきた人やモノが少ない訪問生徒に対して、いろいろなことに目を向けて社会とつながっていくには？　という実践でした。一対一の関係の他、保護者との共同、新しい集団も意図的につくり、こどもの好きなことを教師もいっしょに楽しむ中での子どもの変化がつづられました。初めてのことにはかならず泣いていた子どもが、だんだんと期待に満ちた目で教師に催促するようになり、気持ちが満たされたら、自分から次の行動に自然と移り、むしろ、子どもが教師に「付き合ってくれている」ような現象も。子どもにとって新しい世界をもたらしてくれる人の存在は本当に大きいことを実感しました。また、若い先生たちのしんどさや新学習指導要領にも触れ、昔のような時間の流れをつくることはできないけど、子どもたちと「楽しい」を共感できる先生になってほしい、という願いも語られました。

益子清意報告（高知・特別支援）「さとしくんの学び――『いつかわかるようになる』と思える自分」では、医療的ケアもあり健康・体力面で大きな課題のある子どもに対して、看護師もふくめた教員集団が連携しながらかかわることで、子ども自身が自分の体力や障害を理解しつつ、学習・生活が広がっていったという実践でした。学習への不安がすぐに体調面に表れることから、個別学習を進めていきますが、そこで子どものがんばりたい気持ちや自分の体との付き合い方も教師といっしょに確認していくようになります。発表では、実践にかかわった多くの教員や看護師からも細く発言があり、関係者すべてがかかわって「教育」をおこなっていることも実感しました。医療的ケアのことや重度の子どもの教育課程のことについて、時間は少なかったものの意見交流することができました。

【レポート一覧】

三木裕和　共同研究者
●基調報告

森下　妙　現地実行委員会
●特別報告：現地での障害児教育の現状や課題

①　北海道　遠藤美由樹　小学校
●副担任・特別支援COとしてできること

②　北海道　大澤信哉　高校
●特別な教育的ニーズのある生徒にとって教師の役割とは何か

③　北海道　M・M　特別支援学校
●「選挙の勉強」やってみました

④　宮　城　野口裕子　特別支援学校
●今年出会った子どもたち――不安な気持ちを抱える子どもたちに寄り添って

⑤　埼　玉　大門彩名　小学校
●みんなで学ぶと楽しい！――国語の実践　絵本教材を通して

⑥　埼　玉　竹脇真悟　特別支援学校
●「大きくなるということは」――障害の重い子どもにも性・生教育を考えてみた

⑦　東　京　東京都教職員組合　小学校
●「こまっているわたし」に困っている私――特別支援教室「みくちゃん」の3年間

⑧　東　京　松本一色　特別支援学校
●子どもたちの響き合いでつくった国語・数学の授業

⑨　東　京　高木　浩　特別支援学校
●ユキオの気持ち――みんなで語りあうことで見える姿

⑩　東　京　渡辺まみ　特別支援学校
●学校が、聡子の居場所となるために……――知的障害特別支援学校　高等部実践

⑪　東　京　nirmal sato　特別支援学校
●Yさんとの3年間を振り返って

⑫　神奈川　尾之上直美　特別支援学校
●書くことへの苦手意識から自信へつなげるための道筋の一考察――日常の漢字を読める知的障害のある児童との取り組み

⑬　静　岡　長野暁奈　特別支援学校
●「×を○」に変えよう――Aさんとの関わりからみえてきたこと

⑭　愛　知　市野　司　中学校
●中学校障害児学級の「痛み」と「深み」――中学校　自閉・情緒障害学級の日常を綴る

⑮　愛　知　中島小鳩　小学校
●「おこりんぼ」真一のねがいを受けとめる

⑯　愛　知　三谷真大　特別支援学校
●「穴子丼食べたい！」――子どもの本当の願いに気付かされた実践

⑰　滋　賀　加村解子・中島寛貴・藤木いおり　特別支援学校
●卒業後の姿から学校生活で大事にしたいことを考える

⑱	滋賀	保木あかね	特別支援学校	●おばけがいっぱい――ようかいしりとり　大ブーム
⑲	滋賀	長友志航	特別支援学校	●子どもたちが思わず人に話したくなる学びをもとめて――綿花を題材にした生活科の授業実践
⑳	滋賀	伊藤みどり	特別支援学校	●R君は「人と人とを繋げながら、影響し成長しあう仲間たちのキーマン」――R君との4年間の関りを通して学んだこと
㉑	滋賀	吉田　忍	特別支援学校	●しんどさを抱えたまま高等部へ――友だちの力を借りながら成長していくRちゃんの姿から
㉒	滋賀	和田泰代	保護者	●私の子育て史と学校への思い、卒業後のリアル
㉓	京都	白田真琴	特別支援学校	●今日は人生最後の1学期の給食
㉔	大阪	林　陽子	特別支援学校	●今日は何かな?――気持ち弾む、Mさんとの宿題のやり取り
㉕	大阪	山林　哲	小学校	●この日、開けといてな。中学校の先生と相談する、大事な日やから
㉖	和歌山	寺田裕香	特別支援学校	●人とのつながりを力に――高等部卒業を振り返って
㉗	島根	勝田淳也	特別支援学校	●Aさんとの3年間――コミュニケーションの広がりをめざして
㉘	島根	吉岡耕太	特別支援学校	●舎生とともに考える寄宿舎生活
㉙	山口	中村幸恵	教職員組合	●「あのねたっくんってね」――母さん先生と陽気な船長
㉚	高知	泉谷博之	小学校	●ゆっくりやろう――あべまき（情緒）学級の子どもたちとの毎日
㉛	高知	岡林卓司 中藤美紀	特別支援学校	●ゆたかに学べる教育の実現をめざして
㉜	高知	長尾あゆみ	特別支援学校	●「大好き」といっしょに広がる世界――これからを担う先生方に伝えたいこと
㉝	高知	小川裕代	特別支援学校	●行きつ戻りつを繰り返しながらよい自分をつくっていく――あいくんを2年間担任して
㉞	高知	益子清意	特別支援学校	●さとしくんの学び――「いつかわかるようになる」と思える自分
㉟	高知	酒井賀世 森下　妙	特別支援学校	●保護者のねがいにはげまされ――高知県立知的障害児学校でのとりくみ
㊱	福岡	橘ミレイ	特別支援学校	●シゲ子を通して感じたこと

分科会報告

15 幼年教育と保育

塩崎　美穂

乳幼児期の子どもと保育者・教師のアイデンティティ
――そこに意味をつくりだす価値ある学び手として

櫻井真由美（分科会連絡者）さんの司会で、午前に①渡辺基子報告（大阪・認定こども園）「認定こども園の日々」、午後に②田崎恵太報告（高知・小）「学びの種――主体的な学習の土台作り」を検討しました。参加した全員が実践者、研究者、保護者というさまざまな側面をもつ個人として発言し、お互いにそれぞれの言葉に頷きながら、乳幼児期から児童期の保育・教育について考えをめぐらせる時間をもちました。一貫して、保育者あるいは教師としてのアイデンティティが大切にされる場でなければ、子どもが自ら意味をつくりだすことに価値をおく実践をすることは難しいのではないかということについて話し合われた分科会でした。

はじめに、①渡辺報告では、保育の場の統廃合が、実践をどのように変容させてきたのか、あらためて考えることができました。まず、在園家族の居住地域が広域化したことで、子どもが育つ地域的な背景が多様化し、一人の保育者が把握しなければならない事柄がそれまで以上に多岐にわたるようになったということです。しかも広域化に加えて、園児数が非常に多くなっている（大規模化）ため、一園で対処しなければならない要対応案件の量が増えているわけです。通園バスの運行、配慮が必要な子どもやその家族への対応、行事の周知や実施、安全対策、元幼稚園教諭と元保育所保育士とのちがいを前提とした保育の共通理解など、とても一つの園では対処できない量の業務が一極集中して起こってくる事態がわかりました。

とくに参加者が一様に驚いたことは、報告者の渡辺さん自身の「働き方」の変化でした。２００９年に幼稚園教諭として採用され幼児期の保育に携わってきた保育者が、２０２０年に主幹保育教諭となり、現在は未満児棟、０～３歳の保育応援や指導を担う立場になっています。つまり、３～５歳の保育を専門としたキャリアを積み重ねてきた実践者が、突然、経験のない乳児保育の指導者に抜擢されるという事態が保育の場で起こっているということです。もちろん、保育実践そのものはていねいになされ、保育者の努力によって子どもたちの願いが守られてはいますが、専門職としての保育者への配慮が保育行政上あまりにもないがしろにされているのではないかということが確認されました。

続いて、②の田崎報告では、高知市の小学校1年生の実践からの提案を検討しました。シャボン玉をした経験のない１年生とシャボン玉をする、黒板に子どもたちの好きな絵を描いて子どもを待つチョークアートの実践など、子どもが先生に自分のことを伝えたくなる姿が伝わってくる実践報告でした。「忙しくてそれどころじゃない」という声をよく耳にする小学校教育の場で、いかに子ども一人ひとりでちがっている興味に応え、さらに既存の学習内容にいざなっていくのか。そこここで発せられる子どもの声から「学びの種」を見つける田崎さんの視点に参加者一同、たいへん感銘を受けました。

本稿では、それぞれの報告をふり返りながら、いまの保育および教育の現場で起こっていることをあらためて検証し、今後、それぞれの場で、どのような実践が望まれるのかについて、考えてみたいと思います。

1 保育の行政判断と保育実践との乖離
──報告1「認定こども園の日々」（認定こども園）

(1) 園の統廃合がもたらした「保育の公共性」の衰退

まず、大阪府泉佐野市の保育教諭、渡辺基子報告（大阪・保育園）「認定こども園の日々」から学んだことについてみていきましょう。

泉佐野市は、沖合に人工島の関西国際空港をもつ大阪市と和歌山市の中間に位置する人口10万人の自治体です。かつて泉佐野市には公立幼稚園が12園ありましたが、１９９４年からの数年間でいっきに4園に統廃合されました。90年代、バブル経済が破綻し、大手銀行に対しては莫大な公的資金が投入されていたその最中に、各地の保育行政がとりくんだことは、公立幼稚園の統廃合でした。こうして自治体が「公立」の「保育の場」を縮小し、幼稚園の数を減らしてきた一つの結果が、昨今の保育の場における「子どもの置き去り」というあってはならない保育の実情や、「園での虐待」という目を覆いたくなるような事態（貧しい労働環境がつくりだす保育者の姿）だと考えられます。

周知のように、戦後の日本社会において、公立幼稚園は率先して子どもの育ちにていねいに向き合う保育実践を構築してきました。子どもの数に対する教員数や施設の設置基準など、世界基準よりもはるかに厳しい条件下であるにもかかわらず、日本の保育が世界と肩を並べる「子どもからはじまる保育」を理念的支柱にすえてこられたのは、公立幼稚園教諭の努力があってこそでした。公立幼稚園教諭の果たしてきた役割については、歴史的にきちんと評価される必要があると思われます。専業主婦の割合が最も高くなった１９７０年代をピークとして、園児数などの数（量）としては「私立」頼みの側面があったとしても、それでも、公立幼稚園における公的な保育が、研究保育や教員研修によって、日本の保育を時代に先駆けた子どもの能動性を大切にする保育に導き、アクティブラーニング的な保育実践を主軸とした理念を実現してきたことはまちがいありません。１９９０年代、教員採用試験の合格は狭き門でした。その合格者のうちでも、さらに保育に志のある教師が公立幼稚園の保育者として採用され、3歳、4歳、5歳の保育を研究しながらつくってきた場が公立幼稚園でした。

それが１９９７年の消費税増税の頃になると、女性の労働力活用に積極的になった政財界の動向に呼応して、財政難を理由に、「公」で運営する幼稚園の数を減らすという方針を多くの自治体が採用するようになりました。低年齢からの保育かつ長時間保育を実施している保育所を利用していく方向へ向けて、各自治体の保育政策が舵《かじ》を切っていくようになったということです。もちろん、大づかみにいえば、保育界全体が保育園化していった背景には、子育て世帯の生活スタイルの変容、保護者の労働状況の変化があり、時代の流れに適応して保育も変わっていったにすぎません。

ただし、渡辺さんの報告のように、保育という大切な社会資源を削っていくという方針が、その後も各自治体で維持し続けられたことについては、やはり注意が必要です。２０１1年には、老朽化した公立保育所の建て替え用地確保の困難や、公立幼稚園の充足率を理由に、市議会で「こども園推進構想」が打ち出されました。それは、幼保一体化施設をめざし、4つの公立幼稚園と、6つの公立保育所を、なんと3つの認定こども園にするという明らかに拙速な計画でした。これに対し、渡辺さんたち保育者や保護者は、教育委員会との

意見交換やパブリックコメントへの働きかけ、「子ども・子育て支援新制度」に関する学習会などを組織し、市民からの率直な不安や疑問を集約しました。

　こうして市議会で出された場当たり的ともいえる統廃合計画に多くの市民から反対が寄せられましたが、結局、2014年に1か所（2つの公立幼稚園と2つの公立保育所の統合）、2015年にもう2か所の認定こども園が開園することになりました。幼稚園と保育所の職員は、十分なカリキュラムや運営方法についての検討ができていないという準備不足を感じたまま、開園という大海の荒波へ漕ぎ出さざるをえなかったわけです。

　良質な保育を日本社会に保障してきた公立幼稚園を減らし、さらには、地域に根づいた各園の役割を顧みず、ひとつの園に業務を集中し、人員や施設を大規模化させ、対応領域を広域化させてきたのが、1990年代から今に至る保育行政のやり方です。それは、渡辺報告が教えてくれているように、はからずも、一人ひとりの子どもやその保護者に支援の手が届きにくい状況をつくり出しています。そしてその事態は当然、多様で多数の子どもと保護者に対応せざるをえない保育者の負担を増大させています。

　統廃合を推し進めてきた自治体のガバナンスは、はたして、その目的であった財政難をどのくらい回避し、どれだけの財政的ゆとりを得たのでしょうか。その財政的利益と引き換えに、保育の場に任され続けている「家族を支える」という公的役割への負担感が大きくなっている状況については、その重圧の内実をあらためて問うてみる必要があるでしょう。

「家族」というユニットは個別に独立した社会装置として成立しているわけではありません。「家族」をとりまく社会的文化的なつながりの中に暮らしを支える保育の場があることで、いつの時代の「家族」も課せられた機能である再生産（家事・出産・育児）を果たしています。保育の場が、社会システムの根幹に位置し、欠くことのできない公共空間を生成していることを忘れてはならないでしょう。

子育ては共同でおこなうものであり、各「家族」が単独で担えるものではありません。その子育ての共同的営みを運営していく保育行政の役割が非常に重要であることは論をまちません。本来、地域の保育行政は「保育の公共性」の担い手という自負をもち、子どもの不利益になることに対して屈することがあってはならないはずです。この数十年の間、現場の保育者が必要とする公的な保育予算を支出してこなかったことのツケは、現在の厳しい保育状況に現れています。〈子どもの発達権〉と〈保護者の労働権〉を同時に保障することをめざしてきた戦後日本の「保育の公共性」の基盤が、園の統廃合という政策によってないがしろにされてきた。その歴史的経緯については、あらためて根本的に明らかにしていく必要があるでしょう。そういう大切なことを、私たちは、渡辺報告から学びました。

（2）民営化やこども園化が幼・保の統合につながる中で、今後の課題

報告では、「今後も推し進められていくであろう民営化やこども園化、それに伴う幼・保の統合」に対して、「職員の保育観の共通化や連携のあり方」が課題であると述べられました。くわえて「保育の産業化の問題などについてより現状を明確にし……市民運動を広げていく」ことがめざされていました。

ここで少しふり返っておきたいことは、そもそもなぜ日本の保育の場が、世界でも類をみないかたちで幼保に二元的に制度化されたのかということです。戦後日本の保育制度は、敗戦後のＧＨＱによる民主化改革の中で成立しました。このころ、戦中戦後にかけての食糧不足がもたらす子どもの身長・体重の激減が表すように、子どもたちは食べる物にも事欠く厳しい生存状況でした。こうした戦前戦後の激動の時代に保育の価値を一早く市民に伝え、保育運動によってより良い保育制度をめざしてきた浦部史（日本福祉大学名誉教授）は、二元的保育制度の成立を次のようにまとめています。

文部省初等教育課長坂元彦太郎は、「今次大戦を通じ、国民皆働に伴う幼稚園、託児所の戦時保育化は、図らずも、両者の接近ないし統合を事実において促進させた」と言っており、これは、第二次世界大戦における総力戦体制下において、

母が働くことを前提とする長時間の「保育」へと、それまでの多様な保育の場が「統合」されたことを指摘したものです。そのうえで坂元は、幼稚園と保育所という保育の二元的制度化に対し「この度制度化された児童福祉法の保育所に関しても、これが幼稚園年齢児を収容する限りにおいては、同時に幼稚園でもなければならないはずである」と言っていたのです（以上、文部省調査局『教育要覧』１９４８年3月）。つまり、幼稚園も保育所も当該年齢の1割にも満たない利用数であり、政府としては義務教育年齢の学校整備が急務であった時代状況にあわせ保育制度は二元化したが、戦中の保育化以来、実質的には幼保は一元化に向かっているという認識が見て取れます。

また、当時、保育所の制度化に尽力した厚生省児童局企画課長の松崎芳伸は、幼保の「二枚看板論」をかかげ、次のように議論を展開しました。

「保育所において、幼稚園とおなじ保育内容をほどこすことが可能であれば、その保育所は児童福祉法の保育所であるとともに、学校教育法の幼稚園として認可をうけてもさしつかえない。幼稚園が働く婦人の解放という実態をもつならば保育所として認可してもよいのと同様である。そしてこの方式は現在のわが国の社会経済実情に最も適合するものと私は思っている」（松崎芳伸『児童福祉法』１９４８年3月）。

このように、戦後日本の保育制度は、その成立当初から、幼稚園と保育所の制度化にあたった主管課長がともに幼保一元化を志向しており、「形式的」に、当時の社会経済状況に鑑み、二元的に制度化したものでした。こうした歴史的経緯は、制度改革を試みる際には、何度でも確認されるべきことではないでしょうか。くわえて、幼保二元的制度の成立直後に文部省から出された『保育要領』（１９４８年）は、幼稚園と保育所と家庭、すべての場で育つ子どもを対象につくられた保育の指針でした。このように、保育理論を構築していく潮流の中では、敗戦直後から、実質的に保育内容での統一がはかられていたことも重要でしょう。国家統一の称揚のもとにおこなわれた凄惨な戦争が、保育の場では、幼保一元化を推し進めもしていたわけです。

しかしそこから70年以上の年月のあいだに、幼稚園は幼稚園として、保育所は保育所として、それぞれのガバナンス（自治的な運営形態）に即した民主的な保育文化を形成してきました。子どもの数や保育時間、保護者との関係など、保育内容や方法を構成するあらゆる保育をかたちづくる環境が幼稚園と保育所では異なっており、それぞれにおこなってきた経験の蓄積によって、今となっては、一つひとつの保育場面に対する感覚が、幼稚園保育をおこなってきた保育者と保育所保育をおこなってきた保育者とでは異なっていることが少なくありません。

つまり、保育界では、理念としては戦前戦後を通して一元化がめざされてきました。今でも、同一年齢の子どもたちがあまねく、不足なく、保育を享受する機会を保障されなければならないという実質的一元化をめざす理念は変わりません。しかし、ここまでに積み上げられてきた保育経験を幼稚園と保育所の双方から出し合い、一つひとつの場面に現れる価値のちがいを確認したうえで、これからの私たちが何に価値をおいていくのかを話し合うプロセスには、幼稚園教諭にも保育所保育士にも、膨大な時間と労力が必要とされます。

世界に類を見ない、同年齢の子ども(3、4、5歳)を異なる省庁(厚生省と文部省)で管轄する保育制度を敗戦直後につくった私たちは、いま、新たな社会経済的状況に直面しています。幼稚園と保育園に二元化された施設を認定こども園として統合する、そうした試みがそれだけで保育者の負担を増やすわけではありません。理念的一元化に向かうプロセスであるならば、それにはまた努力も必要でしょう。また、たとえ統廃合をふくむ改革でも、保育者の視点を踏まえ、保護者の意見も取り入れ、もちろん、誰よりも子どもの声を懸命に聴き取ったうえでなされるのであれば、市内の施設をやむをえず減らす政策をとっても理解が得られる可能性もあります。ただ、いまは、そのようなていねいなやりとりは皆無に等しく、ほとんどが財政上の問題として統廃合が強引に進められていることが問題なのです。渡辺報告を共有した私たちは、各自治体が、民主的なプロセスを経て、保育ガバナンスを展開するようになってほしいと切に願います。

報告の中で渡辺さんは、「園に通うすべての子どもと保護者の顔と名前がつねに一致している」よう日々努力していると言ってました。ただ、数百人の人をつねに把握することができる保育者(管理職)は、それほど多くありません。このように、いわば超人的な奉仕の姿勢がなければ日常業務さえもままならない保育の現状がある。こうした保育者の献身的な努力を、少なくとも私たちは、地域の市民として、いまこそ知っておく必要があるのではないでしょうか。

2 制限ばかりではない学校へ
――報告2「学びの種――主体的な学習の土台作り」(小学校)

(1) 子どもが変わる「出会い」「きっかけ」「機会」

次は高知の小学校1年生の実践、田崎恵太報告(高知・小)「学びの種――主体的な学習の土台作り」です。感染対策で制限や禁止が多くなりがちな学校生活を、もっと「笑い」に満ちた、子どものエネルギーが高まるようなものに変えていくヒントにあふれた実践報告でした。
文字の読み書きに苦手意識がある1年生が、学校の教室に入ったとき、どんな気持ちになるだろうか。田崎さんはそうイメージし、「黒板アート」として子どもの好きな漫画やキャラクターの絵を黒板に描き、子どもたちを迎えました。予想を上回る子どもたちの喜びと、それをきっかけにして教員との個別の手紙のやりとりを始める引っ込み思案のA君のエピソードに、幼稚園や保育所の保育者や保護者である参加者からは感嘆の声があがりました。ぜひ多くの教師に、このような子どもの「出会い」や「きっかけ」を見逃さない実践をしてほしいと思いました。

文字によるコミュニケーションや、準公共言語としての発表の言葉になじめない子どもは少なくありません。それまでの園生活では、話し言葉のやりとりで自分の気持ちを表現していた年長さんが、1年生になったとたんに、別の「公式」の「発表」フォーマットで気持ちを伝えなければならない状況に直面するわけですから、子どもから見えている世界は一変しています。私たち大人の多くは、すでにそれを忘れていますが、どの人にとっても、その変化はきっと大きな心の揺れを伴う経験でしょう。担任教師が絵で表現している「ようこそ学校へ」という柔らかなメッセージは、その後、それぞれの子どもが次の課題に向かってチャレンジをする際の安心の拠点になったのだと思われます。子どもの不安な気持ちを汲み取った実践（ここで紹介されていたのは「黒板アート」「ダンス」「絵本の読み聞かせ」など）を、入学の初期に実施できるようにしていくことをこそ、保幼小の連携というかけ声の中で実現してほしいと思いました。

(2) 民主的な教育実践の伝統の系譜

田崎報告の中で特に印象的だったことは、「授業の中に笑いを」生みだそうとする教師の努力でした。そこでは「1時間で1回も笑いのない授業をした教師は、ただちに逮捕する」という『子どもの生きる社会科授業の創造』（明治図書、1982年）などで著名な教師、有田正和さんの言葉が参照されていました。「学びの種」という着想が、かつて有田氏が、授業の「ネタ」として教材研究を継続し、多くのすばらしい実践を生みだしてきた中で生み出された概念であることに気づかされます。

私たち参加者は一様に、教師歴3年目程度という若手教師の田崎さんが、子どもの置かれている社会経済的文脈をしっかりととらえ、熟慮し、明日の授業を構想している「教え手」としての構えに驚きました。でもそれは、どんな育ちの中にあっても、すべての子どもが毎日楽しく学校に通い、知的な喜びを感じられるようにしたいと願う情熱を田崎さんがもっていることだけに支えられた実践ではないことを、報告が進むにつれて、私たちは理解していきました。田崎さんに情熱ややる気があることはもちろんその通りですが、それと同時に、彼がこれまで授業をつくってきた先人の実践に真摯に学ぶ「学び手」であることが重要な教師の専門性なのではないかと、あらためて考えさせられたわけです。多くの実践を読み、研究会に参加し、歴史に学び、また目の前の子どものことを考えるという循環が、教師の優しさを生み出す基盤になることを痛感した報告でした。教師が知的な営みを子どもに渡していく際にもつ人としての優しさは、私たちが想像する以上に大切なことなのだろうと、田崎報告の端々から感じました。今後も、保幼小で語り合うこうした学びの場を、大切にしていきたいと思っています。

以上のように、渡辺報告、そして田崎報告から私たちは多くを学びました。今回はとくに、保育、そして教育の実践者が、目には見えなくても、それまでに築かれてきた実践の歴史を背負って現場に立っている存在だということに思いをめぐらせた対面討議でした。保育者・教師による民主的な実践は、『資本主義だけ残った』（ブランコ・ミラノヴィッチ）と言われる今こそ、その価値の重さに気づかれるべきなのだと思われます。

（塩崎美穂）

【レポート一覧】

① 大　阪　渡辺基子　幼稚園　●認定こども園の日々
② 高　知　田崎恵太　小学校　●学びの種——主体的な学習の土台作り

分科会報告

16

思春期・青年期の進路と教育

大村　惠
杉田　真衣

２０２２年の本分科会では、10本のレポートをもとに議論をおこないました。

冒頭の基調報告で杉田真衣共同研究者は、子どもの権利条約にかかわる２０２２年の大きな動きとして、『生徒指導提要』での子どもの権利条約の位置づけと、子どもの権利の保障を基本理念とする「こども基本法」の成立を挙げました。しかし、子ども・若者をめぐっては厳しい状況があります。たとえば自殺や不登校が増加していますが、自殺の半数近くは理由不明とされ、それは子どもたちの声が聴き取られていないことを示しているかもしれません。学校スタンダード・学力テストによる管理統制と競争は弱まることなく、外国につながる子ども、貧困家庭の子どもや病気・障害がある子どもは排除され続けています。学校に適応できても「いい子」であることを強いられ、「誰も自分の話を聞いてくれない」と苦しんでいます。子どもが意見を言えるのはもちろん重要ですが、聴き取ろうとされて初めて声を出せるということがあります。声にならない声をも聴き取ろうとしてきた方たちとともに、子どもの意見表明権や学ぶ権利が保障され、かれらが自らの手でよりよい社会を創っていけるために何ができるかを考え合いたい、と杉田は報告を結びました。

1　子どもと学校の状況

討論の柱の一つ目を「子どもと学校の状況」とし、いま子どもは、そして学校はどのような状況にあるのかを、レポートをもとに考えました。

岩井紀子報告（東京・中）「コロナ禍で出会った中学一年生と学校」では、コロナによる休校や分散登校を経験して2021年4月に中学へと入学してきた子ども一人ひとりの姿が語られました。自分の発する言葉によって相手がどのような気持ちになるのかを想像できない、「やられたら、殴る。殺す」といった攻撃的な言動をするなど、幼さや攻撃性が見られます。不安定で不安な様子で、たとえばSNSに通じていて一目置かれている子は、体育会前日に遅くまでクラスLINEで「ハッスル」して当日は突然休み、その後不登校へと至りました。別の子によれば、当日の朝にLINEを確認するとクラスLINEは300通、他も合わせると1000通にもなっていて、面倒ですがやめられないそうです。幼さやSNSへの没入にはコロナの影響があるかもしれません。教員は上から次々と押しつけられることに対応する中で「子どもにつけさせたい力とは何か」「子どもを育てる」という視点を弱めていないか、と岩井さんは問いかけました。

宇野夕湖報告（京都・高）「清新高校における実態と教育課題」は、三つの分校を継承するとの名目で新設された高校からの報告でした。この学校は、不登校経験や発達特性をもつ生徒、支援学級の生徒を中心として学力的に厳しい生徒を受け入れる、単位制総合学科の昼間定時制高校です。保護者と同居していなかったり貧困であったりといった家庭環境、発達特性、知的能力、障害、トラウマなどいくつもの要素が複雑に絡み合っている生徒が多くいます。一人ひとりの状況に応じた手厚い支援への期待が高いですが、教員の手が回っていないのが実情です。地域にある他の高校や特別支援学校、そして中学校と連携すること、学年制ではないので単位未取得でも進級できる中で基礎基本を徹底させること、そして、一人ひとりに寄り添った教育を「支援」とする見方と「甘やかし」とする見方が併存する中、3年か4年で生徒をどう社会へと送り出すのかを考えることという、大きく分けて三つの課題があるとの指摘がありました。

二人の報告を受けた議論では、岩井報告で言われた子どもたちの幼さと攻撃性のうち、幼さに関しては、私的な関係を学校に持ち込んでトラブルを起こす子どもたちが、仲良しでなくてもみんなで協力して何かをつくるという経験をすること、攻撃性については、自分の弱さを見せられず安心できない世界を生き、攻撃されないために攻撃している子どもが弱さを見せられるようになることを課題としているとの発言がありました。宇野さんが報告したような高校再編の動きは他県の中山間地域の全日制高校でも起きており、中学校で不登校だった生徒とそうではない生徒が混在する高校で「標準的」

な生徒に目が向かなくなるという課題があるとの意見が出される一方、生徒に「肩入れ」しすぎではという宇野さんの葛藤に対して、「肩入れ」でけっこう、子どもは自分にかかわった大人がどこまでするのかを見ていて、大人が自分の可能性を信じてくれたということが自信になるとの応答もありました。

2 子どもと向き合う教育実践

1で確認した子どもと学校の現状も踏まえつつ、より実践に踏み込んだ議論をおこなうため、二つ目の討論の柱を「子どもと向き合う教育実践」としました。その前半では中高の接続の状況が大きく様変わりしている中で、子ども・若者の育ちと学びを保障するために求められるのは何かを考え、後半では学びを創造する教育実践を検討しました。

國枝幸徳報告（岐阜・高）「『高校生にとっての教育を受ける権利』とは？」は、広域通信制高校の協力校にいて見えてきたことから、義務教育終了後の子どもが教育を受ける権利はどれほど保障されているのかと問いました。不登校の増加や高卒を当然とする社会の影響で通信制高校、とくに広域通信制高校の入学者が増えている現状は注意深く検討しなければなりません。通信制は学びたくてもその条件を整えられない層の存在を背景として登場し、学ぶ意欲を持てない生徒は想定されていなかったからです。中学で不登校となり学習が進んでいない生徒や、高校に入ったものの学習意欲を持てず通信制高校へと入り直した生徒には自宅でのレポート作成は難しく、通学型通信制高校という矛盾した仕組みが生まれたと考えられます。高卒資格へのこだわりを強いる社会を問い、高校の学びが必要だと思ったらいつでもどこでも誰でも学べる仕組みをつくり、生徒一人ひとりの状況や要求に即した進路指導をする必要があると國枝さんは指摘しました。

続けて綿貫公平報告（子ども全国センター）「若者たちとのかかわりを通して、あらためて中等教育（中高の接続）を考える」では、中学校教員退職後、ひきこもっていた若者たちが社会へとつながる「居場所」のスタッフとして経験してきたことから大きく3点を指摘しました。第一に、中学・高校時代の学びや他者とかかわる体験、自我／自分を成り立たせるものをどうつくるかという点から考えると、学校以外の場所を持つ重要性が浮かび上がります。第二に、教員時代には不登校の生徒の側から見たり考えたりすることが不十分で、たとえばセクシュアルマイノリティ、ヤングケアラーや性暴力サバイバーは不可視の存在となっていました。第三に、高校入試が中等教育を分断する状況をそのままにしていてよいのかということです。大学で教えた経験からも、少子化がいっそう進行し、18歳が成人となってもいるいま、高校ぐらいまでの内容を学習する場をすべての子ども・若者に保障するために、学校教育制度自体を見直す必要があると提起しました。

その後の討論では、各地の高校で強いられている「スクールミッションの再定義」は最終的には教育委員会がおこない、それにもとに「スクールポリシー」が策定されているが、設置者が各校の社会的役割を決めるとはどういうことなのか、そもそも公立高校はどこにあってもその地域の子どもに後期中等教育を保障するもののはずだとの意見が出されました。高校入試をなくせるかという綿貫さんの投げかけに対して、定員割れする高校が多く、高校入試の存続が難しいところにきているのではないか、「学校が求める生徒像（アドミッション・ポリシー）」もつくらされるけれども生徒が来てくれるだけでいい状況があるとの指摘もありました。コロナ禍にあっても進学校では行事がなくならないなど、高校教育における分断のすさまじさを目の当たりにしているが、学習内容の質は握って離さずにいたいとの発言もありました。

続けておこなわれた元田一雄報告（島根・中）「教室の中にある小さな、小さな成長の物語――『学び』のちょっと手前にある『ケア』の記録」は、退職後に非常勤講師として英語を教えた中学校で出会った学習面で非常に厳しい生徒、K君とH君の「『学び』のちょっと手前にある『ケア』の記録」です。元田さんは、K君の遊び仲間であるH君にアプローチをして、まずはH君を「学びの世界に連れてくる」という方針を担任教員と立てます。その後、H君を橋渡しにしてK君も「学びの世界に連れてくる」ことに成功します。粘り強くグループ学習にとりくむことで、互いをケアする関係が生まれ、そこからH君、そしてK君の学びが生まれてもいきました。一進一退のK君の姿からは、成長には非常に時間がかかること、学びから目を背けているように見える子どもも学びたいと願っているのであり、時が来れば学び始めるのだと信じて待つのが大切なこと、子どもがどうしたら学びに向かえるかともに悩み、失敗をくり返しながら実践を続ける必要があることをあらためて実感したといいます。

鈴木博美報告（民主教育研究所）「『生活』から立ち上げる家庭科の授業――コロナ禍の授業から考える」は、私立高校の2年次の家庭科選択科目「生活文化と環境」の実践報告でした。8割以上が大学へと進学する高校でこの科目を受講する生徒は成績面や生活面で課題を抱えていることが多く、鈴木さんはかれらが意味を見出せてその成長や将来に役立つ学びをつくるには何をどう教えたらよいか悩んできました。2020年度は、小学1年次に東日本大震災が起きた生徒が災害を学ぶ授業となりました。自分が住む自治体の避難所や備蓄品を調べ、それは高校の備蓄品の見学や区役所訪問へと展開しました。東日本大震災の被災者にインタビューをし、阪神・淡路大震災を経験した生徒の母親たちの話も聞きました。災害時に学校から徒歩で帰宅することを想定して危険箇所を見て歩くフィールドワークを計画し、コロナで実現できなかったものの、川の氾濫の危険がある地域の近くに住む教員にオンラインでレポートをしてもらうという企画に変更して実現させました。

二人の報告を受けた議論では、元田さんは「できないことははずかしいことではなくてオープンにできること」と言ったがどのような手立てでそれは可能になるのか、との質問があり、「できないからみんなで学ぶんだよ」「できないことははずかしいことではないから、わからなかったらそう言っていいし、聞けばいい」とくり返し伝えたとの応答がありました。グループワークでもそう伝え、どうしたら子どもたちが安心してそこにいられて学べるかということを授業の大きな柱としたということです。鈴木報告に対しては、子どもが事実を追求するのを教員が支え、かかわった大人たちも学ばされているところが素晴らしいとの感想が語られました。二人の実践に共通するのは、教員もわからないということが出発点となっており、生徒に教えるのではなくともに学んでいくという姿勢があって、子どもたちが自分たちでみつけていく点だという指摘もありました。

〔杉田真衣〕

3 学ぶ権利を守る定時制・通信制教育

西内裕詞報告（高知・高）「定時制高校の生徒たちも全日制と同じ『高校生』――須崎総合高校定時制のクオリティアップ・プロジェクト」は、夜間定時制高校から改変された総合高校定時制での学校づくりのとりくみです。改変前は生徒同士のトラブルが多く、対教師暴力もありました。工業高校と統合して総合高校になり、荒れていた4年生が卒業して、新しく入ってきた1年生は不登校の子が多く、学校が一変しました。40名定員の普通科で、2022年度の生徒総数は16歳から46歳までの21名と、高齢の聴講生が3名です。学力ばかりでなく、コミュニケーションがとれたり発信できたりする人間力を身につけてほしいという思いでとりくみが始まりました。

まず、総合的な探求の時間でプレゼンを発表したりポスター展示をすることから始めました。学習のテーマを決めて、調べて、発表し、展示するということは無理だと思われていましたが、学期に一回の校内発表会でお互いを評価し合っています。２０２０年の春休みから基礎力補習を開始し、５教科の学力に応じたプリント学習に全生徒が参加しました。夏休みからは進学希望生徒向けの講義形式も始めました。２０２１年春から家庭学習の習慣づけのために、７名の教員が３名ずつ担当して国数一般教養の添削指導に1週間とりくむ「トライベスト」を始めました。ほぼ全員がとりくみましたが、一人の生徒はその期間は学校を休んでいました。大学進学をめざす生徒には始業前に毎日2時間の補習をしました。学校行事では、10年以上途絶えていた遠足をおこない、２０２２年度は3泊4日の修学旅行を計画しています。

西内さんは、「今の定時制の生徒は、簡単に学校を休んでしまう。生徒にとって学校は薄っぺらく、存在感がない。学校が学校らしくないから、薄っぺらいものになっているのではないか。補習とか修学旅行や遠足にとりくみ、全日制と同じようになると、学校は大切なものになっていくのではないか」と考えています。

清水功報告（全教定通部）「学校の居場所づくりの取組」は、定時制高校におけるＮＰＯとの連携による居場所づくりのとりくみです。和泉工業高校は２００５年に和泉総合高校「クリエイティブスクール」に改変され、さらに２０１４年に「学びなおしの学校：エンパワメントスクール」に改変されました。２０２０年の27名の入学生のうち26名は、療育手帳や精神障害者健康福祉手帳を持っていたり、日本語を母語としなかったり、支援が必要な生徒です。全生徒数68名中、ひとり親家庭や祖父母のもとで暮らしている生徒は42～43名です。悩みを抱えた生徒がいて、不登校生徒が多い。そんな生徒たちが学校に来れるようにしたいという思いで始めたのが、居場所づくりのプラットフォーム化事業でした。

２０１５年に大阪府の「高校内における居場所のプラットフォーム化事業」により、「いずそうのえんがわ」にとりくみましたが、２０１６年度で事業が終了しました。

２０１８年10月にＮＰＯ法人Ｄ×Ｐから居場所づくり事業「いごこちかふぇ」が企画提案され、12月から2月まで3回実施しました。２０１９年には通年で実施したいという要望があり、9月まで隔週で計10回実施し、利用者はのべ３１２名でした。後期からは毎週実施したいという提案があり、10月は隔週、11月から毎週実施しました。

「いごこちかふぇ」では、生徒は協賛企業から提供された食事をしながら話をして、食べ終わったらゲームをしたり、相談したり自由に過ごします。そこには教師は入らない約束です。マグカップのデザイン、ネイルアート、ヘアアレンジなどのミニ企画もおこない、夏休みには学校外での職業体験

ツアーも実施しています。運営はすべてNPO法人D×Pにまかせており、教員は、人権教育担当者、養護教諭、生徒指導、進路指導、主席教諭の5名で構成される生徒サポートチームが打ち合わせをして、ビラを作成して生徒に伝えています。

「いごこちかふぇ」を楽しみにする生徒が増え、出席率は2015年69・1%から2019年81・4%に、進級・卒業率は2015年73・2%から2019年89・9%に向上しました。2020年度からコロナウイルス感染防止のため開設できなくなり、出席率が下がっています。感染が落ち着いたら再開をめざす予定です。

佐佐木留美子・石川智子報告（島根・高）「学習障害を見逃されてきた子の高校卒業資格取得物語——『養護学校高等部しか進路先はない』と言われたけれど」は、学習障害のある子どもを支援する私立通信制高校とサポート校のとりくみです。石川さんの長男のH君は小さい頃から祖父母の田んぼや畑の手伝いが好きな子どもでした。小学校4年生頃から算数と国語の時間は特別支援教室に通級するようになり、中学校では自閉症・情緒学級に在籍しました。H君は普通高校への進学を希望しましたが、教員からは特別支援学校を勧められました。中3の秋、学習面の個別指導をしてくれる放課後等デイサービスでKABC－Ⅱのアセスメントを受けたところ、その担当が佐佐木さんでした。学習障害だと見立てられ、学習障害に対応する広域通信制の明蓬館高校があることを教えてもらいました。H君自身も明蓬館高校を希望したので進学を決めました。H君の入学に合わせて、佐佐木さんは雲南市大東町でサポート校みかた麹杜高等学院を開設し、H君は片道2時間を3年間休まず通って卒業しました。

佐佐木さんは、合理的配慮が受けられる教育を求めて、子どもの特性に対応した学習方法が可能な明蓬館高校のサポート校を開設しました。みかた麹杜高等学院の常勤職員は佐佐木さん一人で、公認心理師と教員資格を持っているため明蓬館高校のサポート校として開設することができました。校舎は佐佐木さんの自宅を活用しています。

みかた麹杜高等学院では、明蓬館高校が提供するネット学習の他に、佐佐木さんが開発した学習障害に対応したパソコン入力スキルの獲得などの教材を活用するとともに、生徒の持ち味を活かした「マイプロ」（プロジェクト学習）をサポートしています。明蓬館高校ではテストに加えてマイプロでも成績評価をしており、ワークブック、ノート、自作レポートなどの学習成果物が評価の対象になります。H君は農作業や造園作業が好きな持ち味を活かして現代社会、家庭総合、生物基礎、科学基礎などの科目でマイプロ作成にとりくみ、そのうち総合的な学習としてとりくんだ「身につけた造園技術を発揮」は校内のマイプロアワード特別審査員賞を受賞しました。就職のための原付免許取得も「課題研究」として単位化してとりくみ、続けて準中型免許、大型特殊免許も取得し、造園業に就職することができました。

課題としては、経済的な負担の問題があります。就学援助費はサポート校やフリースクールには支給されません。みかた麹杜高等学院では、明蓬館高校の授業料、交通費をふくめると年額80万円の家庭負担になります。また、サポート校の運営も厳しく、佐佐木さんへの人件費は3年間で52万円に抑えられています。今後は、放課後等デイサービス事業を併用することも考えています。

4　権利としての子ども・若者支援

子ども・若者育成支援推進法には国の責務（第3条）と地方公共団体の責務（第4条）が明記されています。子ども・青年への支援は、地域においてどのように実現できるのでしょうか。

古庄健報告（大阪・枚方子ども会議）「官民で取り組む子ども若者支援」は、枚方市における不登校・社会的ひきこもり・若者支援の実践です。枚方市では、「枚方市ひきこもり等地域支援ネットワーク会議」が、２０１２年6月に官民共同で設立され、２０１９年に子ども・若者育成支援推進法に基づく「枚方市子ども・若者支援地域協議会実務者会議」（ひきこもりネット）に改組されます。ひきこもりネットの設立は、「どこに相談に行けばいいかわからない」「行政に相談に行ったらたらい回しにされた」という市民の声がきっかけになりました。ひきこもりネットは、必要なタイミングでふさわしい支援が届けられるように支援機関同士が顔の見える関係をつくり、連絡・協力し合えることをめざしています。40団体・機関が参加し、事務局は「ひきこもり等子ども・若者相談支援センター」です。世話人会と全体会を隔月で開催し、

「枚方市青少年サポートマップ」を作成し、ケース会議、ひきこもりサポーター養成講座、市民講座を開催しています。

「ひきこもり等子ども・若者相談支援センター」は2013年4月に開設され、相談員は社会福祉士1名、臨床心理士4名で相談件数は年間2000件を超えています。若者とスタッフが雑談、ゲームなどをしてのんびり過ごす居場所「ひらぽ」を開設し、調理イベントなども開催し、経験を広げて元気と自信をつけてもらうことを目的としています。家族会は2016年に「枚方市不登校・ひきこもり家族会連絡会」を結成し、行政との交渉窓口として活動しています。

課題としては、まだまだ知名度が低いことと、公務員の異動により担当者が交代する中で活動を継承することであり、その対策として①勉強会チーム、②相談場所検討チーム、③周知啓発イベント検討チームを立ち上げています。

5 総括討論

総括討論では、多様な学校をつくるのではなく多様な子どもを受け入れること、学校に居場所ではなく学校を居場所に、という学校づくりの基本的視点や、一方で、子どもの一人ひとりに「肩入れ」して寄り添ったり支援したりすることをどう考えるか、などの意見交換がありました。

杉田共同研究者からは、それぞれの報告に触れながら、学校らしさってなんだろうとあらためて問うことが必要で、揺れながら自分を問うている姿に感銘を受けたと語られました。

大村共同研究者からは、まとめとして次の点が指摘されました。子どもたちの幼さと攻撃性などチグハグな人格形成は、大人たちの人格形成や社会の矛盾の反映であり、その中に子どもたちの成長の可能性を見ることを大切にしたいこと。外部の力を借りて学校の居場所をつくることは大切だが、子ども同士の関係、子どもと教職員の関係を取り戻すことによって学校が居場所になることを考えたいこと。元田、鈴木実践のように子どもたちとの関係の温かさ・ゆたかさは、その背景に子どもへの信頼があること。子どもに最適な学び方・教え方を追求することは、子どもにとって一番いいことは何かという最善の利益を求める教育のあり方を示していて、学習障害、発達障害、性的少数者、ヤングケアラーなどの一人ひとりの多様性を理解すること、たとえば家庭学習ができないという子どもたちへの深い理解が必要であることなど。

討論のキーワードの一つが「学校らしい学校」であったことは印象的でした。子どもと同じように大人も今の学校に違和感を感じているのかもしれません。今回で最後の16分科会になりますが、分科会構成は変わっても、揺れながらも語り合い、「学校らしい学校」を協働して探求していただきたいと思います。

〔大村　惠〕

【レポート一覧】

杉田真衣　共同研究者　●基調報告

①東京　岩井紀子　中学校　●コロナ禍で出会った中学一年生と学校

②岐阜　國枝幸徳　高校　●「高校生にとっての教育を受ける権利」とは？

③京都　宇野夕湖　高校　●清新高校における実態と教育課題

④大阪　古庄　健　市民　●官民で取り組む子ども若者支援

⑤島根　佐佐木留美子　石川智子　高校　●学習障害を見逃されてきた子の高校卒業資格取得物語――「養護学校高等部しか進路先はない」と言われたけれど

⑥島根　元田一雄　中学校　●教室の中にある小さな、小さな成長の物語――「学び」のちょっと手前にある「ケア」の記録

⑦高知　西内裕詞　高校　●定時制高校の生徒たちも全日制と同じ「高校生」――須崎総合高校定時制のクオリティアップ・プロジェクト

⑧全国　鈴木博美　民主教育研究所　●「生活」から立ち上げる家庭科の授業――コロナ禍の授業から考える

⑨全国　綿貫公平　子ども全国センター（東京・市民）　●若者たちとのかかわりを通して、あらためて中等教育（中高の接続）を考える

⑩全国　清水　功　全教定通部　●学校の居場所づくりの取組

分科会報告

17 ジェンダー平等と教育

関口　久志
中嶋みさき
前田　浪江
水野　哲夫

1 ジェンダー・セクシュアリティ教育の現状と課題

コロナ禍はジェンダー不平等を顕在化させ、政府は昨年に続き「女性活躍・男女共同参画の重点方針2022」（2022年5月、以下「重点方針2022」）の原案をまとめ、また「子どもに対する暴力撲滅行動計画」（2021年8月）を出してきました。「重点方針2022」は、妊娠・出産・身体の健康に関し「若年層に対する包括的な教育・普及啓発の推進」を継承し、「生命（いのち）の安全教育」については、2023年度全国展開に向けたとりくみを提案しています。男女賃金格差の解消や男性の育児休業推進の施策も注目されます。ただし政府は、CEDAW勧告に応えず選択議定書の批准、選択的夫婦別姓制度の導入を見送っています。世論や社会の動向の変化をとらえ、子どもの権利を守り、子どもの全面的発達を保障する方向をめざし、学校、地域、家庭での課題を慎重に検討し、積極的に推進する必要があります。

20日午前のレポート1本目は北見昌彦報告（出版労連）「この1年、教科書に何が起こったか、私たちはそれにどうとりくんできたか」でした。昨21年、「従軍慰安婦」「いわゆる従軍慰安婦」、朝鮮人労働者の「強制連行」「強制労働」という記述に対する攻撃により、文科省は記述の変更を強要する「訂正申請」を求めました。これに対し変更せずに注を追加する、類似の表現に変更するなどの抵抗もみられました。検定制度の問題に関して、国連自由権規約委員会、子どもの権利委員会、社会権規約委員会、人権理事会に対し、日本政府がおこなっている虚偽報告（日本の検定制度に政治的意図が介入する余地がない）を国民が知らず、問題にしていないという課題を指摘しました。また教科書のデジタル化のもとで、教科書が非常に安く提供されており、教科書価格を低く抑える政策によって政治的統制がなされている実態を報告し、教科書価格適正化の必要性と要請行動などへの協力が訴えられました。ジェンダーとのかかわりでは、『失敗しないためのジェンダー表現ガイドブック』（小学館、２０２２年）の発行が紹介され、教科書に限らないとりくみが共有でき、たいへん有意義でした。

２本目は森敦子報告（高知・市民）「選択的夫婦別姓制度は政治の責任で実現を！」です。コロナ禍の２０２０年11月高知県下の女性団体・労働組合15団体によって組織された「選択的夫婦別姓の法制化を求める意見書」請願準備会の２年間の活動報告でした。２０２１年34自治体のうち過去の採択との累計は18自治体に達しました。学習会を通じ、男性や若い世代をふくむ人々と交流し、別姓は「わがまま」ではなく、家族内で我慢する関係をなくし互いの生き方を尊重するという共通認識ができました。県議会では各議員への公開質問状を出すも、自民党は議員全員分の封筒を未回答のまま突き返す暴挙に出て、２０２２年3月議会には旧姓の通称使用の更なる拡充を求める意見書」を提出しました。急遽、会も「選択的夫婦別姓の法制化を求める意見書」を出し、「選択的夫婦別姓」の意見書は賛成11反対22で否決、「旧姓の通称使用」の意見書は賛成24反対9で可決でした。報告から、活動を通じ県内の夫婦別姓はじめ多様な家族の存在や選択的夫婦別姓を求める声の広がりを明示できたこと、何らかの法的措置の必要性は自民党も認めざるをえないことがわかりました。素早く粘り強い高知市民の活動に共感が寄せられました。

３本目は中西早苗・有吉典子・上山洋子報告（京都・市民）「性教育サークルと養護教員部と共に取り組む性の学びと実践！」です。〝性教協〟京都北部性教育サークルは、１９９1年に北部3支部（奥丹教組・与謝教組・舞鶴教組）養護教員部の村瀬幸浩氏講演会を契機に、未組合員、保護者を巻き込む学習会を重ね組織されました。その後、発達支援・障害児教育、ひきこもりや子育てに関わる人々が参加し、２０２1年、30周年を迎えました。発足当初から北部養護教員部と学習会を重ね、教職員や保護者の支えのもと、ジェンダーバッシングにも後退することなく従来の実践を続けられたのは、すばらしく励ましになりました。２０２１年度は貧困・格差問題、性暴力、「生命（いのち）の安全教育」などの学習会のほか、サークル発足30年のとりくみとして、「しあわせに生きるための性の学び展」をおこない、基礎知識から現代的課題を広く学べる機会を地域で設けました。「学び展」の展示場所に市のギャラリーを使用、「生理の貧困」など幅広い活動が学校での実践と平行している、とわかり、行政と地域の人々との信頼関係を地道に築く実践が感動を呼びました。地域でのジェンダー・セクシュアリティ実践のモデルのような報告でした。

（中嶋みさき）

2 性の多様性を考える

人間は多様であり、性に関しても、体も、性自認も性的指向も一人ひとりちがいます。このことを「性の多様性」と表現しています。

20日午後からは、「性の多様性」に関わる5本のレポート報告がありました。

1本目は、保護者（高知・市民）による「『ジェンダーレス制服』採用をめざして」です。小学生のお子さんが、制服に強い不安を感じ、「あの制服を着るくらいなら中学校には行かん！」と言ったのをキッカケに、制服について考えるようになったのです。

高知市内の中学校での制服状況を調べたり、子どもの気持ちを聞いたりする中で、「この問題は私の子どもだけの問題ではない」と考えるようになります。「にじいろのまち宣言」をしている高知市ですが、多くの中学校の制服は男女別指定。発表者はすべての高知市立中学校でのジェンダーレス制服実現をめざそうと考えます。市議会に「ジェンダーレス制服の採用」に関する請願を出し、全会一致で採択されます。市教委は各校にジェンダーレス制服導入に向けた協議を生徒やPTAと始めるよう指示します。子どもの進学先の中学校でも新たな制服導入が決まり、その後も保護者や生徒たちからの要望によって改善されていきます。

報告者は、ジェンダーレス制服実現の経験の意味について「声をあげて校則を変える」という体験の積み重ねが、将来社会に出る子どもたちに、身のまわりの理不尽な事柄や差別に気付き、解決していく力になる、と述べています。

ジェンダーレス制服実現のプロセスは、多くの学校が「男女性別二分法」に、無自覚なままどっぷり浸っている現状を照らし出しました。

2本目は、渡部翔子報告（埼玉・高）「一人ひとりの思いを大事にする学校へ――Mが卒業式にスカートで参加したいと言えるまで」です。

このレポートは、公立高校学年主任だった報告者が、トランスジェンダーのMと出会ってからの3年間、「生徒と教師たちが揺れながら学んできた」記録の一部です。

本レポートは「失敗を恐れず挑戦するが、だれも排除しないで弱音のはける学年」づくりの記録であると同時に、学年の一員であるトランスジェンダー生徒Ｍとの「出会い、思いの聞き取り、思いの実現」をめざしたとりくみ、その過程のレポートでもありました。

Ｍの希望は、しばしば学校の「きまり・慣習・常識」に阻まれます。報告者は自らの知見を広げ、生徒や学年スタッフとの共通認識を広げ、Ｍの思いを実現していきます。学年の最後に「卒業式にスカートで参加したい」とＭが意思表示し、実現します。

「『卒業式』の勢いを借りなくても、もっと早い段階で（……）『思考停止状態』を打ち破るようなアクションを起こしていたら、もっと早くスカートをはくことができていたのではないだろうか。頭髪規定も、Ｍへの個別対応ではなく、不満を抱えていた生徒たち全員が納得できるようなものに変えられたのではないだろうか」と報告者は述べています。大切な問題提起だと思います。

３本目は中村万里菜報告（長野・高）「映画『カランコエの花』を鑑賞した高校生の感想から見るジェンダー観――『性的同意』の大切さ」です。

報告者は英語科の教員。授業や日常生活の中で、ジェンダーにかかわる問題をどう扱うか模索中とのことです。これまでに同性婚の是非についての英文や、ＳＤＧｓ目標の５「ジェンダー平等を実現しよう」に関する英文を読むなどの実践をしてきました。

レポートは、人権教育の一環として生徒と映画「カランコエの花」を鑑賞した経験と、そこから発展したジェンダーやセクシュアリティに関する学びの報告でした。

映画「カランコエの花」は、２０１６年に日本で制作された高校生とＬＧＢＴＱをめぐる劇映画（39分間）です。この映画を観た生徒たちからのさまざまな感想や疑問を交流し合い、「性の多様性」がＬＧＢＴＱだけの問題ではなく、すべての人にかかわるものであるという認識を育てていくというレポートです。

性の多様性に関する学びが、ＬＧＢＴＱなどのセクシュアルマイノリティに関する学びから始まるというのは、ある意味では仕方ないことなのかもしれません。しかし、大切なことは、性の多様性はすべての人の問題だということです。そこに向かう学びの道筋が必要であることをあらためて浮き彫りにした実践です。レポートのもう一つのテーマは性的同意の大切さに関する学習の報告でした。

４本目は後藤静報告（愛知・高）「『私がワタシらしく生きていくためには？』を探る」です。報告者は福祉科の教員。

新たな学科として設けられた「総合学科」の県立高校に勤務しています。このレポートは、3年生の必修科目「総合的な探求の時間」で6回にわたっておこなわれた授業の報告です。6回の内容は次の表の通りです。

第1時：自分らしさを発見しよう！「自分自身が思う自分の良いところ」を出し合う

第2時：みんならしさを発見しよう！グループで「自分の良いところ」を発表し合い、「みんなの良いところ」をまとめ、「ベストオブ～さんの良いところ」とする

第3時：私のなかの〝ジェンダー〟①　ジェンダーを「社会的、文化的につくられる性別」と説明し、「男（女）だから～すべき」を考える

第4時：〝ジェンダー〟を観る！　ジェンダーをテーマとする5本の YouTube 動画を視聴する。考えたこと、学んだこと、感想を記録し、授業の最後に発表する

第5時：私のなかの〝ジェンダー〟②　第3時に考えた「男（女）だから～すべき」を発表する

第6時：「子育てと仕事」ワタシらしく生きていくために！子育てをしている男性教諭を授業に招き、生徒とディスカッションする

この学習を経て、「互いの特性を認め合える関係性」を構築することができたと報告者は述べています。

5本目は遠藤玲香報告（私学・千葉・中高）「社会科教員が考える性教育――学校教育で再生産される『性』への葛藤と挑戦」です。

報告者は社会科教員です。高校3年または中学3年の公民分野で実践した性教育について報告しています。

報告者は、包括的性教育をめざしていますが、その幅広い領域（生殖・性的行動・避妊・性的同意・性と生殖に関する健康と権利など）の中でも、特に「性の構造の理解」と「ジェンダーとそれによる格差」という二つの分野に力を入れてきました。

それは、生徒たちの「男・女・その他」にとどまっている性の概念を一度壊すことが大事だと考えたからであり、ジェンダーギャップが他の問題にも増して優先度が高い問題だと考えたからだと報告者は述べています。

また、高校3年と中学1年の学級担任としての性教育実践の経験についても報告しました。性の学びを通じて、生徒たちの中に新たな発見に対する肯定的な反応が生まれている一方、特にジェンダーギャップについてはどう「自分事」にしていくかが課題だと報告者は述べています。

〔水野哲夫〕

3 からだの権利を考える

ユネスコ『国際セクシュアリティ教育ガイダンス』では、誰もが「自らのからだに誰が、どこに、どのようにふれることができるかを決める権利を持っている」とからだの権利を解説しています（キーコンセプト4「暴力と安全確保」）。からだを科学的に認識し、肯定的に受け止めることは、自他の尊厳をまもる、よい関係性の基盤となるものです。このパートのレポートは、2023年度より全校で実施される予定の文科省推進の性暴力防止指導「生命（いのち）の安全教育」への批判改善もふくみ、からだの権利の理解を深める意欲的なとりくみで、遅れる日本の性の学びを大きく前進させる内容でした。

1本目の岡野さえ子・池谷壽夫報告（民主教育研究所）「からだの科学と人との豊かなふれあいを大切にした性教育――特別支援学校での実践と課題」は、障害児対象の肯定的な「ふれあいの文化」を学ぶ実践です。障害のあることで自己否定感が強くなったり、他者との関係をうまく形成できなかったりすることが多い状況を改善する長期的なとりくみです。ベテランのレポーターからは、小学部での出産体験学習、中学部での思春期のからだなどの変化の肯定的学び、高等部でのからだ学習から人とのかかわり、そして大人への歩みだしの学びなど、変化する子どもたちの実態とニーズに合わせた性教育が紹介されました。その間には教員集団の成長と変化もありました。中でも高校2年時の『Shall We Dance?』の実践は圧巻で、親しくなりたい、ふれあいたいというニーズを社交ダンスでルールとマナーを学んで満たしていきました。「ダメ・禁止」という指導を乗り越えた肯定的な「ふれあいの文化」の獲得で、情緒を安定させてリストカットや破壊行動までが激減しました。レポートでは「からだについての科学的な学びや、人とのゆたかな触れ合いで、自分を肯定し、自分も他人も大事にしようとする気持ちを育てる」と報告されました。ただコロナ禍でふれあいの実践は制限されていき、「生命（いのち）の安全教育」の研究指定校になったことで「距離をとることばかりが強調された文科省教材」での実践がおこなわれた結果、「近寄るな！」と強い口調で言ったり、仲良い二人が急に「距離をとらんとダメ」と言ったりすることになってしまったそうです。討論では、文科省「生命（いのち）の安全教育」には、「性の肯定的な面がまったくなく、上から目線の禁止や望ましい行為の強制になっている。障害児バージョンもない。性をポジティブに包括的性教育を盛り込むことでよりよい実践に改善していく必要がある」との意見があり、共感をえました。

2本目の十川康彦報告（兵庫・小）「特別支援学級担任の取組」は、主に障害児をふくむ小学生に向けた、からだの変化・多様性・プライベートゾーン等の実践報告です。聴覚障害の子どもに向けた教材は、性の学びが遅れる日本ではその分野の性教育教材は、より少なく工夫を要します。レポーターは、特別な機材などを使ってその障壁を乗り越えていきます。とくに性的なトラブルから性教育の必要性を感じ、保護者の快諾を得て、性の絵本を使って外性器、プライベートゾーン、性被害防止、出産などの授業を実施しています。また別の肢体不自由児とのかかわりでは、ケアの工夫で心地よいふれあいを学び、自分を大事な存在と認識できるよう変化しています。

ここまでの2つの報告は、障害児教育での性の学びの重要性を示すものでした。

3本目の光真志報告（埼玉・中）「届け 私たちの気持ち」は、学校だけでなく、地域の力もふくんだ、年間を通じた性の総合学習の報告です。助産師などによる出前授業「いのちの授業」を軸に事前学習や事後学習をおこなうていねいな実践ですが、所在地の市立病院の産科の閉鎖で助産師が少なくなる危機を教員・助産師などでつくるサークル活動で乗り越えています。コロナ禍で2020年3月に唐突に始まった一斉学校休校から、かけがえのない中学校生活の2年間余りを奪われた生徒への、性の学びをふくむ交流機会の提供は、何よりの励ましとなりました。「コロナは私たちを遠ざけても、この絆だけは壊せない」という生徒の声からもわかるように、喪失感からの回復にもなっていました。

4本目の東京都教職員組合報告（小）「ジェンダー平等の視点で取り組む性教育」は、小学校低・中学年に向けた、いのちの誕生・家族・成長・ジェンダー平等多様性等の実践報告です。ベテラン先生の心温まる内容で、いのちの誕生では生まれたころの聞き取り、小さい頃の聞き取り、低学年の頃の思い出などの交流がメインで「愛情強調」を避けて、誕生の科学的知識を身につけていきます。ジェンダー平等では男女別の「らしさ」にとらわれず、「自分を大切に」と、性の多様性にもふれています。討論では聞き取り調査にはプライバシーの配慮がいることや精子の「レース」などと擬人化は避けることが話し合われました。

（関口久志）

4 家族・ケア・暴力を考える

3本の報告がありました。1本目柳富代報告(愛知・小)「『いろいろな家族』の授業を小学2年でやってみた——より肯定的に多様な家族を受けとめるために」は昨21年に報告した小学校5、6年生におこなった「いろいろな家族」の授業とほぼ同じ内容の指導案で、22年度は小学校2年生におこなったものです。生活科で自分の育ちについて学び、学活で「赤ちゃんはどこから」の学習をするので、父母から生まれて家族になる以外の方法で新しい家族に迎えいれられることがあることを学ばせたいと考えました。絵本『いろいろいろんなかぞくのほん』は高学年より2年生のほうがより肯定的に受け入れたようです。『ふたりのおかあさん』の読み聞かせ後、主人公を産んだ母と育ての母がいることを確認し、子どもから「おかあさん二人なんておかしい」という声が上がるのではないかという授業者の予想に反し、子どもたちは素直に受け入れる肯定的な感想を書きます。『国際セクシュアリティ教育ガイダンス』で人間関係を学ぶ最初の課題が家族であるように、低学年から多様な家族があると知ることが重要であると感じた報告でした。「家族」という言葉自体が血縁でつながる近代家族の狭い枠で語られがちで、「家族」以外の語を使うことで多様な関係性での結びつきの理解につながるという意見がありました。小学2年生は自分の家族に疑いを感じたり、親の離婚に引け目を感じ始めたりする年ごろでもあり、子どもの状況によっては非常にナイーブな問題で注意が必要だが、いろいろな学年でくり返し扱うべきテーマであると確認しました。

2本目の山田真理報告(大阪・私学・高)「ケア労働から働き方を考える」は、男子が多いクラスで、長時間労働が常態化し家事育児などのケア労働を私的領域に追いやる社会のあり方に気づかせ、望む誰もが子育てや介護をしながら働き続けることができるよう、ケアを社会が支えワークライフバランス実現のためにはどうすべきか? 自分の生き方に引きつけて考えさせようとした授業です。

「保育園落ちた日本死ね!!」の衝撃的なブログを題材に、ブログ支持者、政治家、高校生の意見など多面的に取り上げ、待機児童問題が解消されず、働く権利が奪われている状況を、海外の労働・子育て政策や国際基準の働き方を知ることで、子育て支援が薄く、労働者が家事育児を十分担うことができない日本の深刻な状況に気づかせます。

コロナ禍で授業を1回しか受けられなかった生徒の中には、性別役割分業や子育ての自己責任に終始した生徒もいたようです。しかし、最初の時間に極端な自己責任論的意見を書い

た生徒が、3回の授業を受け、ケアを社会で担う仕組みや長時間労働から脱し家庭の時間を大事にするなど新しい価値観に出会い、意見交換をする中で大きく変わっていったことが報告されました。ジェンダー不平等の根幹をなす問題として日本の男女賃金格差の問題を統計で示す必要性や、仕事と家庭の両立という言葉で終わらせず、待機児童問題解消は労働者として働くことの権利保障、ワークライフバランスを実現し、誰もが家事や子育てをしながら余暇を楽しむ時間を持つことの権利保障など、自分の生活をつくる権利主体の問題として捉えさせる必要性も確認されました。

3本目の中村寿枝報告（私学・大阪・高）「文化祭と教科指導の中での生徒の成長」は保育者をめざす高校3年、短大2年の5年一貫コースの3年HRの実践です。担任としてさまざまな傷つきを抱えた生徒と対話を重ねながら生徒の心を開いていきます。ジェンダーバイアスやルッキズムを内面化し自分を縛っている生徒も多く、自分の幸せは自分でつかみ取る人生を送ってほしいと願い、英語授業でＴＥＤの番組を使いルッキズムの弊害に気づかせ、伊藤詩織さんにインタビューした、スウェーデンとノルウェーの共同制作の番組を見せ、性暴力加害と告発の問題に挑みました。

伝統の「学びの文化祭」では、「シンママ応援団」を応援するためのエコバッグを作って売上金を寄付したり、ＮＰＯ

を訪問し話を聴いたり、映画『ママをやめてもいいですか』を鑑賞したり、子育て経験のある職員にアンケートをとったり、重層的な学びと活動により、子育てをめぐる諸問題は自己責任ではなくジェンダー不平等な社会構造や支援の少なさから生まれていることに気づかせます。さらに文化祭交流会で文化祭の感想を言い合った後、その感想をまた交流し合うという、クラスメイトとの濃密な交流を経て、多様な考え方と出会うことで問題を自分事として深めていきました。HRづくり、社会科の充実ノート、「学びの文化祭」が長年継承されており、地域の人的資本も豊富で生徒と団体をつなぎながら学びが広がる環境にあります。続く短大でもさらに伝統的枠組みを超えた生徒主体の学びの活動が期待できる実践でした。

〔前田浪江〕

5 総括討論

ハイブリットで久しぶりの対面の分科会では、現在のジェンダー平等と教育の課題が浮かび上がっていました。2023年からは他の分科会といっしょになります。「生命（いのち）の安全教育」の全面実施に際し、性教育の分科会を独自にもてないことに不安が残ります。ジェンダー平等と性の学習の関係、ジェンダー不平等が残る労働や家族に関する学習など残された課題の継承をどのようにおこなうか、考えていきたいと思います。

〔中嶋みさき〕

【レポート一覧】

① 埼玉　光　真志　中学校
●届け　私たちの気持ち

② 埼玉　渡部翔子　高校
●一人ひとりの思いを大事にする学校へ――Mが卒業式にスカートで参加したいと言えるまで

③ 東京　東京都教職員組合　小学校
●ジェンダー平等の視点で取り組む性教育

④ 長野　中村万里菜　高校
●映画「カランコエの花」を鑑賞した高校生の感想から見るジェンダー観――「性的同意」の大切さ

⑤ 愛知　柳　富代　小学校
●「いろいろな家族」の授業を小学2年でやってみた――より肯定的に多様な家族を受けとめるために

⑥	愛知	後藤 静	高校	●「私がワタシらしく生きていくためには？」を探る
⑦	京都	中西早苗 有吉典子 上山洋子	市民	●性教育サークルと養護教員部と共に取り組む性の学びと実践！
⑧	大阪	山田真理	高校（私学）	●ケア労働から働き方を考える
⑨	兵庫	十川康彦	小学校	●特別支援学級担任の取組
⑩	高知	森 敦子	市民	●選択的夫婦別姓制度は政治の責任で実現を！
⑪	高知	保護者	市民	●「ジェンダーレス制服」採用をめざして
⑫	大阪	中村寿枝	高校（私学）	●文化祭と教科指導の中での生徒の成長
⑬	私学（千葉）	遠藤玲香	中高一貫校	●社会科教員が考える性教育――学校教育で再生産される「性」への葛藤と挑戦
⑭	全国	岡野さえ子 池谷壽夫	民主教育研究所	●からだの科学と人との豊かなふれあいを大切にした性教育――特別支援学校での実践と課題
⑮	全国	北見昌彦	出版労連	●この1年、教科書に何が起こったか、私たちはそれにどうとりくんできたか

分科会報告

18 子どもの人権と学校・地域・家庭

生田　周二
増田　修治
森田　満夫

本分科会は、1日だけの実施でした。寄せられた報告は5本、参加人数は共同研究者、司会者をふくめて15人でした（Ｚｏｏｍ参加ふくむ）。午前は簡単な自己紹介、共同研究者3人による課題提起、および1本の報告、午後は、午前の部の1本の討議と4本の報告・討論、最後に総括討論をおこないました。

1 8月20日【午前】

(1) 課題提起

最初に、共同研究者からの課題提起がおこなわれました。

①日本国憲法と人権としての教育

まず森田満夫共同研究者（立教大学）は、日本国憲法（以下、憲法）および子どもの権利条約を拠り所とする人権としての教育（条理・本質）を具体化する課題について問題提起しました（以下、概要）。

そもそも人権としての教育は、未来における可能性をもつ子どもが、生存権的基本権の文化的側面〈憲法第25条〉として、ひとしく教育を受ける権利〈憲法第26条〉を実現することを通して、「将来においてその人間性を十分に開花させるべく自ら学習し、事物を知り、これによって自らを成長させる」能力を獲得する権利です。それゆえ、憲法上、親権者（保護者）・教育者・政府は、そのような意味で、子どもの人たる権利として不可欠な教育を実現する責任を負っています。

しかしながら、今日的な競争的社会・学校環境や徳目化・

規範化・厳格化を強いる新自由主義的教育政策（「全国学テ」・徳目道徳・「ゼロ・トレランス／学校スタンダード」等）が、人権としての教育の前提である受容応答関係づくり（「子どもの意見表明権・人間の尊厳に合致する学校の規律方法（子どもの権利条約第12・28条）」）に困難をもたらしています。

一方で、そうした困難があるからこそ、今、教育者は目前の子どもに対する「人権としての教育とはなにか」を、いわばミクロ的課題として戦後教育遺産から学ぶ必要があります。例えば、遺産のひとつ、生活綴方教育実践は、マニュアルにこだわらず「書く自由、書かない自由、応答的対話」を重視し〈子どもの精神形成・内心の自由としての人権の本質（人間の尊厳）〉を日常的に大切にすることにより、生活認識・人間認識をベースに社会認識を深め、人間的能力（生きる能力）を獲得させる教育実践を創造してきたからです（丹羽徳子『明日に向かって（上下）』草土文化社、１９８２年、参照）。

もう一方で、背景にあるマクロ的課題も考える必要があります。それは、そのような人権としての教育のあり方を支える教育者の人間的主体性をめぐる今日的困難として、教員評価・多忙化・官制研修等々を強いる教育現場のブラック化が、教育者の精神的ゆとりと自由を奪う状況があることです。その点で、「子どもの人権を尊重する」ためにこそ、教育者の学び・自己形成への人権保障――人間性・職務上の自由・専門性を高める教育権・市民的権利・労働基本権・研修権等――が喫緊の課題となっています。

②コロナ禍における子どもの学力と格差の問題

次に、増田修治報告（共同研究者・白梅学園大）は、コロナ禍における子どもの学力と格差の問題の問題点を提示し、それに対応する今日的課題を提起しました。

まずは、第一に、新型コロナウイルスによる学校閉鎖などによる学力低下で、生涯を通じて得られるはずだった収入を失い、世界全体で損失額が17兆ドル（約２０００兆円）に上る可能性があることを、世界銀行が試算したことが報告されました。その試算された17兆ドルとは、今日の世界のＧＤＰの約14％を失うことにつながります。また、「世界の教育危機の現状：回復への道」（The State of Global Education Crisis: A Path to Recovery）レポートによると、低・中所得国では、学習貧困状態にある子どもの割合が、パンデミック前に53％だったものが、コロナ禍において70％に達する可能性があるとの試算が出ています。

特にコロナ禍は、①低所得世帯の子ども、障害のある子ども、女子、②発達段階にある就学前の子どもたち、③社会経済的地位の低い学生、などに大きな影響を与えていることが提示されました。また、世界銀行は「コロナ禍の学校閉鎖による影響は、低所得層や女子教育に大きな影響を与えている」とも述べているのです。

そうした世界の状況に対して、文部科学省は2021年8月31日に、小学6年と中学3年を対象に2021年5月に実施した全国学力・学習状況調査（全国学力テスト）の結果を公表し、新型コロナウイルス流行に伴う臨時休校による学力低下が懸念されましたが、「全教科とも平均正答率への影響は確認されなかった」と述べています。この指摘は的外れとしか言いようがありません。深刻な影響は現在の3年生以下に現れており、今後大きな問題になるにちがいないとの報告をしました。

第二に、コロナ禍の非対面指導は学力低下・格差を生み出し、その内実は日本語習得率低下・暴力性・精神的不安定・意欲喪失等による頻発する学級崩壊現象を伴う子どもの人間発達の危機を深めており、喫緊の課題になっていることも指摘しました。

文部科学省の「児童生徒の問題行動・不登校等生徒指導上の諸課題に関する調査」によると、令和2年度は、4・5月が長期休校になり登校日数が減っています。当然「暴力件数」は全体が3万4518人↓3万2283人となり、6・5％減となりましたが、当然の結果です。登校日数が減ったのですから、当然と言えば当然です。それにもかかわらず、1年生だけが4096人↓4646人と、13％増になっているのです。これをどう考えたらよいのでしょうか。その理由として考えられるのは、長期休校のためプリント学習になってしまったこと、家庭に「ひらがな指導」が任されてしまったことです。その結果として、ひらがなの未習得者が増加しためだと考えられると提案しています。実際、小学校現場では「3年生のひらがなの未習得率が高い」と一様に言われています。

日本語の習得の基本は、なんといっても「ひらがな」です。それが未習得であれば、学びが積み重なっていかないのは当然です。1時間目から5時間目まで、わからない授業を聞いていることほど、子どもにとってきついことはないのではないでしょうか。そうした状況が、全国に広がっていると言える可能性を示唆しました。

第三に、「指導困難学級」が増加していることです。指導困難な子どもが増えただけでなく、全体の言語能力が落ちていることが原因だと考えられます。

第四に、「図形認知能力」と「文章力」は、密接に関係があることが提起されました。これについては、データをもとに説明がありました。

最後に、学級崩壊している1年生で増田共同研究者がおこなった「1＋1＝2？」という授業動画を紹介しました。大きめの画用紙を提示し、それと同じ大きさの木の板を提示し、「足すことできる?」と問いかけます。最初は、ほとんどの子が「足せる!」と答えたのですが、「本当? どうして?」と突っ込んでいくと、だんだん意見が分かれていき、「素材がちがうから足せない」と答える子が出てきました。次に、同じ大きさのプラスチックの板、同じ大きさの段ボールと提示し、考えさせていきます。段ボールの時に、「段ボールは3枚だからダメ!(サンドイッチのようになっていて、真ん中に波の紙が入っている)」と答える子が出てきました。

その次に、同じ画用紙でも小さい画用紙を提示します。「大きさがちがうからダメ!」と全員が声をそろえて言います。そこで、「素材も大きさも同じものでなければ足せない!」ということを確認していきました。

次に同じ大きさだけの色のちがう色画用紙を提示すると、「色がちがうからダメ」という子と「それは色画用紙だから足せるんじゃないの?」という子に分かれていきました。素晴らしかったのは、「色がちがうけど足せるよ。だって、折り紙なら色がちがっても足せるよ!」と答えたのです。

この授業の最後の方で、「鉛筆1本と消しゴム1個は、足せるんだよ。聞き方を変えればいいんだよ」と話すと、「文房具は、いくつですか? と聞けばいい」との答えが返ってきたのです。

もともと、足し算は同じ物でなくては足せなかったのですが、「集まり」という考え方が生まれたことで、いろいろな物が足せるようになっていったことを説明しました。

この授業で提起したことは、「教科書を教えることのみが授業ではなく、こうした数が発展していく歴史を踏まえた授業をすることで、子どもたちが思考するようになること」です。荒れた学級こそ、思考する授業を組み立てていくことが、荒れを立ち直らせていく処方箋になりえるのです。そのような実践を展開していくことが、AI時代だからこそ必要であることを提起しました。

③子どもの居場所と遊び——不登校の理解と対応

最後に、生田周二報告(共同研究者・奈良教育大)は、不登校に象徴される子どもの疎外状況への対応として、子どもの居場所と遊びづくりの課題を提起しました。奈良教育大学内に一室を構える子ども・若者支援専門職養成研究所が発行する『不登校の理解と対応ガイドブック—保護者編—』(第3版)に基づいて、「心のエネルギー」を貯めること、そのためには安心・安全な「居場所」の確保、「自尊感情」の醸成、「対話」の重視、「自立」のステップを考えること、これらの考えで実施している不登校支援の居場所「ねいらく」のとりくみを紹介しました。

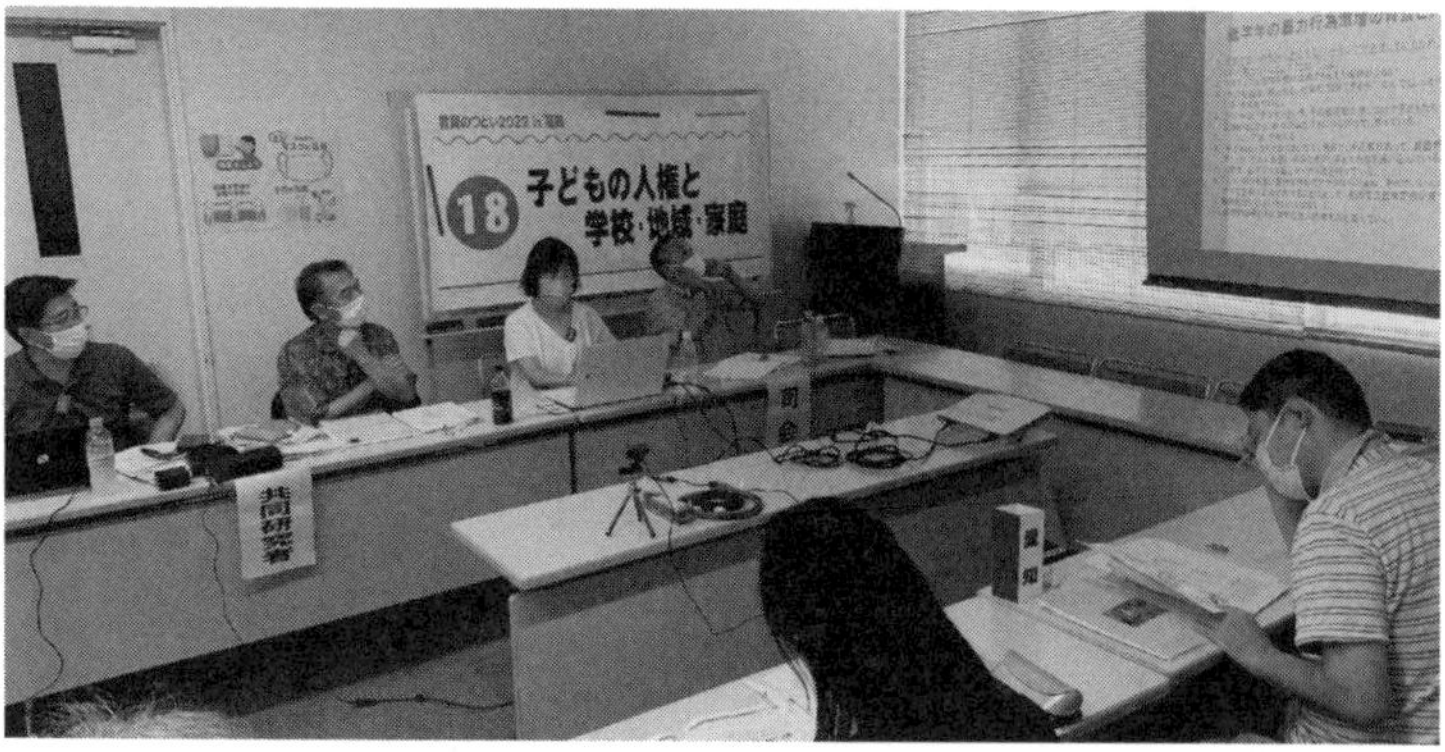

居場所「ねいらく」には3つのスペース(しずかスペース、まったりスペース、集団活動スペース)があり、子どもの状況に応じてスペースを活用しています。現在、小中学生を中心に20名弱の子どもたちが、学生スタッフとともに、おしゃべりしたり、のんびりとお絵かきしたり、ボードゲームやカードゲームで盛り上がったりしながら、「心のエネルギー」を貯める時間を過ごします。これは、3つのステップを踏まえたとりくみだと言えます。第一に人間関係のつむぎなおし、第二にたくさん遊んで興味のあることに夢中になる、第三に自信を取り戻し社会に関心を持ち始める段階です。居場所「ねいらく」は、静かに過ごしたり、まったり活動したり、異年齢で遊んでみたりしながら、ゆっくりと休みながら、自分の好きなことを中心に遊びながら基本的自尊感情をゆたかにし、次の学びのステップへとエネルギーを貯めていくとりくみです。

居場所「ねいらく」の例は、国連が１９８９年に制定した「子どもの権利条約」第31条「休み・遊ぶ権利」、子どもにとって「休んだり、遊んだり、文化・芸術活動に参加する」ことは大切であり権利であることの重要性を示しています。

これに対して学校は、マズローの欲求階層の4番目(学び)を中心に5番目の自己実現への道筋をつくっていく上で重要な機関ですが、評価が伴うため社会的自尊感情が高まらないだけではなく、自己受容感や所属感がおびやかされ不登校となって現れることがあります。

そうした状況を受けとめる居場所「ねいらく」やフリースクールなどは、家庭でもない、学校でもない「第三の領域」のとりくみです。不登校傾向の子ども・若者にとって、「受けとめてもらえる」「自分が表現できる」領域になっています。それは「家庭」(子どもを養育する環境の場)や「学校」(学びを中心とする集団的活動の場)とは異なるアプローチ、支援の仕組みです。それには、地域の居場所やフリースクール、学習支援、仕事を得るための就労支援など多様な場所や方法があります。「第三の領域」に関する知識や情報を持っていれば、子どもや若者の状況に合った支援を選ぶ際の選択肢が広がります。

「第三の領域」の活動は、困難を抱える子ども・若者への支援だけではありません。もっと広く、家庭・学校とも連携しながら、しかし家庭、学校はちがったアプローチで二つの側面（ユニバーサル支援とターゲット支援）から、子ども・若者の自立を支え、援助し、見守っています。ユニバーサル支援には、児童館や学童保育、青少年センター、少年自然の家など多くの人に開かれた施設やとりくみなどがあります。ターゲット支援は、居場所「ねいらく」を始めとして、当事者とともに課題をいっしょに考えながら伴走型の支援を展開しています。

「第三の領域」でのゆるやかなかかわりの中で、安心して「心のエネルギー」を貯めることができる「居場所」の役割が近年認識されつつあり、子ども・若者の成長と社会性の広がりにつながっていく事例が多く寄せられており、今後の展開が重要です。

(2) 地域における子どもの居場所

数馬田実香報告（東京・市民団体）「子どもの居場所――冒険遊び場を通して」は、一般社団法人八王子冒険遊び場の会が運営する冒険遊び場の実践を通して、「すべての子どもが自由に遊ぶことを保障する」「子どもは遊ぶことで自ら育つ」「子どもと地域とともにつくり続けていく」場が家庭、学校以外に存在することの大切さを示してくれています。冒険遊び場が大切にしていることは、できるだけ禁止事項をなくして、子どもの「やりたい」を実現できる場で、プレーリーダーと呼ばれる大人ともかかわれるところです。また近年、「プレーリーダーがチャイルドラインの電話の受け手と同じ役割を果たすこと」「声にならないSOSをキャッチできる場になること」も大切になってきています。参考事例として紹介されていた川崎市子ども夢パークをはじめとして、ありのままの自分でいられる居場所の存在は重要性を増しています。（このレポートは、午前中に発表をおこない、午後に討論をおこないました）

2 8月20日【午後】

(1) 地域における子どもの居場所

新庄久美子報告（京都・市民）「みんなの笑顔を大切に――綾部障害児季節療育のとりくみ」は、京都府の綾部障害児季節療育の実践報告です。障害児季節療育は、支援学校等に通う子どもたちの夏休みなどの休業期間中の居場所づくりの実践です。障害のある子どもにとっての長い夏休みは、地域に友だちがいないため、ひとりぼっちで過ごす、家の中でずっとテレビや本を見る、夜遅くまで起きているなど、社会的関係性を持ちにくい状況にあり、それへの対応としてこの季節療育が1988年から始まっています。運営スタッフには、綾部障害児者を守る会、障害児親の会のほか、中丹支援学校、綾部市教育委員会社会教育課などの公的機関も関与しています。活動は夏4回および春冬2回ずつで、各回の活動は、午前9時30分から午後4時まで宿題、散歩・工作、プール・ゲーム・スポーツなどです。特別プログラムとして川遊びなどのメニューもあります。こうしたとりくみにより、多様な人とのかかわりの中で育つ環境が保障されています。このとりくみをどう公的な保障につなげていくのかが検討課題ともなっている点が合わせて示されました。

（2）生徒指導と校則問題

加藤豊裕報告（愛知・小）「刑法から考える生徒指導」は、生徒間暴力などの問題行動が起きたときにおこなう狭義の生徒指導において、指導の方針が対応する教員の考え方に左右されることが多い点、生徒と一対一で向き合う時には、教師である自分自身の考え方によって指導のありようが変わってくる点などの属人的対応を問題視した上で、生徒指導における生徒の人権保護の観点から刑法の視点が有効ではないかという問題提起です。つまり、「生徒指導に最も必要なのは教育的視点であり教育的手法だが、刑法もまた強力な生徒指導のツールとして活用できるのではないだろうか」という提起です。小学校高学年や中学生の過去の事例をもとにしながら、子どもが起こした言動について暴行、正当防衛、名誉毀損の観点から、「なぜ指導されているのか」をていねいに伝えていく際の考え方として刑法の知識が使えるのではないかという点です。子どもの問題事象について、その背景や子どもの状況を踏まえて、子どもの意見表明を大切にしつつ対応していくことが望まれます。その際に適正手続き（デュー・プロセス）が重要にもなります。今回は刑法を中心とする問題提起でしたが、法教育的な観点もふくめ今後の実践的な展開とその検討が求められる報告でした。

はた愛報告（高知・市民）「中学校の校則問題について」は、校則問題をめぐる全国的な動向を踏まえつつ高知県におけるとりくみの経緯と課題、今後の展望に関する報告でした。頭髪、肌着、制服、放課後の外出などの規制をはじめ、その根拠となる判断基準の曖昧さ、子ども自身の意見表明ならびに自己決定を十分に保障しない規定プロセスのあり方など、校則をめぐる「合理性と納得」を問うとりくみを高知県でも展開しています。これは、70年代からの管理主義教育を経て、2000年代からより顕著になった「ゼロ・トレランス」による「毅然とした指導」との関連でも検討していく必要があります。こうした指導観が、不登校や青少年補導の増加に影響するとともに、「『自らが考え決める力』という人間としての根幹部分を奪っている」という根本的な問題を提起してくれた報告でした。

(3) 子どもの教育を支える教師の育ち

濱田里美報告(香川・小)「子どもの人権と教師の学び・育ちへのアプローチ」では、「特別支援教育を充実させる会」が、小・中・高教師とデイサービス指導員をメンバーとして、2019年度からおこなわれていることが、冒頭に報告されました。

次に、実践事例として「教室に入らないO君の対応」が報告されました。O君は、入学当初から離席、担任教師を独り占めする、気に入らないと教室から出る、泣きじゃくる、指導が入らないなど、たくさんの問題を抱えていました。「愛着障害では?」と仮説を立てて担任の対応を促したが、状況が悪化していきました。

結局、コーディネーターから「プチ現職研究でみんなにいっせいに話をして、対策を整えたら」の言葉があり、すぐさま愛着障害について学習し、O君への対応の共通理解を図りました。そして、2週間程度で離席がなくなり学習にとりくむようになったのです。教師間の共通理解が、効果があることがこのことからも、わかるのではないでしょうか。

また、同僚の中で毎年不登校児童が出る教師がいました。大きな声と待てない指導で、3年男児が頭痛と吐き気を訴えるようになります。それに対して濱田先生が、「子どもが思考している時に、つぎつぎと言えば思考が止まります。やがて最後には、答えを教えてくれるから考えなくなる。子どものためといいながら、子どもの能力を摘み取っている」とはっきりと伝えました。そのことをきっかけとして、その先生は「子どもが教室に入れなくなったのは、ぼくの待てない指導のためだった」と、自分をふり返り、自分を変えていこうとしていきます。

また、机間巡視の重要性も語られました。

最後に、教職のブラック化が叫ばれている中、教師の学びによって解決できそうなことがたくさんあるということ、教師が学ぶことでゆとりが生まれていくことが明らかになりました。

3 総括討論

全体として、レポート発表とそれについての質疑応答のため、総括討論の時間は、10分ほどになってしまいました。その10分の中で発表されたことを少しまとめてみたいと思います。

まずは、「柔らかい学級づくりが必要であること」「職員室での話し場の必要性」などが語られました。それに対して、参加者から「先生の居場所をつくった。そのために、裏の小屋を改造した」という話が出てきました。

また、全国学力テストが「子どものストレス増大につながっていること」が話され、結果として子どもの居場所がなくなっているのではないかとの話し合いがなされました。

子どもにストレスを与える教育政策を変えていくことが大切であることが最後に確認されて終わりました。

分科会は、1日でしたが、非常に有意義で中身の濃い討論がされたのではないかと考えています。

【レポート一覧】

		生田周二	共同研究者	●課題提起：子どもの居場所と遊び――不登校の理解と対応
		増田修治	共同研究者	●課題提起：コロナ禍における低学年の問題と授業づくりを考える――日本語取得率の低下による学級崩壊に挑む授業とは
		森田満夫	共同研究者	●課題提起：現代道徳教育政策における人権教育の位置
①	東　京	数馬田実香	市民団体	●子どもの居場所――冒険遊び場を通して
②	愛　知	加藤豊裕	小学校	●刑法から考える生徒指導
③	京　都	新庄久美子	市民	●みんなの笑顔を大切に――綾部障害児季節療育のとりくみ
④	香　川	濱田里美	小学校	●子どもの人権と教師の学び・育ちへのアプローチ
⑤	高　知	はた　愛	市民	●中学校の校則問題について

分科会報告

19

平和と国際連帯の教育

一盛　真
角谷　悦章
久保田　貢
長屋　勝彦
平井美津子

1 基調報告「危機の時代における〈市民的防衛〉の構想」

基調報告（一盛真）では、ロシアによるウクライナ侵攻と、その日本社会への影響（憲法改正論議等）を踏まえ、私たちが現状にどのように向き合うべきか提案がなされました。日本国憲法の前文、9条の思想を基本として世界平和を希求する私たちは、軍事的防衛ではない、〈市民的防衛〉にこだわるべきであるというのが基調報告の趣旨です。

基調報告では、まず「はじめに」で、1904年に発表された内村鑑三の「出征軍を送りて感あり」と1968年に発表された湯川秀樹「核時代の平和思想」を紹介し、前者は時代と社会の中で少数の意見であったが、後者は世界中の多くの人々が共感して受け止められたというちがいに着目する必要があると指摘しました。この間、わずか64年です。この64年間に、人類は地球を破壊するだけの軍事技術を手に入れ、それへの回避は、新たな兵器の開発、ナショナリズムではなく「戦争否定」「世界連邦」にたどり着かざるを得ないと現状に対する問題意識を述べました。

「I．戦争の変化と平和主義の思想」では、上記の期間における戦争の変容と絶対平和主義の主張が、世界的に叫ばれてくる軌跡を概観。第一次世界大戦の非人間的な実像（たとえば毒ガス兵器の使用）については、オットー・ディクス「塹壕」（1923年。この作品は、「ゲルニカ」と並び現代の二大戦争絵画と称されたが、ナチスにより退廃美術とされ、焼却された）を紹介し、第一次世界大戦の悲惨な戦争の特徴に触れました。基調報告では第一次大戦後の、「不戦条約」（1928年）に着目し、すでに「戦争の放棄」が謳われていたことの重要性を強調しました。原子爆弾の投下以前から戦争の放棄は、すでに多国間の条約で謳われていたのです。

スペイン内戦時市民への無差別爆撃を描いたピカソの「ゲルニカ」（1937年）、丸木位里・俊「原爆の図　第1部幽霊」（1950年）をあらためて紹介した後、第二次世界大戦後に謳われた絶対平和主義の主張を確認しました。ただし、「国際連合憲章」（1945年）の前文と42条を確認する中で、報告者は、国連憲章の論理構成の中に、現在の国連の課題が顕著にあらわれといることを理由に、その評価（絶対平和主義）を保留にしました。

一方で、1946年5月23日、シンガポール、チャンギー刑務所にて28歳で戦犯刑死した木村久夫の「遺書」の中に、報告者は「日本国憲法」に通ずる思想を見出せること、「ユネスコ憲章」（1946年）、「世界人権宣言」（1948年）前文、「ラッセル＝アインシュタイン宣言」（1955年）などに第二次世界大戦と冷戦の危機の中での絶対平和の思想の成熟していった軌跡が読み取れると主張します。

続く「Ⅱ．戦争による人間性の破壊」では、版画家浜田知明の軍隊の中では、「来る日も来る日も死ぬこと（自死・戦闘で死ぬことではなく、精神的に追い詰められる中での自死願望が兵営内では横行していました。ここでは、「初年兵哀歌」シリーズ「歩哨」（1956年）を紹介した――一盛）ばかりを考えていた」という言葉を紹介し、第一次世界大戦から現在の戦争に至るまで、参戦国は兵士のPTSD問題、自死問題に直面している（自衛隊をふくむ）特徴をあらためて確認しました。ベトナム戦争でも「ベトナム症候群」という戦争後遺症に悩まさる問題が有名であるが、衛生兵が敵兵の耳を切り落としたり、去勢した体験で悩む事例を紹介し、現代戦が兵士の人格崩壊へ向かわせしめる特徴を述べました。

それでは、以上のような現代の戦争に対してどのように向き合うべきか？「Ⅲ．〈市民的防衛〉（Civilian defence）」では、「日本国憲法」（1947年）前文、および「……戦争と、武力による威嚇又は武力の行使は、国際紛争を解決する手段としては、永久にこれを放棄する」（9条）という歴史的に蓄積された思想から後退してはならないことが重要であると述べられました。同様の考えは、この間では目良誠二郎「現代における『非暴力主義』の必然性と有効性」（『地球平和憲章日本発モデル案』花伝社、2021年）においても展開されています。〈市民的防衛〉という考え方です。この考え方は、新しいものではなく、1950年代末からヨーロッパにおいて、日本においても憲法の思想を血肉化する過程で確立されてきた考え方です。

報告者は1971年に出された宮田光雄『非武装国民抵抗の思想』（岩波新書、1971年）3章を主に紹介し、再度日本の社会が向き合うべき思想であるとしました。

宮田の主張の特徴は、「自衛権」＝「軍事的防衛」とするものではなく、国民（市民）の不服従という防衛のあり方として構想している点にあります。そこでは守るべきは領土ではなく伝統、文化の中で成り立つ国民（市民）の生活とそこにおける自由です（＝「社会的防衛」）。不服従の形態は、軍事力に代わる道徳的・心理的な総意と協働行動、侵略者への不支持と行動であるとします。特に、言論活動、社会集団の維持、非能率、引き延ばし、尊法闘争を強調します。この「社会的防衛」は、歴史的にはナチス占領下の教員の闘争、ハンガリー動乱、チェコ事件の中にモデルを見出せると宮田は述べています。

最終的な解決は、「平和を愛する諸国民の公正と信義に信頼して」外交的成功による解決を唯一の手段とするものです。ここでは、他の諸国における平和と自由に対する関心こそ、中心的要因であるとしています。

以上の基調報告に対して、活発な議論がなされました。主要な論点はウクライナを支援しなくてよいのかという疑問が出されました。憲法9条とウクライナへの支援のあり方をどのように両立しえるのかということであったと理解しました。

〔一盛　真〕

2 レポート報告――平和をめざすさまざまな教育実践

(1) 国際理解教育にかかわる報告

堀江理砂報告（東京・小）「世界はつながっていて、自分は無力ではないと知った――家庭科の2年間の学びを通して」は、ＳＤＧｓを軸にしたＥＳＤ（Education for Sustainable Development）の家庭科での学び。みんなで同じ課題にとりくみどんどん嫌になっていく裁縫の練習をなんとかしたくて、それぞれの好きなものをデザインするクロスステッチに。好きな用途・布で16時間かけてつくる「マイバッグ」。没頭する生徒、「このバッグは2万でも売れない」というコメント。「僕は生まれつき不器用だからできないんだよ」「やりたい気持ちはあるけどできないんだ」と泣く生徒への言葉がけの工夫なども紹介していただきました。身近に加工業との接点すらない暮らしの生徒たちがミシンを使い、技術を下級生に伝える実践に発展。下級生からの羨望の眼差しは、教える側の生徒にとって大きな手応えに。「貿易ゲーム（開発教育）」や「ザンビアの国民食（ＪＩＣＡ研修生の協力）」「フードロス鬼ごっこ（ハウス食品）」などへのとりくみで共通するのは、授業の進め方や声かけそのものの中で一人ひと

りを尊重すること。「道徳的」な押しつけにもなりかねないSDGs・ESDが自分の感覚や実感と結びついていくための鍵のひとつと感じられました。

稲垣勝義報告（岐阜・中）「ダイヤモンドより平和がほしい」は、『ダイヤモンドより平和がほしい――子ども兵士・ムリアの告白』（後藤健二著、汐文社）を使った実践。年に一回は平和への願いを込められる教材を選びおこなってきた特別授業。しかし、世界や過去の悲惨な出来事を伝えても響かず、かえって平和という言葉が子どもたちを遠ざけていく。抽象概念からではなく具体的な人生と出会っていくことで平和という言葉が響く土台を、と構成した5時間。

「なんでも手に入るなら何がほしい?」「なぜ12歳の子どもが兵士に?」などの問いに答え、互いの思いが共有される中で子ども兵士ムリアさんの現実に引き寄せられていく。ムリアさんの将来を知るため続刊の存在を問うが、著者は中東でテロ集団の凶行に巻き込まれていくことを知る。テロの人質になった後藤さんへの日本政府の対応のあり方も授業のテーマになってゆく。子どもたちの「自己責任論」をどのようにほぐすのか？　という参加者の問いに、「取り立てての特別授業」と同時に日常の授業や生徒とのやり取りの中でおこなう「平和教育」の重要性とその様子も報告されました。

小林千弘報告（大阪・高）「生徒と世界の出会い――国際問題講座より」は、現社で国際問題を勉強しても「自分にできることはない」「エアコンの温度下げるのは無理やし」「しゃーないゴミでも拾うか」という生徒の意識を「気候変動は政治と経済の問題なんだ」という理解につなぎたいと構成された「国際問題講座」について。今年大きな反響のあったテーマは「カミラ・カペロ、アマゾン熱帯雨林の火災を嘆く」。授業テーマの紹介の合間に京都大学気候変動ワークショップで取り上げられた教材を参考に作成した当事者カードをもとにロールプレイを実施していただきました。「役」は気候変動の被害を受けている人、開発者やそこで働く労働者など8人の当事者。対話をしてみると、頭でわかっていたこととは別に心に浮かぶことあり、知っていたはずなのに忘れて意識しなくなっていたことの再発見あり。授業で中村哲さんの人生に出会ったある生徒は「大学でやりたいことが見つかりました！」と受験勉強を始めたとか。分科会参加者から「マイナス面だけでなく、なんとかしようとしている人に出会う授業！　素晴らしい」の感想がありました。

濱田郁夫報告（高知・研）『核兵器は30年後に無くなる』について考える」は1985年「幡多高校生ゼミナール」のとりくみから続くビキニと室戸のかかわりに関するフィールドワークと中学3年生の社会科でおこなった「国際社会の課題と私たちのとりくみ」の授業の報告。「30年後に核兵器は無くなっている」について考えるという授業は、テーマ自体が職員室のまわりの先生をピリつかせたとか。生徒の言葉、濱田さんも分科会参加者も新たに発見が生まれた問いでした。また、ビキニと室戸のかかわりを学んだ学年の東京修学旅行。「東京まで行くんだったらマーシャルまですぐじゃない⁉」との生徒の声から生まれたマーシャル大使館訪問では、マーシャルの現代の子どもたちが学ぶ教科書には水爆実験の過去が記されていない現実が発見されました。

長く続けてこられた実践の秘訣を問う質問に、「おもしろいから」「闇に隠されたものが一つ一つが出てくる」「生徒も、それ以上にまわりの大人たちもおもしろがっている」「これまで言わなかった人たちがポツポツと口を開くのにも出会える」「なぜ隠されたのかを探っていくと、ＣＩＡみたいなものがチラつきハラハラドキドキする」と答える濱田さんの楽しげな様子も印象に残りました。

（角谷悦章）

(2) アジア太平洋戦争・第二次世界大戦から学ぶ

原川悦里子報告（福岡・小）「この空から原子爆弾が投下されていたら」は、小学校6年生との戦争学習です。原川さんは、知る、考える、実践の三段階の学びの過程を構想しながら、総合的な学習を展開しました。はじめに沖縄慰霊の日の「へいわってすてきだね」のスピーチを見ることを導入として動機づけしたうえで、沖縄戦学習を進めました。そして北九州市立大学生による「平和の駅プロジェクト」と連携しながら小倉が原子爆弾投下の候補地であったこと、さらに広島の原爆投下の影響（佐々木禎子さんの話）について学びました。また、校庭にかよこ桜があるにもかかわらず、子どもたちにその認識がないので絵本『かよこ桜』から長崎の悲劇についても学びました。ここまでが「知る」過程です。「考える」過程は、国語教材をもとに、原爆ドームが自分たちに伝えていることは何かを考える試み、道徳で平和を守っていくために今の自分たちにできることを考えること、等でした。最後の「実践」は総合の時間で先の「平和の駅プロジェクト」に参加したり、平和について調べ、表現したりする営みです。

ウクライナへの侵略が始まった時、子どもから「戦争が起きたね」という反応があったといい、その確かな手ごたえが多くの共感を生んでいました。

石井吉男報告（埼玉・高）「二人の死と二つの再生――朗読劇とラップ」は、毎年のように報告されている秩父ユネスコ協会の２０２１年の二つのとりくみでした。一つは、春の平和祭をきっかけとした実践です。メイン企画は林田光弘さん（ヒバクシャ国際署名キャンペーンリーダー）の講演で、そのオープニング企画として朗読劇『原爆ドームとかじ山ヒロ子さん』を高校生が演じました。背景画も高校生が描き、朗読劇はオンラインで数回練習しました。「戦争を止める」には「対話」と「文化」（アインシュタイン）という思いが実践者にはあったといいます。

二つめは、夏の平和祭です。葛根廟《かっこんびょう》事件（１９４５年8月14日に満洲興安街で日本人がソ連軍に襲われた事件）について大島満吉さんの講演をメイン企画にし、その証言を題材にラップを制作して、朗読とともに演じました。

高校の枠組みを超えて文化活動を続けていくのは苦労が大きく、コロナ禍では特に支障も大きかったと思います。にもかかわらず、さらに次の年には七三一部隊について研究を展開したといいます。継続されているとりくみの成果から大いに学びたいと思います。

〔久保田貢〕

小宮山勝人報告（長野・高）「『多文化共生体験型授業』高校生が教える小学校出前授業――マレーシアで学んだ高校生たちのプロジェクト」は、コロナ前の２０１９年に両国の友好、多文化共生の課題解決などを目的とした外務省の高校生派遣プログラムに参加し、16名がマレーシアを訪問（概要は２０１９年報告集に掲載）し、体験したこと、学んできたことを小学生に伝える活動などを通して異文化理解や共生の意義を伝えてきた活動を紹介しました。

地元の小学校での「出前授業」には、マレーシアを訪問した生徒たちとともに、高校に在学しているマレーシアからの留学生も参加しました。生徒が作成したパワーポイントを使って、クイズ形式で、言語、宗教、服装、食事などについて異文化に触れたり理解させたりする学習、留学生が中心となっての女子対象のヒジャブ体験などをおこない、最後に感想を発表し合って学習を終えるという展開でした。ワークシートに書かれた小学生の感想文に、高校生がていねいに返事を記入するところまで交流は続きました。

質疑では、東南アジアに対する歴史認識を持たせた上でのマレーシア訪問になったかや、なぜ女子だけを対象とした民族衣装の体験になったか、男子児童もいっしょにおこなうことに意味があるという発言もあり、ジェンダーの観点から今後に生かしてほしい面でした。

正盛大眺報告（埼玉・中）「ホロコーストから何を学ぶか」は、授業者が高校の授業で見たアウシュビッツの写真の衝撃と、青木進々の「ホロコーストの種は誰しもがもっている。大事なのはその種を芽生えさせないことだ」という言葉に歴史を学ぶ本質があると感じたことからホロコーストを学ばせたいという願いがあります。

授業は1時間目にヒトラーの台頭、開戦に至る経緯やドイツの占領地の拡大を学習し、2時間目の「ドイツの占領」でホロコーストから何を学ぶかにつなげました。授業では単に不特定多数の多くの犠牲者という取り上げ方ではなく、犠牲となった一人の少女に焦点を当て、細かな心の動きにも触れることによりホロコーストの現実に近づけていき、生徒の内面まで揺り動かしました。学習のまとめでは、「ホロコーストの種は誰しもがもっている」という言葉につなげるため「ホロコーストはヒトラーだけがやったことなのか」と問い、国民の意識やホロコーストの責任にも踏み込むことができていた。教科書ではわずかな記述しかないが、平和や人権の学習にとって重要なことに十分時間をかけてとりくんだこと、若手教員が自主編成でダイナミックな実践をおこなった点に共感と評価がありました。日独の戦争責任への対応、この授業を日本の加害にどう関連付けるかなど、今後のステップアップに期待する声もありました。

（長屋勝彦）

（3）教科書問題

宮崎令子報告（埼玉・さいたま教育文化研究所）「憲法と教育の改悪を許さない取り組み――教科書学習会10年の歩みと、今」は、長年教科書問題にとりくんできた教科書学習会を総括して報告しました。教科書における戦争や憲法に関する記述が年々希薄になっています。２０２１年に起きた教科書から「従軍慰安婦」「強制連行」などの記述を削除させようという新たな教科書攻撃を紹介するとともにその意味を明らかにし、「教科書を考える所沢市民の会」が２０１３年から10年にわたっておこなってきた学習会等のとりくみと成果を発表しました。学習会の当初の目的の「育鵬社教科書採択阻止」は達成できたものの、教科書記述が学習指導要領の改訂や教科書検定制度の改悪などによってますます政府の意向に縛られるようになっていく状況に手をこまねいてみているわけにはいかないと、憲法の問題に力を入れて活動を積み重ねてきた様子が詳細に語られました。学習会は10年間で39回におよび、研究者や教科書執筆者、教師など多岐にわたる講師陣が登場し、教科書をめぐる問題だけでなく広く教育全般にわたる問題を学び合い、語り合ってきた様子が紹介され、地域の中でさまざまな人々が学校や教育の問題を語り合うことの意義が実感される報告でした。平和と国際連帯の分科会で常に活動を報告してきたさいたまのとりくみに多くの賞賛の声が寄せられました。

吉田典裕報告（出版労連）「この1年、教科書に何が起こったか、私たちはそれにどうとりくんできたか」は、強まる露骨な教科書への政治介入、平和と国際連帯の教育の課題としての国際人権、教科書価格適正化のとりくみ、デジタル教科書をめぐる文科省の動きと教科書職場の状況について報告しました。報告者は、「平和と国際連帯の教育」の共同研究者を務めていた故・森田俊男さんが「国際人権の教育は今後の平和教育の課題だ」と言及されたことを紹介し、国際人権諸条約という観点から、これまで「平和と国際連帯の教育」がとりくんできた諸課題に新たな光を当ててみることが必要ではないかと提言しました。意見交流では、政府見解を書くことを強要される状況で検定済みの教科書であっても記述が変えられることへの危惧、国際人権を学校で教えることの重要性、教科書価格の適正化にとりくむ必要性、デジタル教科書による混乱などについて活発な意見が出されました。

〔平井美津子〕

3 討論のまとめ

2022年の報告は、大変充実した深みのある内容であっただけに多くの議論が出ました。特にウクライナ侵攻が続いている中での「平和と国際連帯」分科会としての存在意義を多くの参加者が実感した分科会だったと思います。

平和問題に「引く」生徒が指摘される一方で、「先生、戦争が始まったね」という子どもの声の中に、普段からの子どもとの平和に関する対話がいきづいているという意見が出され、平和教育は、授業だけで成り立つものではなく、学校生活の信頼関係の中で成り立つものであり、そのことが平和の問題を受け付けない生徒を生み出さないあり方ではないかと話されました。

にもかかわらず、「ウクライナ問題には触れないように」とする教育委員会・管理職、政府・メディアの「わかりやすい」報道のあり方の中で、子どもたちと真実をどのように語っていくのか共有の課題が浮き彫りになりました。また、情報戦がくり広げられる中で、真実が確定できない段階に私たちはある。正義の判定を情緒的に下すのを戒《いまし》め、誰かを犠牲にした平和はないという原点に立つべきではないかという意見も出されました。
一方で、知識として学ぶだけでなく、感性的に学ぶという事例としてドイツ、ポーランドの過去の記憶を写真で紹介する発言もありました。さらには、世界で紛争、戦争は起きているにもかかわらず、なぜ、私たちはウクライナに注目しているのかという意味を深く考え直す必要があるのではないかという重要な指摘もありました。注目する＝させられているのはそれだけの政治的な意味があるという指摘だと思います。
この他、教科書が安価な理由は、体力のない出版社をふるい落とし準国定化の動向とみてよいなどという重要な質疑がありました。共同研究者からも、平和の授業は、「伝える」「継承する」という活動が大切で、これから大事になっていくという指摘などがありました。

（一盛　真）

【レポート一覧】

		一盛　真	共同研究者	●危機の時代における〈市民的防衛〉の構想
①	埼　玉	正盛大眺	中学校	●ホロコーストから何を学ぶか
②	埼　玉	石井吉男	高校	●二人の死と二つの再生——朗読劇とラップ
③	埼　玉	宮崎令子	さいたま教育文化研究所	●憲法と教育の改悪を許さない取り組み——教科書学習会10年の歩みと、今
④	東　京	堀江理砂	小学校	●世界はつながっていて、自分は無力ではないと知った——家庭科の2年間の学びを通して
⑤	長　野	小宮山勝人	高校	●「多文化共生体験型授業」高校生が教える小学校出前授業——マレーシアで学んだ高校生たちのプロジェクト
⑥	岐　阜	稲垣勝義	中学校	●ダイヤモンドより平和がほしい
⑦	大　阪	小林千弘	高校（私学）	●生徒と世界の出会い——国際問題講座より
⑧	高　知	濱田郁夫	研究者	●「核兵器は30年後に無くなる」について考える
⑨	福　岡	原川悦里子	小学校	●この空から原子爆弾が投下されていたら
⑩	全　国	吉田典裕	出版労連	●この1年、教科書に何が起こったか、私たちはそれにどうとりくんできたか

分科会報告

20

学校づくりへの子どもの参加、父母・教職員・地域の共同

山本　由美

1 「学校づくり」の復権こそ

最初に全体で、共同研究者石井拓児氏（名古屋大学）からの基調報告、続いて現役大学生、丸山はるかさんの報告（私学・滋賀）がおこなわれました。

「学校づくり」という概念が登場したのは1950年代後半であるとされます。いわゆる〝逆コース〟と称される中央集権的な文部政策がつぎつぎと打ち出される中で、各地の学校現場で、「子どもの成長発達」を保障するために、「学校教職員の自主性」と「保護者・地域との共同」が重要であるという認識とそれに裏付けられた実践が生まれていきました。

しかし、そのように生まれた「学校づくり」のとりくみは、新自由主義的改革の中、改正教育基本法下で大きな曲がり角にあります。すなわち、「子どもの成長・発達」のための「学校づくり」、言い換えれば「学校自治」の実態はこの間、徹底的に破壊されてきました。

経済的な目的のために、政府が教育の統制を強化していく手法としての、「連続的評価システム」とその結果に伴う「財政措置」のもとで、「特色ある学校づくり」が広くおこなわれるようになっています。すなわち国立大学を筆頭としてすべての公立学校は「評価」され、「資金」を獲得するために断続的な競争関係の中に置かれるようになりました。「特色ある学校づくり」と称して、「保護者（＝顧客）の満足度を高めるための〝教育プロジェクト〟を作成し提供すること」

が各学校に課されるようになりました。もちろん大まかな「メニュー」は上から提示されています。

そこでは、学校が教育課程の全体を統一的にとらえるのではなく、「満足度の高そうなプログラム」のプロジェクトを実施せざるをえなくなります。子どもの成長発達の視点は置き去りにされ、教育活動を成り立たせている学校側の主体的条件、特に教職員の労働条件は考慮されなくなりました。教職員の「働き方（働かされ方）」が問題となるのはその結果です。

今こそ「学校づくりの実践と運動」によって、もう一度、教職員をふくむ地域や家庭の生活実態を、総体としてとらえ直すことから始め、日本社会の現実をめぐる状況を明らかにし、一人ひとりが多様に生きていくことを承認するような社会の展望を、教職員と子ども、保護者、地域で共有することが求められているのではないか、と石井氏は提起しました。

続く丸山はるか報告（私学・滋賀・大学生）「学びをくれた出逢い――自分を受け入れること」では、中学、高校を通して「誰からも認められない」といった気持ちや不登校経験が、高校時代の演劇部での仲間たち、教師との関係の中で変化していった過程が語られました。自分の思いをなんでもオープンに出せるような部員同士の関係があり、その中で「自分は自分のままでいい」というメッセージをもつ作品をともにつくっていくことによって、それまでの「生きづらさ」を克服していくことができ、学ぶ楽しさ、新しい進路の発見があったといいます。また、顧問の勧めで全私研の大会に参加してみて、話し合う教師たちの姿を見て、それまでの教師に対するメージが変わったといいます。報告は、自己の生育史を語るナラティブであり「まるで大学生の生活綴り方のよう」という共同研究者からの感想も挙げられました。このような現代の子どもたちの具体的な「生きづらさ」に向き合っていくことこそが、今の「学校づくり」の出発点ではないか、といった確認がなされました。

2 コロナ禍で子どもの声から

その後は2つの分科会に分かれて14本のレポートをもとに討議をおこないました。２０２1年度の分科会では、コロナ禍で学校の構成員がつながることが難しく、学校づくり実践がなかなかできない印象がありました。そんな中で、小規模校において、子どもの意見表明を反映した学校行事をおこなった、といった実践の報告が複数ありました。

今回、30代の教師たちの職場づくりにかかわる実践報告が複数あったのが印象的でした。また２０２１年度までコロナ禍の影響を受けた困難な状況の中でも、新しい学校づくりを模索する試みが語られました。

大瀬良篤報告（大阪・小）「自治の力で学級・学年・学校づくりを」は、「コロナ禍だからこそ、一層自治の力は必要ではないか」という課題意識から、「まず学級自治からはじめて、学年、学校づくりを底上げしていく」ことをめざした実践です。学級の土台に「話し合い活動」をすえ、特別活動の時間は学級自治の土台であり、要ととらえるとします。３年の春の遠足を子どもたちの実行委員会でおこなおうと学年集団でとりくんできましたが、コロナで中止になってしまいます。そこで「3年生学年お楽しみ実行委員会」へと発展的改組をおこなって、クラス代表は毎週議論を重ねていきました。その際、「自治の5原則」として「原案→討論→決定→実行→総括」を子どもたちに委ね、教員は徹底的に裏方に徹しました。さらに「児童会活動に自治を」と「選挙の復活」にもとりくみました。学年集団で、話し合いにより意識を共有して進めていきました。

子どもの「幸せ」とは、「自分で自分の考えを表明し、その機会が十分に保障され、その考えを周りに受け止めてもらえた時」で、そのためには、子どもたちが「せかされず、自分で考え自分を探すことのできる時間」を保障されることが大事、という指摘は、コロナ禍、ポストコロナの学校において大きな意味があると感じさせられました。また全体会の丸山報告とも重なる提起でもありました。

成宮武報告（福岡・小）「神楽がつなげるストーリー」では、小規模特認校の「特色活動」として、地域伝統の「子ども神楽」のとりくみが報告されました。毎年3年生以上の子どもが練習を重ねて披露会をおこなってきて、特に舞を舞う6年生はあこがれの対象でした。しかし、２０２１年1月のコロナ緊急事態宣言で多くの学校行事が中止となり、実現が危ぶまれました。そんな中、「舞いたい」という子どもたちの希望と神楽継承を願う地域の思い、教職員の「子どもたちに体験と思い出を」という思いが行事の実施へとつながっていきました。その背景には、２０２１年度までコロナの下でも子どもの声を反映して独自の行事（バンブーオリンピックという体育祭のような行事）を企画し、それを通して仲間意識を高めてきた教職員の日々の積み重ねがありました。コロナ禍の下での学校行事の価値を再確認させられました。

他方、前年度には、伝統行事にやや消極的な子どもたちと地域指導者との軋轢《あつれき》もあったことが報告されました。また伝統ゆえの「惰性感（毎年やらなければならない）」と「やりたい」と願う子どもたちの文化活動とのずれなど、このような伝統行事の特色には課題もあるのではないか、といった意見が出されました。トップダウンでおこなわれる「特色ある学校づくり」と、子どもの声を反映してつくっていったこの学校づくり実践とはどのように相違点があるのか、といった論点も議論されました。

森山敏晴報告（埼玉・小）「改めて考える『学校とは』——Part3」も、児童総会の活発な討議の中で児童会長が涙したこと、学校の条件整備要求に子どもたちの意見が反映されることの意義など、学校の中で子どもの要求を引き出すことの大切さが語られました。

島修一報告（東京・中）「幸せな方を増やす『インクルーシブなダイバーシティ』虹の学校——人権と多様性を大切にした授業づくり、学校づくり」では、「多様性」を重視して「個人の尊重とインクルーシブなダイバーシテイ」をめざした実践をとりあげました。校長も同意して、学校内で、学習活動や学校行事の中にその発想を取り入れていったことが報告されました。

野村治報告（京都・市民）「自然の風を感じながら　新しいプラットホームの創発」も、自然体験の場を提供して、その中から子どもたちが本当に楽しいと思える学びをつくり出している実践でした。

他方、地域に根差した「特色ある学校づくり」の高校実践として、山口県の3つの高校（商工高校と普通科高校）の小川敦・春日由美子・豊田真由美報告（山口・高）「学科間連携における山口県の伝統文化の継承と普及活動の研究」では、伝統工芸「柳井縞」を生徒たちとともに復活させて商品化したケースについて紹介した報告がおこなわれました。専門高校の学科の枠を超えた11校9学科で設立した模擬株式会社「山口魅来」のとりくみの一つであり、機織り機の復元と縞の作成、商品化をいくつかの高校の生徒たちが積極的にとりくんできたものです。学校間が遠いなど、教職員にとって大変な面もあるのですが、地域活性化、まちづくりのとりくみとしても地元で期待を寄せられていることが紹介されました。

3 コロナ禍のもとで、新たな視点を

北島やすの・森麻子報告（大阪・市民）「コロナ禍と子どもの権利条約」は、コロナ禍において子どもの権利条約について、SDGsとともに学習することをめざした小学校3年生の実践でした。1年生の終わりに、政府の一斉休校政策で1年生の日常が突然終わらされることになり、残された2日間は「できるだけいつも通りに」と努めた「苦しい気持ちがよみがえる」といった発言がありました。

そんな中で3年の学年での活動で、SDGsといった自分には「関係ない」となってしまいがちなテーマを、「子どもの権利条約」の内容と両方のテーマを合わせた内容にして自分たちでかるたをつくることになりました。そのテーマを「自分ごと」としてとらえることができたといいます。さらには「お家の人にも説明してみよう」として、自分で説明をして感想を聞いてくる実践をおこない、「父母、地域との共同」という視点を持たせ、それは各層に「対話」を取り戻すことにもつながったといいます。クラスのうち10人は授業にリモート参加で、ジャムボードなどのオンラインツールを用いての参加でしたが、かるたづくりではリモートの子どもたちとの話し合いもできました。コロナ禍の状況の中で、さまざまな工夫を重ねる姿が見られました。

4 困難な職場を変える「職場づくり」の実践から

若い教職員に対する威圧的な言動が見られる職場環境の実態と、それを改善しようとする職場づくりの試みがいくつか報告されました。

「子どもを中心とした学校にするために、どう先生方が輝ける職場をつくっていくか」という課題意識に立った高校の職場づくりの実践として、森下瑛仁報告（北海道・高）「未来につながる学校づくりを目指して――制服・私服化委員会の発足と経過」は、村立の美術工芸高校における数年間のとりくみをとりあげました。6年前、やる気がない青年教師たちもいて「無政府状態」のようだった職場の意識を変えようと、校長と工芸部長と3人でやや強引な手法で職場づくりにとりくんできました。しかし、結果的にうまく協力関係を築いていくことができないと感じたということです。

そんな中、人口700人程度の村の高校で寄宿舎に住む生徒も多い中、制服は必要ないのでは、と感じ、呼びかけに応えた有志教員3名、生徒たちといっしょに制服廃止の運動を進めていくことになりました。その際「生徒会での議論→委員会の発足→生徒総会での決定」という民主的な流れをとりました。110人生徒のうち9人が申し込んでくれた検討委員会の生徒たちのさまざまな意見や関心や意識の高さに驚かされたそうです。教師たちの中には、当初は管理的な発想も見られたそうですが、少しずつ関係は変化しているといいます。

斎藤鉄也報告（北海道・小）「子どもも教職員も安心できる学校づくりをめざして――タブレット・自主研・納豆事件から『同僚性』を考える」は、小規模校でありながら、同僚にも子どもにも「威圧的・攻撃的な言動」が見られるような職場を、仲間の教師たちと「同僚性」を尊重しながら「あたたかい職場づくり」をめざして変えていこうとした実践でした。当初は校務分掌の引継ぎや業務の話し合いも不十分で、「指導力不足」を見下すような雰囲気もある職場で、まず教員同士の教育観や子ども観を話し合う「自主研修」の企画から始めました。しかし、少しずつ変化が見られた中で、「学習発表会」で、ある教師が特定の子どもに大きな負担をかけてしまうような「事件」が起きてしまいます。その問題への対応にとりくむ中、「子どもにも同僚にもあたたかい職場づくり」とはどうあるべきなのか、と問う姿の中に、今日の多くの学校で共有されるであろう課題を感じました。

子どもたちの多様性が尊重され尊厳が守られるためには、教職員の人間的な働き方が保障され、ハラスメントなどのない職場づくりが必要であることもあらためて課題として浮びあがりました。

生徒にとっても教職員にとっても、居心地のよい安全な職場づくりに向けて、齋藤一利報告（茨城・高）「現業職員は、心のオアシス――現業職員の実践と運動」では、学校内での学校現業職員の実践についての報告がおこなわれました。学校に正規の現業職員を配置するよう法的整備を求める署名活動もおこなわれていることも共有されました。

5 三者協議会の先進的なとりくみ

子どもの声を聴いて学校づくりを進めていく仕組みとして三者協議会があります。高知県では、1997年に開始された「土佐の教育改革」の延長線上にその先進的なとりくみが位置づけられてきました。神野報告（高知・中）と藤田報告（高知・私学・高）が、高知県内の中学校と私立高校の三者協議会のとりくみについて報告しました。

藤田毅報告（高知・私学・高）「校則のない学校の三者協議会」では、生徒と教師との関係が比較的希薄とされる単位制の私立高校において、「生徒の学校参加を保障する制度＝システム」として2015年から三者協議会を年に2回開催するようになり、どのような進展が見られたのか紹介されました。

生徒の「授業アンケート」や「学校評価」を実施した結果を、事前の「生徒会リーダーズ研修」での話し合う機会を持ち、その内容を「三者協議会」で議論する、といった工夫がおこなわれてきました。協議会では、施設整備などとともに当初から授業に関する意見も出されました。「学校の教育活動の中心である授業について、当事者意識に基づく率直な深い議論が継続的におこなわれてきた」という評価が紹介されました。議論の中で授業の質や参加態度を問う議論への発展が見られたということです。「生徒が教員を選べるように」

という意見なども、進路希望別に同じ時間帯の授業を編成する、などの方法で少しずつ実現に向けているそうです。ただ、授業についての議論は深まっても「授業改善」に向けてはなかなか進められない、といった声もありました。

　神野寛報告（高知・中）「学校をつくる側に立つ生徒たち――奈半《なは》利《り》中学校『三者会』の取り組みを通じて」は、「三者協議会」ではなく、高知県奈半利町の中学校で24年前からおこなわれている年1回の「三者会」のとりくみについて取り上げました。三者会とは「生徒、教職員、保護者の三者が集まり、議論をたたかわせながら自分たちの要求を実現させる場」として、各学級、代表委員会の討議の上に位置づけられてきました。２０１９年度には教職員、生徒の双方が「決定機関」ではないか、という認識がありましたが、２０２１年度の教師用要項には、「教職員としての責任上、断固拒否する場合はあるが、その時はそれ相応の説明ができるように職員会協議が必要」とされているといいます。「責任と権利について学ばせ、当事者意識と愛校心を養う」といった項目もあり、「要求、実現、責任、このサイクルをきちんと保障した時、失敗はあっても無責任な考え方や行動はしない」と続けられています。

　最近、その三者会で「授業改善」という教師から見たら「デリケート」な議論が取り上げられました。1年生から「5教科のいくつかの授業を分けてほしい」、3年生から「一人ひとりに応じたサポートを充実させてほしい」という意見が出されたのです。議論を経て「先生と生徒、双方がやる気をもって勉学にとりくんでいこう」という言葉にたどり着いた、と総括しています。また「ツーブロック校則」「置き勉」などについても、積極的な議論をおこなうことができました。三者会で討議が不十分な場合は、教師と生徒の「二者会」でも議論をおこないました。これらの活動を通じて、教職員の側に「立ち位置の変化」があったことが報告されました。生徒のとりくむ姿勢を問題視していた教師も、生徒の参加について具体的に話題にするようになっていったというのです。

6 学校統廃合、小中一貫校に対する共同をどのように

高知県四万十市下田中学の保護者による有原陽子報告（高知・保護者）「子どもの『教育・人権・命』より大学誘致を優先してよいのか」では、統合対象とされた中学校存続のための運動が紹介されました。2017年、合併前の旧中村市内の10中学校を2校に再編する計画が出され、生徒数約30名だったこの学校もターゲットになりました。しかし、保護者、住民らによる存続運動が起き、2019年には「存続を求める署名」が市長に提出され、いったんは計画が止まったと思われたのです。

そこには、優れた子育て・教育環境を求めて都会から移住した保護者たち、南海トラフ地震が予測される中、高台の「災害時公的避難所」である中学校の存在が不可欠と考える区長ら住民の運動がありました。その際、市内他校に勤務する中学の組合教師が、先行して強引に統合された別の中学校のケースについて統合協議会の議事録を引いて紹介したことが決定的な意味を持ったといいます。それは、統合後の混乱で生徒たちが荒れ切ってしまったケースでした。保護者たちは、学習によって、子どもたちにとって統廃合はリスクがあり、地域にとっても望ましいものではないことに確信を持って運動にとりくんでいくことができました。小中学校の統廃合反対運動の場合、当事者である保護者の運動の有無が決定的に重要になります。

ところが市長は中学校を廃校にした上で、その校舎に京都の大学の看護学部を誘致する計画を突然公表し、統廃合を一気に進めていくことになりました。開設を急ぐ市側は、2021年、工事のために在校生を高台下の小学校の空き教室に移して2年間のみ存続させ、希望者だけを統合予定先の別の中学にスクールバス通学させる案を提示し押し切ろうとしました。それに対して区長は「異議申し立て」、保護者は「不服審査請求書」を教育長に提出するなど運動を継続しているのです。

大学誘致のために校舎と敷地を無償貸与し、さらに市費10億円以上を大学側に支出、また校舎改修に自治体の公共事業として内閣府の地方創生拠点整備交付金、隣接する市施設にも国土交通省空き家対策総合補助金を活用する（すぐ大学に

提供してしまうにもかかわらず）といった強引な市側の計画に、関係者のみならず市民の批判も高まっています。大学を運営する法人は、北海道などで経営破綻した2つの大学を引き継ぐことをあたかもビジネス化させているといった論点もあり、この日の報告には「国民のための大学づくり」分科会からの参加もありました。

中川龍美報告（兵庫・市民）「小さくても地域に根ざした学校をみんなの手で――丹波市市島町小学校統廃合反対の取り組み」では、兵庫県丹波市での小学校統廃合計画に対して「丹波市の教育と地域を守る会」を組織して地域の小学校を守る運動を継続的に続けている事例が紹介されました。「地方創生」政策の「公共施設等総合管理計画」を背景に、小規模校の統合が進められています。本事例では、地域住民が中心になって徹底的な学習活動を基礎に組織的に運動の結果、当初出された5小学校統合、中学校と併せて小中一貫校化計画を市は断念に至ったのですが、新たに個別の3小学校統合計画が打ち出されています。〝切磋琢磨論〟などを克服して保護者と共同していくことの難しさが紹介されました。

大里総一郎報告（さいたま教育文化研究所）「越谷の小中一貫、三学園構想の問題点――経過と運動について」は、埼玉県越谷市で複数の小中学校を統合して大規模な小中一貫校建設である3学園を建設しようとする計画に対して、市民と組合教師たちが「小中一貫校を考える市民の会」を結成して見直そうとする運動について紹介しました。市民の共同によって、署名活動など積極的な運動が進められてきました。埼玉県では、全県的に「公共施設等総合管理計画」に基づいた学校統廃合、小中一貫校計画が進められていますが、これはＰＦＩによる校舎建設、維持管理が予定された「民営化」の事例でもあります。ただ人口増加地域で、もともとの学区割に問題があったなどの事情もあり、保護者の協力がなかなか得られないといった課題もあるということです。

これらの学校統廃合に対する地域の共同が成立した運動は、今進められている新自由主義的な教育改革の対抗軸になる可能性をもっている点も議論中では共有されました。今後組合の積極的な役割が期待されます。

〔山本由美〕

【レポート一覧】

		石井拓児	共同研究者	●討論のよびかけ：戦後日本の学校づくりと今日の課題——学校づくりの復権のために
①	北海道	斎藤鉄也	小学校	●子どもも教職員も安心できる学校づくりをめざして——タブレット・自主研・納豆事件から「同僚性」を考える
②	北海道	森下瑛仁	高校	●未来につながる学校づくりを目指して——制服・私服化委員会の発足と経過
③	茨　城	齋藤一利	高校	●現業職員は、心のオアシス——現業職員の実践と運動
④	埼　玉	森山敏晴	小学校	●改めて考える「学校とは」part3
⑤	埼　玉	大里総一郎	さいたま教育文化研究所	●越谷の小中一貫、三学園構想の問題点——経過と運動について
⑥	東　京	島　修一	中学校	●幸せな方を増やす「インクルーシブなダイバーシティ」虹の学校——人権と多様性を大切にした授業づくり、学校づくり
⑦	京　都	野村　治	市民	●自然の風を感じながら　新しいプラットホームの創発
⑧	大　阪	大瀬良篤	小学校	●自治の力で学級・学年・学校づくりを
⑨	大　阪	北島やすの 森　麻子	市民	●コロナ禍と子どもの権利条約
⑩	兵　庫	中川龍美	市民	●小さくても地域に根ざした学校をみんなの手で——丹波市市島町小学校統廃合反対の取り組み
⑪	山　口	小川　敦 春日由美子 豊田真由美	高校	●学科間連携における山口県の伝統文化の継承と普及活動の研究
⑫	高　知	有原陽子	保護者	●子どもの「教育・人権・命」より大学誘致を優先してよいのか
⑬	高　知	神野　寛	中学校	●学校をつくる側に立つ生徒たち——奈半利中学校「三者会」の取り組みを通じて
⑭	高　知	藤田　毅	高校(私学)	●校則のない学校の三者協議会
⑮	福　岡	成宮　武	小学校	●神楽がつなげるストーリー
⑯	私学(滋賀)	丸山はるか	大学生	●学びをくれた出逢い——自分を受け入れること

分科会報告

21 教育条件確立の運動

藤本　典裕

分科会の冒頭、共同研究者から、「教育のつどい」の分科会再編に関する議論の経緯と、再編後の分科会の構成について簡単に説明をおこないました。参加者、共同研究者、司会者から、分科会再編後も教育条件の確立に向けた運動・実践と研究は不可欠であるとの意見が多く出され、分科会の構成にかかわりなく引き続き教育条件確立をめざすことが確認されました。

次に共同研究者による基調提案がおこなわれ、これにつづいて、7本のレポート報告と討論をおこない、その後、参加者全員で締めくくりの討論をおこないました。レポート報告のテーマは、「A　『GIGAスクール構想』と学校現場」⑴、「B　学校における電子システム化と教職員の働き方」⑶、「C　学校徴収金の現状と課題」⑺、「D　スクールソーシャルワーカー配置の意義と課題」⑷、「E　学校統廃合の背景・現状・課題」⑵⑸、「F　コロナ禍の学習機会保障」⑹でした（（　）内は文末のレポート番号です）。2021年度に引き続き、新型コロナウイルス感染が各地の学校現場に大きな影響を及ぼしていることがレポートにも反映されましたが、参加者それぞれが経験したことを交流する時間も設けました。

1　基調報告
──「教育改革」「教育財政」の動向と教育条件確立の課題

2021年度の文教予算編成過程では、コロナ禍の分散登校の影響もあって少人数学級が政策課題として急浮上しました。教職員、保護者、市民をはじめとした積極的なとりくみの結果、義務標準法が改正され、小学校の学級編制標準が学年進行で引き下げられることになりました(35人学級の実現)。

しかし、政府予算が3年連続で過去最大を更新する一方、文教関係予算は4兆216億円で、前年度を下回っています。また、教職員定数は3141人改善とされるものの、定数全体では474人減になります。衆参両院の附帯決議は、十分なものとは言えないものの、①中学校・高校の少人数学級の検討、②必要な加配定数を確保するための財源措置、③教員免許更新制の縮小廃止をふくめた教員確保負担軽減、などを課題として明記していることを重視して、OECD諸国並みの「20人学級」を展望したとりくみが求められます。

ところで、GIGAスクール構想がコロナ禍のもとで前倒しして進められ、2020年度補正予算で「一人一台端末」の早期実現、通信環境の整備、ハード・ソフト・人材を一体とした整備が加速されました。また第三次補正予算では高校段階でも「一人一台端末」を低所得世帯に拡大をふくめたICT環境の整備に209億円が計上されました。しかし、ICT支援員、GIGAスクールサポーターの配置など、支援スタッフの配置は不十分です。

また、デジタル教科書についても、学習者用デジタル教科書普及促進事業に予算が計上されているものの、民間企業の参入拡大、教員の専門性の担保、通信環境等の整備、個人情報の保護など、課題は山積しています。

特別支援学校の教室不足解消についても、2020年度から2024年度までが集中取組期間とされ、既存施設の改修にかかる国庫補助の算定割合を3分の1から2分の1に引き上げる制度改正がおこなわれています。特別支援学校の設置基準案は「特別支援学校の教育環境を改善する観点」から設置基準を制定するとしていますが、在籍児童生徒数の上限規定や通学時間の上限、障害種ごとに必要な施設設備は入っていません。既存校には「当分の間」適用されず、教室不足解消などは努力義務にとどまっています。

国や経済界は未来社会 Society5.0 に向けた「人材」育成のために、教育の市場化を推進しようとしています。

基調報告を受けて、各地から問題状況が報告されました。教員の未配置・未補充への対応については、文部科学省に実効ある対策がとられていないことが指摘されました。埼玉県上尾市ではまったくと言ってよいほど対応がとられていないため、現職教員に補充を委ねているのが現状だと報告されました。山口県でも対応がとられず、現場の教員に「お願い」している現状だと言います。島根県では、8月の始業式時点で支援員2名が配置（市が配置）されたものの、1日7時間の勤務であること、支援員単独での授業はできないこと、支援員を受け入れる体制をつくるのが困難であることなどの課題が指摘されました。高知県（特別支援学校）では、2021年度、産休・育休の代替教員が配置されず、2022年度になって支援員が配置されたものの問題の解決にはなっていないことも報告されました。

学校の「ブラック化」が指摘され、教員志望者が減少して教員の供給が減少していること、教員の年齢構成の偏りによる大量退職・早期退職者の増加、精神疾患の増加、特別支援学級の増加など教職員定数に関する課題も山積していますが、教職員定数改善計画の策定や教職の魅力のアピールなど、文部科学省の対応には実効性がみられず依然として大きな課題となっています。

2 レポート報告と討論

A 「GIGAスクール構想」と学校現場

金井裕子報告（埼玉・小）「『GIGAスクール構想』で教育現場でおきていること——さいたま市教育行政のトップダウンの実態」は、さいたま市で展開されているGIGAスクール構想が教育行政のトップダウン的性格を反映して子ども・教員・学校の実態を踏まえたものとはなっていないことを指摘しました。このことを報告は「国策」としての教育動向をさいたま市が体言化していると表現しています。

その本質は、①国家主義、②市場主義に要約されます。①は教育基本法に示された「愛国心」教育の具体化、道徳教育の教科化に象徴されます。②については、「役に立つ学び」と「役に立たない学び」を方法的に対置する「学び」の変容を意味しています。産業界の求める人材育成をめざす政策の具体化と言っていいでしょう。さいたま市のICT教育推進は、十分な準備もないままに「学び」の質を考慮せず、情報モラル教育は後回し、人権擁護の視点も大きく欠如したものとして批判的に言及されました。

そこに示されたのは、教育・学校の市場化・商品化であり、教育・教員の外注・民間委託の方向性であり、それが子どもの学びや教員の働き方（労働条件）をどのように変えるのかが問われなければならないと指摘されました。そのためには、学校現場の「声」をどのように集め、改善するのかが課題となります。

B 学校における電子システム化と教職員の働き方

亀井雄一報告（東京・小）「学校における電子システム化

の現状――人事庶務システムを中心に」は、学校事務の共同実施（共同事務室）が実質的な学校事務職員削減につながり、学校から事務職員を「引き上げ」る結果となっていることを批判的に指摘しました。

具体的には、人事庶務システムが多元化されることによって事務手続きが複雑化し、非効率化を促進していると指摘されます。また、事務システムの導入と活用には人と金が必要であるにもかかわらず、実際には両者の削減策として機能しようとしている実態も報告されました。さらに多様化・複雑化する学校事務を事務職員のがんばりで何とかこなしているのが実情であるとの苦境も訴えられています。

「チームとしての学校」政策が推進される中、学校事務職員の役割がより大きなものとなっているにもかかわらず、これに逆行するような施策がとられていることは問題です。学校事務職員が学校を担う「教育職」として認知されない傾向がより高まっているとも言えるでしょう。「事務職員は、事務をつかさどる」という学校教育法第三七条の規定を実質化することが大きな課題となっています。このことは事務職員のモチベーションを上げることにつながると思われます。

討論の中でいくつかの課題も指摘されました。たとえば、管理職は勤務実態に敏感であるが組合員ではない教職員には自覚が足りないように見える、教員と事務職員との意識のずれちがいを感じる、超過勤務を個人の責任に帰してしまう傾向がみられるなどは重要な指摘だと思われます。

他方で、教職員の働き方改善策が提起されている（上尾市立小・中学校における働き方改革基本方針）例も紹介され、運動の成果もみられました。

事務職員の勤務実態（超過勤務）に関する調査はおこなわれているのか、という課題も指摘されました。客観的事実を踏まえた運動の展開が求められていると言えるでしょう。

C　学校徴収金の現状と課題

田村美佐報告（高知・高）「県立高校における学校徴収金の現状」は、義務教育段階ではない県立学校における学校徴収金の問題という、従来は十分に検討されてこなかった課題の報告でした。

制服、体育関係費用、受験対応など、少なからず学校徴収金がある実態が詳細に報告されました。徴収金には保護者への事前の説明と理解が前提として求められるが、学校からの徴収通知を拒否することができないという実態がある。従って、徴収金がどのように使用され、どのような成果をあげたのかについての説明がより重要になるとの指摘がなされました。

報告では、就学支援金が導入され授業料負担のない家庭が

「大半になった」こと、就学給付金の受給は約一割にとどまっていることも指摘されました。

参加者からは、受験産業と政府・自治体・教育界との「癒着」がみられる、受験体制の強化を名目として「公費」が受験産業に流れているなどの発言がありました。

教育の成果を説明することは重要だが、それを確認する方法もふくめて非常に困難であるとの発言もありました。

D　スクールソーシャルワーカー配置の意義と課題

上山祐三子報告（京都・小）「学校におけるSSW配置とその意義を大切にして」は、スクールカウンセラー（SC）やスクールソーシャルワーカー（SSW）などの専門職が学校に配置されることの意義・意味を確認し、「まなび生活アドバイザー」の配置について功罪の両面を指摘しました。

その中で、学校が教員中心となり、教員以外が子どものことを話しにくい職場になっていないかとの問題提起がありました。SSWについても、その意義を認めながら、他方で学校外から来る人、教員以外が子どもを語ることに対する抵抗感が強いのではないかと指摘されています。これは、指導に口を出されたくない。ちょっと見て何がわかるのかという教員側の抵抗感の現れではないかとも語られました。

こうした指摘は学校という組織のあり方を問う本質的なものだと思われます。「チームとしての学校」という、本来そうあるべき学校のあり方が、実際には校長を頂点としたトップダウンの組織になっている実態を批判的に検討し直すことが求められていると言えるでしょう。

多くの職種の存在を前提に、学校のおける意思決定のあり方やその方法、意思決定への参加者は誰なのかといった学校という組織の本質があらためて問われていることが共有される報告になりました。

E　学校統廃合の背景・現状・課題

（1）山口県の公立高校統廃合

山田泉報告（山口・高）「山口県公立高校再編整備の経過——運動づくりの経過の検証」では、山口県で進められている公立高校の統廃合の実態が詳細に報告されました。

具体的には、商業高校と工業高校の統合、過疎地域の高校の統合の例が紹介され、人口の多い地域でも統合が進められていること、定時制高校の統合も推進されていることが指摘されました。高校再編整備の前提として市町村合併が進められ学区の統合が続いていることや、少子化への対応策として小規模校の存続ではなく統合による大規模化が進められていることも紹介され、そのことが教育の質に大きな影響を及ぼすことへの危惧も語られました。

報告は、組合で統合への反対運動が十分には組織できなかったことも指摘し、その要因についても考察しています。具体的には、定時制高校の統合については、担当教員による調査と提言がなされているものの、組合全体としてとりくむことが不十分だったこと、少人数学級など、教育の質保障という観点からの検証が不十分だったこと（教育的意義）、統廃合問題を教職員定数などとの関連について追及する視点が不十分だったこと（教育条件）などが指摘されました。これとは別に、議会での検討が不十分だったこと、県教委の対応に矛盾がみられたことなども報告されました。

山口県では地域との連携を強調しながら地域の学校の統廃合が進められています。その背景には学校と地域などとの連携の不足があり、そのことが再編整備計画への対応を不十分にしているという運動の問題点も合わせて指摘されました。

討論の中では、高校の統合に合わせて、難関大学進学を進めるため「高度な」授業をオンラインで実施している例が紹介されました。そこには、教育の質の問題、教員の確保の問題があるにもかかわらず、高校の場合、小中学校とはちがって地域住民との連携をつくることが困難であること、地域住民の教育に対する考え方が「保守的」なものである場合、連携が逆効果となる危険性もあることも合わせて指摘されています。地域住民が地域の学校にどのような意識を持つのかは重要であるが、そのために日常的な連携、情報の公開・共有などが前提となるでしょう。高校再編の背景には経済施策があることを確認するとともに、学校統廃合への反対をきっかけとして、多様な子どもを受け止める学校・教員のあり方を検討することが求められています。地域に学校があることの意味をどう考えるか、どう確認するか、どうアピールするかが課題として提起されました。このことは、子どもたちの「育ち」「学び」を支えること、そのためにどのような条件（教員数、学級規模、施設・設備、教育方法の多様性など）が必要なのかを問うことであり、どのような教育条件の確立を求めるかという本質的な課題として共有されたと思います。

（2）埼玉県上尾市の学校統廃合

遠藤譲報告（埼玉・さいたま教育文化研究所）「上尾市の学校統廃合計画と地域ごとの市民の活動」では、埼玉県上尾市で進められている学校統廃合の実態とその問題点が詳細に報告されました。

この動きは公共施設統廃合計画をベースとした学校統廃合とも言えるもので、学校施設更新懇話会を中心に進められています。このため、「教育論なき」検討となっていると批判的に言及されました。具体的には、統廃合の根拠となるべき学校規模の基準を設定する根拠が不明で、なぜ、何のための統廃合なのかが明らかにされないまま事業が強引に推進されているのが実情です。

報告者は、問われるべきなのは学校が存在することの意味であると主張します。従って、市民に向けた情報の提供と共有は不可欠な前提条件であるはずです。

「調査特別委員会」が設置されていますが、ここでも根拠が示されないままに提言がなされるにとどまっています。上尾市民は地域ごとに組織を結成して検討をおこない、子どもたちの安全・健康を考慮しない計画を批判しています。その中で小規模校のメリットが再認識され、学校のあり方をあらためて問う視点が得られたことは運動の成果だと思われます。従来から展開されていた住民運動、教育運動の遺産が活用され継承されたことも成果のひとつと言えるでしょう。

討論の中では、小規模校の存続を検討する視点が欠如していること、小規模校の存続の危機にどのように対処するかが課題となっていることが指摘されました。

F　コロナ禍の学習機会保障

青木志保・掛橋佐和報告（高知・特別支援）「やっと会えたね——病院併設障害児学校の障害の重い子どもたちの学習保障のために」は、特別支援学校の病院分校における教育条件確立のとりくみを詳細に紹介するとともに、教職員の思い・願い・実践を具体的に訴えるものとなりました。

分校では1972年の設立当初から、学齢児童・生徒だけではなく、正式には対象外となる年齢超過者も対象として教育を実践していました。

訪問教育は週5日おこなわれ、児童生徒1名に担任1名が配置されています。

コロナ禍で対面での授業が実施できない時期には動画教材を使った授業を実施しましたが、児童・生徒の反応を確認することが困難で、児童・生徒、教職員ともに心身のストレスが蓄積していった実態が報告されました。

報告と討論の中で、感染対策のため学校・学級を閉鎖し、児童・生徒と保護者・教職員との接触を禁ずることが最善の対策なのか、という問題意識が表明されました。機械的に接触を禁止するのではなく、感染対策を十分におこなった上で児童・生徒と教職員との直接的な対面を通じた教育活動をいかに保障するのかという、報告された分校をふくめ、すべての学校に共通する大きな課題が提起されました。

分校では非対面授業を実施している時期に、iPadの運搬を教職員がおこなっていたと報告されました。これは、iPadの設置を授業展開に応じたより適切なものとするという意味のほかに、わずかであっても顔を見る・見せることで児童・生徒の興味・関心をつなぎ止めるというより本質的な教育的活動であったことが重要であったと思われます。

対面・非対面の別、使用する教材や教具、教育方法などさまざまな工夫がおこなわれたことが報告されましたが、そこでは教育を保障するということの意味が問われていたことが参加者に共有されたと思います。

3 全体討論

報告を受けて全体討論がおこなわれました。

（1）ICT活用をめぐって

コロナ禍の影響から十分な準備のないままに推進された「一人一台」というタブレット環境を批判するだけでなく、その活用を検討することの必要性が議論されました。実際に、児童・生徒の集会、保護者懇談会、PTAの会議などがオンラインで実施されていることが報告されました。また、不登校傾向のある児童・生徒が別室で授業に参加している例も紹介され、学びを保障するひとつの選択肢となっていることにも言及がありました。他方、ハイブリッド授業の実施は、対面とオンラインの児童・生徒を同時に指導する困難や授業を視る保護者の批判的、揶揄的な眼への対処など、教員に精神的負担を強いている問題性も指摘されました

さらに、ICT活用技術の学校間・教員間格差が教育の質に格差につながっていること、家庭にWi-Fi環境がない場合の対応が不十分であることなど、教育を支える条件が整っていないという大きな問題も指摘されました。

（2）学校予算をめぐって

報告を受けて、学校予算を通じて教育保障に貢献することが重要であるとの視点が再確認されました。そのためには、学校に予算執行の意思決定システムが確立されていることが必要であるが、それが不十分な段階にとどまっていることも

同時に指摘されました。学校予算が教育保障に結びつくためには、予算編成と執行への厳しい目が必要となります。教職員はもとより、保護者にも情報を公開し、成果を検証する仕組みが必要であることもあらためて課題として共有されました。

(3) 子どもの教育保障という視点から

討論の最後に、子どもの教育を受ける権利とその保障という視点から、教育条件確立の意義をめぐる発言がありました。教育条件を確立する目的は言うまでもなく子どもの学びの保障です。学校教育において、それはまずは授業の充実として検討されることになるでしょう。すべての子どもが「ひとしく」教育を受けることを保障する条件の整備がいまあらためて重要な課題となっています。

教育予算・学校予算を充実させることは言うまでもありませんが、その執行が教職員・保護者・市民の共同のもとにおこなわれ、その成果が検証されることはこれからの課題として残されているように思われます。

「義務教育は、これを無償とする」という日本国憲法の規定を受け、国公立の学校における義務教育では授業料は徴収されません。しかし、この授業料という概念は十分に検討されていないのではないでしょうか。学校で教育を受けるために必要な費用が公的に保障され、すべての子どもに教育機会が保障されるべきだとすれば、そのための費用はすべて授業料として無償化されるべきでしょう。

他方、教育費の私費負担を当然とする考え方が根強いことも事実だと思われます。言い換えれば、受益者負担主義をどのように超えるかという大きな課題が残されているということでしょう。

討論の中で、教育を担う人を大切にする視点の必要性が語られていたと思います。教職員はもとより、保護者、市民をふくめた多くの人の「関係性」を確立することも広い意味での教育条件の確立であり、大きな課題でもあると思われます。学校の存在意義を再確認し、これを大切にする視点を持つには、学校、教職員、議会、行政、組合などにできることを再確認することが求められています。

学ぶことの目的が競争的な視点に限定される傾向が高まっているいま、あらためて「子どもの最善の利益」の尊重という視点が重要になっています。また、そのためにも「子どもの意見表明権」の具体化も求められているように思われます。

どのような教育のあり方をめざすにせよ、それを支える教育条件の確立は不可欠です。これまでの運動・研究の成果をさらに発展させることの意義をあらためて共有して本分科会は終了しました。

【レポート一覧】

① 埼　玉　金井裕子　小学校
●「ＧＩＧＡスクール構想」で教育現場でおきていること――さいたま市教育行政のトップダウンの実態

② 埼　玉　遠藤　譲　さいたま教育文化研究所
●上尾市の学校統廃合計画と地域ごとの市民の活動

③ 東　京　亀井雄一　小学校
●学校における電子システム化の現状――人事庶務システムを中心に

④ 京　都　上山祐三子　小学校
●学校におけるＳＳＷ配置とその意義を大切にして

⑤ 山　口　山田　泉　高校
●山口県公立高校再編整備の経過――運動づくりの経過の検証

⑥ 高　知　青木志保　掛橋佐和　特別支援学校
●やっと会えたね――病院併設障害児学校の障害の重い子どもたちの学習保障のために

⑦ 高　知　田村美佐　高校
●県立高校における学校徴収金の現状

分科会報告

22

環境・公害問題と教育

安藤　聡彦

教育のつどいの分科会には、独特の高揚感があります。忙しい日々の仕事の時間を割いて、レポートをもって開催地まで出かけていくことは、考えてみれば容易なことではありません。でも、そんな努力をして開催地までたどり着き、全国の仲間や新しい参加者と会い、実践を交流し、議論をたたかわせ、終了後さらに飲みながら議論の続きをする、という一連の営みは、私たちに課題意識をもって子どもたちの前に立ち、仕事をつづけていく大切さと喜びとを味わわせてくれるかけがえのない経験になっているのではないでしょうか。

3年ぶりの対面をふくんでの開催となった今回のつどいでは、そうした高揚感も復活し、おりからの南国特有の暑さも重なって、文字通り熱っぽい議論の場が再生されました。

1　分科会の組み立てとレポート

分科会の組み立てとそれぞれのセッションで報告された報告は、次の通りです。

《第1日午前　参加者の自己紹介、共同研究者からの問題提起》

《第1日午後　「エネルギー問題を考える」》

＊石田達郎（大阪・高）「エネルギー問題を考える」

＊森嶋光（長野・高）「バイオマス発電について――温室効

果・地球温暖化防止２０２１」

《第2日午前　「高知県における自然保護と教育」》

＊植村優人、植村厚子（高知・市民団体）「ジンデ池存続への挑戦――私達がジンデ池にこだわる理由」

＊高尾和伸（高知・現地実行委員会）「ヤイロチョウ（高知県の鳥）の保護活動に参加して」

《第2日午後　特別報告と総合討議》

＊宮崎俊朗（埼玉・市民）「行ってきました　11年目の福島――まだ14マイクロシーベルトも。汚染水海洋放出に怒りの声」

＊大森享（共同研究者）「ＳＤＧｓの教育を問う序説」

＊亀澤政喜（司会者／富山・高）「語り継ぐ会とともに創り上げる教育実践」

＊西山幸江（司会者／岡山・高）「高校生×観光ガイド×ＳＤＧｓ」

以下、各報告の記録をおこないつつ、論点を整理していきたいと思います。

2　共同研究者からの問題提起

分科会を開催するにあたって、ふたりの共同研究者からそれぞれ問題提起をおこないました。

大森享共同研究者：「ＳＤＧｓの教育を問う序説」というレジュメをもとに、「環境教育・ＥＳＤからＳＤＧｓ教育へ」という動向の中で、批判的・創造的な環境教育の原理にかかわる問題として3点を指摘しました。

第一に、最新の『環境教育指導資料（幼稚園・小学校編）』（国立教育政策研究所教育課程研究センター、２０１４年）には２００７年版にはあった「トビリシ勧告」（１９７７年）への言及が欠落しているが、その問題はきわめて大きい。同勧告が提起した環境教育目標カテゴリー「認識、知識、態度、技能、関与」は環境教育の実践構造を考察するにあたって現在でもきわめて有益である。

第二に、さきの『指導資料』では、「環境に〇〇する態度」という表現が頻出しており、そのことが結果的に環境保全に対する学習者なりの価値志向に基づく活動能力形成を考察する構えを教師から奪っている。「自ら進んで環境の保護・安全に寄与しようとする態度」をめぐっては、「トビリシ勧告」の「関与」（社会集団や個人に環境問題の解決に向かう働きにあらゆるレベルで活発にかかわる機会を提供すること）などを検討することが重要な課題となる。

第三に、高度に発達した人工空間（人間が生み出した道具の世界）で、人間自身の内なる自然をどう発展させるのかが問われている。この現代の内的自然を捉える概念をナチュラルさ（小原秀雄）とし、全国的な都市化社会の中で、ナチュラルさに根ざした環境を主権者がいかに創っていくのかが問われ、それを射程に置く現代教育の探究が重要な課題となるだろう。子どものナチュラルさは、社会化された自然の中で成長するヒトのナチュラルさを中核とした高次の人間性であり、社会化された外的自然環境と内的自然の相互作用による統一としての矛盾を持ちながら形成される。協同的活動主体として、ナチュラルさという視点から外的自然を創造していく原体験としての活動過程で子ども自身が教育される。社会化された外的自然の中でしか成長しない人間の自然性の形成を高次に捉えなおし、社会をつくりかえることと統一していくことが問われている。

安藤聡彦共同研究者：ここ高知に来て、とりわけさきほどの自己紹介をうかがいながら、数年前に亡くなられた教育学者の大田堯《たかし》さん（１９１８―２０１８年）のことを思い出していた。大田さんの『教育とは何か』（岩波新書、１９９０年）は、四万十川に浮かべた船での漁師の語りからはじまる本であるが、そこで大田さんが語っている「教育」とは私たちが考えている「環境教育」ときわめて近いものであると自分は思っている。その大田さんは、晩年「〈ひとなる〉ことの社会的文化的胎盤」の重要性ということを力説し、学校だけにとどまらない、子ども・若者の広い意味での学習環境・学習条件整備の大切さをくり返し指摘していた。ぜひこの分科会でも、私たちの求める環境・公害教育を支える学習環境のあり方についても議論を深めていきたいと思う。

3 エネルギー問題を考える

石田達郎報告（大阪・高）「エネルギー問題を考える」

報告者は、２０２１年度に非常勤講師として「エネルギー問題を考える」という授業を「高等学校設定科目」として設定し、実践しました。受講者は、前期が２・３年生合計で21名、後期が19名でした。

「今、世界中で、持続可能なエネルギーについて、模索が続いています。人類にとって、エネルギー問題は、その生存にかかわる重大問題です。この講座では、エネルギー問題を、大きな視野で、しかも身近なところから考えていきたいと思います。環境問題や人権問題との関係についても学びましょう」

全9講で構成された授業のうち最初の6講はエネルギーおよびエネルギー問題の概説となっており（「エネルギーとは何か」「エネルギー問題とは何か」「発電のしくみいろいろ」「自動車のしくみいろいろ」「まとめ」「人間生活とエネルギー」）、残りの3回は「ＳＤＧｓ」にかかわる内容となっています。

本授業の特徴は、つかみにくいエネルギー問題を生徒に伝えるために、家電製品や自動車など、かれらにとって身近なモノを素材として授業を展開しているところです。同時に「小テスト」で「自分が実践している（しようと思っている）『省エネ（エコ）』」や「学校に提案したい『省エネ（エコ）』」についての記述を求めるなど、一歩踏み込んで生徒自身の価値観やそれにもとづくビジョンの表出をはたらきかけています。同時に、原子力発電にかかわっては、福島県における汚染水の海洋放出問題を踏まえ、その原理的な困難や海外の動向を詳細に伝えるなど、かなり高度な内容をふくむものとなっています。

報告者の指摘するとおり、エネルギー問題は「人類の生存にかかわる重大問題」でありながら、もっぱら消費者的ライフスタイルを生きている子どもたちがその重大さを認識することは簡単ではありません。その点で参加した子どもたちの声や評価が報告に盛り込まれていれば、さらに良い報告になったのではないかと思われます。

森嶋光報告（長野・高）「バイオマス発電について——温室効果・地球温暖化防止2021」

本セッションのもうひとつの報告は、地元に新設された木質バイオマス発電事業所のとりくみの学習を通して、地球温暖化防止の可能性について考えた授業の紹介です。

報告者は、「人間の影響は、少なくとも過去2000年間に前例のない速度で、気候を温暖化させてきた」（ＩＰＣＣ第6次報告書、2021年）とし、その実例として世界各地で起こってきた異変や異常気象（その具体例のひとつは、2019年10月の台風10号による千曲川の決壊）を示し、地球温暖化問題に生徒の関心をひきつけます。そのうえで、上田市に隣接する東御市に建設された木質バイオマス発電事業所「信州ウッドパワー」について「地球温暖化防止の身近なとりくみ」として紹介しています。その際、「発電規模が大きくなれば発電効率や事業性は良くなるが、木材収集が困難に、かつ運搬輸送時のCO_2排出量の比率等はより多くなってしまう」として、適正な発電規模やそれを可能とする地元木材資源確保の重要性についても言及しています。生徒のひとりは、「気づかないところで地球温暖化が進んでいて、それを少しでも防ぐためにおこなっていることの一つとしてバイオマス発電があることがわかった。私たちの身近なところにもバイオマス発電を利用している施設があることを初めて知った」という感想を書いています。

報告者の授業の何よりも大事な点は、地球温暖化というグローバルな問題と生徒にとって身近な事業所とをつなげることによって、ともすれば他人事になりがちな問題を生徒にひきよせているところにあります。同時に、報告者は事業所のとりくみをシンプルに評価するのではなく、木質バイオマス発電事業にかかわるさまざまな困難にもふれることによって、同事業に対する問いの喚起にも力を尽くしています。当日の討議でも、この発電事業にかかわって騒音問題の存在が指摘されているという発言がなされました。また、筆者自身、後日、この発電事業にかかわって、地元市民団体が放射能に汚染された木材の焼却を危惧して監視活動にとりくんでいることを知りました。生徒とともに、よりいっそう多角的な調査と情報収集を重ねることによって、この学習がさらに進展することが大いに期待されます。

4 高知県における自然保護と教育

植村優人・植村厚子報告（高知・ジンデ池生物研究所）「ジンデ池存続への挑戦――私達がジンデ池にこだわる理由」

植村優人さんは、高知県内の公立高校の2年生ですが、「ジンデ池生物研究所所長」という肩書きを有しています。当日優人さん（以下、報告者と記す）は自宅からオンラインで堂々と報告してくださいました。

ジンデ池は、高知県須崎市安和地区にある農業用ため池です。２０１８年の西日本豪雨で、各地の管理・使用されていないため池が決壊し甚大な被害が出たため、「防災重点ため池」のみを維持し、それ以外は廃止するという方針が政府によって打ち出されました。その結果、ジンデ池もその方針にもとづき廃止されることになってしまいます。

それに対して、ジンデ池でトンボを採集したことのあった報告者は、誰も調査したことがないため、どれくらいの種類のトンボが生息しているのかが気になり、２０１９年春から友人たちと調査を始めました。すると、トンボは絶滅危惧種をふくめて38種、さらに絶滅危惧I類のミナミメダカが確認されることになりました。報告者らは、地元の科学研究発表

会や生物多様性セミナー等の機会を通して調査結果を発表するとともに、市長らとの懇談を重ねることによって、20年10月には市長が「環境に配慮した防災工事をおこなう」ことを発表することになりました。報告者は、21年3月に友人の小中学生とともに「ジンデ池生物研究所」を設立し所長に就任、生物調査やセミナー等を実施しながら、工事の進展を見守っています。

本分科会の長い歴史の中では、これまでにも高校生が参加して、自らの学習経験について話してくださったことはありました。けれども、ここまで徹頭徹尾主体的な環境保全活動について報告していただいたことはおそらくなかったことでしょう。その意味で文字通り画期的な報告でした。おそらく報告者にとって、活動を見守り、さまざまな関係者・機関とつないでくださった母・植村厚子さんの存在はとりわけ大きなものであったことでしょう。その厚子さんは、自らのレポートの最後に次のように記されています。

「いつか『おかぁちゃんはボクの将来のために何をしていたの？』と聞かれた時、胸を張って言えるような何かをしたい」

大事なことは、厚子さんが「ボクの将来」を考えるとき、それは「ボク」だけの将来ではなく、「ボク」が生きる地域や社会の将来であったことでしょう。子どもに向き合い、子どもとともに生きる私たちおとなの市民性がいま問われていることを、厚子さんのこの言葉は教えてくださっています。

高尾和伸報告（高知・現地実行委員会）「ヤイロチョウ（高知県の鳥）の保護活動に参加して」

報告は、四万十川中流域にある四万十町立北ノ川小学校での報告者自身による自然体験学習、ならびに報告者が参加する高知県生態系トラスト協会での自然保護活動に関するものでした。

報告者が北ノ川小学校に着任したとき、子どもたちは地域の自然や文化からは切り離された生活を送り、「この地域には何もない」とつぶやいていたそうです。報告者は、そんな子どもたちを、まずは学校近くを流れる相去川《あいざれがわ》に誘い、そこでたっぷり遊ばせ、さらに地元の方にお願いしてウナギ捕りのしかけづくりを指導してもらい、ウナギ捕りに挑戦していきます。実践のまとめとして長く引用されている作文は、子どもたちにとってこの体験がどんなに心地よいものであったか、またそれを通してかれらがどんなに多くの地域の「魅力」と出会ったかを示してくれています。また、報告後半では、地域に突如出現した大規模風力発電計画への反対運動や愛媛県の施設から逃げ出した外来種サンジャクへの対策活動など、地域に根ざした自然保護活動の様子がつまびらかにされました。

しばしば「日本最後の清流」と言われる高知の四万十川。本報告は、その四万十川中流域のように自然ゆたかな場所であっても、いまや自然そのものも、子どもと自然との関係も、きわめて不安定な状態にあることをリアルに示すものでした。最終的に報告が教えてくれたのは、地域の自然を監視し保全するとともに、切断されている子どもと自然とのかかわりをつなぎ直すおとな、とりわけ教師の役割の大切さです。それは教育行政の求めている学力テストで子どもに高得点をとらせることのできる教師の姿とはかなり異なった教師のあり方であると言えるでしょう。でも、ＳＤＧｓの時代、グローバルな環境破壊の時代に求められる教師像は、この詩的でのびやかな報告の書き手のなかに芽吹いているのではないでしょうか。

5　特別報告

宮崎俊朗報告（埼玉・退）「行ってきました　11年目の福島　──まだ14マイクロシーベルトも。汚染水海洋放出に怒りの声」

報告者は、毎年のように追加レポートを携えて、本分科会に参加してくださっています。今回は２０１１年以降5回目の福島訪問の報告。圧巻は、汚染水海洋放出に対する相馬市松川浦での漁業関係者の「私たちは前に、『原発は安全、安心』と言われて信じてだまされた。2度目はだまされない」という怒りの声のインタビューでした。3・11を忘れることなく通い続け、実態を調べ、発信している報告者に対し、多くの参加者が「勇気づけられた」といった感想を述べていました。

亀澤政喜（司会者・富山・高）「語り継ぐ会とともに創り上げる教育実践」

報告者は、富山市にある市民団体「イタイイタイ病を語り継ぐ会」に参加し、絶えず市民目線でこの公害病の意味や必要なとりくみについて検討をおこないつつ、学校での授業づくりにとりくんできました。今回は、2つの授業実践例とともに、「語り継ぐ会と共に創り上げる教育実践」として「教員研修の場での講演」と高校の図書委員会による「教養講座での『イタイイタイ病のえほん』の作者金沢敏子さんのひとりがたり」について、報告されました。

西山幸江（司会者・岡山・高）「高校生×観光ガイド×SDGs」

報告者は、地元倉敷市にある美観地区をフィールドとして、高校生自身が観光ガイドにとりくむ商業科「課題研究」の実践をこれまでも積み重ねてきました。今回の報告は、そこにさらにSDGs実現に向けた「観光の役割」を入れ込むことによって、観光ガイドをおこなうことの意義のよりいっそうの明確化を試みたものでした。報告者は、今後は「生徒自身の課題発見と課題解決から、地域産業の課題発見・解決へ向けて視野を広げる仕組みづくりが必要」であると総括されています。

6 本分科会が明らかにしてきたこと

本分科会のルーツは、旧日教組教育研究全国集会に1971年に設置された「公害と教育」分科会です。この新設以来今日まで、この分科会では半世紀にわたって環境・公害問題と教育との関連にかかわる実践を交流し、議論を深めてきたことになります。当初はあらゆる都道府県からの数十本の報告が並んだ分科会が、ここしばらくは毎年数本程度の報告しか集まらない状況へと変化してきました。そして、あたかもそれと入れ違うかのように、当初はもっぱらこの分科会で語られていた環境・公害問題の教育にとっての重要性が、いまでは環境教育やESD・SDGs教育の重要性として、国際的に共通了解されるようになりました。本分科会の歴史は、この半世紀あまりの日本の教育の変遷を示すものでもあり、その意味で詳細なふりかえりと評価がこれから必要となることでしょう。ここでは、半世紀にわたる本分科会の歩みの最後の十数年に立ち会った者として、本分科会が明らかにしてきた3点について論じてみることにします。

子ども・若者の育ちの基盤としての環境

環境は人間の存在の土台であり、子ども・若者にとっては育ちの基盤そのものです。高度経済成長の時代、公害問題が最も突出した社会問題となったのは、そうした土台や基盤が揺るがされ、生きること、学ぶことを維持すること自体が危機に曝《さら》されたからです。大気汚染がひどい地域では、ときに子どもたちは授業を中断して、風上に退避するといった行動をとらざるをえませんでした。それが最も大規模かつ深刻な状態で出現したのは、言うまでもなく福島原発事故の被害地域でした。そこに住むことそのものが不可能となり、人も学校も役場も移動せざるをえなくなる。私たちはこうした経験を通して、「児童は、よい環境のもとで育てられる」（児童憲章）ことの根源的な価値を確認し合ってきました。今日では、学校アスベスト問題やシックスクール問題など、学校環境そのものの質も大きく問われています。私たちは、子ども・若者の育ちの基盤としての環境について、グローバルかつローカルに、子どもに生じた異変と環境中に生じた異変とをていねいに見取りながら、考えていくことが重要です。さらに子ども・若者にとっての「よい環境」をかれらとともに創造していくことが大切です。

子ども・若者と環境・公害問題に向き合う

本分科会に参加した教師たちは、さまざまな環境・公害問題と向き合いながら、それを子ども・若者の学習過程に組み込んでいくことに傾注してきました。半世紀前、こうしたとりくみは「教育課程の自主編成」運動の一環ともなって、燎《りょう》原《げん》の火のごとく全国各地に波及していきました。その後、学習指導要領の縛りが厳しくなる中でそうしたとりくみは困難に直面していきますが、「総合的な学習の時間」の設置によって新たな機会が生じることになりました。今日、学習指導要領による拘束は現場にとってきわめて強いものとなっていますが、同時に探究活動、社会に開かれた教育課程、ＳＤＧｓといった新たなキーワードによって、挑戦の可能性も広がっているようにも見えます。紙幅の関係で、どのような学びをどうつくっていくのかについて詳述することはできません。ぜひ本分科会共同研究者を務めてくださった大森享さんの2冊の名著（『小学校環境教育実践試論』、『地域と結ぶ学校環境教育』）を熟読し、さらに創造的な実践にとりくんでいってほしいと切に願います。

教師に市民性を取り戻す

環境・公害問題を自分事として捉えようとするとき、問われるのは、教師である以前に、ひとりの人間、市民としての私です。かつて水俣病の授業にとりくんだ熊本の中学校教師・田中裕一さんは、「なぜその授業にとりくんだのか？」と聞かれたとき、「知ってしまったからだ」と答えました。「知る」ことによって、人間としての私、市民としての私、が根本的に問い直されたのです。今日、学校現場の過密労働の問題性が徐々に明らかとなり、管理職でさえ「ワーク・ライフ・バランス」ということを口にするようになっています。そのとき、ライフを単に狭い意味での「余暇」と捉えるのではなく、質の高い暮らし、それを実現するための市民性の回復、ということを考え、実践することが不可欠でしょう。今回の分科会では、高知のジンデ池保存に尽力した植村優人さん・厚子さん親子の姿が光りましたが、そこには市民としてともに成長し合う家族の姿がありました。教師が自らの市民性を取り戻し、環境・公害問題を自分事として捉え、子ども・若者に提示するとき、かれらは教師を信頼し学びのプロセスにともに旅立ってくれるのではないでしょうか。

【レポート一覧】

		安藤聡彦 大森 享	共同研究者	
		亀澤政喜	司会	●問題提起：ＳＤＧｓの教育を問う序説 ●語り継ぐ会とともに創り上げる教育実践
①	埼 玉	宮崎俊朗	市民	●行ってきました　11年目の福島――まだ14マイクロシーベルトも。汚染水海洋放出に怒りの声
②	長 野	森嶋 光	高校	●バイオマス発電について――温室効果・地球温暖化防止２０２１
③	大 阪	石田達郎	高校	●エネルギー問題を考える
④	岡 山	西山幸江	高校	●高校生×観光ガイド×ＳＤＧｓ
⑤	高 知	植村優人 植村厚子	市民	●ジンデ池存続への挑戦――私達がジンデ池にこだわる理由
⑥	高 知	高尾和伸	現地実行委員会	●ヤイロチョウ（高知県の鳥）の保護活動に参加して

分科会報告

23 文化活動・図書館

齋藤　史夫
山口　真也

1 はじめに――ハイブリッド分科会に挑戦

新型コロナウイルス感染症拡大の中、2021年は初めてオンラインで分科会が開かれましたが、2022年も感染第7波が全国に広がったことを受けて、高知の会場と全国からのオンライン参加者をつなぐ「ハイブリッド」形式で実施されました。8月20日午前10時、会場に共同研究者・司会者・参加者・現地実行委員がつどい、オンラインからも共同研究者・特別報告者、そして香川・秋田・長野などの参加者が加わりました。現役大学生による特別報告、2つの図書館活動と1つの学校での文化総合発表会についてのレポート報告と討論がおこなわれ、時間が足りなくなるほど充実した論議ができました。オンラインから会場への音声はクリアだった一方、会場からの音声の配信の調整に少し苦労しましたが、得ることの多く、考えも深まる分科会となりました。

2019年末からの新型コロナウイルス感染の中で、学校でも地域でも文化活動が中止されたり縮小されたりする状況が続いてきました。しかし、感染の波がくりかえす中で、子どもの文化権を保障するとりくみが模索されてきました。子どもの権利条約第31条（休息・余暇、遊び、文化的・芸術的生活への参加）には「締約国は、子どもが、休息しかつ余暇をもつ権利、その年齢にふさわしい遊びおよびレクリエーション的活動をおこなう権利、ならびに文化的生活および芸術に自由に参加する権利を認める」と子どもの文化権が定められています。新型コロナウイルス感染拡大が始まってすぐに、国連子どもの権利委員会は、困難な中でも子どもの文化権を実現するために「創造的な代替策」を探究することを呼びかけました。

学校・地域での文化活動や図書館で「創造的な代替策」を、子どもたちとも話し合い、相談して進めることで新しい可能性も生まれています。学童保育・図書館・文化発表会などの実践を交流し、可能性と課題を考えることが分科会の課題です。

分科会は最初に会場とオンラインを結んで全員の自己紹介から始まりました。次いで、共同研究者（山口）から、２つの点での発言がありました。まず、２０２２年度から大学の図書館長に就任し実務にかかわる中で、文化的な行事の運営、新入生オリエンテーションや情報リテラシー教育、学生委員との協働など、本分科会でこれまで学んできたことを活かそうと努力していること。そして、前日開催されたフォーラムを通して、教育のＩＣＴ化・ＤＸが進む中で、個人情報にかかわるいろいろ問題があることを感じたこと。公共図書館で電子図書の導入が進んでいますが、登録者を増やしたいために近隣の学校から名簿をもらって一括登録する際に個人情報保護に配慮していない場合も多く、「読書の秘密を守る」ことを大切にしてきた学校図書館からその危険性を発信するとともに、研究倫理で強調されるインフォームドアセント（＝子どもにもわかりやすくリスクを説明して承諾を得ること）への配慮も求められます。こうした問題提起を受けつつ、オンライン参加者と会場をつないでの分科会報告がスタートしました。

（齋藤史夫）

２ 大学生による特別報告「学童保育とコロナ」

午前の分科会では重田祐衣さん（東京・学生）による「学童保育とコロナ～私が働く学童保育でのコロナ渦の実態～」*1 のオンラインからの特別報告と討論がおこなわれました。重田さんは共同研究者の齋藤の教職課程の授業を受講する大学3年生です。『子ども白書』（日本子どもを守る会）をもとに授業で研究発表した内容から、パワーポイントも活用して報告してくれました。3年近く学童保育でアルバイトを続けていますが、そこで体験して感じた子どものかわいさや尊さから先生になりたいと考え、大学卒業後に教職課程のある大学に学士入学しました。（＊1 「禍」という不幸を連想させる言葉を子どもの世界で使いたくなく「渦」を使ったとのこと）

アルバイトする学童保育は小学校内にあり、170名ほどの子どもが在籍しています。常勤・非常勤をあわせて毎日10人ほどの職員で運営しています。2021年度から6年生までの受け入れを始めましたが、現在は小学3年生までが大多数です。2部屋増設されて、3部屋が子どもたちの毎日の生活の場になりましたがとても足りません。コロナ渦で、子ども同士の距離を取らなくてはならず、広い施設が必要なのに改善されません。

学校から帰ってきたら宿題の時間です。コロナ前は、机を囲んで好きな席で好きな人と教え合って宿題していましたが、1人が1つの机ですることになりました。そして、感染者が出た時に濃厚接触者特定のために記録担当職員が写真を撮ります。おやつの時間は、紙芝居が中止され、みんな前を向いて黙食、おかわり制度も停止です。子どもたちは「紙芝居がおやつの楽しみだった」「おかわりできないなんて最悪！」と言っています。

好きな遊びを好きな時にできていたのに、今はマスクを着用し濃厚接触者特定のために30分後のチェンジ時間までは遊びを変えられず、一度誰かが使用した玩具は消毒される翌日まで使えません。畳での読書は1人1畳です。子どもからは、外遊びをひとつちょっとしてから別の遊びに向かいたいのに許されず、「少しだけやりたかっただけなのに！」「30分後はもう帰る時間なのに！　べつのあそびができない」などの声が聞こえてきます。

もともと人手不足の職員も、おもちゃ・部屋の消毒やメンバーが入れ替わるたびの写真撮影などで負担が増えました。子どもと遊んだりかかわることができなくなり、毎月プレゼントしている誕生日カードをみんなでつくる時間も足りなくなりました。もともとの制度的基盤の弱さもあり、「子どもの視点」で今の学童保育をあらためて見直す必要があるのではないかと報告をまとめました。

討論では、支援学級のクラスで見ることができるように全教室にカメラが設置されたなどの小学校の様子やプライバシー配慮の課題も話されました。また、重田さんの学童保育でのイベントの様子への質問から、コロナ渦の中でも誕生日会、同じ法人が運営する学童保育間で交流するサッカー・将棋大会などが続けられていることも聞くことができました。そして、将棋大会を子どもが密集しないように別の部屋に配信するなどの工夫、おやつのパーテイションの設置・取り外しを子どもたちが遊び心で楽しくしている様子なども知ることができました。

（齋藤史夫）

3 生徒と協働し、主体性を育む学校図書館活動

午後の1人目は藤田智子報告（高知・高）「コロナ禍の学校図書館活動」です。藤田さんが2019年度から2021年度まで3年間勤務した学校での図書館活動を、生徒によって構成される図書委員会のとりくみを軸にふり返ったものです。藤田さんの勤務校は、この時期、統合による新設校（中高一貫校）への移行期に重なっただけでなく、2019年度末からはコロナ禍の影響もあり、学校図書館の活動はまさに「イレギュラーの連続」、心身ともに追い込まれるような状況もあったそうです。そうした環境の中で藤田さんの支えになったものが、学校司書とともに学校図書館活動を支えていく生徒たち「図書委員会」の存在です。

図書委員会は各クラスから1名の委員を選出し、合計21名によって構成されています。日常的な役割としては、カウンター当番、図書館通信（「としょいいんだより」）の発行、館内の清掃などがありますが、生徒の主体性やアイデアを活かしながら、雑誌のふろく抽選会、季節ごとの環境整備、高校生ビブリオバトル大会への参加、中学校の図書委員会との連携による推薦本の紹介など、多様なとりくみが見られます。また、校内文化発表会（文化祭）でのとりくみとして、2019年度には図書館カフェ、「本に二度目の人生を」と題した古本集め、雑誌投票といったイベントを大々的に開催、2020年度にはコロナ禍の制約もありつつ、図書館の利用法を紹介したオリエンテーション用のビデオ上映会や校内ビブリオバトル大会、そして2021年度には、本やアニメに関連した「謎解きクイズ」と「謎解きは読書のあとで」というキャッチコピーをつけたポスターの制作などを図書委員会が中心となっておこないました。

報告後の意見交換では、藤田さんが図書委員の生徒たちの意欲をうまく引き出し、主体的で多様な活動に結びつけていることが話題になりました。たとえば、図書館通信を発行する場合も、大人の側からみてどうしても手を入れたくなる、

手を貸したくなることもありますが、藤田さんはそうした場面でもできるだけ手は出さないようにして「見守る」という姿勢を貫いています。一方で、生徒たちは大人から何かを任されたり、期待されるとうれしいという気持ちも持っています。たとえば、資料の装備業務に人手が必要な場合も、学校司書から直接「手伝って」と声をかけるのではなく、ラベルを貼りかけた本を事務室の机の上に置くなどの様子をさりげなく生徒たちに見せることで、彼らが自発的に「やるよ」と言ってくれる状況にしているそうです。生徒たちも直接的に「手伝って」と言われるよりも、主体的に行動したことに対して感謝してもらうことで「二重に嬉しい」という気持ちをもつことができます。学校司書は教育にかかわる職として、生徒一人ひとりを大切に思い、彼らの成長を願う立場にあります。藤田さんの報告からは、生徒の主体性を育み、気づきを大切する、伴走者としての学校司書のあり方をあらためて深く考えることができたように思います。

〔山口真也〕

4 シチズンシップ教育としての情報リテラシー教育

学校図書館分野からの2人目は、松井正英報告（長野・高「探究的な学びと学校図書館——情報リテラシー育成の観点から考える」です。松井さんが勤務するのは県内でも長い歴史をもつ学校で、2014年度からは中高一貫校となっています。中学校の早い時期から探究学習がさまざまな教科に取り入れられており、高校に入ると「問題発見」（現在は「課題研究基礎」）「課題研究」という科目の中で、学校図書館を活用した探求学習がとりくまれています。

報告では、2020年度から2021年度にかけて実施された、中学1年生「社会」（歴史）、中学2年生「社会」（地歴）、高校1年生「問題発見」、高校2年生「問題発見」「課題研究」という4つの科目において、どのような情報リテラシーを育てたいか、図書館でどのような支援をおこなったか、さらにその成果について、学校司書からみた生徒の様子はもちろん、授業担当者へのていねいな聞き取りによって考察した課題などの紹介がありました。

具体的には、中学生では「仮説」と「問い」が混合されやすく、問いを立てること自体がかなり難しいこと、したがって、具体的な問いを教員側が準備して問いのあり方になじんでいく経験をさせたほうがよいこと、仮説の検証においては相関関係と因果関係が混合されやすいこと、そのためには実験や調査を急がずに文献やデータベースによる基本的な知識の習得が求められること、一方で、生徒たちが求める情報を文献から探し出す際に、上位概念や下位概念、関連事項などを上手に活用できる検索スキルが求められることから、学校司書による支援の役割が大いに期待されることなどです。

報告のまとめとして、探究的な学びとは、「知りたいと思いながら、わからないということを知る営み」であり、「物事をわかりやすくするのではなく、物事が複雑であることに気づき、複雑さを受け止め、そして受け入れる（耐える）こと」こそが探究であり、シチズンシップ教育にもつながるという言葉がありました。世の中で起こっている出来事は複雑であり、短い期間での学習でその原因や解決策が明確に発見できることは少ないでしょう。探究学習の中では、「わかった」「おもしろい」という体験はもちろん大切ですが、そこで終わらせずに次のステージに向かう「問い」を残しながら、学び続けようとする意欲を育むことも大切です。物事の答えはもしかすると1つではないかもしれない――、子どもたちがそうしたゆたかな学びを経験することによって、いま世界で起こっているさまざまな対立へのアプローチも変わってくるのかもしれません。そしてこのことは、図書館や学校司書の本質的な役割にも直結します。図書館は子どもたちの探究に幾重にもこたえられるような多様なコレクションとネットワークを備えることが求められます。探究学習への支援という今日の新しい学校図書館への期待が、図書館の本質的なはたらきにつながっていることを学び合う報告となりました。

（山口真也）

5 コロナ禍にとりくんだ3年間の文化総合発表会

最後は、新屋智子報告（福岡・中）「コロナ禍における文化総合発表会のとりくみ」です。新屋さんが報告した中学校は、各学年が5～6クラスある生徒数600名を越える規模の学校です。市内の中学校の中では比較的大きな学校で、2校の小学校から生徒が来ており、2019年に開校50周年を迎えました。2019年に入学した1年生と3年後に卒業するまでいっしょにとりくんだ文化行事のレポートです。

1年生でとりくんだ2019年度の文化総合発表会では、テーマは「今年は開校50周年だから中学校の50年について調べよう」ということになりました。200人いる学年でみんながが分担できるように「世界の50年」「日本の50年」「北九州市の50年」「中学の50年」「インタビューグループ」と生徒は5グループに分かれて調べ学習にとりくみます。全員から希望を取り、クラスを越えてグループをつくりました。さらにグループの中でも細かいテーマを設定して5、6人の班で1テーマを調べます。他のグループとちがい自分の中学校の歴史を調べるには特別の文献などがありません。グループで相談すると、この場所に中学が建った理由、制服の変遷、出身の有名人、部活等が出てきて、それぞれの班で調べました。新屋さんと校長や何人かの先生は2度目の同校勤務ということでインタビューもされました。

アジア・ヨーロッパ・アフリカなどの地域ごとに展示した「世界の50年」グループをはじめ、それぞれ調べた内容が展示されました。各グループの調査内容のそれぞれを年表にして「50年間の年表」として廊下に長く張り出した写真も紹介されました。

2年生になった2020年度はコロナによる休校から始まりました。しばらくして分散登校になり、農村宿泊体験も中止です。秋にはなんとか県内にある太宰府への遠足を実施できました。文化総合発表会は学年別開催で、展示見学も規模を縮小した簡単なものになりました。2年生は秋に校外学習でおこなった大宰府をモチーフにしたモザイク壁画を制作することになりました。学年の全員がB4の用紙1枚に描いた1cm×1cmのマス目に1cm四方に切った色紙をのりで貼っていきます。完成する壁画は実行委員以外には当日まで厳重に秘密です。当日に「東風吹かば……」の菅原道真の和歌が書かれた太宰府の梅のモザイク壁画が驚きとともに公開され、その前で学年集合写真も撮りました。

3年生になった2021年春もコロナ感染が続き、関西修学旅行にも行けません。秋にはなんとか中学生になっての初めての宿泊行事、九州内ということで熊本への1泊2日の旅行を実施できました。文化総合発表会は一人ずつ自分の好きな言葉を書く「ろう書き」の展示です。自分で言葉を選び、総合・学活・国語などの時間にろうで文字を書きアイロンでろうを溶かし、文字のまわりは好きな色に塗ります。できた作品は廊下に張り出しましたが、外からの光を受けてきれいです。

討論では、コロナ禍で以前のようにはじっくりと時間をかけることが難しくても、なんとか計画して実現することで生徒たちは楽しみながら活動していること、いろいろな行事も論議して精選することで本当に大切にしたいことが浮き彫りになってくることなどが交流されました。また、モザイクを貼るなどの手作業に熱中する、感染予防につくった段ボールと透明フィルムのついたての個室感覚を楽しんでいる生徒の姿などから、アイデアをもらったとの声もありました。

〔齋藤史夫〕

6 おわりに――分科会再編への期待

4つの報告と意見交換を終えた後の全体討議では、文化活動と図書館活動の接点を意識しながら、それらの活動を担う「人」の専門性と雇用の問題、さらに、子どもたちの成長を願う教育者としての視点の大切さなどが話題になりました。

2023年度からの分科会再編により、23分科会は他の分科会と統合して、「地域と子育て・教育、文化活動」という名称の分科会へと生まれ変わる予定です。分科会の名称からは、「図書館」という文字はなくなりますが、今回の学校図書館関係の2つの報告が示すように、図書委員との協働による文化活動等については再編後の分科会での報告をこれまでどおり期待しつつ、情報リテラシー教育・シチズンシップ教育といった各教科の授業と密接にかかわる活動については分科会の枠を超えてさまざまな場で報告することで学校図書館の役割や学校司書の専門性を広く知ってもらう機会になるとも考えています。

文化活動、そして学校図書館の活動がさらに充実することを期待して、23分科会の最後の報告とします。

【レポート一覧】

	重田祐衣	大学生	●特別報告：学童保育とコロナ――私が働く学童保育でのコロナ渦の実態
①長野	松井正英	高校	●探究的な学びと学校図書館――情報リテラシー育成の観点から考える
②高知	藤田智子	高校	●コロナ禍の学校図書館活動
③福岡	新屋智子	中学校	●コロナ禍における文化総合発表会のとりくみ
④全国	細渕文雄	子ども全国センター（青年劇場）	●今こそ、演劇と教育の協働を！

分科会報告

24　教育課程・教科書

中妻　雅彦

1　第24分科会は、教育課程をどのように論議してきたか

(1) 教育課程づくりを土台に

　2023年度「教育のつどい」から、分科会の再編が実施されるので、現行の「24教育課程・教科書分科会」での開催は、2022年で最後となります。そのため、基調提案（植田健男共同研究者）は、教育課程を学校で論議することの意味と意義を中心とする内容としました。さらに、補足提案（石垣雅也・滋賀・司会者）によって、教育実践と学校づくりの中での教育課程論議の具体的な実践を報告しました。

　基調提案は、教育課程論議の歴史的な展開をふり返りながら、次のことが報告・提案されました。まず、教育研究集会で、「教育課程」はどのように議論されてきたのかを問いかけ、日教組時代の教研集会でも、58年学習指導要領改訂（「学習指導要領の法的拘束力」）を契機とする「教育課程の自主編成運動」がありましたが、「学習指導要領体制」の確立と展開によって、教育行政の権力的な教育内容支配と教員統制の強化が、学校における「教育課程」とその論議の空洞化・形骸化をもたらしました。さらに、教研集会の中でも、「教育課程」の問題は、「教育課程＝教育内容・方法」という捉え方をして、「学習指導要領体制」の支配・統制に対して、有効な対抗となりませんでした。その後、全教の発足と「教育のつどい」への転換によって、「教育課程」の原点に立ち戻る論議が始まりました。学習指導要領は、あくまでも教育課

程の基準であり、「学習指導要領の全面撤回」という発想ではなく、一つひとつの学校で本来の教育課程を再生することこそが、私たちの課題であると考えて論議してきました。この方向性を今後も継承していくことが、この分科会の論議の更なる発展となります。補足提案では、教育課程づくりをそれぞれの学校において、どのように教育運動として継続・発展させていくのかという課題意識にたって、小学校教員として教育実践を進めながら、子どもの事実から教育活動を問い直すことを通して、一つひとつの学校の教育課程づくりへの参加の道すじを、勤務校の実践を紹介しながら、学校や地域での共同をつくり、各学校で教育課程をつくっていく実践が示されました。

この提案への論議では、教育基本法は改悪されたが、「人格の完成」が教育の目的であることは変わっていないこと、学習指導要領は、教育課程の基準であって教育内容の基準ではないこと、子どもの実態から学校教育の課題を明確にして学校教育目標を作成することなどが補足されました。また、教育課程を教科教育課程・教科外教育課程を総合して構想すること、教科外教育は文化の共有であることなども強調されました。こうした考えを学校全体だけでなく、学年にも、教科にも、さらに学級にも適用することなどが話されました。

さらに、2日目のまとめの討論でも、中妻雅彦共同研究者は「コロナ禍の3年間でも、2020年8月、24分科会は自主的にオンラインで分科会を開催し、2021年度は、全分科会がオンラインとなった。24分科会は、自主的な開催を挟んで、実践レポートの報告が途絶えなかった。その秘密は教師がおもしろがって、好奇心を持って実践をしているレポートであり、好奇心を持って教師が地域に出ていくと、人から人へ、地域へとつながっていく」と、教師が教育課程づくりの主体となることの魅力が語られました。

川地亜弥子共同研究者は、「なぜ組合が教育課程の話をするのか」と提起し、教育のつどいの本質にもかかわる点について、「評価・テストに過敏な日本の教育の特質」を指摘し、ICT機器の活用・DXにかかわって、「テストの結果が良くなるから、これがいいと言えるのか」と問題点を投げかけました。そして、「謄写版と鉄筆という新しい技術を、最も学習がしんどい子どもたちのために用いた生活綴方教育」の意義をもとに、現代的課題と子どものまるごとの人格をとらえ、その成長と発達のために教育課程について考えることは、教職員組合につどう教師の実践的主題であると話しました。

まとめの最後に、植田共同研究者は「全教の教育課程検討委員会が最高の学びの場であった。当時は、教育課程づくりを一つひとつの学校で模索していくことが報告された。今こそ、この時期ではないか。教育課程づくりの課題を教職員組合が取り上げ、とりくまなければならないのではないか」とあらためて教育課程・教科書分科会の意義が強調されました。

(2) GIGAスクールと教育のICT化

基調提案では、今日的な問題であるGIGAスクール(Global and Innovation Gateway for All)と教育のICT化について、GIGAスクール構想の下での教育課程づくりの課題としてあらためて問うことを、次のように報告しました。

GIGAスクール構想とは、単なる教育における「ICTの利活用」ではなく、2019年の文科省「GIGAスクール構想」で書かれているように、「子供たち一人ひとりに個別最適化され、創造性を育む教育ICT環境の実現に向けて」子どもたちに一人一台の情報端末を持たせることを目的としました。ここでは、「教育のICT化」を進めることが目的であると受け止めています。ICTとは、Information and Communication Technology(情報通信技術)の略語で、その象徴的な出来事が、2021年春の児童・生徒一人に一台の情報端末の配備でした。この計画は、もともとは、2019年「安心と成長の未来を拓く総合経済対策」の一環として出されたもので、その直後の予想もしなかったコロナ禍によって、「GIGAスクール構想」は、当初の景気対策としての思惑を大きく越え、新たな意味合いが付与されることになりました。それは、2020年6月の文科省「新型コロナウィルス感染症対策に伴う児童生徒の『学びの保障』総合対策パッケージ」で、「感染症対策と子供たちの健やかな学びの保障の両立」を図ることでした。その後、教育のICT化は、コロナ禍とコロナ後の日本の教育の新たな展開を担うものであるかのような雰囲気づくりが進められています。「GIGAスクール構想」の政策的なねらいは、デジタル庁や「こども家庭庁」の創設ともかかわり、①日本企業の「新たな勝ち筋」として、AIデータ活用戦略とデジタル監視社会を進めるための教育界が持つ個人情報データの集積・利活用、②EdTech(エドテック)によるエリート教育の実現と、公教育解体・教育市場の拡大、さらに全国すべての児童生徒(ひいては全国民)の個人情報データを生涯にわたって集積していくために「一人一台の端末」が不可欠というねらいを持っています。こうしたGIGAスクール構想の全体像から見ると、教育政策として捉えることはできず、高度経済成長政策以来の、大規模な産業構造の転換を図る国策としての性格、危険性を持っていることを指摘しました。

その一方で、学校現場におけるICT機器導入の前提要件となる小中学校の「一人一台端末」は進んでいますが、高校では生徒(保護者)の自己負担であり、学習権保障の前提となる教育条件整備にかかわる問題があいまいなままになって

います。教育の機会均等は、家庭の貧富の差にかかわらず、すべての子どもたちが平等に学校で学習ができる条件を整えることです。高度の情報通信端末の使用が、学習のために必要とされるのであれば、当然、みんなが同じように使える条件整備が必要で、このままでは、大きな不平等が生じることが考えられます。そのほか、ＩＣＴ機器導入による配慮事項（子どもたちの発達段階、条件整備をめぐる地域間の格差などの基本的な問題、生活指導上の問題など）は解決されないまま進んでいます。一方では、ＩＣＴ機器導入による教育の可能性、教育活動に大きな改善が見られるのではないかとの期待感があります。これは、政策的に喧伝《けんでん》され、拡散されています。たとえば、登校拒否・不登校で学校に行くことができなかった子どもに実質的な学習権の保障ができる手立てが講じられるようになるのではないか、障害を持つ子どもたちにとってもその困難を回避できる手段として使用されることになるのではないかという内容です。これらの学習に困難を抱えた子どもに対して、実際に継続的な改善となっているのかは、実証されていません。

　ＧＩＧＡスクール構想と教育課程づくりの本質的な争点は、ＩＣＴ機器（コンテンツを伴わなければ単なる機械の箱）が、どういう教育内容を、どのように伝えるのかです。現時点では、ここがまったく逆転させられた形で、一方的に学校現場に降ろされてきています。教科、教科外にわたる教育活動の全体計画としての教育課程は、地域や子どもたちの実態に応じて一つひとつの学校においてつくられるものです。ＩＣＴ機器の用い方（使わないという選択も）は、教育課程の中に位置づけられてこそ、教育的な意味を持つことができます。学習指導要領の「教育課程の再定位」とも矛盾しています。このままでは、「知識基盤社会」への産業構造を転換するための人材育成のための教育、新たな「資質・能力」観にもとづく「新しいエリート」の養成に引きずりこまれます。ＩＣＴ機器の授業における活用を進める場合、どの場面で情報端末やアプリを使い、学びを深めることにつながるのかが問われます。これは、授業づくりであり、教師の裁量権の範囲です。一方では、教育機器としての条件整備は行政の責任であり、個別教師の判断の問題として、その責任に帰せばよいということにはありません。本来の「教育課程」づくりではなく、「カリキュラム・マネジメント」が進められることによる閉塞感もありますが、学校として教育活動全体の問題として、学校の教育課程というレベルで確認しておかなければなりません。全教発足時から積み上げられてきた「教育課程の再生」の議論を忘れてはいないかを土台において、GIGAスクール構想や教育のICT化も論議しましょうと呼びかけました。

これを受けて、24分科会の継承と発展させるために、カリキュラム・マネジメントではなく、あるいは、逆手にとることもふくめて、まず、第一歩は、教育課程から始めるという論議や実践が必要であり、そのためにも、補足報告で強調された子どもの事実から学校、教育実践を問い直すこと、子どもをつかむ専門性を共有する集団として教職員集団を組織することが課題となることが共有されました。

2 学校での共同研究を進めて

教育実践では、「挑戦する中で教師も子どもも育つ」の柱で、山地麻衣さん（大阪・中）、北河栄里さん（滋賀・小）、「学校研究と教育課程づくり」の柱で、山田周司さん（京都・小）、東京都教職員組合（小）の4本が報告されました。

山地麻衣報告（大阪・中）「『信頼』と『対話』から始まる教育活動」は、中学校の教科外教育課程の重要性を報告しました。教師のねがいで、目標や方針を立て、それを具体化する見通しをもって、教職員や生徒に対しての作戦を練り、実現した具体的な実践でした。コロナ禍により生徒自治の機会が少なくなり、多くの行事の縮小、保護者の参観の機会の半減など、学校が小さくなりましたが、何ができるか、手探りで、歩んだと報告しています。そして、修学旅行の延期はあったが、体育大会、文化発表会、合唱コンクール、学年レク、百人一首大会などを、感染対策をしながら成功させて、生徒の成長を図り、生徒指導でも、他校ではコロナ禍で増加した校内暴力も6分の1に減り、まだまだ課題は多くあるものの全体的には少しずつ落ち着き始めた学校になったそうです。これには、校長をふくめた教職員の努力がありました。

北河栄里報告（滋賀・小）「『ステップアップ学習プリント』の取組を通して見えてきたこと」は、小学校算数の教科課程を作成した報告でした。子どもにピントを合わせることで、子どもも自分の考えをつかむことができることができていました。これは、短時間でできるプリントを教師が協力して作成することで、算数授業の前後関係を教師が理解することができ、子ども理解をより確かなものにしていました。タブレットドリルと比べると、タブレットドリルは教員にとっても受け身になり、どんな問題が出てくるのかもわからないし、そもそも、問題を事前に把握する教員もいないのが現実でした。自分たちでつくったプリントは、担任する学年の問題は把握でき、とりくんだプリントはファイルに綴じるので、教員も子どもも、後から見直すことができ、個々の学習の様子を把握できます。来年度は、もう少し先生が子どものつまずきに目を向けて、つまずきからいっしょに考えられるようにしていきたいと教科課程を見直し視点を持ったことが報告されました。

山田周二報告（京都・小）「自己肯定感や自己有用感を実感できる授業で、困難校の復活を――校内重点研究（算数科）で大切にしてきたこと」は、小学校の教科教育と生活指導の課題を報告しました。算数の校内研究で、「わかる」「できる」ことを励ますことによって、子どもが成長しています。研究を進めるにあたって、研究主任として、授業での具体的なとりくみによって子どもたちに力を付けさせ、そのことを評価できるように授業改善すること、学校生活の中での多くの時間を割く授業で、「できる」ということを実感させること、こうした授業の改善を通して、自己肯定感を育て、子どもたち一人ひとりを学習に向かわせることをめざしました。そして、時間はかかっても、本来の学習の場である学校本来の落ち着きを取り戻すとりくみを進めました。研究を通して、「算数が好き」「友だちと話せる授業を楽しむ」子どもが増え、まだ学力の課題を克服するには課題が残っていますが、学校の体制として教師集団で共同研究がおこなえたことは大きな成果として残すことができましたと話しています。

東京都教職員組合報告（小）「授業で、職場でできそうなこと――校内研究の取り組みを通して」は、理科と生活科の校内研究の推進役として、問題解決学習の実践を進めるために、民間教育団体の所属する講師を招いたり、ブロックでの共同研究を進めたりして、学習での子どもの疑問を広げて、疑問に気づくような授業づくりがされた実践報告でした。研究を進めてきて、「理科なんてわからない」と言っていた教員が、今ではそれなりに自信をもって授業にとりくめるようになってきました。また、自分の授業を省みることを厭《いと》わなくなった教員も増え、教師としての研鑽に努めようとする姿勢が広がり、担任以外の音楽専科や特別支援教室担任などからも意見が出されるようになっています。これは、直接、理科の授業にかかわれなくとも、ともに研究し、授業の向上に寄与しようという学校づくりへの参加になると考えますと話されました。

これらの教育実践報告からは、教師自身が、あるいは、教師集団が、どのような授業や行事をつくりたいのか、子どもの実態から考えてどのような教育実践が求められているのかという問題意識を持ちながら、教育課程をつくることが求められ、それができる学校をどうつくるのかを今後も論議していくことの重要性を確認できます。子どもや地域に根差した学校の教育実践は、管理職もふくめた学校づくりとなり、それは、教育課程を教職員集団でつくるために一つひとつ積み上げていくことになるということです。

管理職にとっても、コミュニティスクールや学校改善が求められていますが、その具体的な担い手は、教職員であり、その具体的な実践が、それを実現することはわかっています。そして、子どもや地域を重視することは、教職員組合運動の基本的な組合運動です。また、校内研究の中心となって、職場をつくり、教職員の協力をつくった報告は、職場の中で研究を担うというポジションに組合員がいることが、教職員の喜び、やりがいを生み、広げていることがわかります。

校内研究は、教科課程や教科外課程という個別の研究領域を取り上げることが多いですが、学校で考え、作成した教科課程・教科外課程は、学校全体の教育課程の一部を形成しています。こうした共同的な教育実践、校内研究が、学校における教育課程づくりを取り戻すことにつながります。

今後、教育研究・校内研究を進める教職員や教育研究運動を組織化してくことが、教育課程づくりを進めるために必要となります。さらに、民主的な学校・教育づくりは、組織拡大と両輪で進めないと広がりません。さまざまな困難がありますが、一人の実践に閉じこもらないで、教職員組合に入ってもらう声かけを進めることも求められます。

3 教科書運動の広がりを

24分科会のもう一つの柱である教科書内容の改善や教科書の民主的な採択を進める運動などに関しては、鈴木敏夫さん（教科書ネット）、木村好一さん（出版労連）、安部行洋さん（香川・高）の3本が報告されました。

鈴木敏夫報告（教科書ネット）「高校教科書などの検定結果と教科書攻撃の新たな段階」は、「政府見解」による書かせる検定が進み、学問の問題としての教科書の内容問題ではなく、高校教科書検定の「従軍慰安婦」「強制連行」の問題のように、「政府見解」がそのまま、「慰安婦」「徴用」の用語になったように、権力が学問に介入するようになって、教科書が政府に「公認」された内容になり、政府見解ならば、学問として研究された定説にもならないことでも、教科書ならば書けるという学問を無視した教科書検定が進んでいる危険性を指摘しました。一方で、「国語論理」「国語文学」に分かれたことでの無理と破綻がみられ、高校の採択では、文学教材を掲載した教科書が採択上位になっていて、学校現場の公正な採択も進んでいます。「政府見解」による教科書検定の形骸化や「訂正申請」という政治介入があっても、検定審議会は、何ら協議もしていないので、行政の劣化を感じています。教科書の課題は、「改悪」教育基本法・学校教育法の下での教育実践をどう進めるのかという問題だと報告しました。

木村好一報告（出版労連）「この1年、教科書に何が起こったか、私たちはどそれにどうとりくんできたか」は、「たかが教科書だが、されど教科書」であり、ウクライナ侵攻でロシア政府は、教師用マニュアル「歴史の真実」を発行しています。これは、都合のよい歴史教育の強要と統制です。また、維新議員の質問によって進行した「訂正申請」は、本来、客観的な事実の訂正や統計数値の更新でしたが、今回は、教科書内容の訂正というありえない訂正であり、国会等の議論を経ないで、政治的な思惑だけで「政府訂正」が進められていることは、歴史教育の強要と統制です。教科書検定は学問の自由の問題だが、これに対して、政府は、国連自由権委員会への回答に虚飾報告をしてまで、問題を隠そうとしています。教育行政を変えなくてはならないと話しました。また、教科書の原価は高騰しているのに低価格に据え置くことで、教科書の採算がとれなくなっているが、文科省は低価格にすることで、教科書内容のコントロール（統制）を図っています。これは、出版社の減少と山川の高校歴史や帝国の地図などにみられるような寡占化となっています。価格決定に、出版社の意見を入れさせることが必要です。さらに、デジタル教科書が、作成費用に見合う価格になるのかという心配もありますと、さまざまな実例をあげながら報告しました。

安部行洋報告（香川・高）「香川における教科書採択をめぐる10年間のたたかいの経緯――香川の未来を担う子どもたちにふさわしい、平和憲法を生かした教科書採択を求める県民署名」は、育鵬社などの「つくる会」教科書採択が減少したのは、採択校の教職員や保護者の運動や努力、そして署名等の世論形成にあったと、香川県のさまざまな団体個人と共闘した教科書運動の様子を報告し、今後の持続的な共闘の継続が大切だと話しました。

「草の根の保守」、宗教団体、一部企業の動員による「つくる会」教科書採択運動などの危険性もあり、今後も、教科書をめぐる問題を教育のつどいで論議することが必要です。そのためにも、「学校票」を出すことができる採択によって、教員の専門性を取り戻すことも進める必要があります。また、学習指導要領を具現化するのが教科書であるならば、学校現場から切り離された教科書、学習指導要領の解説書に沿った教科書にならないよう、学習指導要領の学習と学問的な成果、実際の授業の学習が必要です。「静謐《せいひつ》な採択」、政府の「書かせる」検定などを編集者の良心に頼るのではなく、教科書執筆・採択・使用の民主的な制度を整備し、教育実践を進めることを、今後の教育のつどい分科会でも論議を継承し、深めることが求められます。

【レポート一覧】

		植田健男	共同研究者
①	東　京	東京都教職員組合	小学校
②	滋　賀	北河栄里	小学校
③	京　都	山田周司	小学校
④	大　阪	山地麻衣	中学校
⑤	香　川	安部行洋	教職員組合
⑥	全　国	鈴木敏夫	教科書ネット
⑦	全　国	木村好一	出版労連

●基調報告

●授業で、職場でできそうなこと――校内研究の取り組みを通して

●「ステップアップ学習プリント」の取組を通して見えてきたこと

●自己肯定感や自己有用感を実感できる授業で、困難校の復活を――校内重点研究（算数科）で大切にしてきたこと

●「信頼」と「対話」から始まる教育活動

●香川における教科書採択をめぐる10年間のたたかいの経緯――香川の未来を担う子どもたちにふさわしい、平和憲法を生かした教科書採択を求める県民署名

●高校教科書などの検定結果と教科書攻撃の新たな段階

●この1年、教科書に何が起こったか、私たちはそれにどうとりくんできたか

分科会報告

25 登校拒否・不登校

山岡 雅博
山田 哲也

1 基調提案――今年度の分科会の討議の課題

(1)「教育のつどい」における分科会の再編について

本分科会は1990年の「教育研究全国集会」において、特設分科会として発足し、今回が最後となります。この分科会の特色の一つは、1990年の分科会で出会った父母と教師たちによって、1995年に「登校拒否・不登校問題全国連絡会」（以降、「全国連絡会」）を結成させたことです。それ以降、親と教師、地域による実践は展開され、蓄積されてきました。本分科会に関する分科会再編における最大の課題は、これまで培ってきた父母・教師と地域の連帯や信頼関係、蓄積されてきた実践などが、再編後も維持し、発展させることが可能であるかということです。

分科会再編の理由は、さらに開かれた「つどい」にするため、数多くの初めての参加者を受け入れつつ、今までの議論と実践の蓄積を継続すること、提出レポートや参加者の減少に歯止めをかけることなどです。そのため、テーマの間口を拡げることによって、多くの参加者とともに、広い視野での論議の展開をめざします。2023年度は、A分科会「参加と共同の学校づくり」に参加するよう要請しました。

(2) 2022年度の本分科会の課題

コロナ禍の学校生活が3年目になり、コロナ感染の実態は継続しつつ、さまざまな学校行事は再開されるようになりま

した。新型コロナウイルスは変異しながら感染拡大してきました。最近では感染した事実を伏せる傾向も減り、身近な人がコロナ感染陽性や濃厚接触者として学校や仕事を休むようになりました。子どもや若い人の重症化リスクが減り、コロナに慣れてきた人が増える一方、感染不安を人一倍強く感じる人たちの存在も少なくありません。国立成育医療研究センターの「コロナ×こどもアンケート」では、子どもたちのうつ症状は、コロナ感染の初年度と比べると減ってきているものの、高校生の自傷行為は増加していると言われています。学校によっては、中学校でも自傷行為が増加してきたと感じる教師は少なくありません。宮城県では、東北大震災後、数年経ってから不登校生徒数が増加してきたというデータもあり、今後コロナによるパンデミックが収まったとしても、不登校や自傷行為など、子どもたちの生きづらさを象徴する問題が増加する可能性があるのです。

2020（令和2）年度、文部科学省は不登校に関して二つの調査をおこないました。一つは全国の生徒指導担当者の教師が回答した「児童生徒の問題行動・不登校等生徒指導上の諸課題に関する調査」、もう一つは不登校当事者の子どもたち、約2000名の回答による「不登校児童生徒の実態調査」です。調査を比較すると、不登校の要因・きっかけに大きなちがいが見られました。子どもたちは、さまざまなきっかけを挙げているのにもかかわらず、教師は「本人の問題」と片付けてしまう傾向が強かったのです。教師は「不登校」をせざるをえない子どもの実情をよく理解できておらず、教師自身の子どもたちとのかかわり方の問題をも俯瞰できていない状況が明らかになりました。コロナ禍の学校では、子ども同士、教師と子どもの「距離」がさらに拡がっている可能性があります。そのため、教師の指導も表面的に陥りやすく、学校が子どもたちにとって居心地の良い場所でなくなっているのではないかと懸念されるのです。

（山岡雅博）

(3) 親の会のはたしてきたもの

全国連絡会とそこに集う親たちは、本分科会での報告と議

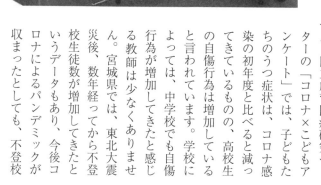

論に深く関与してきました。全国連絡会を構成する各地の親の会がはたしてきた役割は、三つの機能に整理できます。

第一は「わかちあい」です。親の会ではそれぞれの体験を共有することで、自分ひとりではないことに気づき、子どもの欠席をどのように理解し、わが子とどうかかわってゆくのかを学んでゆきます。

第二の役割は「ひとりだち」です。親の会にかかわる人びとは、強い混乱や不安が落ち着く中で、わかちあった体験を足場に自己選択・自己決定（そこには社会への関与もふくまれます）をおこないます。親の会が果たす重要な役割のひとつは、会にかかわる人びとの「ひとりだち」を支えることでした。

最後に確認したい役割は、「ときはなち」です。体験を分かち合う中でひとりだちを果たすプロセスは、失われた自己の尊厳を取り戻し、子どもたちを追いつめる社会のあり方に疑問を投げかけ、より望ましい方向に変革してゆく試みと分かちがたく結びついています。

「わかちあい」「ひとりだち」「ときはなち」は、親の会に限らず、自助グループと呼ばれる活動に共通の働きですが、親の会に固有な特徴の一つは、「子どもの問題」と「大人の問題」という世代を異にする人びとの視点のちがいが交錯する点にあります。自助グループでは「当事者性」が活動の推進力になりますが、親の会における当事者性は子ども・親の視点の双方をふくむため、他の自助グループと比べてより広範なものとなる傾向があります。社会の分断が露わになった今こそ、親の会がこれまでの活動で果たしてきた役割を深化させてゆく必要があるのではないでしょうか。

（山田哲也）

2 レポートと討議の概要

木村幸恵報告（北海道・高）「現在の教育相談活動に辿り着くまでの道のりについて――20年間を振り返って」

報告者は指導実習助手として高等学校に勤務していますが、さまざまなカウンセリング資格を取得し、教育相談コーディネーターとして教育相談体制を確立させ、教育相談室のマネジメントもおこなっています。

報告者自身、教育相談室で生徒に対してカウンセリングをおこなっています。「生徒の気持ちに近づいて、物の見え方を想像する」ことを重視していると言います。こういう子ども理解は、子どもの生活をよく知る学校に勤めている教師にしかできないので、教師が教育相談に携わるべきであると主張しています。子どもたちの抱える生きづらさや問題は多岐にわたっています。このような教育相談体制によって、部活動や学校行事、進路指導などもふくめた総合的なチーム支援が可能になると指摘しています。報告者自身が教師カウンセラーとして、子どもの困りごとを聴き取り、自身でカウンセリングをおこなったり、より専門性の高いスクールカウンセラーにつないだり、重篤な場合はチーム支援に乗せていくということです。教育相談室に常駐している教師カウンセラーが教育相談体制の要としてのコーディネーターも担っているのです。

具体的には、生徒たちには「いつでも、ホッとしに来ていいよ」というメッセージを送り続け、相談室が安心できる場所であるというイメージを大切にしているそうです。日々の教育相談活動に関して大切にしていることは情報の共有や連携です。重要な案件は紙にして、担任、学年主任、管理職、生徒指導部長、養護教諭に配布し、教育相談室の日誌は生徒指導部長、各学年主任、管理職に回覧しています。連携によって、担任が一人で問題を抱え込むことを回避できるとのことです。

報告者自身、さまざまな分掌を経験し、カウンセリングをおこなうこともできます。つまり、学校にいる教職員や心理職などの専門性を深く理解し、日常的なコミュニケーションをとっているからこそ、生徒の危機に際して的確なコーディネートが可能になるのです。教育相談体制の確立には、このような専門性と総合性を兼ね備えた教育相談コーディネーターの存在が必要であることが明らかにされました。

太崎和人報告（京都・小）「新しい自分に出会う人生」

10年ぶりの異動と第3子の出産が重なり、公私ともに大変な時に担当した小学校5年生の学級における、2人の子どもの不登校にとりくんだ実践です。

周囲のさまざまな状況に人一倍敏感に反応してしまうカイトは、コロナ1年目の緊急事態宣言あけの5月に、友だちが強い口調で話してきたことが怖くなり、教室には入れない時期がありました。その後一人で過ごすことが多くなったのですが、5年生の4月は普通に登校しました。ところが、担任がうつ病を再発させ休職し始めた5月に、カイトも学校を休み始めてしまいました。担任が学校復帰した2学期から学校に足が向くようになったと言います。母親は毎朝、強制することなくカイト自身が判断するのを待ち、担任も「本人に選ばせる」ことを心がけていました。やがて、親友との関係も深まり、学校が安心できる楽しい場所に変わっていきました。

2学期にはタマエが休み始めました。厳しすぎるクラブ活動や母親とのいさかいが続き「今、いろんなことがぐちゃぐちゃ」と言うようになっていました。久しぶりに登校しても、一人でいることが多く、担任は放課後登校でタマエを支えることにしました。クラブをやめたタマエに「来たいときにおいで」と、登校するかどうかを彼女にゆだねました。中学受験を決めたことをきっかけに、支えてくれた友だちとクラス行事の司会も引き受け、仲間との絆も太くなっていきました。3学期にはカイトもタマエも欠席しなくなったということです。担任は母親たちの不安をも受け止め、その母親と担任が子どもたちを支えていきました。

傷ついている子どもたちに寄り添い、子どもたちのペースでの自己決定を促し、友だちとの関係が深まるにつれ、彼らはクラスに戻っていきました。子どもが自分自身と向き合い、自分らしく歩き出したとき、まわりの子どもたちとの関係も変わっていったのです。クラスは彼らにとって安心できる楽しい場所になっていきました。それは、担任自身が同僚に支えられ、休職した自分自身を受け入れたこととも重なっているようです。がんばった自分だけをほめるという姿勢ではなく、だめな自分をも受け入れるという自己肯定感を抱くことができる教師だからこそ、子どものしんどさにも深く共感し、彼らを受け入れることができたのだと考えられるのです。

北島やすの報告（大阪・市民）「おしゃべりママライン」

大阪府枚方に住む子育て中のママたちと退職教員が「ライン」でつながり、子どもや子育てに関するさまざまな情報を交流し、不安をも共有していきました。ママラインの活動を通して、ママたちはその思いを行動に移すようになりました。彼女たちは、それぞれの学校や教育委員会に要望していったり、子どもたちといっしょに交流する機会をつくったりする活動をおこなうようになったのです。このとりくみは、コロナ禍の2020年4月から始まりました。

まず、わが子の学校生活の状況や心配事を交流しました。仲間に支えられ、その心配事を抱え込むことなく、要望として学校に出すことができました。その結果、安心して学校や担任とかかわることができたと言います。さらに、その思いを教育委員会にも届けました。要望書には、わが子の不登校の状況を少しでも改善したい親の思いが込められていましたが、不誠実な対応もあったと言います。それにめげることなく、「こんな程度の返事しか来ませんよ、ということを周知することも大切です」と言い切ります。要望だけではなく、地道な活動にも力を入れました。ママたちのつながりに子どもたちも巻き込んで、「あつまーる」という交流の場をつくりました。引きこもりがちな子どもたちを連れ出し、子ども同士をつなぎ、みんなで遊ぶという親たちの願いが込められているようです。

コロナ禍で孤立しやすいのは子どもたちだけではありません。「ライン」を使って、困りごとや不安を交流し、元気が出てきたら行動に移す、というサイクルでママたちの行動が継続しています。「要望書」のとりくみを継続することや子どもたちの学習保障に関するとりくみも始めているそうです。全国連絡会同様に、しんどさを受け止め合うという自助的な活動が、子どものために教育行政に働きかける主体的な活動に発展しているのです。

（山岡雅博）

大谷ちひろ報告（全国連絡会）「これまでを振り返ってみて、今思うこと」

登校拒否の経験をあらためてふり返り、考えたことをまとめたレポートです。中学で休み始めてからかなりの間、自分自身が学校にいけないことに劣等感や焦りを感じ、「思考の呪い」にかかっていました。中3からは持ち上がりの担任の接し方が自分にはぴったりで、ほどよいペースで五月雨登校ができました。周囲が進路を決める中で自分も焦りを感じ、通信制高校に進学しました。

高校生の時に「全国のつどい」に参加し、経験を分科会で話す機会を得ました。親に「はめられて」（笑）、兵庫で全国のつどいを開催する時から事務局に入り、すっかり「つどいづくり」にはまってしまうことになります。人にはさまざまな面があることが「つどい」にかかわる中で実感でき、自分の経験と対比して「ちがう」と違和感を覚えることもありましたが、思ったことを率直に出すとみな受けとめてくれ、私が私でいられる居心地のよい場所になりました。さまざまなNGOにも参加し、海外の会議を傍聴したり、新規団体の立ち上げにかかわったりするなど、自分の世界がどんどん広がりました。高校を9年かけて無事卒業し、アルバイト生活をつづける中で「親の会」の世話人の紹介で民主団体の専従事務局に就職し、そこでかかわった弁護士から声を掛けられ、現在は法律事務所で勤務しています。

ふり返ると、全国のつどいにかかわるようになった頃から、登校拒否を肯定的に捉えられるようになったと思います。明確な理由かわかりませんが、登校拒否になったのは、「私は私でありたかった」からだと思います。周囲の期待や競争的な教育によって「つくられた自分」ではなく、弱いところをふくめて、ありのままの自分になってゆく経験だったと感じます。登校拒否・不登校は誰にでも起こりうるものですが、一人ひとり本当にちがうので、マニュアルなどありません。そもそも他者を理解することは困難で、「分からない」を前提にどう寄り添うか、どうかかわるかが大事だと思います。

ＳＫ報告（全国連絡会）「私と不登校の葛藤」

ＳＫさんのレポートは、親の立場から子どもの不登校をふり返ったものです。中学校から長男の不登校がはじまりました。身体の弱かった次男に手がかかっていたので、長男は愛情不足になっていたのだと思い、中2になると同時に退職しましたが、欠席日数は増えてゆくばかりでした。その後、2歳年下の次男も中学入学後に不登校になりました。長男は欠席を気にするタイプなのに対し次男はマイペースと、同じ不登校ながらも反応がちがうので、同じ屋根の下で異なる対応は難しいと悩みました。相談員がおっしゃるように「本人が一番つらいのだ」と自分に言い聞かせていましたが、「親だってしんどいわ‼」とときどき叫びたい気持ちでした。自分ではどうにもならない経験を重ね、センターの相談員や他の家族の話を聞く中で、少しずつ子どもを受け入れられるようになったと思います。

担任の先生は話をじっくり聞いてくれる方で、進路について相談した結果、通信制・単位制高校を受験、進学しました。高校時代は飲食関係のアルバイトに従事し、それがきっかけになったのか、調理師学校に入学、その後調理師としてホテルに就職しました。就職後に冷やかし半分で見学したマンションを気に入り、「家賃もったいないし、この先仕事をがんばるために買う」と新築で購入しました。私たちが立て替えた購入時の諸費用を月に1度返しに戻ってきますが、その時も泊まらずに「僕のおうちに帰るわ」といって帰ってゆきました。ある日マンションを訪れた時に、人間関係や人生についての本が何冊もあるのに気づき、「必要になればスポンジが水を吸収するように学んでゆく」とはまさにこれだと感じました。

就職して3年目、異動後の職場があまりにも忙しく仕事に行けなくなったことがありましたが、同僚たちの支えを得て再び異動願いを出し、順調に職場復帰を果たしました。国際会議のために1か月ほど出張する機会を得るなど、仕事面での成長を感じます。出張の翌年に結婚、その後職場でサブリーダーに昇格、30代後半の現在は5歳の娘と3人で元気に暮らしています。

あらためて息子の不登校をふり返ると「不登校は人権問題だったんだな」と思います。それぞれの人格を尊重し、自分とは別の人間であることを自覚してかかわることが大切だと感じます。

（山田哲也）

3　総括討論とまとめ

(1) 総括討論

総括討論の場で提示された論点は多岐に渡るため、ここでは記録の執筆者（山田）の印象に残ったいくつかのポイントを、私なりに整理して確認したいと思います。

第一に、登校拒否・不登校の子どもが経験する不安や戸惑い、かれらが直面した困難を、一見すると順調に学校に通う子どもたちのそれと地続きのものとして捉える必要がある、そのような問題提起がなされました。学校に通う／欠席するというちがいを越え、いまの子ども・若者たちに共通する「生きづらさ」とそれを生み出す社会構造を捉える視座の重要性が、討議を通じて確認されました。

第二に、登校拒否・不登校をひとつの「選択」として捉える見方についていくつかの異なる見解が示されました。学校に行かないことをあえて「選択」として捉え、その時はそうは思えないかもしれないが、後でふり返った時に「それが自分にとっては納得のゆく選択だったのだ」と捉えられるようにかかわる、未来志向の支援を心がける際のキーワードとして捉える見方がレポートを通じて示されました。これに対して、登校拒否・不登校の当事者たちからは、「選択」と言われることに違和感を覚える。さまざまな困難や葛藤の経験をふり返ると、そのように言われても納得しがたい（「もし、選べるのであれば、選びたくはなかった」と感じるほど辛い経験であったことが捨象されてしまう）という趣旨の発言がありました。

この論点について、筆者は次のように考えます。そもそも人生についての語りは、当事者が「これまでをふり返って、今思うこと」です。語り手自身は、「もしあの時そうしていれば」と考えることもできますが、他の人がそのように論評するのは適切ではなく、語り手が現時点から過去を回顧する物語にただ耳を傾けることしかできない、そのような性格があるように思います（人生の総体について、他者が良し悪しを評価することはできないし、してはならないことです）。

他方で、人生についての語りは真空で生まれているわけではなく、そこにはそのときどきの社会のあり方、すなわちマクロな社会構造や権力関係・抑圧の力学が織り込まれています。登校拒否・不登校をめぐる経験の語りには、そのときどきの社会の課題、学校の課題が刻印されているのです。「社会の構造が反映された語りである」点を重視する場合、不登校の経験の語りを「もしその時に出会った先生がちがう接し方をしていれば」と、あえて実際の経験談とは異なる状況を仮定することで、より望ましい教師の関与や学校のあり方を展望する手がかりを得ることができます。

しかしながら、「他ならぬこの私」の人生についての語りについて、第三者が「もし〜であったならば」と問うことは、ある種の痛みを語りの当事者に強いることにつながりかねません。「そうであったかもしれない」出来事は、語り手の実際の人生においては起こらなかったことで、たとえそれを問うことで社会をより望ましい方向に変える手がかりが得られたとしても、語り手のかつての苦境を改善することにはならないからです。さらに言えば、困難の渦中にいる人は、安定した視点で自分の経験を整理し、物語ること自体が難しい状況におかれがちです。

これらの点を踏まえると、登校拒否・不登校はひとつの「選択」だと述べることは、①語りの背景となる社会の構造を問い直す立場、あるいは未来志向の支援としてあえて「選択」と呼ぶ立場からは首肯される一方で、②語り手の経験の固有性を重視する立場からすると批判の対象となり得えます。不登校を「選択」と呼ぶことの是非をめぐる議論には、人生の経験をめぐる語りの「個別性」と「社会性」のどちらを重視するのか、そのスタンスのちがいがあるように思います。

第三に、上記の論点は、登校拒否・不登校をめぐる私的な経験をどのように公的な問題として捉え直し、社会に働きかけるのかという別の論点とも接合しています。総括討論では、それぞれのレポートの背後にある公的な問題・課題をいかなるものとして捉えるのか、についてさまざまな立場から深い洞察が提示されました。

（山田哲也）

（2）まとめ

今回の5本のレポートから共通して読みとれることは、「登校拒否・不登校」という子どもの行動をきっかけに、当事者のみならず、それを支える親や教師もまた成長することができたということです。

京都の太崎報告（小）、全国連絡会の大谷報告からは「登校拒否・不登校」という方法で、子どもたちが思春期課題をくぐり抜けることができたと考えられます。その際、大人たちは「ちゃんと悩ませてあげる」というスタンスで子どもたちの葛藤に寄り添っています。子どもの成長に寄り添うとき、大人たちもまた自らの人生に出会い直しているのです。全国連絡会のSK報告では自らの子育てと向き合い、子どもとの新たな関係を築いていきました。大阪の北島報告（市民）では、親同士が癒やし合い、交流し、学び合ううちに、わが子の問題に潜む学校や社会の問題に気づいていきました。そして、学校や教育委員会などの社会に働きかける主体者として成長していったのです。北海道の木村報告（高）、太崎報告では学校において組織的な対応や同僚性が、「登校拒否・不登校」にとりくむことで改善され、一人ひとりの教師も、その専門性を磨き、同時に同僚との協働体制を強固にしてとりくみを進められました。

学校に行かないことは、子どもによっては辛いことではありますが、悪いことではありません。子どもたちの「学校に行けない・行かない」というメッセージを受け止め、いま学校はどうなっているのか再検討し、私たちの教育観に向き合う必要があります。

（山岡雅博）

【レポート一覧】

山岡雅博　共同研究者　●基調提案
山田哲也　共同研究者　●基調提案：不登校の子どもをもつ親たちの会の役割
① 北海道　木村幸恵　高校　●現在の教育相談活動に辿り着くまでの道のりについて――20年間を振り返って
② 京　都　太崎和人　小学校　●新しい自分に出会う人生
③ 大　阪　北島やすの　市民　●おしゃべりママライン
④ 全　国　大谷ちひろ　登校拒否・不登校問題全国連絡会　●これまでを振り返ってみて、今思うこと
⑤ 全　国　ＳＫ　登校拒否・不登校問題全国連絡会　●私と不登校の葛藤

分科会報告

26

国民のための大学づくり——大学教育と高大接続

光本　滋

1　本分科会の到達点と課題

本分科会では、教育のつどいにおける分科会を開催する意義を明確にするために、大学問題を大学関係者だけの関心から議論するのではなく、教育問題の一環として検討する必要があると考え、次のような議論の柱を設定してきました。(1)評価と財政配分を通じて教育を支配していく新自由主義教育の改革手法を解明し、教育全体への影響を考える、(2)高校生のゆたかな学びを保障するための高校と大学の接続と大学入試制度のあり方、(3)次代の教育の担い手を育てる教員養成の改革動向。そして、参加者の拡大をはかるために、分科会の開催時間を夜間にしたり、教育フォーラムとして開催するなどの工夫を重ねてきました。また、全大教（全国大学高専教職員組合）や日本私大教連（日本私立大学教職員組合連合）にレポート参加を要請し、協力いただいています。

掲げている課題の大きさに比べて、本分科会の参加者数は多いとはいえません。「大学づくり」という言葉が大学以外の学校種の教員の足を遠ざけている原因になっているという意見もたびたび聞かれます。そこで、２０１４年度に準備段階から分科会名称の変更もふくめて今後の方向について検討を重ねました。そして、２０１５年度から「大学教育と高大接続」の語を分科会名称にサブタイトルとして加え、分科会が青年期の教育課題や教育運動の課題を扱っていることを示すことにしました。

このような名称の変更を内実あるものとするためには、参加者の幅をさらに広げていかなければなりません。近年は、高校や大学の教育実践に関するレポートが少しずつ提出されるようになってきました。個別の実践に学ぶとともに、実践の展開に政策や改革の動向がどのように影響しているのかを検討し、「国民のための大学づくり」を進めるための条件を明らかにしていく必要があります（以上、光本「基調報告」）。

2 情勢と大学の動向

1日目、情勢と大学の動向に関して3本の報告がおこなわれました。

（1）国立大学をめぐる情勢と問題

1本目は、長山泰秀報告（全大教）「国立大学をめぐる情勢と問題――この1年の動向を全大教声明でふりかえる」です。長山さんは、全大教が発出した声明、要望書等を資料として、この1年間の日本の高等教育、とくに国立大学をめぐる情勢と問題について報告しました。①日本学術会議会員任命拒否事件について、全大教は2020年10月に任命拒否の理由の説明と6名の早期任命を求める声明を出し、2021年10月にあらためて声明を発出し、任命と日本学術会議の政府からの独立性の尊重を求めました。②「10兆円ファンド」「国際卓越研究大学」に関しては、全大教は大学・学術への公的資金の投入が増加することを評価しつつ、政府の介入などいくつもの問題のある制度であることを指摘してきました。③2022年7月の参議院選挙に際して、全大教は、国立大学が自律的な教育・研究の発展をおこなうために、財政基盤の充実と大学自治の回復の必要があることを訴えています。④研究者雇い止め問題は、大学・研究機関が労働契約法等の趣旨を潜脱し、雇用されてから10年を迎える研究者を「無期転換させないため」に期限前の雇い止めをしようとするものです。全大教はこの動きに反対し、国に対しては研究者の安定的なキャリアパスの整備と充分な財政措置を求めています。締め括りとして、長山さんは政府が給付型奨学金と授業料免除の対象となる学生を多子世帯と「理工農系の学生等」に拡大する方針であることに触れ、日本国憲法が定める法の下の平等に反する暴挙だと批判しました。

長山報告を受けて、東工大と医科歯科大の合併の動き、私立大学の動向、学費問題の国民の受け止めなどが話題となりました。長山さんは、国策のシャワーを浴び続けていることにより「身の丈にあった教育を受けられればよい」という考えが広がっているが、果してそういう社会でよいのかを議論していく必要があると述べました。

(2) 私立大学をめぐる情勢と問題

2本目は、野中郁江報告(日本私大教連〔政策委員会副責任者〕)「私立大学をめぐる情勢と問題――6つの課題と解決の方向性　日本私大教連はこのように考えます」です。私立学校法が定める学校法人の規定には、理事長・理事・評議員の選任・解任規定が一切なく、それらはすべて寄附行為(会社の定款にあたるもの)によって決められる(幹事は理事長が選任)という欠陥がありました。寄附行為の内容次第では、理事長がすべての理事・評議員・監事を選任すると定め、専断体制をつくることもできてしまうのです。そして現実に、このような私立学校法の欠陥を悪用した理事長・理事会が、絶大な権限を有する体制をつくり、不正経理や不正入試などの不祥事がくり返されてきました。本来であれば理事会の不正をチェックするのは教学の役割ですが、2014年の学校教育法改正を契機に、私立大学においても教授会の権限をはじめ教学の自治権を剥奪する動きが進んでいます。さらに、2022年の大学設置基準改正では、「専任教員」の規定をなくし、年間8単位の授業を担当する教員を必要教員数の4分の1までカウントすることが可能となりました。教員の非正規化が進行することが危惧されます。この間、私立大学に対する政府の助成は年々減少し、ついに1970年代前半の水準となってしまいました。多くの私立大学は、授業料を値上げするか教育条件を切下げるかの選択を強いられています。こうした中、日本私大教連は、学校法人の公共性を高め公益法人と同等の水準に引き上げるための改正案を発表したり、「教育を受ける権利」を実現するために、「修学支援新制度」の改革案づくりなどにとりくんでいます。

野中報告の後、参加者から、経済的に苦しいため希望する進路の実現が困難な高校生がいることが語られました。また、18歳入学だけでない教育機会の拡大を追求すべきでないかという意見が出されました。

(3) 高知県の大学をめぐる状況

3本目のレポートは、加藤誠之報告(高知・大学)「高知県の大学をめぐる状況」でした。現在、高知県には、高知大、高知工科大、高知県立大、高知学園大、高知学園短大、高知リハビリテーション専門職大の各大学があります。加藤さんは、これらの動向とともに、高知短期大が勤労者、不登校経験者や経済的事情で浪人することのできない高校生にとって貴重な学びの場であったものの廃止され、高知県立大の夜間主コースに引き継がれたことを紹介しました。近年は高知県の大学に問題が相次いでいます。高知県立大は、学内の規定の不備などから、郷土資料や絶版本など資料価値の高い蔵書をふくむ大量の蔵書を焼却処分してしまいました（２０１８年）。高知大では、高知市中心部にある（市立大手前小学校が移転したことによる）空地を取得し、サテライトキャンパスにしようとする動きが、費用対効果の面で合理的でないとして批判されています。いずれも大学運営において教員や学生の意見が軽視されていることにより起きた事件です。さらに、高知大では運営費交付金の不足が深刻になり日常的な業務に支障を来たす一方で、学長が所属する医学部の利益ばかりを優先するようになっているといいます。ここには統合後の大学（高知医科大学は２００３年に高知大学に統合され、高知大学医学部となった）において民主的な大学づくりをおこなう必要があることと、その困難があらわれているといえます。

加藤報告に関して、県内大学の横のつながりについて質問が出されました。加藤さんは、組合間のつながりはあるものの組織率が高くないため影響力は限定的であるとして、反貧困運動など社会運動において連帯する必要があることを指摘しました。また、高知大が幼児教育コースにおいて保育士免許も出していることについて、現場でのニーズにも合致したとりくみであることが話題となりました。

3 市民・学生からの大学の意義の問い直し

（1）保育・幼児教育の教員の資格と養成の問題

続いては、千葉悦子報告（高知・市民）「国立大学は幼稚園教諭・保育士の両資格取得可能に」です。千葉さんは長年、高知県で保育士養成の充実を求める市民運動にとりくんできました。その結果、高知県立保育専門学校が高知女子大学保育短期大学部に改組、同短期大学部の廃止後は、ふたたび市民運動により高知大学で保育士養成を可能にした歴史があります。現在、幼稚園教諭はすべての都道府県で国立大学が養成しているのに対して、保育士の養成を国立大がおこなっているのは20都県（公立大をふくめても28道府県）にとどまります。このような養成段階での格差が保育の質にも影響していると考え、千葉さんは２０２１年から「保育の夜明けは高知から」を合言葉に、幼保資格を「保育教諭」に一元化する署名にとりくんでいます。また、現在住んでいる群馬県において、地元の群馬県立女子大学が男性にも門戸を開くよう訴えるなど、市民の立場から地域の大学に対して問題を提起しつづけています。

報告に関して、大学で養成することが保育の質の向上につながっている実例を知りたいという質問が出されました。千葉さんは、待遇面の格差が解消され自信とプライドにつながることや、4年間の養成で余裕が生まれることが幅広い学びや深い学びにつながる可能性があることを挙げました。一方で、進学・通学しやすい条件を整えることや現職教育の充実など、門戸を狭めないようにすることも課題となります。

(2) 教育の根源的な意味の問い直しと教師教育

1日目最後のレポートは、堀口清志報告（大阪・大学）「藤野高明さんの苦闘の半生から生き方を考える――『学ぶこと』『生きること』の意味を問い続けて」でした。堀口さんは、中学1年生の担任をしていたとき、ある生徒の母親から学校での勉強の意味をめぐっておこなわれた親子の対話の様子を知らされました。ここに学校での勉強と将来の展望とが直接結びつかないことの悩みの深さを感じとり、以来「なぜ学ぶのか、どう生きるのか」を生徒たちに問い、ともに考える実践を続けてきました。その一環として、堀口さんは、8歳のとき事故で両目と両手を失い、唇で点字を読むなど、筆舌に尽くしがたい労苦を乗り越えて大阪市立盲学校高等部の教員を務めた藤野高明の生き方を教材化し、ときにはクラス・学年の枠を越えて直接講演を聞く機会を持つなどしてきました。このとりくみは、中学校を退職し、立命館大学の教職科目「生徒指導・進路指導の理論と方法」の非常勤講師を務める中でも続けられています。授業の中でおこなわれた講演会後に学生が書いた感想文には、重度の障害のある家族の体験や自らの障害についての苦しみを重ね合わせながら、切々と想いをつづったものもありました。感想文の読み合わせをおこなったところ、ある学生は「それぞれの体験をもとにした受け止めに、知らない人の文なのに、息づかいまで感じられ、不思議と仲間意識が湧いてきます」と書きました。

堀口さんの実践は、「なぜ学ぶのか」と「どう生きるか」を重ねながら追求することの大切さを示すものでした。高校からの参加者は、かつて医学部を志望している生徒に医療と医学が直面している問題に関する講演会を勧めたところ、「受験勉強で忙しく、そんなヒマはない」と一蹴された経験を語り、教科の学びが変わるだけでは済まない問題があることにあらためて気づかされたと述べました。

4 高大接続の探求

2日目は、3本のレポートを通して、高大接続の実践的・理論的課題を探るとともに、長年にわたって大学入試問題の分析・批判、および大学との交流をおこなってきた中部・東海ブロック大学入試検討委員会のあゆみをふりかえりました。

1本目は、樋掛雅則報告（富山・高）「新しい入試制度と、コロナ禍での受験について」です。2021年度入試から、一般選抜における共通試験はセンター試験から大学入学共通テストに変わりました。樋掛さんは、物理では、「こつこつとがんばってきた生徒が得点できない」一方、「地頭《じあたま》が良い生徒は点数を取る」ようになったと感じています。

この変化は、勉強をした人と勉強をしていない人を数直線上に並べる試験から、きちんと納得している人と実は納得していない人とを峻別する試験に代わっていく、大学入試の変化によるものだと考えられ、また、そうであることを期待していると樋掛さんはいいます。このような入試の変化に対して有効となる学習の仕方は、全範囲をまんべんなく理解していることよりも、それらの学習を通して理科のものの見方や考え方を伸張させることになります。こうしたことを可能にするには、本人が知見と向き合い、経験と結びつけて試行錯誤しながら活用しようとする営みが不可欠です。これらはコロナ禍で進んだコンテンツとしてのオンライン授業で得られるものではないと樋掛さんは考えています。

報告を受けての討論では、共通テストの出題をどう見るか、各県の高校における大学入試対策の実態が話題となりました。樋掛さんは、高校の現場が入試対策に陥ってしまう原因の一つに、教員が自分の教科の話しかしない〝セクショナリズム〟の問題があるとして、これを打破する必要を訴えました。そのとりくみの一端は、生徒に対して各教科の指導の力点などを示した「学習のしおり」における、教科に閉じないメッセージとして示されています。

2本目のレポートは、谷口典雄報告（福井・高）「『共通テスト』への移行によって高校現場で起こっていること および、その学力形成への影響」でした。谷口さんは、共通テストの国語の問題を検討し、そこで要求されている学力と高校までの教育とのギャップについて考察しました。共通テストでは読まなければならない文章量が大幅に増えました。このことは「文章を読む力を鍛えてこい」というメッセージであるとしても、高校からのスタートでは遅いため、小学校・中学校の教育が問われることになります。しかし、現在の小学校教育は「文章を読みこなせる力」を育てる方向を向いておらず、中学校の教育も共通テストとは異なる高校入試の動向に左右されると谷口さんはいいます。他方、下位80％余りの生徒は文章を読み切れません。そのため、現場では「資料を読まずに解ける問題は、資料を読まずに解け」という指導がはびこり、学習の空洞化をまねくことになります。同様の問題が全教科に拡大していることから、谷口さんはこれら〝共通テストの罠〟にはまらないために、大学入試には国公立大二次試験などに出題される記述式の良問を参考にした改革が求められると結論しました。

3本目の、国枝幸徳報告（岐阜県教職員組合）「中部東海ブロック大学入試検討委員会と自分自身の関わり そして高大接続問題の展望」は、40年におよぶ中部東海ブロック大学入試検討委員会の活動を総括されました。同委員会の活動は、共通一次試験が開始された直後の１９７９年に始まります。受験生にとって無理のある入試問題がしばしば出題されているのに、高校の教員側から声を上げる術がなかったことから、教職員組合の責任で入試問題を分析・批判し、大学側に渡すことを始めたのです。自身が委員として活動を始めた90年頃にはすでに大学側が意見を聞き入れるようになっていたと国枝さんはいいます。しかしながら、毎年の冊子として刊行してきた『大学入試問題の分析・批判』を続けることは大きな負担でした。また、活動の後継者を探すことも難しく、２０２２年度はついに『分析・批判』の刊行を断念しました。同時に、委員会も休止に至っています。

谷口さん、国枝さんの報告に続く討論では、高校側から、現場の多忙化により大学入試の研究にとりくむことが大変難しくなっているとの発言がありました。大学側からは、推薦を受けるために生徒会役員に立候補する例があるなど主体性評価が形骸化していること、入学後に自信を持って学習してもらうために解ける問題を出すなど、選抜機能以外の面で入試が果たす役割があることが指摘されました。

5 大学誘致と地域の教育

2日目の最後は、参加者全員が別会場でおこなわれている学校づくり分科会にオンライン参加し、中学生の親である有原陽子報告（「四万十市の明るい未来を願う会」）「大学誘致によりゆがめられた子どもの教育環境」を視聴しました。高知県四万十市・下田地区は四万十川河口に面しており、南海トラフ地震が発生すれば多大な津波被害が想定される地域です。ここで、高台にあった下田中学校が低地にある下田小学校の校舎へ移転統合させられてしまいました（2021年12月議会で条例可決）。背後には、中学校の校舎などを利用して京都看護大学（学校法人京都育英館）の「四万十看護学部」を誘致しようとする四万十市の動きがあります。保護者の反対を押し切って移転が強行されたこと、大学の誘致も先行き不透明であることなどについて住民の中から批判が起きています（詳細は、学校づくり分科会の報告を参照）。地域の大学のあり方が学校配置など教育計画の問題として浮上したことは、国民のための大学づくりの課題を市民参加の下で考えていくことの重要性を示しているといえます。

本分科会の終了時間がせまっていたことから、残念ながら質疑の最後まで参加することはできませんでした。また、機材・通信環境の問題から、音声がかならずしも聴き取りやすいものではないという問題もありました。それでも、オンラインの活用により他の分科会のレポートを傍聴することができたことは、今後の分科会のあり方を考える上でも貴重な経験となりました。

6 新しい分科会の展望

高知で開催となった2022年の分科会は、「国民のための大学づくり」分科会の最終年を飾るにふさわしいものでした。

政策が学問・教育の論理を無視し、その下での改革が展開する中、「大学教育の機会を法の下で平等に保障すべき」（長山報告）、「大学の地域間格差を解消する私立大学政策」（野中報告）、「保育士の養成を大学でおこなうべき」（千葉報告）といった主張を掲げ、その実現をめざすことはますます重要になっています。

こうした主張を狭い学校関係者だけでなく、国民的要求としていくには、「なぜ大学が必要なのか」「求められるのはどのような大学なのか」という根元的な問題を各大学や学問分野において考えることが必要です。「学ぶこと」の意味を生き方の問い直しと重ねることによりつかまえさせようとする実践（堀口報告）は、共通に追求すべき方向を示すものだったように思われます。

地元高知からのレポートでは、大学の存在意義、直面している問題、そして果たすべき役割を多角的に、かつ相互の関連を視野に入れて議論することができました（加藤報告・千葉報告・有原報告）。複数のレポートが大学外の市民の立場からおこなわれたことも重要です。高知の人びとがたくわえてきた〝教育を自分たちでつくる気風〟が発揮された分科会だったといえるでしょう。

高大接続に関しては、「教科の枠を越えた教育の目的・課題を考える必要」という若い世代からの問題提起と、中部・東海ブロック大学入試検討委員会の活動の総括が期せずして同時におこなわれることになりました（樋掛報告・谷口報告・国枝報告）。大学入試の分析・批判と高大接続に向けての実践はこれからも継続していかなければなりません。その主体を見出し、育てていくことは教育運動の重要な課題です。

これら本分科会で検討してきたことがらの多くは、２０２３年から開催される「青年期の学びと大学づくり」分科会においてひきつづき追究することが期待されます。

【レポート一覧】

光本　滋　共同研究者
●基調報告：本分科会の到達点と課題

①富山　樋掛雅則　高校
●新しい入試制度と、コロナ禍での受験について

②福井　谷口典雄　高校
●「共通テスト」への移行によって高校現場で起こっていること　および、その学力形成への影響

③岐阜　國枝幸徳　高校
●中部東海ブロック大学入試検討委員会と自分自身の関わり　そして高大接続問題の展望

④大阪　堀口清志　大学
●藤野高明さんの苦闘の半生から生き方を考える――「学ぶこと」「生きること」の意味を問い続けて

⑤高知　加藤誠之　大学
●高知県の大学をめぐる状況

⑥全国　千葉悦子　子ども全国センター（高知・市民）
●国立大学は幼稚園教諭・保育士の両資格取得可能に

⑦全国　長山泰秀　全大教
●国立大学をめぐる情勢と問題――この1年間の動向を全大教声明でふりかえる

⑧全国　野中郁江　日本私大教連
●私立大学をめぐる情勢と問題――6つの課題と解決の方向性　日本私大教連はこのように考えています

分科会報告 27

生活科・総合学習

小林 桂子
船越 勝
和田 仁

1 基調報告

船越勝共同研究者から、近年の教育政策の特徴と生活科・総合学習の動向、この分科会の成果と課題を中心に、基調報告がおこなわれました。

具体的には、①生活科・総合学習分科会の設立と経緯、②生活科・総合学習の教育実践史、③生活科・総合学習のカリキュラムの課題と領域、④生活科研究をめぐる到達点と課題、⑤総合学習研究をめぐる到達点と課題、⑥来年度以降の生活科・総合学習の研究のあり方をめぐって、という内容で、それを受けて積極的な討論がおこなわれました。

また、参加者から、全国の状況を発言してもらい、生活科・総合学習の今日的状況について交流をおこないました。特に、学校スタンダードによる教育実践への締め付けと教員の多忙化により、子どもたちとじっくり向き合うことの困難さが指摘されるとともに、しかし、だからこそ、子どもとともにつくる生活科・総合学習の学びの重要性も語られました。

〔船越 勝〕

2 いのちと平和を学ぶ総合学習

ウクライナ侵略戦争の連日のニュースに、戦争を身近に感じるようになってきました。

大根田朱里報告（千葉・小）「子ども達と考える『戦争と平和』――総合学習の取り組みを通して」は、4年生が「戦争と平和」について学んだ実践です。1学期、運動会でのエイサーから沖縄調べへと学びがつながりました。そして、2学期の国語「一つの花」を土台に総合学習「戦争と平和」が始まったのです。「焼き場の少年」の1枚の写真を見て、子どもたちは話し合い、戦争の悲惨さを感じ取りました。次に、廊下に置かれた学校図書館の戦争の本を自由に読み、一言を書いていきます。「戦争は残酷なものだ」等、子どもたちの声が多く寄せられました。教師による読み聞かせや新聞社の資料（沖縄戦・原爆）が、事実をもっと知りたいという思いを強くしました。

原爆の被爆者体験を聞く会で、リアルな声を聴いた子どもたちは、教科書・絵本・書籍や資料で知った戦争や原爆が、現実に起こったのだと実感し、自分に引き寄せ考え始めます。広島の中学校でつくられた楽曲「ねがい」を音楽会で披露し、平和へのねがいが一つになった歌声は、聴く人を感動させました。さらに絵本「平和ってどんなこと」を読み、自分の周りの平和についても考え、熱い思いを〝私の平和宣言〟へと結実させました。戦争や平和を考え続けた4年生の子どもたちの成長に、参加者の関心が集まりました。「暴力は暴言ではなく、話し合いによって解決させたい」という目標を、どの子も尊重され、安心してくらせるクラスにしたい」という目標を、教師のあたたかな眼差しの下、子どもたちが実現していったのです。2月ウクライナ侵攻の際には、心を痛め、平和を願う子どもたちの姿がありました。

次に和田仁共同研究者より「子どもが見つめる平和」と題した、和光小学校の「沖縄学習」の報告がありました。9・11やコロナ禍でも途切れることなく35年間続いた沖縄学習旅行。沖縄を丸ごと学び、沖縄の地で戦跡を訪れ、戦争の証言を聞きます。体全体を通して真実を知った子どもたちは、次の学年に伝える使命を感じ、小さな平和の伝道者になっていくのです。①形だけにならない平和学習、②子どもが事実に向き合う瞬間　子どもが〝自分事として〟考える瞬間、③つながり・広げる力、つくりかえる力、これらを意識しながら和光の教師たちは子どもとともに沖縄を学んできました。論議を重ね、子どもの実態や情勢を踏まえて、沖縄で出会わせたい人やモノ・コトを厳選し、沖縄学習旅行を核とした沖縄学習を継続発展させてきたのです。「沖縄学習を通して、日本の現実を見つめ、自分自身の生き方を考える」というねらいが根底にありました。

行田稔彦前共同研究者は、「沖縄学習」は、平和の原点を感じる学びの創造を可能にすると話されました。沖縄を学ぶことで歴史が見え、今の日本が見えてくる。自分やクラスという内なるものから、日本・沖縄・そして世界へと目を向けることができる。つまりミクロとマクロの両方の視点で学ぶことができるのです。沖縄返還50周年の年、戦争は絶対NO！　今こそ「命どぅ宝」の意味を考え合う時であることが確認されました。

〔小林桂子〕

3 自然にかかわる生活科・総合学習

人間は自然を取り入れながら、自分たちの生活をゆたかにしてきました。

東京都教職員組合報告（小）「おおきくそだて　わたしのやさい――子どもたちが楽しんで取り組める理科・生活科をめざして」は、野菜を植物の一つとしてとらえ、「植物は種から成長し、種を生み出す」ことを大切にした野菜作りの実践です。栽培前の種だけでなく、実をつけた後の新しい種も確かめています。熟したトマトの実から種を取り出し、拡大投影し可視化させているのです。子どもたちは、栽培する野菜を、種が見えやすいミニトマト・ピーマン・オクラから選び、マイ野菜に責任を持ち、意欲的に栽培にとりくんでいきました。教師は、観察の際に「色・形・大きさ」等視点を与えること、子どもたちの言葉を拾い認めることを積み重ねていきました。

昨今タブレット学習で、実際の植物を十分観察することなく、単に写真を写し、定型のフォーマットに仕上げることが問題視されていますが、レポートの観察シートには、子どもらしい表現で、見るべきものがしっかりと描かれています。五感を通して見つけた事実を、実際に自らの手を用い線で描き、言葉を補っています。色を塗らないことで自然と細かいところに目がいくのです。個人の気づきは、みんなと共有する中で、深まりさらに新しい疑問を生んでいきます。子どもたちは、同じ野菜の成長の変化だけでなく、他の野菜との相違点、類似点を見つけ、さらに他の野菜へと関心を広げていきました。

地域の農家の方の農園見学や適切なアドバイス等、協力的なかかわりの中、子どもたちは栽培に一層積極的になったと言います。その人達との出会いを生かすことで、農家の野菜作り、その知恵や技の凄さ、プロ性など社会認識に関する学びへつながるとの助言がありました。

菊池芳恵報告（東京・小）「自然の色を教材に――藍《あい》の生葉のたたき染め」は、図工科での藍のたたき染めの実践です。

子どもたちと藍を学級園で育て、生葉を摘み取り、持ち寄ったTシャツや布にたたいて染め出し、自然の色や形を味わい作品をつくりました。藍染めにとりくんだ子どもたちは、自然の不思議さやおもしろさを体験し、学ぶことの楽しさを実感しています。自然に働きかけ、変化させ、人間に有用なものを生み出す活動を通して、自然と人間の関係を具体的に知ることができるのです。

この図工科での藍染めのとりくみは、校内展示や、保護者に公開し、いっしょにとりくんだりする中で、他学年の子どもたち、保護者、地域へと広がっていきました。

この地域ともつながりのある「藍」は、自然・技術・産業・歴史そして人々の生活という広大な内容が詰まっています。どの要素を取り出すかは、教科、授業目的、子どもの状況等によって異なってきます。教職員が主体的に地域の歴史を調べ、地域の特徴や地域の方から学び、地域性を生かした教材をつくり上げ、お互いの実践を学び合い交流する気風がある学校。いっしょに地域を学んだ教員が、何を中心に、いかにつなげていくか、生活科や総合学習等の学びを創造しうる価値ある実践でした。

〔小林桂子〕

4 体験的な学びとICTの活用

寺下之雄報告（青森・大学）「『総合的な学習の時間の指導法』に関わって——学生が講義及び実践から何を学んだか」は、教職課程を履修する学生と「総合的な学習の時間」について理論的に、そして演習を通して体験的に学んだ実践です。

理論編では「学習指導要領」の特徴に触れながらも、寺下さん自身が小学校教員として子どもと創ってきた学びが実践的に語られました。講義後の学生の感想には、「実際に現場に行き、見て体験することが一番の魅力であることがわかりました」「導入で生徒の興味・関心を引き出し、実践では五感で活動を大いに楽しむことが大切」「地域の特色や産業など地域の一員として学ぶこと、教科書はないけれど、各学校の個性的な勉強ができること」「生徒の自主性を重んじることや興味を持ってもらえるようなテーマを掲げることが、教師にとって大切なこと」など、どうして子どもが学びに夢中になっていくのかについて、寺下実践から考えようとしているのがわかります。

そして、演習では、「『真鱈の解剖』と『真鱈の創作料理づくり』」がおこなわれました。真鱈は、冬の青森県の代表的な魚です。食べる機会は多くても、どんな漁がおこなわれ、食卓に届くのか地元の人でも知っている人は少ないという話でした。小学校教師時代、保護者に「子どもと学びたい！」と訴え、漁師の親が応え、漁を取材し、産卵期の真鱈をさばいた時に子どもと感じた〝生命の尊さ〟、その感動を、講義の演習に位置づけました。学生は、解剖を通して精巣の割合が多いことに驚き、「産卵に備える真鱈の生命力」を感じます。

また、創作料理やプレゼンテーション活動を通して、自分たち自身が協力し合って活動する意味を実感していきました。

分科会の討議では、体験的に学ぶ総合学習の価値だけでなく、教師自身が楽しめることが実践をつくるエネルギーになっていること、また、体験的な学びが実感のある学びにつながっていくことなどが話されました。

今、コロナ禍の感染対策の中で、体験的な学びの場はどんどんなくなっています。また、集団で学び合うことも大きく制限されています。そんなコロナ禍の子どもたちの学習を保障するとして、一人1台のタブレットが導入されました。その使い方をめぐってはいろんな問題が論議されているところです。

佐渡千佳子報告（大阪・小）「どうする？まちたんけん」では、ICT教育を活用した授業づくりが話されました。1年生の時、休校を経験し、行事もほとんどなく、話し合う活動もできない学校生活を送る中で、地域をたんけんする機会はありませんでした。2年生になっても校外学習をひかえるように、外部の人との交流を持たないように言われ、タブレットが導入されたのを機に、グーグルマップで「まちたんけん」をおこなうことにしたのでした。

自分の家、クラスの友達の家を探すことから始まり、知っている公園、商店、施設を探し、「紹介したい場所」の写真を集め、ソフトでまとめる。やりたがりの2年生は、知っている場所に歓声をあげながら、何回も操作するうちに自分で作業ができるようになります。2学期、実際にたんけんに行けるようになり、マップで見た場所を見つけて大喜び。タブレットを操作する発表もこなしてしまうので驚きます。

それでも佐渡さんは、学習を終え、タブレットのメリットもあるけれど、「実際に行くこと、触れること、体験することが大切とあらためて感じた」と話します。それは、これまでの子どもと学んだ経験から、実際に聞き取り、人と交流する中で深まっていくことに勝るものはないということを知っているからでした。

分科会の論議の中で、2年生が地域という空間認識をどう広げていくのか、ICTでは育たないところがあることも見えてきました。タブレットの利用については「何のために使うのか」もっと論議を重ねていくことが必要です。

〔和田　仁〕

5 地域とつながる総合学習

岸本ひとみ報告（兵庫・小）「稲美町のおいしい水はどこから？？？」では、いつも飲んでいる地域の水がおいしい水で有名であることに驚き、浄水場もないことを知って、「この水はいったいどこからくるの？」というなぞから学習が始まります。町には深さ100メートルの深井戸が16本もあり、そこから水が来るのはわかりましたが、その水もどこからくるのかさらになぞが広がり論議になっていきます。

この実践では、当たり前にある地域のものを見つめ直す中で、地域の素晴らしさに子どもが気づいていきます。その再発見の原動力になっているのが子どもの問いであることがとても大切です。実際「御坂サイフォン」など見学に行った時、その仕組みを自分から理解しようという姿が語られました。なぜ池におみこしを落とす喧嘩祭りがあるのか、ため池の面積が日本一なのか、ゆたかな水があるから郷土料理があるなど、水を通して自分たちの地域とくらしがつながって見えていきます。

岸本さんはこの地域で38年教師を続けてきました。教師自身が地域をよく知るだけでなく、学びの実態に合わせてカリキュラムを柔軟に組み替え、子どもの学びを発展させているところも学ぶことが多い実践でした。

〔和田　仁〕

6 総合学習への提案

藤原恭子報告（山口・小）「集団読書から始まる総合学習への提案――『個別最適化』への流れと　みんなで学ぶとい

うこと」は、長い小学校教員としての経験と生活科・総合学習の実践を積み重ねてきたレポーターが、退職後、学校司書として勤務する中で、「決められた教科書を教えるのが教師なのか」という積年の問題意識から、「学校図書館は先生たちと何ができるか」という学校の先生方との協働を模索した実践です。特に、教科書を教えることが教師の仕事として当たり前と思っている先生や、新採教員のような若手の先生にどのようにかかわっていけばいいのか、試行錯誤しています。学校スタンダードや授業スタンダードが各学校でつくられていく中で、学びの一元的支配が強まっています。それにAIによって指示される「個別最適化」への流れが一層強まることになる危険性があります。これは子どもにとっても教師にとっても大きな不幸です。

現在、総合的な学習の時間を中心に、「探究」が強調されていますが、調べ学習先にありきの指導では、調べたいことを見つけようとしても見つけられない子どもが少なくありません。探究する主体になるには、多様な視点を持つ仲間との共同が不可欠なのです。ましてや今の子どもは、長い本を敬遠するし、それを読みきるような経験を持っている子どもは少数派だと言えるでしょう。だから、藤原先生は全員が同じ本を読む集団読書にとりくむことにしました。その中で、子どもたちは同じ教室空間でいっしょに同じ本を読むことで、「盛り上がる」「頭に入る」「共有」という体感を獲得していったのです。こうした経験をもとに、『この計画はひみつです』(ジョナ・ウィンター 文/ジャネット・ウィンター 絵/さくまゆみこ 訳、鈴木出版、2018年)などをはじめとした集団読書と、それに関連した本の紹介からなる「作品」「社会見学」「語り部の話を聴く」という総合学習の実践が生み出されていきました。さらには、ブックトークなども取り入れながら、藤原先生がこれまで生活科・総合学習の実践の中で学んできたものを、「そうか、そんなやり方もあるんだ」と学校図書館と教師との連携と共同を通して、共有財産にしていけたらと挑戦した実践であり、多くを学ぶことができました。

〔船越　勝〕

7 子どもが創る総合学習

中村元紀報告(高知・小)「関わりあいの中から生まれたもの」は、総合学習の実践です。中村先生は、教員になって3年目の若手教師であり、その奮戦記ともいうべき実践でした。中村先生が出会った子どもたちは、子ども同士のつながりが希薄な印象でした。だからこそ、総合的な学習の時間において、子どもたちが「主体的で楽しく学べること」を何よりも最優先にしようと考えました。そのための一つとして、タブレットの活用も位置づけました。

「高知えいもん調査たい」（全42時間）は、子どもたちがゆったりと追究できるタイムスパンをもった大単元の実践で、「高知県といえば…？」から始まった子どもたちの追究は、「よさこい」「高知城」「アンパンマン・やなせたかし」「仁淀川」「天狗高原」「ごくん馬路村」「いもけんぴ」「かつお」「室戸廃校水族館」という9つのグループに分かれておこなわれました。コロナ禍のもとの制約された条件の中でも、タブレットだけでなく、実際にインタビューすることで、地域の人の〝生の声〟を味わい、地域への思いを強めていくとともに、中間発表の時間を通して、仲間の質問や意見を聴き、協働することで学びを深めていきました。こうした本物の学びの経験は、地域の切実な課題である防災についての学習（26時間）でも、7つのグループで追究がおこなわれ、その学びは「防災スライドショー」に結実することになりました。こうした総合学習の展開の中で、学級も「友だちのために」「クラスのために」と動ける子どもが増えていき、学級集団としての成長も感じられるようになりました。それは、「ぼくはこの1年間みんなに助けられました。助けてもらって、わからないことがわかるようになりました。次は、ぼくが助ける側だと思います。5年生になって、みんなを助けられたらいいなと思います。32人の力はすごいんだなあとあらためて思いました」という1年間をふり返った子どもの言葉に表れています。

他方、阿部和樹報告（私学・東京・小）「自由な子どもを育てる教育――南アルプス子どもの村小学校のプロジェクト活動を例に」は、私学の南アルプス子どもの村小学校のプロジェクト学習の実践です。本校もふくめた学校法人には、小学校5校、中学校4校、高等専修学校1校があり、自己決定・個性化の原則・体験学習という教育理念をもとに、「一人ひとりがみんなと自由に」をいう教育目標をめざして、実践にとりくんでいます。クラフトセンター（木工／住）、おいしいものをつくる会（料理／食）、わくわくファーム（農／衣）、劇団みなみ座（劇／表現）、アート&クラフト（陶芸・木工／住）など、プロジェクト（活動の内容）を基盤にクラス編成がなされ、プロジェクト、基礎学習、自由選択、全校ミーティングからなる独自のカリキュラムをもとにした実践が報告されました。ここでいうプロジェクトとは、「自分たちの身近な生活、衣・食・住をテーマ」にした学習で、「自分たちで問題に気づき、解決方法を探り、試行錯誤し、結果を自分たちで評価する、体と頭をフルに使った知的活動」のことを意味しています。たとえば、クラフトセンターですと、古民家再生やものづくりなどの活動にとりくんでいました。この古民家再生は、2016年度から継続的にとりくまれており、2019年度は風呂づくりがテーマでした。子どもたちは、脱衣所をふくんだ露天風呂を、設置場所、大きさ、形、材料、お湯の確保、排水方法などを自分たちで決めて創り上げ、さらに、内風呂のリフォームや水路の再生にもチャレンジしました。こうしたプロジェクトを通して、人と水のかかわりへと学びを広げ、さらに、甲府盆地の昔のお風呂の聴き取りなど、歴史的なアプローチの必要性にまで学びの視野を広げているのです。

（船越　勝）

8 教育政策への批判、教育課程の自主的・民主的編成の視点

近年、この生活科・総合学習分科会で積み上げられてきたものは、何だろうか。官制の生活科・総合的な学習の時間の研究会との大きなちがいは、第一に、地域に現れた新自由主義政策の矛盾へのまなざしを育てる実践が積み上げられてきたことではないだろうか。地域に生み出されてきたさまざまな矛盾や困難を、自分たちでできることに限定して子どもたちに考えさせるのか、それともこうした矛盾や困難を生み出しているものは何であり、そうした社会構造的な問題をどのように転換していくのか、対抗的政策を教師や行政関係者もふくめた地域の人たちともいっしょになって考えて行きます。そうした中で、子どもたちに本当の意味での地域づくりの主体・当事者に育てるとともに、それに必要な学力をも形成していく。そうした現在の世界と日本と地域の情勢が要請する学力論・子ども像と教育目標論を明らかにしていくことが求められているのではないでしょうか。

第二は、新学習指導要領が強調する「探究」的な学びへの対抗です。こうした「探究」をキーワードとした新学習指導要領の提起は、高校の「総合的な探究の時間」だけではなく、各教科でも要請されている視点です。探究的な学びを追究していくには、個別最適化だけでなく、共同が不可欠です。また、探究的な学びを可能にするには、それに必要な資質・能力を取り出して育成するのではなく、それにふさわしい学習内容を保障すること抜きに実現できません。だから、現代社会を教えていくのにいかなる教科内容を子どもたちは求めているのか、まさに教育課程の自主編成が今こそ求められているのです。

第三に、この間議論されてきた教育のつどいの分科会の再

編・統合をめぐる問題です。そのメリットは、各教科分科会や新課題別の各分科会での検討の可能性の広がりです。しかし、デメリットは、生活科・総合学習の研究が分散化し、蓄積されないことによる生活科・総合学習の研究の大幅な低下が危惧されます。２０２３年度からの新教育課程分科会で、教育課程全体で生活科・総合学習の実践を追究しつつ、固有の問題を議論し、蓄積していく場として、「生活科・総合学習小分科会」の設置の必要性を指摘して、報告を終えます。

（船越　勝）

【レポート一覧】

	船越　勝	共同研究者	●基調提案
	和田　仁	共同研究者	●特別報告：子どもが見つめる平和
①青　森	寺下之雄	大学	●「総合的な学習の時間の指導法」に関わって――学生が講義及び実践から何を学んだか
②千　葉	大根田朱里	小学校	●子ども達と考える「戦争と平和」――総合学習の取り組みを通して
③東　京	菊池芳恵	小学校	●自然の色を教材に――藍の生葉のたたき染め
④東　京	東京都教職員組合	小学校	●おおきくそだて　わたしのやさい――子どもたちが楽しんで取り組める理科・生活科をめざして
⑤大　阪	佐渡千佳子	小学校	●どうする？まちたんけん
⑥兵　庫	岸本ひとみ	小学校	●稲美町のおいしい水はどこから？？？
⑦山　口	藤原共子	小学校	●集団読書から始まる総合学習への提案――「個別最適化」への流れと　みんなで学ぶということ
⑧高　知	中村元紀	小学校	●関わりあいの中から生まれたもの
⑨私学（東京）	阿部和樹	小学校	●自由な子どもを育てる教育――南アルプス子どもの村小学校のプロジェクト活動を例に

分科会報告

28

今日の教育改革
――その焦点と課題

中田　康彦

1 2022年度の課題

(1) 2021年度の到達点

2021年度の分科会のまとめでは、以下のように「来年度の課題」を提示されました。

①改革の進められ方を問い直す

環境・文脈の変化への適応が学校・家庭に強いられ、伝統的な管理統制が維持強化される一方で、市場による管理統制が広がっている。ボトムアップのプロセスを組み込むスタイルも現れ、一概に非民主的だと指摘できない厄介さが生じている。

②教育費の公費負担をあらためて追求する

公費負担の圧縮は、不均等なしわ寄せを生み出す。学校再編をはじめとして、周辺化されている存在の排除が進み、教育機会の格差が拡大している。

③「わたしたち」の裾野の広げ方

教育運動における呼びかけの名宛人は、政策立案・実施の担い手と一般市民がある。当事者意識の温度差がある人々とも「関わりのある存在」としてしなやかにつながる必要がある。

(2) 基調報告

こうした議論の到達点を踏まえ、中嶋哲彦共同研究者から基調報告がなされました。

①今日、教育改革を問う意味

民主主義社会で教育運動が政権による改革に対抗するためには知的・文化的・道徳的ヘゲモニーの掌握が必要である。①政権の教育改革への不同意・不服従を社会的に組織化し、政権の教育改革を無効化する、②新しい教育改革への萌芽を形成・発見・組織化し、教育運動の教育政策を実現する新しい公権力を獲得する、ことをめざすべきである。科学技術・イノベーション、国家主義的国民統合、選択的緊縮財政、Society5.0などといった峰々から流れ出した流れが下流にある教育現場で氾濫を起こしている中、改革の源流にあるものを考える必要がある。

②Society5.0における人材育成システムの転換

文部科学省「Society5.0に向けた人材育成」（２０１８年）が進められると、労働の効率化と自己実現できる可能性が出現する一方で、労働能力のコモディティ化・生身の人間のスクラップ化も進行する可能性がある。「新たな社会を牽引する人材」（スーパーエリート）にも、「企業に雇われない自営的就労の労働者」にも、自らのスキルをアップデートすることが要請されるが、求められる能力が異なるため、情報科学系教育の目的・目標・内容・方法は二極化または多様化してゆく。ＡＩ・ＩＣＴを活用した空間・時間の「多様化」は、学習集団の解体と学習の分断、目的・目標・内容・方法の多様化、ひいては学校の解体・学校制度の溶解をもたらす。

③well-beingへの無関心といういびつさ

ユニセフ・イノチェンティ研究所の「レポートカード16　子どもたちに影響する世界：先進国の子どもの幸福度を形作るものは何か」（２０２０年9月）によれば、日本の子どもの幸福度総合順位は38か国中20位。身体的幸福度は1位なのに精神的幸福度は37位、数学・読解力で基礎的習熟度に適している割合は高いのに社会的スキルを身につけている割合は低い、という具合に「両極端な結果が混在する」状態にある。

(3) 基調報告を受けた討論

基調報告を受け、「学び続ける」ことを求めるのは新学習指導要領や企業にも通じているという意見が出され、スーパーエリート以外の人々の方がＡＩ化の影響を受けるのに、そのまま使い捨てされるという指摘がありました。

情報科学系教育については、①担い手不足で大学入試の公平性が損なわれる、②受験教科になると単なるスキルに特化し、楽しさが損なわれる、③習熟の割合だけでなく、具体的にどんな状況にあるのか学力の質をみるべき、という意見が出されました。

ＡＩによる学習への移行や民間委託化については、①人との交流を通じて学ぶ意義を政策の担い手が認識していない、

②教員もロボット化される、③民間委託先の労働条件が切り下げられる、といった懸念が表明されました。

2 報告と討論

基調報告と7本のレポートをもとに討論をおこないました。入れ替わりがあったので、のべ参加者数は30名を超えました。オンラインでは5名の参加がありました。

(1) DX推進と「脱教育政策」化の加速

山本恵三報告(岡山・高)「『GIGAスクール』の現状と問題点」は、教員2名で全校のPC、クロームブック、ネットワークの管理をおこなった経験に基づく報告でした。①遠隔授業や課題提出、アンケート集計や各種情報収集が容易になるメリットはあるが、活用法を研究・習熟する時間が不足している、②個人購入となるクロームブックを非課税世帯には貸し出しているが、貸出時の配慮が必要で、完全公費負担を実現すべき、③ICT支援員は学校配置ではなく、要請に応じてでかけている、ことが報告されました。

質疑応答で、教育内容・方法については、支援員そのものより、プラットフォームのほうが教育課程に影響しているのではないかという意見や、教材・内容が画一的になっていくことに対する懸念が出されました。経費負担については、①端末の定期的な買い替えが必要で財政上の課題があるという補足がありました、②全額私費負担・半額私費負担など家計の直接負担が増えている、③コロナ対策費を投入して全額公費負担にしているが今後は維持していくのが難しそう、という話が出ました。また、支援員の増加は教員削減の理由づけに使われないかという質問が出され、授業は教員でないと担当できないので、「サテライト教室では教科書の参照ページを指示するだけだから教員は不要」ということにはならないとのことでした。

土岐剛史報告(北海道・高)「北海道における全日制高校を対象とした遠隔配信の展開と課題――北海道高等学校遠隔授業配信センター設置の経緯」は、全日制高校29校に遠隔授業を配信する経験に基づく報告でした。

北海道には大規模校加配教員を小規模校に派遣する地域連携特例校制度があります。けれども遠隔配信で複数校の授業をいっしょにやれば非常勤講師の経費も削減できるので、今後は教員配置なき合理化の拡大が図られる可能性があります。そして遠隔配信の問題点として、①授業の外部委託である、②生徒が寝ていても起こせない、③教科指導と生徒指導が完全に分離する、④通信制の教員配置や設備利用が圧迫される、⑤予算配分が不透明、との指摘がなされました。

全日制の複数校遠隔配信と通信制のちがいを浮かび上がらせる質問が出され、①成績評価は各受信校の基準にしたがって遠隔配信センターがおこなう、②授業時間、模試、教科書採択の「参考」情報を提供し、受信校で教科書採択してもらっている、③月別時間割で調整し、受信校の行事日程に対応させている、④年に数回受信校を訪問し、生徒との直接の交流を図っているが、行事に参加する機会もなく、虚しさを感じて異動する教員もいる、といった実態が紹介されました。

通信制の課題としては、①スクーリングは全日制の教員のボランティアに依存せざるをえない、②分校化すれば専任教員を配置できるが、スクーリングの拠点が減らされることも想定される、という回答がありました。また、本来の学校の姿がどんなものかふり返ったうえで新しい技術の活用が考えられるべきだとする意見が会場から出されました。

(2) 教育経験の選択機会を制限する学校・入試制度の再編

近江裕之報告（京都・高）「京都北部（丹後・与謝）高校再編後の今」は、学舎制という名で進められた学校統廃合政策とその結果に関するものです。

①影響を受ける小学生には実感がなく、在校生には影響がないことから、反対運動が盛り上がりにくい、②定時制でも3年間で卒業可能になった一方、閉校のリミットがあって留年が許されなかった、③「学校」の統廃合には府議会議決が必要だが、「学舎」の統廃合には不要らしいので、簡略な手続きで統廃合されないよう注意する必要がある、という内容でした。

統廃合の移行期に関する問題点や今後の見通しについて質問が出され、①3校かけ持ちした教員もいた、②結局閉校に伴う退学者が出たところもあった、③学舎間で同一教科担当教員が重複する場合、人員削減される可能性がある、④学科・コースによっては全府から受け入れる学科が増える可能性がある、と語られました。

生徒人口減については、①少人数学級で学級数を維持することは教師の働き方という観点からも大切、②全県1区だと都市部に生徒が集中し、山間部の減少が加速する、③これまでの特色を無視した特色づくりを強制され、地域のニーズにあっていない、④生徒に不満がある地域住民も高校消滅には反対している、といった状況が出されました。

現地実行委員長の鈴木大裕さんからは、①高校の存続は地域の運命を握っている、②アメリカ・シカゴの教職員組合の運動の発端も学校統廃合で、説明会で教師が声を上げることで支持者が増えた、③コロナ禍の臨時一斉休校は土佐町でも

首長の専決でなされたが、決定手続が重要、④教育行政の中央集権的体質に抗するには教委の活性化が課題だが、合議制執行機関という理念がある限りは希望がある、という発言がありました。

世話人共同代表の中村雅子さんからは、多くの市民が会議を傍聴し、議論の内容を発信する地域で教育委員を務めた経験に基づき、「きちんとやれ」という市民の意識が大切だという話がありました。同じく教育委員の経験をもつ中嶋共同研究者は、どこの教委も改革を正当化しようとするので、隠されている問題点を発信していく必要がある、と述べました。

中田共同研究者からは1日目のまとめとして、①統廃合推進派は教育ＤＸという武器を手に入れた、②教育ＤＸでは目先の対応に追われ、政権批判になりにくい、③統廃合と教育ＤＸが同時進行すると移行期固有の混乱をふくめて問題が表面化するが、人口減という教育外の現実にどう向き合うか、④教育ＤＸは統廃合阻止といった可能性ももつが、「多様性への対応」という改革の看板はすべての多様性に対応しているわけではないことに注意する必要がある、と語りました。

髙橋治彦報告（宮城・高）「宮城の入試制度『改革』の問題点――序列化が進み、地域の学校が消え、教育保障が失われていく」では、まず２０１３年度から導入された前期後期入試で、①進学校の前期日程はやたらと厳しい条件となった、②中学校生活のあり方を出願条件とすることへの問題意識が高校教員に薄かった、③受験機会の地域間格差がある検定などの出願資格条件が序列の受容と再生産を生んだ、④入学後も前期合格者・後期合格者というカーストが学内に発生した、⑤不合格体験を不必要に生み出した、ことが報告されました。

２０２０年度に入試機会が１回に戻ってからは、①特色選抜と共通選抜の二本立てだが、共通選抜で合格すれば特色選抜のための判断材料は使われなくなる、②普通科の全県一学区化以降、仙台への一極集中が進み、地方部では拠点校の定員割れが起きるなどの地盤沈下がとまらない、③学校の特色づくりは形骸化している、と報告されました。そのうえで、地域有力者で構成される会議で統廃合が検討されるプロセス、学校の適正規模、劣等感につぶされる生徒の声を集める難しさ、が課題として指摘されました。

現状についての質問に対し、①出願条件に具体的な数値の提示はない、②あいかわらず入試業務に追われ、3月は在校生への指導が困難、③とはいえ入試形式をマークシートのように簡略化すると中学校教育に影響がでる、といった説明がなされました。

会場からは、①複数機会入試は教員にも受験生にも負担が大きく、在校生も放置されやすい、②各地で入試ミスが相次いでいるのは教員の負担が大きい表れ、③学校推薦から自己推薦へ切り替えられた理由が教員の働き方改革だった、④入試機会が一本化されても高校再編と連動して特色選抜で全国募集するなど、一本化が崩れつつある、⑤入試の時間や配点は管理運営事項とされ、組合交渉の対象にしてもらえない、といった報告がありました。

最後に報告者から、①入試改編と学校統廃合は連動しており、非教育の論理で動いている、②生徒主体の学校づくりを県民にいかに訴えるかが対抗軸になる、とまとめがありました。

（3）校則見直しの動きのあり方を考える

田中龍一郎報告（佐賀・高）「校則を守る方が楽だったけど——ある青年の振り返り」は、自らの学校体験のふり返りをまじえた、近年の校則見直しの動きについての報告でした。

まず、高校生だった頃にある生徒から要望がでた時に生徒の挙手で対応が決められたがあれでよかったのか今になって疑問を感じる、と報告されました。そして佐賀県での推移として、①知事主導で校則問題が取り上げられ、県教委が県立学校に校則見直しを指示した、②弁護士会の見直し提言発表の翌月、県教委は学校訪問をおこない、その後総合教育会議で見直しの経緯と状況が報告された、③県弁護士会によるシンポジウム、県内有志による学校カフェでの学習会といった活動がその後続いている、と報告されました。そして、①校則には主体化と規律化という二つのベクトルがある、②子どもを「保護の対象」と位置づけるパターナリズムから、「保護の対象であると同時に権利享有主体・権利行使主体」へ位置づけ直す、③米マサチューセッツ州の「生徒の権利憲章」では、生徒の政治的集会・表現の自由が保障されている、④シンポジウムのパネリストを依頼しても「うちの子は校則で困っていない、人前で発言できない」と断られる現実がある、⑤子どもは本音を言える環境にあるのか、といった説明と問題提起がなされました。

質疑では、校則を守れという道徳の是非が問われ、①学習指導要領における道徳と社会道徳を分けて考える必要がある、②徳目として学校教育で列挙するのは問題だし社会規範としての道徳も自律的に編成されることが重要、という応答がありました。また、総合教育会議から見直しが始まった点については、生徒には「上から降ってきた」ように見えるのではないかという意見が出され、トップダウンではあるが知事主導でなければ教委もここまで動かなかった可能性があるという回答がありました。現地で聞き取り調査をおこなった参加者からは、提案の内容次第では保守勢力でも敏感に反応することや、教委事務局より校長の反発が大きかったことが紹介されました。

生徒主導の校則見直しとして三者協議会の事例が紹介され、アンケートだけで意見を拾えているとは限らず、HR単位での討議の積み重ねが大切だという意見が出ました。また、自分たちで声を挙げて変えることを経験させるのが主権者教育だという意見や、生徒会顧問や保護者が支えることの大切さの指摘があり、教職員集団の議論が不十分だという声も出されました。

(4) 教科書・教材改革のゆくえ

住田治人報告（出版労連）「この1年、教科書に何が起こったか、私たちはそれにどうとりくんできたか」は、価格適正化に向けたとりくみ、デジタル教科書を中心としたものでした。

教科書価格については、①上限価格が政府から提示されており、原価計算は1963年の教科書無償措置法施行前に実施されている、②教科書無償措置法によって検定が強化されるとともに上限価格が導入され、教科書会社の撤退が続いた、③1990年代に導入された生活科はその時に原価計算されているが、最近導入された小学校英語や道徳は、国語と同水準とみなされ安い単価のまま計算されている、と報告があり、④教科書の内容・記述の多様性を維持するには価格適正化が必要、⑤高校教科書の無償化を進める際は、内容・記述への介入が強化されないよう注意する必要がある、と提起されました。

デジタル教科書については、①紙媒体と同一内容なので、デジタル単独では検定を受けない、②指導者用として動画・発音機能が備わったデジタル「教材」が用意されている、③2022年度に実際に使っている学校は6・2％しかない、という紹介があり、①端末更新に対応できるようなライセンスの設定、②年度初めのライセンス一斉発給に伴う過重負担、③価格設定、④著作権の保護、という課題が指摘されました。

質疑では事実確認への回答として、①物価スライド調整はなされている、②流通コスト削減という点ではデジタル化にメリットがありうる、③デジタル教科書は有償、④指導書は自由価格で、指導書・副教材・テストでコストが回収されている、④紙媒体の教科書は4月1日に完全供給するよう契約で決まっており、デジタル教科書も3月中は閲覧させせないよう指導されている、ことが語られました。また今後については、①デジタル教科書を使用する場合も紙媒体の教科書を供給しなくてはならず、紙媒体の検定済み教科書をデジタル化する前提なので、当分は紙媒体の教科書も存続する、②教科書会社は教科書と指導者用教材以外のデジタル教材を開発する余裕はなく、教科書会社以外の企業が教材作成に参入する可能性がある、と回答されました。

橋口幽美報告（ゆとりある教育を求め全国の教育条件を調べる会）「小学校高学年の専科指導加配950人〈増〉の目的は何だろう?――2022年度公立小中学校教職員定数を分析してみた」は、2021年度から導入された、義務制における35人学級に関する報告でした。①全額地方負担による加配措置ではなく、国が3分の1負担するようになった、②増えた学級数は基礎的な教職員定数に反映される、③専科教員を学級担任に使いまわしていた県では元通り専科教員の配置ができる、④加配による専科教員配置は非常勤任用が多かったが、基礎定数によるものは常勤の任用が基本となる、と評価する一方で、学年進行方式では義務制全学年での完成まで時間がかかることを指摘し、全学年一律の35人学級化と高校や私学への適用拡大が呼びかけられました。そのうえで、①少人数「学級」実現のために柔軟な活用が困難になる可能性、②小学校の教科担任制の拡大と結びつく可能性、③正規教員の削減に結びつく危険性、が指摘されました。

質疑応答では、加配の運用や少人数授業の実現状況は地方ごとにかなり異なることが浮かび上がりました。そして①専科教員の配置で教員の負担減となるなら小学校教科担任制も悪くないが、「令和の日本型教育」では小中学校の教員の一体性が強調されている、②小中学校の統廃合が進む中で小中連携を増やすための小学校教科担任制ではないか、③非正規化・非常勤化の先に民営化・委託化がある、という意見が出されました。

3 教育改革検討の視点と来年度の課題

(1) 政策の軸としての教育DX・財政効率化

教育DXは、教育内容・教育課程の市場化・外部化を進めます。しかし実際には、多様化することなく、教師による教育課程の自主編成の余地は失われていく危険性があります。

このことは教科指導における学校の役割の相対的低下を呼び起こし、学校は何をすべきところなのかが外から問い直されることにもなりかねません。ICTの導入や校則見直しといった上からの改革に対応する一方で、学校や教師の役割の問い直しを自らおこなうことが求められています。

このことは教職員配置をめぐる動きにもつながっています。統廃合・学科再編も教科担任制の導入・小中連携も、財政の効率化という論理で推し進められています。ただし政策による教育改革といってもその担い手は一つではありません。国レベルでは文部科学省以外に官邸や経済産業省といった主体が、地方レベルでは教育委員会以外に首長といった主体が影響力を拡大しつつあります。国レベルで進めるべきものと地方レベルで進めるべきものとを区別しつつ、対応するかたちで「新しい教育改革への萌芽の形成・発見・組織化」をめざすことが求められています。

（2）再編後の分科会への継承

分科会再編が予定されており、「今日の教育改革」という名称での分科会開催は2022年度が最後となります。「政権による教育改革」による教育条件水準の切り下げの批判的検討や、「教育運動からの教育改革」としての学校づくりは、再編後の分科会の中で検討され続けることでしょう。

個別の事例の中に教育改革の本質が宿っていることは事実ですが、改革の大きな流れを意識してこそそうした本質を見極めることができます。分科会再編後も、教育改革の全体動向を見渡す議論をしていきたいものです。

【レポート一覧】

		中嶋哲彦	共同研究者	●基調報告
①	北海道	土岐剛史	高校	●北海道における全日制高校を対象とした遠隔配信の展開と課題——北海道高等学校遠隔授業配信センター設置の経緯
②	宮　城	高橋治彦	高校	●宮城の入試制度「改革」の問題点——序列化が進み、地域の学校が消え、教育保障が失われていく
③	京　都	近江裕之	高校	●京都北部（丹後・与謝）高校再編後の今
④	岡　山	山本恵三	高校	●「GIGAスクール」の現状と問題点
⑤	佐　賀	田中龍一郎	高校	●校則を守る方が楽だったけど——ある青年の振り返り
⑥	全　国	住田治人	出版労連	●この1年、教科書に何が起こったか、私たちはそれにどうとりくんできたか
⑦	全　国	橋口幽美	教育条件を調べる会	●小学校高学年の専科指導加配950人〈増〉の目的は何だろう?——2022年度公立小中学校教職員定数を分析してみた

分科会報告　特設①

「道徳教育」のあり方を考える

山崎　雄介

「特別の教科　道徳」（以下、道徳科）の授業が全面実施されてから小学校では4年間、中学校では3年間が経過しました。さらに、2022年度からは高校での道徳教育の「中核的な指導の場」としての新科目「公共」の授業が開始されました。

こうした情勢と、2022年度のレポートを踏まえ、分科会冒頭に、渡辺雅之共同研究者から基調報告がありました。

渡辺さんは、本分科会の設置の経緯・趣旨として、道徳科の設置など政策的な道徳教育強化の危うさを明らかにするとともに、現場からのカウンターを提起することであるとしたうえで、道徳「教科化」など道徳教育強化の政治的背景、歴史的経緯をまず整理しました。そこでは、支配の道具、（為政者が構想する）国家・社会への帰属装置として道徳が利用されてきたことが明らかにされましたが、だからといって道徳教育を拒絶するという選択肢は危険であるとも渡辺さんは強調しました。

なぜなら、道徳教育強化の口実として引かれるいじめなどの教育問題・社会問題自体は現場教師としても無視できないものです。そうした課題への学校・教師としての応答を欠いた、道徳教育の単純な拒絶は、学校現場や保護者・市民層が現代版の国家道徳に絡めとられる危険につながりうるからです。

では、どのような道徳教育を私たちは進めていくべきか、という点について、渡辺さんはまず、道徳性の起源を考える2つの視点として、「脆弱性」と「利他性」、つまり、1人では生きていけない弱さと、だからこそ助け合い、支え合うことで自分たちの生を支えていくという行動様式を挙げました。

さらに、具体的な実践の手だてとして、「教科書・指導書を批判的に活用する」(それができそうな教材について)、「現代的課題など、自主教材をメインに授業する」(ときどきで十分)といった方策と、教科書・指導書や年間指導計画にとらわれず、フレックスにそれらを活用するという姿勢とを提起し、レポートに即した活発な討論を呼びかけました。

1 教科書教材の批判的活用とカリキュラム開発

奥野正作報告(広島・中)「人権・平和の視点の授業づくり――教科書の教材と内容項目の検討を通して」は、法律上の教科書使用義務(学校教育法第34条第1項)などさまざまな制約のもとで、多くの現場で活用可能な工夫、という視点で、教科書教材の扱い方の工夫、批判的な教材研究などを、2019年度に同学年の教師とTTで、3年生を対象におこなった実践を通して提案したものです。

奥野さんは、道徳科の学習指導要領解説で指導上の工夫として「複数時間の関連を図った指導」が例示されていたり、研究者からも「パッケージ型ユニット」(田沼茂紀氏)といった単元構成が提案されていたり、さらには検定教科書・指導書でも複数時間での単元構成がふくまれていたり、といったことを踏まえ、その活用を考えました。ただし、教科書での内容項目の配当や指導書での教材の扱いを無批判に踏襲するのではなく、独自の教材研究や授業構想にもとづいた実践としました。

具体的には、教科書・指導書でも2時間セットでの扱いが想定されている教材文「命のトランジットビザ」「エリカ奇跡のいのち」(『中学道徳　あすを生きる』3、日本文教出版)が採りあげられました。教科書では、前者には内容項目[国際理解、国際貢献]、後者には[生命の尊重]が配当されていましたが、前者については内容的には[公正、公平、社会正義]がふさわしいこと(ただし、地域の小学校で使用されている教科書に、この内容項目で杉原を扱った教材があるので、くり返しにならない配慮が必要)、後者については、ナチスによる迫害という極限状況で生き抜いた主人公や彼女を守った人たちと、「平和でモノがあふれる現代の日本なのに生命を粗末にする人がいる」とを強引に対比したきわめて説教臭い論調が目立つことなど、さまざまな問題が浮上します。

そこで奥野さんは、指導案には教科書配当の内容項目を記載するものの、道徳科と社会科歴史分野を連携させ、また2

時間をつらぬくテーマを「平和について考える」と設定するとともに、ねらいに人権という視点を組み込みました。加えて、とくに杉原については、彼がユダヤ人へのビザ発給と並行して、本来業務である情報収集など、国策に沿った行為もおこなっていたことなど、伝記的事実に関する詳細な教材研究がおこなわれました。さらに、TTを組んだ社会科教師からは、ナチスによる加害だけでなく、日本がアジアでおこなったことも想起させるべきとの提案があるなど、同僚と協働での授業づくりであったことも特筆されます。管理職から「ぜひこうした授業を継続してほしい」との発言があったり、「エリカ」の授業をもっとも印象に残った授業として挙げる生徒がいたりと、大きな成果を挙げた実践でした。

　納谷恵報告（青森・中）「多様な意見を楽しむ道徳の授業」は、県教研では「学級づくり」という視点を中心に報告したものを、「道徳教育」の視点で再構成したものでした。地域や職場にはさまざまな制約やしんどさがありながらも、道徳科の授業は、教科のような優劣の明確な評価がないこと、（文科省自身も建前としてはいうように）答えを1つに決めなくてもよいこと、などから、民間教育研究団体（全生研）の理論家やかつての同僚からも学びつつ、楽しくおこなえているとのことでした。

　実践報告の冒頭に納谷さんは、2～3年生で担当した生徒たちの感想をいくつか紹介しましたが、そこからも、授業では多様な意見が自由に交流されていたこと、道徳科の授業を「どうでもいい」と投げやりになる生徒は少なかったことがうかがわれます。そのように意見交流が活発になる土台としては、ふだんから朝の会などを活用して、ソーシャルスキルトレーニング、ゲーム（たとえば「はぁって言うゲーム」）、クラス全員の前での面接練習などの実践がありました。

　道徳科の授業に関しては、NGワードがないことをまず確認するとともに、率直な意見表明を促すために、教師自身が失敗談などもふくめた自己開示をおこないました。

　とはいえ、一方で、自由に表明された意見の中には、そのままフォローなしに放置はできないものもあります。たとえば、「環境問題を解決するためには人間がいなくなればいい」「どんなに相手を思いやっても、来世では覚えていないから意味がない」といった意見です。こうした意見については、授業の場で否定するのではなく、帰りの会などであらためて授業の感想を紹介し、各自の意見をさらに詳しく嚙み砕いて紹介する場を設けることで、互いの考えを深めることをめざしたとのことです。

また、内容項目［希望と勇気、克己と強い意志］では、授業中のやりとりでは「好きなことならがんばれる／うまくいく」という意見が出る一方で、がんばる・努力することに消極的な意見も少なくありませんでした。その原因は、努力は「やらされるもの」であって、「自分のため」という感覚を生徒たちが持てていないことにあるのではと推測した納谷さんは、短学活で「好きなことで挫折したらどうする?」という追加発問をしました。これに対しては、「できないと思ったら諦めてできそうなことに挑戦する」「本当に好きなら放り出すことはしないと思う」「好きだからこそ、諦めるという選択をすべき時が来るかも」など、安易に内容項目に迎合しないさまざまな意見が出てきたそうです。

こうした実践を踏まえ、最後に納谷さんは、「考えることが楽しいと思える授業にするため」のポイントとして、①視点を変える、②討論をさせる、の2点を挙げました。前者については、教科書教材や内容項目の説明への授業者自身の解釈や違和感を大切にした発問が重要だとも納谷さんは強調しました。後者については、「道徳ではいろんな名言が出て、面白かったし心に響きました」という生徒の感想が象徴的です。

2 教師自身による資料の開発と教育内容づくり

小菅正勝報告（北海道・中）「心にうったえる道徳の授業をめざして――主観的にうったえてはダメですか?」は、通常の道徳授業は学年団によるローテーションで、教科書教材を中心に、指導書の年間計画に準じた形でおこなっている職場で、「たまには『これって、とてもよかったんだよ!』と、教師自身が『おもしろい』『感動した』っていう生の感覚を、生徒たちにダイレクトに伝えるのも悪くはないんじゃないか」という思いで実践した授業についてでした。

小菅さんが以前担任をしていたクラスで、他者に不快な「あだ名」をつけておもしろがる生徒がおり、この問題を生徒たちに考えてもらうため、自身の小学生時代の経験を学級通信に執筆し、帰りの会に読み上げたということがありました。その学級通信の内容を、21年度に副担任をしていた2年生の学級での、「友情」をテーマとした道徳授業の教材としたというのが今回の報告です。

　授業の冒頭に「『友情』を自分なりに別の言葉に置き換えたら？」という問いを発したところ、多くは「信頼」「絆」といった回答でしたが、中には「闇（時には崩れて最悪な関係になることもあるから）」「裏切り」「はかない」「都合の良い言葉（なんとなく、友情で片づけられるから）」「他人（ささいなことで簡単に崩れ散るから）」「空気（それくらい軽い言葉）」といった回答もあったそうです。担任に訊いたところ、小学校時代に人間関係で大小さまざまなトラブルがあった学年で、中には解消されていないものもあったとのことでした。

　ともあれ、こうした導入を踏まえておこなわれた授業での教材の粗筋は以下です。

　幼稚園時代に横浜から引っ越してきた小菅少年が、小さな町の小学校で同級生になった「陽一君」。彼は、一匹狼的でありながらリーダーシップがあり、筋の通らないことをする者には、暴力ではなく言葉で言い負かすというタイプでした。登下校を彼といっしょにしていた小菅少年は、ある時陽一君に「コロッケさん」というあだ名をつけられます。学年が上がるにつれてこれが短縮されて「コッケさん」になりますが、いずれにしろ小菅少年はこのあだ名が内心では嫌でした。

　やがて卒業時期、小菅少年はまた横浜に戻ることになります。陽一君が企画してくれたお別れ会は盛況だったのですが、1人の男子が欠席でした。その帰り道、いつもとちがうコースで帰ろうと言い張る陽一君。実は、欠席した男子を問い詰めるためでした。その後2人は黙って歩き、陽一君の家の前で別れる際、握手を求める陽一君に、照れ臭い思いで応じた小菅少年。「じゃあ」と声をかけられた時、涙があふれ出てきます。

　授業では、最後のほう、下校ルートを変えたところでいったん範読を中止し、「彼はなぜ、いつもとちがうコースで帰ろうといったのだろう？」と発問し、資料を読み終えたところでは、親しくない人や女子・後輩にはあだ名をつけなかった陽一君の思いを考えさせました。

　さらにその後、寺山修司の詩「しみのあるラプソディー」を読み、他者より自分が「上」なところを見つけようとする心情について考えました。

　授業後の生徒からの感想では、「信頼」という（授業者自身はあまり使っていない）ワードが頻発し、友情についての肯定的な記述が多かったのですが、一方では「陽一君は小菅先生への友情が強すぎて、他の子を傷つけている。友情と、（友情を向ける相手以外の）他者への配慮とのバランスが大事」といった意見や、「相手によって『友情』の強さは変わる」といった趣旨の意見もあり、小菅さん自身が危惧していた「教師の思いの押しつけになる惧《おそ》れ」は回避できていたのではと考えられます。

小山晃範報告（愛知・小）「新型コロナウイルス感染症について、知りたい、聞きたい、言いたい！――コロナやワクチンについて考える道徳授業の報告」は、新型コロナウイルスへの対応について、大人自身、かならずしも自分自身の考えには裏づけられないまま「ワクチンは射つのが当たり前」「マスクは常時着用」という対応をしている中で、子どもたちが自分で考えたり、意見表明したりすることがおろそかになっているのでは、という問題意識による実践でした。

授業では、「コロナについて話し合おう」というテーマを板書し、「他者の意見を否定しない」「言いたくなかったら言わなくていい」というルールを確認しました。なお学年（3年生）2クラスで同一の授業をおこなったとのことです。

レポートには、詳細な授業記録が掲載されていました。前半では、コロナや感染対策について知っていること、訊《き》きたいことを子どもたちに自由に発言させました。このパートでは、小山さんが担任でないほうのクラスでは、当初の発問では挙手・発言がなく、補助発問や隣との話し合いなどを補う場面が目立ちました。ここでは、ウイルスそのものや感染症対策、検査などについての子どもたちの既有知識、疑問などが交流され、後者については小山さんからの説明がありました。

続いて、厚生労働省が発表したデータから、新規陽性者数の推移、性別・年代別陽性者数、性別・年代別重症者数、性別・年代別死亡者数が紹介されました。教師からの説明では、重症化したり死亡したりする確率が高いのは高齢者であること、クラスの子どもたちの年代の死亡者数は（22年3月の授業時点では）ゼロであることが強調されました。

次に、ちょうど授業の時期に小児（5～11歳）へのワクチン接種が開始されたことをうけ、それについての厚生労働省のリーフレットも使いながら、重症化を抑止するというワクチンのメリットと、副反応や死亡例などのリスクについての説明がおこなわれ、接種をするかどうかは、自分で勝手に決めるのでも、保護者の言うなりにするのでもなく、話し合って決めることが大事だという教師からのメッセージが伝えられました。

とくに小山さんが担任する学級からは、コロナ禍での学校生活の変化についての感想、自身の体調不良・受診の際の経験にもとづく検査にかかわる疑問、ワクチンの副反応への保護者の不安など、活発な意見が出ました。また、授業後の感想での大まかな傾向として、小山学級では「コロナは（それほどは）怖くない」との意見が多数だったのに対し、他学級のほうでは、授業後も「怖い」との反応が多数でした。

報告後の質疑では、「不確かな情報に踊らされるのでなく、事実にもとづいて判断・行動すべき」との小山さんの問題意識には共感しつつも、子どもたちの発達段階との関係では難しい面があったのではとの指摘もありました。たとえばワクチン接種「後」の死亡例のうちのどれだけが、接種「による」死亡だったかなど、専門家でも解釈が分かれる問題もあります。さらに、教師自身は正確に情報を提示したとしても、子どもを介して保護者に伝わった際に思わぬ誤解やトラブルを招く惧れなどもあり、とくに現在進行形の課題については配慮する必要がありそうです。

3 教員養成と道徳科・道徳教育

西伸之報告（新潟・高／大）「『道徳教育論』の授業と大学生のレポートから見える道徳教育の課題と展望」は、現職の高校教師による、非常勤講師として担当した大学の教職科目「道徳教育論」の実践についてでした。報告では、各回の課題についての学生の意見・感想が豊富に紹介されました。

西さんの実践の柱は、「学生自身が受けてきた道徳授業をふり返る」「道徳教育の歴史と道徳教科化の背景から、政治と教育の関係を知り、将来自分がかかわる仕事を俯瞰的にとらえる」「国家に都合のいい道徳（戦前の修身科からの流れ）と、多様性を尊重し平和な共生社会につながる『考え議論する道徳』の対比から、これからの道徳や教育のあり方を考える」「学校や社会の『隠れたカリキュラム』に気づき、体験の中で主権者意識を育てる大切さを考える」「これまでの自分をふり返り、どんな教師（人）になるかを考える」というものです。

たとえば1つ目の柱については、自らが受けてきた道徳授業について「有意義だった」「自信・勇気を持てた」「優しくなれた」といった肯定的な効果を感じた学生もいる一方で、「つまらない」「役に立たなかった」「反発を感じた」「（変な）処世術を学んでしまった」といった印象をもっていた学生も少なからずありました。後者のような印象は、道徳授業だけが原因なのではなく、顧問の指示が絶対な部活動、同調圧力の強い学校生活、校則など学校の体質、さらにはそれを求める政治・社会の風潮などが原因となっていることが、西さんからの情報提供や学生たちの意見を通じて明らかになっていきます。

西さんの授業では、こうした学生たちの状況に応えるべく、一方では、家族愛、正義、愛国心といった「道徳的価値」や、「星野君の二塁打」「お母さんの請求書」といった定番教材の批判的分析、2つの授業映像を対比してのレポートなど道徳科授業にかかわる具体的な活動を多様に展開されました。

他方では、教師・学校そのもののあり方について、西さん自身の教職経験や学校外での諸活動についての自己開示なども素材に、学生たちにていねいに考えさせる場面があったことも特徴的です。学生のレポートにみられた「(生徒の意見を)『教科書の言いたいこととはちがうから』という理由で否定することはすなわち『正義の押しつけ』になってしまう」「先生も仕事だから国や上司の指示には従わなければ自分が損することが当然ある中で、どのようにしたら子どもたちにとって本当に価値のある時間にしてあげられるか」といった記述からは、道徳教育・道徳授業が、単なる1時間の授業や、決められたとおりにこなすべき「業務」を超えたものとしてとらえられていることがうかがえます。

4 討論から

2022年度の分科会は、レポート数やレポーターの参加可能性との関係で、例年のような2日間ではなく1日での開催とはなりましたが、一連の実践が、さらに一段質的に高まった感がありました。

現在、小・中学校の現場総体としては、コロナ対応、ICTなど新たな課題が現場にもち込まれる中で、道徳科の授業づくりへの注目がややもすると薄れ、教科書・指導書への依存が進行しています。

こうした中、第一に、教科書・指導書を使いながらも、それへの依存を超える方向性が実践的に示されました。ひとつには、綿密な教科書教材の批判的分析、内容項目との対応のくみかえ、教科等横断的な実践という方向です(広島・奥野報告)。もうひとつには、教科書教材の結論はどうせ見え透いていることもあり、その読解は軽く済ませ、子どもたちと考えたい課題に時間を割くこと、さらに場合によっては、道徳科の授業時間だけで完結させず、学活などもフレキシブルに活用するという方向です(青森・納谷報告)。

第二に、独自の教育内容・教材の提案もおこなわれました。教師自身の経験にもとづく独自教材の作成とその活用(北海道・小菅報告)、現在進行形の社会的課題についての大胆な教材化(愛知・小山報告)、道徳科の授業以外の場もふくめた討論や自己開示の場の組織(前出・納谷報告)です。一方で、こうした教材や活動は、内容項目との対応が教科書教材ほど一義的ではない分、子どもの発達段階や状況との関係で何をどこまで提示すべきか、教師自身の立場をどのように表明する(あるいはしない)のかなど、検討すべき課題も浮上しました。

この点について、質疑の中では一部報告にかかわって、教師の立場を過度に打ち出すことへの危惧が表明されました。しかし、では一方で、民間教育運動の中では肯定的にとらえられることの多い「シティズンシップ教育」「哲学対話」といったとりくみにそうした、あるいは別種の危険性はないのかが逆に問われてもいます。たとえば後者について、場合によっては一部の子どものアイデンティティを脅かしかねないような発言が「子どもの意見を否定しない」との美名のもとに「放置」されているといったケースもみられます。

このあたりを突きつめていくと、教師や学校そのもののあり方という課題（新潟・西報告）と道徳科授業・道徳教育との関連も問われてきます。今後の「つどい」での議論の発展が期待されます。

【レポート一覧】

渡辺雅之　共同研究者　●基調報告

① 北海道　小菅正勝　中学校　●心にうったえる道徳の授業をめざして――主観的にうったえてはダメですか?

② 青　森　納谷　恵　中学校　●多様な意見を楽しむ道徳の授業

③ 新　潟　西　伸之　高校　●「道徳教育論」の授業と大学生のレポートから見える道徳教育の課題と展望

④ 愛　知　小山晃範　小学校　●新型コロナウイルス感染症について、知りたい、聞きたい、言いたい!――コロナやワクチンについて考える道徳授業の報告

⑤ 広　島　奥野正作　中学校　●人権・平和の視点の授業づくり――教科書の教材と内容項目の検討を通して

分科会報告

特設②

日本語指導が必要な児童・生徒と学校教育

笹山　悦子

1 基調提案

当分科会は、2019年度の滋賀大会ではじめて特設分科会として開催されました。翌20年度は、コロナ感染拡大でレポート集の発行のみでしたが、21年度に再度、特設分科会として引き継がれました。しかし、22年度は、レポートを出していただくことへの呼びかけ方が不十分だったためか、当初レポートが集まらず、分科会が開催できるかどうかという事態となっていました。このことを受け、共同研究者の間では、「多様な文化的・言語的背景を持つ子どもとともにつくる学校」など分科会の名称を変えて再度募集をかけたほうがよいのではないかという意見も出ましたが、今後の分科会再編の動きとも関係するため、21年度と同じ名称を用いることとなりました。幸い、地域共闘から2本、国籍や年齢を問わず誰もが安心して学び成長できる権利を有するという視点をもった実践レポートが出され、対面およびオンラインでの参加者は大いに学ぶことができました。

当分科会の名称である「日本語指導が必要な」という文言は、文科省が用いているものと同じです。一方、外国につながる子どもたちの教育の問題は、彼らをめぐる背景事情と切り離せないものであり、彼らとともに生きる日本人の問題にもつながります。単に、「学校教育の日本語指導」のみに問題を矮小化させてしまっては、彼らの「学ぶ権利」が見えなくなってしまいます。

折しも先の国勢調査結果で、全国には義務教育を修了していない未就学者が約80万人もいることがわかりました。大多数は戦争等で義務教育を受ける機会を逸した高齢者ですが、若い年代では、特に外国につながる人々が多いことが明らかになりました。国の方針として海外からの労働者受け入れを進めている以上、外国人労働者の家族の教育の問題は避けては通れません。

こと、日本語の問題で言えば、文科省は10年前に義務教育課程で導入した「特別の教育課程」を高校にまで押し広げることで外国につながる児童生徒の言葉の問題に対応しようとしています。しかし、コンテンツの開発も後手に回っており、23年度運用開始が予定されている中、ニーズのある現場での困惑は計り知れません。日本語教師資格者だけでは教壇に立てないため、授業には必ず教員免許有資格者を置くとなると、ただでさえ慢性的な人手不足の中、現実問題として支援体制が組めるかどうか。

一方、市民やＮＰＯなどが進める教育を受ける権利保障に応じる実践には、さまざまな分野との連携できめ細やかな支援を構築する方法など学ぶべきことがたくさんあります。「学校・行政・地域との連携及び協働」ができるに越したことはありません。学校がこうした豊富な経験を積んでいるところとの連携を模索するのは当然の成り行きだと思います。しかし、「協働」するためにはまず、現場に人を増やし、連携をコーディネートする担当者が十分な研修を受けられるようにすることもふくめた教育条件整備は欠かせません。「協働」するはずが、いつのまにか「丸投げ」といった事態を避けるためにも、学校という教育現場だけでなく、社会全体で「学びの権利」をどう保障していくかが問われているのではないでしょうか。

2 討論

(1) 子どもたちの多様性は「宝」

笹山悦子からの基調報告後に、三重県最大の外国人児童集住校での実践を通して見えてきた「多様性」をどうとらえ、どう生かすかという問題提起をされた藤川純子報告「多様な文化的・言語的背景を持つ子どもが、輝ける学校を目指して」がありました。藤川氏の勤務校には、多くの「多様な文化的・言語的背景を持つ子ども」が在籍しており、その中には「日本語指導が必要な子ども」も、さらには「特別支援教育のニーズのある子ども」もいます。そのような多様な背景を持つ子どもたちとともにとりくんだ実践からは、競争や排除とは対極にある「多様性を認め合い、誰もが生き生きと輝ける学校」こそが一人ひとりの成長を促し、自己肯定感をはぐくみ学びを深めていく「場」となることが明らかにされました。

自由な実践を阻む上意下達の硬直した現場では、そのまま取り入れることが難しい側面もありますが、「多様性」を「宝」ととらえ、子どもたちがかかわりやすいようなさまざまなツールを駆使した授業展開は、大変魅力的です。たとえば、藤川氏の「ブラジルボックス」は、いうなれば多様性をつめ込んだ「宝箱」です。子どもたちが心待ちにするような学びの世界をくり広げることができる象徴でもあります。学校では、こうした日々の工夫や仕掛けをきっかけに、国籍や言葉の壁を超えて、互いを理解し合う国際理解教育に力を入れておられるそうです。笑顔で遊び、時には喧嘩しながら元気いっぱいに学校生活を楽しむ子どもたちの姿に藤川氏は「学ぶこと」が「生きること」につながることを実感します。単なる「日本語指導」によって「言葉の上達」だけを求めるだけでは培うことができない子どもたちの姿です。グローバル化が進む日本の学校教育に、日本語指導とともに全児童を対象にした多文化共生教育が「車の両輪」のように取り入れられるような体制整備が求められると藤川氏は問題提起しました。

藤川報告後の討論の時間では、オンラインもふくめた参加者から、「外国籍児童生徒」という呼称についての意見交換の呼びかけや、藤川氏の問題提起について「集住地での学校運営に工夫はあるか？　教委からの支援は？　学校だけではなく地域の支援は？」といった多岐にわたる質問が出されました。呼称については、日本生まれの子どもたちも増加しているなど背景事情がさまざまなため、分科会では「外国につながる」を採用しています。集住地での学校運営については、藤川氏から「地方公共団体任せなので、地域差が激しい。教委の担当部署もちがう。各市に外国人担当部署やコーディネーターが必要。勤務校は統合後間もないので、校内体制づくりはなかなか難しい。教委からは人的配置はあるがコンセプトがない。本校は、地域の支援を多く受けている」という応答がありました。

また、日本語支援員として採用された参加者の「何のための日本語指導なのか、日本への同化が目的か、思い悩むことがあった」という発言には、会場から「単なる日本語学習なのではなく、今後の進路や日本での生活のために日本語が必要で『人権』としてとらえるとすっきりする。学ぶ人の心の理解まで降りて行って、指導するということを大事にしたい」という発言も出されました。地域の自主夜間中学で日本語支援にかかわっておられる参加者からは「特に高校生。親の都合で来日している子。母国に残してきた祖母や友人のことを思いつつ、恐ろしい孤独の中にいる。そういう子どもたちがここにいるのだということを、指導者は身体の中でわかりながらかかわりたい。『いいね』『すばらしいね』と言う言葉をその子の母語で言ってあげる。ベトナム語で『いいよ』は『ヨシ』。みんなが沸く。こういうことを心がけていくとできることがたくさんある。現場の悩みや問題意識、それをこえるための試みについてのお話がとても印象に残りました。日本語を教えるのはなぜなのか、そもそもなぜこの子たちがここにいるのか、という視点を私も忘れないようにしなければと思いました」という発言がありました。

（2）子どもの背後にある大人の課題

午後は地域における生活支援のとりくみについて、多文化共生ネットワーク・エスペランサ代表の青木幸枝報告（三重・市民団体）「生活支援の現場から伝えたいこと――エスペランサの活動から」がありました。青木氏は小学校教諭時代の多文化共生や部落問題についてのとりくみを経て、ポルトガル語とスペイン語で「希望」を意味する「エスペランサ」を立ち上げました。きっかけは教員当時、クラスの子どもの外国人保護者が景気に左右されて簡単に解雇される事態に直面したこと。理不尽な思いを抱える児童にその思いを「作文」にするよう勧め、クラス全体で共有します。その後、生活破綻におちいる外国人をめぐる差別や外国人がかかわる事件を通して見える日本社会のゆがみについて、この「作文」をもとに全校の子どもたちや保護者、地域の人を巻き込んで話し合いを広げていきます。学校で開催される「国際交流集会」の場で、学校のとりくみを地域全体で共有できるようにしていきました。

その後、異動をきっかけに退職を選んだ青木氏は、2009年本格的に外国につながる子どもたちの生活を守るための市民グループを立ち上げ、生活支援に着手します。支援の過程では、ポルトガル語の運転免許学科試験の実施も当事者の声を集めて2012年に三重県で実現させていきます。以来、オーバーステイ・仮放免者の医療や滞在資格のない子どもの就学の問題、障がいと貧困の連鎖など、かかわる事例はさまざまです。活動を通して見えてくるもの、それは「日本社会の崩壊」との青木氏の指摘に、参加者はどよめきました。「明日から来なくていいよ」という電話1本で、あるいは、出勤時に自分のロッカーを開けたとたん目にした「あなたはクビ」という紙切れ一枚で、部品のように扱われる外国人労働者。彼らの権利が守られない労働環境はかならず日本人の労働環境も悪化させるという青木氏の指摘は的を射ています。新自由主義が闊歩《かっぽ》する現在、気がつけばコロナ禍中の身のまわりでは、ますます青木氏の指摘の通りの事態が進行しています。長く現場での実践にかかわってこられた方だからこそ、「崩壊」の音をいち早く察知できたのだと思います。

　青木報告の後の討論の時間では、参加者から「学校を核とした貧困対策として、助けを求めることはけっして恥ずかしいことではなく、むしろ助けてと言える力を育てるのも大事だと感じた」「今の社会では誰がいつ困窮におちいるかわからない。困窮する存在があることは社会の問題。実際に困ったときに頼れる場所があることを子どもたちが知ることが大事。今ある制度のうち利用できるものを知る。これらのことを主体的に学ぶ活動を各学校で取り入れてほしい。困窮している家庭の子が元気になる」といった意見が出されました。

　また、「去年も参加したが、厳しい現状の中、こういうとりくみがなされていることそのものには希望がもてた。地域で活動をしていると、貧困という問題が進んでいるのを感じる。若者の食糧支援をしていると数日食っていないというSOSメールが来たりする。どう連帯や協働をつくり上げればいいのかと今年は考えた。しかしあまりにも多様で、地域によるちがい、滞在資格などのちがいがある。よく勉強する必要があると感じた」「青木さんのレポートの終わりに『この国は音を立てて壊れている』とあった。私たちの社会をむしばんでいる問題というところにすごく納得。労働環境ふくめ、日本の人権の問題」といった意見も出されていました。「レポート数が少なかったとはいえ、一つひとつにていねいに時間をかけることができたのはよかった」「これはゴールではなくスタートの話。ある意味最先端の話し合いだった。この会が運営されてよかった」という声もありました。

　最後に青木氏が「大人の姿を中心に報告したが、子どもたちにとっての保護者の姿でもあり将来の姿でもある。教室にいるあの子の将来の姿を思い描き、どんな力をつけておけばいいか、現役の先生たちの力を借りるしかない」という発言や藤川氏の「この分科会が人権保障や子どもの姿から考える場として大事だと思った」という発言には、今後の分科会のテーマが見えてくるような予感がありました。

3 2023年度の課題

参加者の声にもありましたが、この分野での課題は山積しており、何らかの形で今後も情報共有しながら議論を深めていく必要があります。今回の分科会では、「日本語」という言葉の背後にある「学びの権利」という視点が共有されました。その国の言葉を学ぶことは、その国で生きるための入り口に過ぎません。必要な学びに恵まれなかった人々が社会とどうつながっていけるか、また、そうした人々を社会がどう包摂していけるのか、学校のみならず地域や行政からの実践報告の積み上げが期待されます。実践共有はまだ緒に着いたばかりです。これから積み上げながら、何をどうしていくかの議論が進められると思います。報告者の心当たりのある方は、ぜひ、「つどい事務局」まで情報をお知らせいただけると幸いです。

【レポート一覧】

笹山悦子　共同研究者　●基調提案

① 全国　青木幸枝　子ども全国センター（三重・市民団体）　●生活支援の現場から伝えたいこと――エスペランサの活動から

② 藤川純子　共同研究者　●多様な文化的・言語的背景を持つ子どもが、輝ける学校を目指して

憲法と子どもの権利条約がいきて輝く教育と社会を確立しよう

「教育のつどい２０２２」は、８月18日から４日間、高知県高知市内で開催され、開会全体集会と５つの教育フォーラム、30の分科会に、対面とオンラインを合わせてのべ約４０００人の父母・保護者、市民、学生、教職員の参加があり、大きく成功しました。全国各地から参加されたみなさん、「教育のつどい」成功のためにご奮闘いただいた要員や現地実行委員会のみなさん、開会全体集会配信会場となった高知城ホールや各フォーラム・分科会会場にかかわるみなさんをはじめとする、すべての関係者の方々のご協力・ご尽力に心から感謝と敬意を表します。

子どもの意見を聴き、子どもの最善の利益を最優先し、子どもの可能性を信じること

オンラインで配信した開会全体集会は視聴回数１４００を越え、全国各地から多くの参加がありました。法政大学前総長・田中優子さんの講演「多様性を包み込む社会へ」では、多様性の包摂が幸せな人を増やすことや、憲法は「個人」「人権」とその「普遍的価値」など人間がめざすべき未来を示していることが語られました。現地企画で高知の子どもたちが朗読した児童詩「やまもも」は、「満天に広がる複数の星が私の目に飛びついた。母のことば『こんな星、東京では見れんで』を思い出した。そんなことを知る前は東京が一番だと思っていた。でも、東京では見れない星が高知にある。高知でよかった」と、子どもの真っ直ぐな思いが表現され、今も息づく高知の子ども文化の力を感じさせてくれました。

分科会レポートでは、長引くコロナ禍によって子どもたちには我慢することばかりをもとめ、保護者の子育て不安や孤立感を強め、教職員の慢性的な長時間過密労働による疲弊が学校に広がっている実態が明らかにされています。いま、校則・ジェンダー平等の課題は待ったなしの状況で、子どもたちの最善の利益を最優先し、子どもたちの人権を守ることが最も大切にされなければならないのではないでしょうか。同時に、そうした中でも保護者や市民・地域、教職員が力を合わせ、子どもたちに深い学びとゆたかな体験をつくり出しているとりくみが生き生きと報告されています。

広がる経済格差が教育格差をつくり出しているもとで、改訂学習指導要領によって英語教育の早期化や情報教育・金融教育など、経済界が求める「グローバル人材」育成に応える「教育」が子どもたちや学校に強く押しつけられていま す。さらに民間企業による公教育の解体も進められています。小・中学校から高校まで拡大された「ＧＩＧＡスクール構想」はその象徴だといえるのではないでしょうか。

このような押しつけに対して、子どもの成長と発達を信じ、一人ひとりに寄り添うていねいな実践が数多く報告され、そこには「教育のつどい」が積み上げてきた日本の民主教育が脈々と流れていることがわかります。

集まり、語り合うことで、あらためて感じる「教育のつどい」の大切さ

3年ぶりに対面でおこなうことができ、あらためて、顔を合わせて語り合うことでワクワクする気持ちや励まし励まされることの温かさを感じることができました。オンライン参加者をふくめ教育について深く語り合い、本当に意義深い「教育のつどい」になりました。参加者のみなさんが学校や子どもたちの大変さをリアルに語り、そこで保護者や市民・地域がどうやって向き合うか、苦悩しながらも前進している事実に勇気と確信を得ることができた「教育のつどい」でした。

いまこそ戦争ではなく平和を世界に

ロシアがウクライナ侵略を始めてから半年になります。連日「戦争」が映像や写真などで伝えられ、否応なしに子どもたちがウクライナの惨状を目にすることが増えています。今起きている「戦争」を見聞きした子どもたちは不安や恐怖に襲われています。保護者や教職員が子どもたちから戦争について問われることも増え、どのように向き合い、応答するかが大切になっています。

世界中で若者が立ち上がり抗議の声を上げています。日本でも、10代・20代の青年が多くの市民・労働者といっしょに、集会やデモ、署名やアピール行動をおこなっています。平和をもとめる声は着実に大きくなっています。

いまこそ憲法と子どもの権利条約を守りいかすとりくみを、子どものゆたかな成長・発達を保障するさまざまな運動や願いと結び、職場や地域から声を上げさらに広げていきましょう。

２０２２年8月21日

「みんなで21世紀の未来をひらく教育のつどい　教育研究全国集会２０２２」実行委員会

みんなで 21 世紀の未来をひらく教育のつどい―教育研究全国集会 2019

2019. 8. 16 ～ 18 滋賀県

憲法と子どもの権利条約がいきて輝く教育と社会を確立しよう

■シンポジウム 「子どもの命を守ること――子どもの人権・人間の尊厳」

シンポジスト：増山均、義基祐正／コーディネーター：澤篤子、早久間学

みんなで未来をひらく教育を語るつどい

2020. 8. 23 オンライン

“コロナ”と子どもたち～見えてきたこれからの子どもと教育を語ろう～

■インタビュー・内田樹「“コロナ”危機から見える、新自由主義社会の問題と教育のあり方を問う」

※「みんなで 21 世紀の未来をひらく教育のつどい―教育研究全国集会 2020」としては開催せず、全体企画としてのみおこなった。

みんなで 21 世紀の未来をひらく教育のつどい―教育研究全国集会 2021

2021. 8. 19 ～ 22 オンライン

憲法と子どもの権利条約がいきて輝く教育と社会を確立しよう

■山極壽一「教育の原点とは何か」

みんなで 21 世紀の未来をひらく教育のつどい―教育研究全国集会 2022

2022 8. 18 ～ 21 高知県／オンライン

憲法と子どもの権利条約がいきて輝く教育と社会を確立しよう

■田中優子「多様性を包み込む社会へ」

＊「教え子を再び戦場に送るな」「平和を守り真実をつらぬく民主教育の確立」は、毎回かかげているテーマです。

みんなで 21 世紀の未来をひらく教育のつどい—教育研究全国集会 2014

2014. 8. 16 ～ 18 香川県

学び、語ろう、憲法
—憲法と子どもの権利条約が生きて輝く教育を

■対談・小森陽一／松本春野「いま、憲法を守り、生かす——福島、平和、子どもたちに思いを寄せて」

みんなで 21 世紀の未来をひらく教育のつどい—教育研究全国集会 2015

2015. 8. 16 ～ 18 宮城県

戦後 70 年、手をつなごう、子どもたちに平和な未来を手わたすために

■金平茂紀「私たちは、どんな時代を生きているのか」

みんなで 21 世紀の未来をひらく教育のつどい—教育研究全国集会 2016

2016. 8. 19 ～ 21 静岡県

学ぼう、語ろう、いかそう
—憲法と子どもの権利条約が生きて輝く教育を

■シンポジウム「憲法と教育を語る——立憲主義、民主主義、平和主義を尊重する社会と教育を」コーディネーター：小畑雅子／シンポジスト：清水雅彦、菅間正道、長尾詩子

みんなで 21 世紀の未来をひらく教育のつどい—教育研究全国集会 2017

2017. 8. 18 ～ 20 岡山県

憲法と子どもの権利条約がいきて輝く教育と社会を確立しよう

■石川康宏「社会のしくみと子どもの育ちを考える——大学生の大人への飛躍を応援して」

みんなで 21 世紀の未来をひらく教育のつどい—教育研究全国集会 2018

2018. 8. 17 ～ 19 長野県

憲法と子どもの権利条約がいきて輝く教育と社会を確立しよう

■青木理「『憲法改正』が教育をこわす！——ジャーナリズムの視点から」

みんなで21世紀の未来をひらく教育のつどい—教育研究全国集会2009

2009. 8. 21～8. 23 東京都

憲法の精神にもとづき、子どもの権利条約を生かし、どの子も大切にされる教育を
みんなで力をあわせ、貧困と格差拡大から子どもと教育を守ろう

■トーク・あさのあつこ「こども へいわ みらい」聞き手・三上 満 他

みんなで21世紀の未来をひらく教育のつどい—教育研究全国集会2010

2010. 8. 20～8. 22 和歌山県

憲法の精神にもとづき、子どもの権利条約を生かして、子どもたちの成長と発達を保障する教育を

■落合恵子「いのちの感受性——あなたへのメッセージ」

みんなで21世紀の未来をひらく教育のつどい—教育研究全国集会2011

2011. 8. 19～8. 21 千葉県

今こそ「子どもたちのいのちを慈しみ、人間として大切にする学校・地域」を！

■中西新太郎「いま、子どもとともに社会をつくる——歴史の分岐点に立って」

みんなで21世紀の未来をひらく教育のつどい—教育研究全国集会2012

2012. 8. 17～8. 19 兵庫県

子どもたちのいのちを慈しみ、人間として大切にする学校・地域・社会を

■講演・渡辺あや「作ること、学ぶこと」

■トーク・藤波 心「日本の危機を救えるのは『教育』——私からの三つのお願い」

みんなで21世紀の未来をひらく教育のつどい—教育研究全国集会2013

2013. 8. 16～8. 18 愛知県

学び、語ろう、憲法
—憲法と子どもの権利条約が生きて輝く教育を

■椎名 誠「風の中の子どもたち」

2003年度教育研究全国集会

2004. 1. 10 ～ 1. 13 長野県

守ろう平和！　生かそう憲法・教育基本法！
すすめよう！　子ども参加・父母と教職員が力をあわせた学校づくり

■奥平康弘「憲法の想像力」

みんなで21世紀の未来をひらく教育のつどい―教育研究全国集会2005

2005. 8. 18 ～ 8. 21 大阪府

すすめよう！　憲法・教育基本法・子どもの権利条約にもとづく教育を力をあわせて
築こう、核も戦争もない世界と平和の文化を

■講演・桂小米朝

■対談・窪島誠一郎×安斎育郎

みんなで21世紀の未来をひらく教育のつどい―教育研究全国集会2006

2006. 8. 17 ～ 8. 20 埼玉県

すすめよう！　憲法・教育基本法・子どもの権利条約にもとづく教育を力をあわせて
「教育の格差づくり」ではなく、すべての子どもを人間として大切にする教育を

■藤本義一「人間再発見」

みんなで21世紀の未来をひらく教育のつどい―教育研究全国集会2007

2007. 8. 16 ～ 8. 19 広島県

憲法の精神にもとづき、子どもの権利条約を生かし、教育をみんなの力でつくりあげよう

■渡辺えり子「未来をつくる―平和へのメッセージ」

みんなで21世紀の未来をひらく教育のつどい―教育研究全国集会2008

2008. 8. 21 ～ 8. 24 京都府

憲法の精神にもとづき、子どもの権利条約を生かし、教育をみんなの力でつくりあげよう

■井上ひさし「憲法について、いま、どうしても伝えたいこと」

1996年度教育研究全国集会
1997. 1. 25～1. 28 兵庫県

憲法・教育基本法50年、子どもたちを平和・人権・民主主義の未来をひらく担い手に

■森田俊男「子どもたちの胸の底にある《平和・非暴力、人権・人道、民主・発展》への願い、理想の灯を」

1997年度教育研究全国集会
1998. 1. 23～1. 26 群馬県

いのちと平和をたいせつに 子どものねがい、地域に根ざした教育改革を共同の力で
—憲法・教育基本法、子どもの権利条約を教育と学校に

■永原慶二「自国史をどう見るか」

1998年度教育研究全国集会
1999. 1. 21～1. 24 滋賀県

子どもに希望を 地域に未来を 学校にそだちあうよろこびを
—21世紀の教育をひらく共同をすすめよう

■米倉斉加年「私のメルヘン—役にたたない人間は、本当に役にたたないのか」

1999年度教育研究全国集会
2000. 1. 27～1. 30 山口県

子どもに学ぶよろこびとたしかな学力を 学校に自由と真実を
いのちとくらし育む地域を—共同の力で

■黒田 清「○(マル)社会を目指す—21世紀の生き方と教え方」

2000年度教育研究全国集会
2001. 1. 11～1. 14 青森県

子どものいのち輝け 憲法・教育基本法の花ひらく21世紀を参加と共同の力で

■お話・山田洋次「学校IVを撮りおえて」聞き手・三上 満

2001年度教育研究全国集会
2002. 1. 11～1. 14 高知県

きずこう平和の世紀　つくろう「参加と共同」の教育・学校を
—いま、憲法・教育基本法、子どもの権利条約を生かすとき

■澤地久枝「おとなの役割」

2002年度教育研究全国集会
2003. 1. 12～1. 14 岐阜県 / 名古屋市

かがやけ憲法・教育基本法 生かそう子どもの権利条約
すべての子どもに学ぶ喜びと明日への希望を

〈教育研究全国集会 開催地・テーマ・記念講演一覧〉

1989 年度教育研究全国集会 1990. 3. 1 〜 3. 4 京都府

子どもたちにたしかな学力と生きる力を

■藤原 彰「戦争の歴史から何を学ぶか」

1990 年度教育研究全国集会 1991. 1. 31 〜 2. 3 埼玉県

子どもたちにたしかな学力と生きる力を

■渡辺洋三「日本社会の原点を問う—民主主義・人権・平和」

1991 年度教育研究全国集会 1992. 1. 24 〜 1. 27 和歌山県

すべての子どもの人権・学力を保障し、生きる力を

■浅井基文「平和憲法と日本のすすむべき道」

1992 年度教育研究全国集会 1993. 1. 29 〜 2. 1 東京都

子どもたちに「歴史を読みとり、歴史をつづる権利」を
憲法・教育基本法をいまこそ学校とすべての教育に

■弓削 達「21 世紀に、平和を切り拓くために」

1993 年度教育研究全国集会 1994. 1. 28 〜 1. 31 長野県

父母・国民とともに、どの子にも自立と共同の力を

■堀尾輝久「地球時代の教育課題— 21 世紀を展望して」

1994 年度教育研究全国集会 1995. 1. 21 〜 1. 23 大阪府

戦後 50 年、生かそう憲法・輝け教育基本法
—子どもの権利条約を子どもたちのものに

1995 年度教育研究全国集会 1996. 1. 14 〜 1. 17 北海道

いのち輝け 学校を平和と希望のとりでに
—憲法と教育基本法、子どもの権利条約にもとづく教育を

■安仁屋政昭「『命どぅ宝』—沖縄から全国へ」

「みんなで 21 世紀の未来をひらく教育のつどい―教育研究全国集会 2022」実行委員会

実行委員会参加団体

全日本教職員組合／全国私立学校教職員組合連合／教組共闘連絡会／子どもの権利・教育・文化　全国センター／民主教育研究所／日本母親大会連絡会／新日本婦人の会／ JYC フォーラム／「非行」と向き合う全国ネット／全国障害者問題研究会／全国労働組合総連合／教育のつどい共同研究者／農民運動全国連合会／日本民主青年同盟／婦人民主クラブ／全国福祉保育労働組合／少年少女センター全国ネットワーク／日本学生支援機構労働組合／奨学金の会／登校拒否・不登校問題全国連絡会／日本子どもを守る会／ゆとりある教育をもとめ全国の教育条件を調べる会／全日本退職教職員連絡協議会（全退教）／現地実行委員会

賛同団体

日本出版労働組合連合会／自由法曹団／子どもと教科書全国ネット 21 ／全国商工団体連合会／日本婦人団体連合会／建交労全国学童保育部会／長野県高等学校教育文化会議／さいたま教育文化研究所／にいがた県民教育研究所／日本自治体労働組合総連合／信州の教育と自治研究所／日本科学者会議／滋賀県民主教育研究所／全日本年金者組合／日本民間教育研究団体連絡会／日本民主主義文学会／京都教育センター／部落問題研究所／原発問題住民運動全国連絡センター／大阪教育文化センター／全国生活と健康を守る会連合会／全国地域人権運動連合／ぐんま教育文化フォーラム／社団法人“人間と性”教育研究協議会／みやぎ教育相談センター／生かそう 1947 教育基本法　子どもと教育を守る東京連絡会／子どもと教育をまもる山口県民会議

現地実行委員会（団体・組織）

高知県教職員組合／高知県高等学校教職員組合／高知私学教職員組合／新日本婦人の会高知県本部／子どもと教育を守る高知県連絡会／高知県労働組合連合会／高知自治体労働組合総連合／高知大学教職員組合／高知城ホール教育相談所／高知県民間教育研究団体連絡会／高知県民主教育研究所／高岡民主教育研究所／高知県高等学校・障害児学校教育研究センター／高知県母親運動連絡会／高知県退職教職員協議会／高知県退職婦人教職員連絡会／高知県高等学校退職教職員協議会

（順不同、2022 年 8 月 31 日現在）

日本の民主教育 2022――教育研究全国集会 2022 報告集

2023年 1 月20日　第 1 刷発行

定価はカバーに表示してあります

編　者　教育研究全国集会 2022 実行委員会

発行者　中　川　　進

〒113-0033　東京都文京区本郷 2-27-16

発行所　株式会社　大　月　書　店

印刷　三晃印刷
製本　中永製本

電話（代表）03-3813-4651（FAX）03-3813-4656
振替 00130-7-16387
http://www.otsukishoten.co.jp/

ISBN978-4-272-44107-5　C0337　Printed in Japan